섹스의 심리학

섹스의 심리학

초판 1쇄 발행   2020년 7월 25일

원제   Psychology of Sex (1933)
지은이   해블록 엘리스
옮긴이   정명진
펴낸이   정명진
디자인   정다희
펴낸곳   도서출판 부글북스
등록번호   제300-2005-150호
등록일자   2005년 9월 2일

주소   서울시 노원구 공릉로 63길 14(하계동 청구빌라 101동 203호)
              (01830)
전화   02-948-7289
전자우편   00123korea@hanmail.net
ISBN   979-11-5920-132-5 03180

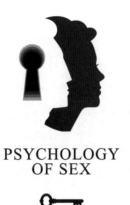

PSYCHOLOGY
OF SEX

섹스의 심리학

해블록 엘리스 지음 정명진 옮김

차례

머
리
말

　7권으로 된 나의 책『섹스의 심리학 연구』(Studies in the Psychology of Sex)[1]를 읽은 독자들로부터 섹스의 심리학에 관한 입문서 역할을 할 책이 필요하다는 말을 자주 들었다. 평범한 개업 의들과 학생들은 이미 너무 과중한 부담을 지고 있기 때문에 의무가 아닌 주제에 관한 방대한 논문을 별도로 읽기가 어려운 것으로 전해지고 있다.

　섹스라는 주제는 그것이 지니는 정신적, 사회적 영향을 고려한다면 대단히 핵심적이며 또 굳이 과장하지 않더라도 일반 대중 사이에 이미 중요성을 널리 인정받고 있다. 그렇기 때문에 오늘날의 의료인은 이 주제를 피하지 못한다. 현대의 의료인은 선임자들과

....
　1　1897년에 시작되어 1928년에 완간되었다. 단권인 'Psychology of Sex'는 1933년에 발표되었다.

달리 섹스가 존재한다는 사실을 인습적으로 무시하지 못하며, 섹스의 존재를 인정하면 불손하거나 예의에 어긋나는 것으로 여겨진다는 느낌을 받지 않을 수 있다. 게다가, 일반적인 해부학과 생리학, 병리학에 국한된 지식은 지금 아주 부적절하다.

나 자신의 의견은 이런 관점과 일치한다. 나는 의학 교육이 이 지점에서 통탄스런 공백 상태를 드러내고 있다는 사실을 진정으로 느꼈다. 반세기 전에 시작된 나의 의학 훈련 과정에, 섹스의 심리학적인 측면은 전혀 존재하지 않았다. 나의 산부인과 선생들에게, 건강과 질병에서 섹스의 과정은 순전히 육체적인 것이었다.

산부인과 선생들이 섹스와 관련해서 가르친 것들 중에서 심리적인 것으로 고려될 수 있는 유일한 것은 오늘날 피임이라고 불릴 수 있는 것에 대한 엉터리 경고였다. 그것이 기억에 그렇게 두드러지게 남아 있는 이유는 다른 내용들과 너무나 동떨어졌기 때문이다.

그 후로 위대한 진전이 이뤄졌다고 생각할 수 있다. 틀림없이, 여기저기서 발전이 일어났다. 그러나 어떤 나라건 그런 진전이 광범위하거나 뚜렷하다는 증거는 전혀 없다. 에른스트 프랑켈(Ernst Fraenkel)이 "대부분의 산부인과 의사들은 사실상 성욕에 대해 거의 아는 것이 없다."고 말하고 채 25년도 지나지 않았으며, 반 데 벨데(Van de Velde)는 지금도 놀라운 예외가 있음에도 불구하고 여전히 대다수에겐 그 말이 사실이라고 말한다.

나는 오늘날의 의대생들로부터 섹스의 정신적 및 육체적 과정과 섹스의 과정이 일으키는 장애 또는 위생에 대해서는 전혀 아무런 교육을 받지 않는다는 말을 듣고 있다. 고대의 미신들이 아직도 우리 의대에 팽배하고, 오늘날의 의대생들은 대개 1세기 전의 초등학생들처럼 극진히 보호를 받아야 하는 대상처럼 다뤄지고 있다. 1세기 전에 초등학생들에게 식물학 같은 성적일 수 있는 과목을 가르치는 것이 간혹 적절하지 않은 것으로 여겨졌으니 말이다.

오랫동안 망설인 끝에, 나는 지금 독자들에게 제시하고 있는 이 간단한 안내 책자를 준비하기로 마음을 먹었다. 이 책이 방대한 분량의 그 책을 대체하거나 요약하는 것이 아니라는 사실에 대해서는 말할 필요조차 없다.

방대한 분량의 그 책이 주로 섹스의 병적인 측면을 다루고 있는 것으로 언급되었다. 그것은 잘못된 판단이다. 나는 심지어 『섹스의 심리학 연구』가 섹스의 정상적인 현상에 포커스를 맞췄다는 점에서, 이 주제와 관련해 지금까지 나온 책들과 뚜렷이 구분된다고 주장할 것이다.

이 책의 주요 관심도 방대한 그 책의 주요 관심과 똑같다. 나의 경험 중 일부는 다양한 이유로 나를 찾은 비정상적인 사람들에게서 나왔지만, 이 책은 주로 나 자신이 일상적인 삶 속에서 정상적인 남자들과 여자들, 그리고 그들의 문제에 대해 알게 된 지식에 바탕을 두고 있다. 동시에 나는 정상과 비정상을 칼로 자르듯 가르는 선은 절대로 존재하지 않는다는 점을 보여주려고 언제나 노력했다. 모든 정상적인 사람들은 이 방향 또는 저 방향으로 약간 비정상이며, 비정상적인 사람들도 정상적인 사람들이 느끼는 것과 비슷한 근본적인 충동의 안내를 여전히 받고 있다.

"과학적 탐구의 목적은 실험적으로 보여줄 수 있는 자료들을 수학적 기호체계의 도움을 받아 명백하게 나타내는 것"이라는 말이 있다. 정말 맞는 말이다. 여기서 우리는 그 목표와 멀리 떨어져 있다. 이 분야에서 우리는 섹스의 심리학을 자연사의 한 부분으로 여기는 그 첫 단계에 있을 뿐이지만, 그것은 필요하고 또 유익한 단계이다. 만약 우리가 더 많은 것을 원한다면, 지그문트 프로이트(Sigmund Freud)가 최근에 많은 결실을 거둔 긴 연구 활동 끝에 (그의 '입문 강의' 두 번째 시리즈의 서문에서) 말했듯이, 우리는 모든 면에서 불확실성을 직면하고 있다.

그러므로 나는 작은 이 책이 간단하고 간결하다는 사실에 대해 전혀 변명하지 않는다. 이 작은 책이 다루는 주제가 모든 사람의 관심사이기 때문에 의학 쪽의 독자들만을 염두에 둔 것은 아니라는 말을 굳이 할 필요는 없을 것 같지만, 방대한 분량의 책이 당초 주요 독자층으로 여겼던 의학 분야의 독자들과 학생들도 이 책에 훨씬 더 쉽게 접근할 수 있을 것이다. 모두가 알아야 할 근본적인 것들이 있다. 나는 앞으로 더 멀리 나아가길 원하고, 또 기초적인 책자에서는 적절히 다룰 수 없는 문제들을 정복하기를 원하는 사람들에게 그런 것들에 관한 단서를 제공할 것이다.

그 문제들이 영향을 미치는 범위는 대단히 넓다. 섹스의 과학, 즉 일부 사람들의 표현대로 '성과학'(sexology)은, 독일의 탁월한 산부인과 의사 막스 히르쉬(Max Hirsch)가 최근에 지적했듯이, 명확한 경계선이 전혀 없다는 점에서 치료 기술을 다루는 대부분의 분야들과 확연히 다르다. 성과학은 그 중심에서부터 의학의 거의 모든 분야들로 빛을 방사하고 있을 뿐만 아니라 많은 이웃 영역으로도 빛을 방사하고 있다. 이 이웃 영역들 중 일부는 의학과 명백한 연결이 전혀 없다.

성과학은 인간의 문화 전체와도 연결된다. 성과학은 우리를 전통과 관습으로 이끈다. 성과학은 도덕과 종교의 영향을 받는다. 이 대목에서 존 로즈 브래드퍼드(John Rose Bradford)의 말이 떠오른다. 그는 오늘날 우리가 가장 폭넓은 의미로 의학이라고 부르는 것은 "인간의 자연사"로 요약될 수 있다고 말했다.

그렇기 때문에 능력을 제대로 갖춘 상태에서 의료 분야로 들어가기 위해서는 복합적인 경험과 특별한 훈련, 개인적 성향이 필요하다. 오늘날 성과학은 많은 사람들이 발을 담그는 분야이지만, 그들이 거기서 탐험한 결과 내놓는 결실들은 언제나 검토할 가치를 지니는 것은 아니다. 그 분야를 기웃거리는 사람이라면, 과연 자신이 동료들에게 도움을 줄만한 것을 건져낼 능력을 갖추었는가, 하는 질문부터 먼저 던져보는 것이 바람직하다. 나 자신이 안내서가 될 만한 매뉴얼을 많이 망설이면서 책자로 내놓긴 하지만, 그 기다림이 아주 길었다는 느낌은 들지 않는다.

나를 한 사람의 안내자로 받아들이기 전에, 정신분석을 대하는 나의 태도에 대해 알고 싶어 하는 사람이 많을 것 같다. 최근에 성심리학의 문제가 일어나는 곳이 어딘지를 놓고 논란을 불러일으켰던 그 정신분석 말이다. 그래서 나는 시간이 지나면 명백히 드러나겠지만 우선 여기서 나의 태도는 처음부터 당파적인 태도를 전혀 취하지 않았음에도 불구하고 정신분석에 호의적이었다는 점을 밝혀둔다. 나의 책 중 한 권('섹스의 심리학 연구' 중 1권)은 1898년에 나온 것으로, 프로이트가 거둔 초기의 결과들을 설명하는 영어 책으로는 최초의 책이었다. 그 이후에 나온 프로이트의 성과들에 대한 나의 태도는 언제나 똑같이, 우호적이면서 종종 비판적인 입장을 취했다.

　나는 이 책을 읽는 모든 독자들에게, 정신분석에 관한 직접적 지식을 단 한 권으로 얻기를 원하는 사람들을 위해 쓴 권위 있고 또 아마 최고일 프로이트의 『정신분석 입문』(Introductory Lecture on Psycho-Analysis)을 읽을 것을 권한다. 정신분석이라는 학설 전반에 반대하는 사람들도 반드시 그 책에서 많은 지혜와 경험을 발견할 것이다. 그 책보다 더 작은 분량의 설명을 원한다면, 어니스트 존스(Ernest Jones)가 정신 분석에 대해 쓴 작은 책도 좋고, 존 플루겔(John Flügel)이 『현대 지식의 개요』(Outline of Modern Knowledge)에 그 주제에 대해 쓴 부분도 좋다. 윌리엄 힐리(William Healy)와 아우구스타 브로너(Augusta Bronner)와 애나 바우어스(Anna Bowers)가 쓴 『정신분석의 구조와 의미』(Structure and Meaning of Psycho-Analysis)도 정신분석을 객관적으로 정밀하게 설명하고 있는 책이다. 정신 치료 분야의 모든 학파들의 다양한 태도에 대한 간략하고 명쾌한 설명을 원하는 사람들에게 어니스트 니콜(Ernest Nicole)의 『정신 병리학』(Psychopathology)을 권한다.

　프로이트가 정신분석 분야의 거장으로 인정을 받아 마땅하지만, 그렇다고 해서 프로이트와 별도로 자신만의 길을 추구하고 있는 사람들을 모두 부정해야 할 이유는 전혀 없다. 그들도 모두 다양한 측면을 가진 인간 정신의 일부 양상에 천착하고 있으며, 우리는 지나치게 무차별적인 절충 방식을 피하면서 각 전문가가 제시하는 건전한 요소는 무엇이든 받아들일 수 있다.

이 책에서 이해하는 성 심리학은 성충동의 심리학을 의미하지, 남녀 사이의 서로 다른 심리를 의미하지 않는다. 남녀의 서로 다른 심리는 나의 책 『남자와 여자』에서 충분히 다뤄지고 있다.

해블록 엘리스

1장

서론

성 위생뿐만 아니라 정상적이거나 비정상적인 섹스의 심리학은 오늘날 일반인들의 관심과 주의를 끌고 있다. 20세기가 시작하기 전에는 꿈도 꾸지 못했을 정도로 큰 관심이다.

오늘날의 젊은 남자는 간혹 성 관련 매체에 관한 정보를 꽤 잘 듣고 있으며, 오늘날의 젊은 여자는 종종 탐구하는 정신으로 이런 주제에 접근하면서 할머니에게 불손하게 비칠 만큼, 고상한 척 꾸미지 않는다. 최근까지도, 섹스를 다루는 과학적인 직업은 사악한 취미까지는 아니라도 어쨌든 건전하지 않은 성향을 암시하는 것으로 여겨졌다. 현재 성 심리학에 종사하는 사람들과 성 위생을 옹호하는 사람들에게 가장 열렬한 지지를 보내고 있는 사람들은 바로 개인적 및 공적 도덕을 지지하는 사람들이다.

최근까지 의료 직종이 이런 운동의 확산에 능동적인 역할을 맡았다고 말하기 어렵다. 엄격히 따지면, 선구자들은 의사들이었다. 이 운동은 반세기[2] 전에 독일과 오스트리아에서 처음 시작되었으며, 이어 다른 나라들로 전파되었다. 그러나 선구자로 나선 의사들은 동료들로부터 종종 불신의 눈길을 받았다. 성 심리학과 성 위생은 의사의 훈련에 전혀 포함되어 있지 않았다. 정말로, 성 생리학에 대한 논의도 그보다 더 활발하지 않았다. 성 생리학에 관한 과학적이고 포괄적인 안내서(프랜시스 마셜(Francis Marshall)의 책)가 책자로 처음 소개된 것은 겨우 25년 전의 일이었다.

일반 대학의 안내 책자들이 성의 해부학과 생리학을 마치 동물의 삶에 그런 기능이 전혀 없는 것처럼 완전히 무시했듯이, 의학 분야의 안내 책자들은 섹스의 심리학을 완전히 무시했다. 그래서 이 문제들에 대한 과학적 지식이라는 측면에서 보면, 환자들의 상태를 포괄적으로 이해하는 데 그 지식이 결정적으로 중요함에도 불구하고, 의사가 환자들보다 아는 것이 적은 경우가 많았고 의사가 그릇된 전통과 케케묵은 편견에 희생되는 경우가 많았다. 어느 '위대한 교회의 아버지'가 인간은 신이 창조하기를 부끄러워하지 않은 것에 대해 말하기를 부끄러워해서는 안 된다고 말했다는 것을 알고 있을 만한 사람들이 그 주제에 대해 침묵을 지키는 쪽을 택하면서 내세우는 것이 역설적이게도 바로 종교와 도덕이었다.

사람들이 종종 공포감을 느끼면서 '성도착(倒錯)'이라고 부르는 것들로 눈길을 돌리면, 이 같은 무지는 더욱 심각해진다. 심리적인 성적 이상(異常)이 걸린 곳에서, 환자들은 의사가 자신들의 특별

....
2   해블록 엘리스가 이 책은 발표한 것은 1933년이었다.

한 어려움에 대해 이해하는 모습을 전혀 보여주지 않는다고 거듭 불평하고 있다. 의사가 환자의 상태를 중요하지 않은 것으로 여기며 무시하거나 환자를 사악하고 혐오스런 사람으로 다룬다는 불만이다. 많은 의사들, 심지어 경험 풍부한 의사들도 심리적인 성적 이상이 매우 드물고 아직까지 그런 환자를 거의 만나지 못했다고 선언하도록 하는 것이 바로 환자가 의사에게서 확인하고 있는 이런 태도일 것이다.

확고한 정상이라는 어떤 이상(理想)을 막연히 고집하면서 거기서 벗어나는 일탈에 대해서는 듣기를 거부하면서, 의사는 환자들이 옳은 경로를 추구하도록 자극하고 고무하고 있다고 주장할 것이 분명하다. 그러나 이 측면에서 정신적 건강도 육체적 건강과 하나도 다르지 않다는 점이 지적되어야 한다.

정상적인 상태를 다시 찾아주기 위해서는 환자의 비정상적인 상태에 대한 정확한 지식이 필요하다. 환자가 지금 서 있는 곳이 어딘지를 모른다면, 의사는 환자를 자신이 바라는 지점으로 데리고 가지 못한다. 더욱이, 정상적인 변형으로 고려될 수 있는 범위가 육체적 건강에서보다 정신적 건강에서 훨씬 더 넓다. 게다가, 이 문제에서 구체적인 어떤 개인에게 표준이 어떤 상태인지를 정확히 파악하기 위해서, 의사는 그 개인이 정신적으로 타고난 성적 성향이 어떤지를 정확히 알아야만 한다. 그렇게 하지 않을 경우에 그 사람을, 다른 사람들에겐 정상일 수 있어도 그에게는 정상이 아닌 그런 길로 안내할 수 있기 때문이다.

심리적인 성적 문제로 힘들어 하는 환자에게 쉽게 전하는 인습적인 조언이 그릇되고 심지어 불행한 결과를 낳을 수 있는 이유가 바로 거기에 있다. 이 같은 지적은 예를 들어 성적으로 비정상적인 사람들에게 자주 하는, 결혼하라는 조언에도 그대로 유효하다.

분명히 일부 환자들에게 이 조언이 탁월할 수 있다. 그러나 환자 개인이 처한 상태를 정확히 파악하고 그 상태에 대한 지식을 충분히 쌓은 경우를 제외하곤 그런 조언을 쉽게 해서는 안 된다. 이 같은 경고는 정말로 심리적인 성적 문제의 영역에서 제시되는 모든 조언에 두루 통한다.

섹스는 사람의 인격 전반으로 스며들며, 사람의 성적 기질은 전반적인 체질의 일부이다. "섹스를 알면 그 사람의 성품을 알 수 있다."는 표현에 상당한 진리가 담겨 있다. 이런 진리를 깊이 새기지 않는 상태에서는 생 생활을 지도하고 통제할 수 있는 효과적인 조언이 절대로 나올 수 없다.

사람은 정말로 자신의 성적 본질에 대해 오해할 수 있다. 최종적으로 보다 정상적이고 영원한 상태에 닿기 위해서 단지 젊은 시절에 일시적으로 비정상적인 단계를 통과하고 있을 수도 있다. 아니면 그 사람이 부적절하게 반응하는 바람에 자신의 본성의 부차적인 충동을 지배적인 충동으로 오해할 수도 있다.

이런 오해가 일어날 수 있는 이유는 우리 모두가 다양한 충동들로 이뤄져 있고, 또 성적으로 정상인 것 같은 사람이 종종 비정상적인 충동을 통제하고 있는 사람일 수 있기 때문이다. 그럼에도 대개 사람의 성적 기질은 그 사람의 모든 것에 전반적으로 퍼져 있으며, 뿌리가 깊고, 영구하고, 대부분 선천적이다.

그와 동시에, 기질적인 것과 습득한 것을 구분할 때도 대단히 조심해야 한다. 한편으로는 습득한 것이 일반적으로 생각하는 것보다 훨씬 더 깊이까지 들어갈 수 있고, 다른 한편으로는 체질적인 것이 종종 너무나 섬세하고 희미해서 탐지되지 않은 상태로 남을 수 있다는 점을 인정해야 한다.

대부분의 경우를 보면, 기질적인 것과 습득한 것이 서로 결합한다는 사실이 확인된다. 씨앗이 싹을 틔우는 것이 토양이 호의적으로 작용하는 덕분인 것과 똑같은 이치이다. 다른 곳에서와 마찬가지로 여기서도, 결과는 씨앗이나 토양 중 어느 한쪽 때문이 아니라 씨앗과 토양의 결합에 따른 것이다.

같은 가족의 아이들 사이에도 그레고어 멘델(Gregor Johann Mendel)의 유전 법칙에 따른 결과가 다 다르게 나온다. 런던 아동 안내 클리닉(London Child Guidance Clinic)의 책임자는 최근에 그 차이가 한 아이는 도둑질을 하도록 만들고 다른 아이는 비정상적일 만큼 부끄럼을 타도록 만든다는 점을 지적했다.

이런 것들을 고려한다면, 의사는 심리적인 성적 문제를 겪고 있는 환자들에게 조언의 영향을 미리 예측하면서 적절한 조언을 제시할 수 있을 것이다.

성충동이 다른 충동, 예를 들어 영양을 섭취하려는 충동에 비해 치료의 영향을 터무니없을 만큼 적게 받는 또 하나의 이유가 있다. 틀림없이, 성충동은 일정한 범위 안에서 일부 사람들이 인정하려는 것보다 훨씬 더 많이 의지의 안내를 받고 통제될 수 있다. 그러나 성충동은 영양을 섭취하려는 충동에 비해서 종교와 도덕성, 사회적 인습 등의 전통적인 영향 때문에 일부 경로로만 한정되고 다른 경로는 막혀 있다.

이런 영향들을 무시해야 한다는 견해를 보이는 의사들이 더러 있다. 의사는 도덕이나 인습과 아무런 관계가 없다는 주장이다. 의사는 도덕적 및 인습적 명령에는 신경을 쓰지 않고 오직 환자의 이익만을 고려하고, 그에 따라 조언할 수 있어야 한다는 뜻이다.

그러나 그것은 근시안적인 행동 방침이다. 그런 행동 방침은 거북한 사태를 많이 야기하고, 온갖 모순을 낳으며, 치료하고자 하는 악보다 더 큰 악을 낳는 경우가 자주 있다. 왜냐하면 성충동의 경우에는 영양을 섭취하려는 충동과는 완전히 달리 정상적인 만족이 반드시 다른 사람의 개입을 요구하는 것이 두드러진 특징이기 때문이다.

성충동은 직접적으로 사회적 영역과 도덕의 영역으로 이어진다. 다른 사람에게 해를 끼치는 행동 노선인 경우에 어느 누구도 자신만의 이익을 추구할 자격을 누리지 못하며, 자신의 이익을 추구하라는 조언을 받을 수 없다. 정말로 포괄적이고 합리적인 관점에서 보면, 환자와 가장 가까운 사람에게 해를 입히거나 환자의 양심이나 신념에 위배되는 행동 노선에서는 환자 자신의 이익도 절대로 발견되지 않는다.

현명한 의사라면 단순히 전통을 바탕으로 조언하지 않겠다고 결심했다 하더라도 이런 고려 사항들을 절대로 무시하지 못한다. 이 고려 사항들은 대단히 중요하고 결정적이며, 우리가 살고 있는 전통적인 사회적 조직과 맞물려 있다. 그래서 이런 고려 사항들 때문에 의사가 심리적인 성적 문제를 치료하는 방법을 고안하면서 순수하게 생물학적인 노선들을 따르는 것이 불가능해지는 예가 아주 많다.

의사는 환자의 상태가 대개 의사 자신이 전혀 통제할 수 없는 요소들의 결과인 탓에 틀림없이 무력감을 종종 느낀다. 그래서 의사는 환자들의 상태가 환자 본인의 삶의 조건 때문에 불가피한 절식(節食)이나 과로 때문인 경우에 절망감을 느낄 수밖에 없다.

그와 동시에, 환자의 도덕을 무시해서도 안 되지만 그 도덕적 상황을 완전히 변화 불가능한 것으로 여기는 것도 실수라는 점을 기억하는 것이 바람직하다. 도덕은 영원히 변화하는 상태에 있다. 오늘날 도덕적인 것으로 여겨지거나 어쨌든 허용되는 것들 중 많은 것은 50년 전에 비도덕적인 것으로 여겨져 공개적으로 허용되지 않았다.

탁월한 의사들은 도덕적 상황의 변화와 조화를 이루면서 책임감을 갖고 오늘날 섹스 문제에 있어서 얼마 전까지 사적으로도 하지 않으려 들었던 조언을 공개적으로 제시하고 있다. 의사는 공동체의 행복을 위해 노력해야 하며, 전체 시민들을 위한 교육에서 의료 분야의 조언가로 참여해야 하며, 따라서 도덕의 변화에도 기여해야 한다. 그러나 의사는 언제나 개별 환자의 특별한 상황을 고려해야 한다.

그러므로 의사가 심리적인 성적 문제를 부정적으로 보거나 관심을 기울일 가치가 없는 분야의 문제라고 결론을 내리는 것은 심각한 실수가 될 것이다. 정반대로, 심리적인 성적 문제들은 바로 정신적인 영역에 속하기 때문에 질병의 육체적인 요소들에는 거의 아무런 효과를 미치지 않는 간접적인 영향도 받을 수 있다. 그런 간접적인 영향의 예를 든다면, 의사의 직접적 통제력을 벗어나 있는, 환자의 과로와 영양실조 같은 것이 있다.

의사가 자신이 보기에도 할 수 있는 것이 없어서 무력함을 느끼고 있는데도, 환자가 의사로부터 받은 혜택에 너무나 깊이 감사하는 경우가 있다. 그러면 의사는 환자의 그런 모습에 깜짝 놀랄 수 있다. 이런 일은 언제나 의사의 조언 때문에 일어나는 것은 아니며, 그보다는 프로이트가 처음부터 정신분석 방법의 바탕으로 삼았던 자연스런 정신 작용의 결과이다. 바꿔 말하면, 억눌려 있던 의식의 요소들을 겉으로 끌어내고, 그렇게 함으로써 억압으로 야기되었던 긴장을 해소시키는 카타르시스의 과정 때문에 나타나는 결과라고 할 수 있다.

의사가 지능과 공감을 통해서 능동적인 역할을 맡고 있는 바로 이 자기 고백의 과정에, 비정상적인 조건이 제거된다. 그것으로 성충동을 정상으로 돌려놓지는 못한다 하더라도, 그 과정을 거치면서 성충동이 덜 해로운 쪽으로 바뀌는 것은 틀림없는 사실이다. 동시에 정신적 삶 전체도 조화로운 균형 상태를 어느 정도 회복하게 된다.

가톨릭에서 아주 잘 발달한, 고백과 용서의 종교적 과정은 심리학적으로 바로 이 바탕에 의존하고 있다. 이 과정은 (존재하게 된 다른 이유가 있을지라도) 틀림없이 카타르시스와 똑같은 유익한 결과를 낳는 경향이 있다. 자신의 의사로부터 지적 공감을 거의 얻지 못하고 있다고 생각하는 많은 사람들이 종파를 불문하고 자신의 성적 이상(異常)을 자신의 목사에게 자발적으로 털어놓는다는 사실에 주목할 필요가 있다. 이것은 정신적 균형을 찾아주고 위로하는 것을 의무로 여기는 사람에게 고민을 고백함으로써 위안을 얻으려는 노력이다.

종교적 관행과 별도로, 또 최면을 비롯한 다양한 암시의 형태와 별도로 그런 정신적 치료를 행하는 중요한 분야가 있다. 이 분야는 당연히 의사가 맡아야 하며, 심리적인 성적 영역에서 특별히 효과적인 것으로 드러날 것이다.

프로이트가 심리 치료라는 이 특별한 분야를 일찍이 인정하고 심리 치료가 주입만 아니라 불필요한 억제와 억압을 제거함으로써 정신적 유기체에 정상적인 관계들을 복구시키는 과정이라는 점을 깨달은 것은 그의 특별한 공로에 속한다.

2장

섹스의 생물학

섹스의 육체적 바탕

생식은 생명체의 너무나 근본적이고 원초적인 기능이다. 따라서 생식이 이뤄지는 메커니즘은 매우 복잡하며 아직 명쾌하게 이해되지 않고 있다. 생식이 반드시 섹스와 연결되는 것도 아니며, 섹스가 반드시 생식과 연결되는 것도 아니다. 그럼에도 일반적으로 육체에서 시작되는, 이차 성징을 갖춘 성적 기관(器官)의 완전한 발달은 수정란을 만드는 전체 기간에 생식 세포들, 즉 여자의 난자와 남자의 정자가 온전한 상태를 유지하는 데에, 그리고 후에는 ㄱ 수 깅탄이 말날하는 전체 과정에 좌우된다.

최고의 권위자들도 "성"(性)이 무엇인지에 대해 단정적으로 말하기를 주저하지만, 어쨌든 성은 처음에는 비교적 분화되지 않은 생식선 세포의 염색체 구성에 의해서 결정된다. 세포 분할의 과정에, 생식선 세포 핵(核)의 염색질이 막대 모양의 실 같은 것으로 발달한다. 이것이 염색체다. 이 염색체들은 생식 세포가 속한 종(種)에 따라서 수와 순서가 일정하다. XY로 표시되듯이 두 가지 생식 세포를 형성하고 크기가 작은 것으로 구별되는 것이 남성 염색체일지라도, 염색체들은 인간의 종들 사이에는 남자든 여자든 서로 비슷하다.

일반적으로 포유류 동물들의 경우에(조류의 경우엔 거꾸로다), 수컷이 두 가지 종류의 생식 세포를, 말하자면 X 염색체를 가진 세포와 X 염색체를 갖지 않은 세포, 즉 Y 염색체를 가진 세포를 만든다. 반면에 암컷은 하나의 생식 세포를 만든다. X 염색체를 가진 난자는 X 염색체를 가진 정자에 의해 수정되어 XX, 즉 암컷이 되거나 Y 염색체를 가진 정자에 의해 수정되어 XY, 즉 수컷이 된다.

이로써 우리는 전체 과정(이는 허버트 에반스(Herbert Evans)와 올리브 스웨지(Olive Swezy)에 의해 포괄적으로 연구되었다)을 탐구할 출발점을 확보하게 된다. 인간의 경우에 멘델의 유전 과정은 가장 먼저 연구되었던 하등 생명체에 비하면 훨씬 더 다양하고 복잡하다.

여기서 우리는 성은 보통 수정 단계에서 결정된다고 결론을 내려야 하며, 임신 동안에 섹스를 결정하게 된다는 식의 온갖 주장을 배제해야 한다. 프랜시스 크루(Francis Crew)의 말을 받아들이는 것이 분명히 필요하다. "성 염색체의 구성이 XX든 XY든, 모든 생식 세포에는 발달하려는 충동들이 생겨나는 육체적 바탕이 있다.

이 육체적 바탕이 발달 중인 개인에게 남자 유형의 분화나 여자 유형의 분화를 강요하려고 노력한다."

이 분야에서 최근에, 그러니까 20세기에 들어와서 이뤄지고 있는 지식의 발달에 대해 언급할 필요가 있다. 이유는 그 지식의 발달이 섹스의 심리학과 특이하게 밀접한 관계를 보이기 때문이다.

처음부터 우리는 고환이 핵심을 이루는 생식선들의 복합체가 생명체를 지배할 때, 거기선 남성 개체가 나타나게 되어 있다는 것을 하나의 사실로 받아들여야 한다. 또 난소가 핵심인 생식선들의 복합체가 지배하는 생명체에선 여성 개체가 나오는 것으로 봐야 한다. 이리하여 일차 성징이 정상적으로 확보된다. 일차 성징과 연결되는 것은 성기의 발달이다.

최종적으로, 성적 성숙은 명백한 이차 성징을 전부 획득하는 것으로 확립되고, 이 이차 성징은 삼차 성징인 많은 차이들과 연결된다. 의사가 평균적인 사람을 다룰 때, 이 많은 차이들이 뚜렷하지는 않아도 존재한다는 사실만은 분명히 확인된다. 이 모든 과정은 개인에 따라 다 다르다. 생식선들과 이차 성징들은 인터섹슈얼(inter-sexual) 유형[3] 쪽으로 이동할 수 있고, 인터섹슈얼 유형은 이 길 또는 저 길로, 말하자면 육체적으로나 정신적으로, 아니면 두 가지 모두에서 반대 성에 가까울 수 있다.

우리가 지금 믿고 있는 바와 같이, 현재까지 관찰된 증상들의 원인을 파고들면 대개 육체의 다양한 내분비선들로부터 혈액 속으로

....
3   염색체와 생식샘, 성기 등이 남성이나 여성으로 규정되지 않는 특징을 보이는 상태를 말한다.

28

들어가는 내분비물, 즉 호르몬 또는 화학적 메신저들의 자극 효과 또는 그런 효과의 결함까지 거슬러 올라간다. 내분비물의 과잉 분비나 과소 분비 또는 이상 분비로 인해, 몸의 신체적 균형과 정신적 경향과 태도가 변할 수 있으며, 성(性)까지도 실질적으로 변할 수 있다. 한쪽의 기능 장애는 다른 쪽의 균형을 깨뜨리기 쉽다.

우리는 많은 내분비선들의 조화로운 조정에 관심을 두고 있다. 그런 조정의 결과 나타나는 복잡한 관계들을 해석하는 방향으로 많은 나라에서 연구가 진행되고 있다. 새로운 사실들과 새로운 관점들이 지속적으로 나타나고 있으며, 지금 뇌하수체 앞엽을 활성화시키는 영향에, 또 부신(副腎)에 엄청난 중요성을 부여하고 있다. 이유는 블레어 벨(Blair Bell)이 오래 전에 주장했듯이, 난소나 정소를 "어떤 생식세포 체계를 형성하고 있는, 뇌하수체와 갑상선 같은 신체 기관들의 연결 속에 포함되는 하나의 고리"로 보는 것이 가능하기 때문이다.

'프로바이론'(proviron)이라 불리는 고환 호르몬이 주로 이차 성징의 발달을 야기하며, 이 호르몬은 지금 표준으로 여겨지고 있다. 난소 호르몬은 최소 두 가지가 있다. 에스트린과 프로게스틴이 그것이다. 연구 결과들은 많은 지점에서 여전히 불확실하다. 그러나 섹스의 심리학을 공부하는 데 있어서는 이 노선들을 따라 수행된 생리학과 생화학 분야의 연구들을 잘 아는 것이 근본적이다. 지금 여기서 그것들을 다루는 것은 조금 엉뚱할 수 있지만 말이다. 생리학과 생화학 분야의 연구는 날로 발달하고 있으며, 지식의 진전은 현재 의학 잡지와 생화학 인쇄물에 기록되고 있다.

여기서는 높은 곳에서 전체적으로 살피면서 전반적인 변화를 보는 것으로도 충분하다. 예전에는 신경계가 이런 여러 과정에 능동적인 역할을 하는 행위자로 여겨졌지만, 화학적인 내분비계가 훨씬 더 능동적인 역할을 하는 것으로 여겨지고 있다. 이 화학적인 내분비계는 가끔 신경계의 영향 아래에서 작동한다. 또 신경의 작동과 별도로 작동하는 경우도 자주 있다. 이는 신경과 신경 중추가 가끔 화학 물질의 규제에 종속되기 때문이다.

랭던 브라운(Langdon Brown)의 견해에 따르면, 내분비물들은 그런 화학적 작용들의 결실이며, 동물들은 신경계가 발달하기 전에 이 화학적 작용들에 먼저 반응했다. 모든 호르몬 메신저들이 육체 안에서 뇌하수체와 솔방울샘 같은 매우 오래되고 심지어 퇴화한 구조들로부터도 나온다는 사실은 생명체의 호르몬 조절의 본질이 원시적이라는 점을 보여주는 흥미로운 증거이다.

동시에 볼크(Bolk)가 몇 년 전에 강조했듯이, 우리는 호르몬의 영향으로 일어나는 자극 또는 지체는 특이하게도 인간의 특별한 자질의 발달에, 아서 키스(Arthur Keith)가 최근에 지적한 바와 같이, 심지어 다양한 인종의 특징의 발달에 영향을 미친다는 것을 명심할 필요가 있다. 신경계는 형성되기 시작할 때, 그리고 심지어 지배력을 획득하기 시작할 때에도 기존의 화학적 메커니즘들과, 특히 교감신경계와 부교감신경계로 구분되는 가장 낮은 차원의 내장신경계를 통해서 동맹을 맺었다.

이화(異化)[4]석이고 능동적인 경향이 있는 것으로 여겨지는 교감

....
4   동식물의 물질대사 가운데 그 몸을 구성하고 있는 유기 화합물을 다른 유기 물질이나 무기 물질로 분해하는 과정을 말한다.

신경계는 뇌하수체와 갑상선, 부신과 연결되어 있다. 대개 동화적이고 수동적인 것으로 여겨지는 부(副)교감 신경계는 췌장과 연결되고 간접적으로 부갑상선과 연결된다. 이 같은 이화 및 동화 체계는 서로 대립적이며, 생명의 리듬은 그 체계들의 균형에 크게 의존하고 있다.

생식샘은 특히 교감-내분비 집단과 상호 작용한다. 솔방울샘과 가슴샘은 진정한 내분비샘이 아니면서도(이 샘들은 알려진 분비물을 전혀 갖고 있지 않다) 주로 성적 성숙을 늦추고 신체적 성장을 촉진시킴으로써 내분비계에 영향을 미친다.

뇌하수체는 지금 "내분비 오케스트라의 리더"로 불릴 만한 것으로 여겨지고 있다. 고대의 해부학자들은 줄기 같은 것으로 위쪽 뇌와 결합된 이 작은 신체기관을 보면서 소형 뇌로 여겼다. 오늘날에도 이 같은 생각이 아주 터무니없어 보이지 않는다. 하비 쿠싱(Harvey Cushing)은 이렇게 말한다. "잘 숨어 있는 이 작은 것에 원시적인 존재의 원동력이 들어 있다. 말하자면 성장과 감정, 생식의 힘들이 거기에 있다는 뜻이다. 이 원동력 위에 인간은 억제의 피질(皮質)을 다소 성공적으로 포개놓았다." 허버트 에반스와 미리엄 심슨(Miriam Simpson)은 뇌하수체의 일부 세포들과, 성장과 성적 발달의 관계를 밝혀냈다.

"창조의 샘"이라 불려왔던 갑상선은 알려진 것처럼 예술적이고 지적인 모든 종류의 창조적 활동에 근본적이지 않아도 생식에 근본적이다. 갑상선의 분비물인 티록신(합성하는 방법으로 인공적으로 만드는 것이 가능하다)은 전반적인 영양 작용에 서서히 점진적으로 영향을 미친다.

부신에서 나오는 아드레날린(이것도 합성해서 만들 수 있다)은 심장과 혈관, 간, 침샘, 창자, 동공, 비장에 보다 빨리 영향을 미친다. 아드레날린은 이처럼 광범위하게 영향을 미치지만, 투어네이드(Tournade)가 보여준 바와 같이, 아드레날린의 분비 자체는 신경계에 좌우된다.

내분비 기관들은 서로 영향을 미칠 수 있다. 갑상선을 제거하면 뇌하수체가 확장될 수 있다. 반면에 동물의 경우에 초반에 뇌하수체를 제거하면 갑상선을 정지시킬 수 있다. 갑상선은 부신을 자극하고, 부신은 간 세포들을 자극하여 글리코겐을 혈액 속으로 방출하게 하고, 이것이 췌장을 자극하여 인슐린의 분비를 증대시키도록 한다.

뇌하수체의 앞부분은 다시 3가지 호르몬을 내놓는 것 같다. 한 호르몬은 성장을 촉진시킨다. 다른 한 호르몬은 성숙 난포(Graafian Follicle)[5]의 성숙을 야기하고, 성숙 난포는 에스트린을 만들어내고, 이 에스트린은 자궁에 변화를 일으키며 수정란을 받도록 한다. 세 번째 호르몬은 난자의 착상을 위해서 자궁을 추가로 변화시킨다. 에스트린(여러 이름으로 불린다)은 실질적인 중요성을 특별히 지니는 난소 호르몬이다. 이 호르몬이 자궁에 존재하는지 여부가 존덱-아쉬하임(Zondek-Aschheim) 임신 테스트의 바탕이다.

....
5 난소 안에 성숙한 난자와 액체가 있는 공간으로 배란기에 파열하면서 난자를 배출한다.

내분비물의 작용과 약품의 작용은 서로 아주 비슷하다. 에드워드 앨버트 샤피-샤퍼(Edward Albert Sharpey-Schafer)는 '호르몬'이라는 용어를, 자극하는 영향을 가진 내분비물에만 쓸 것이다. 그는 이와 반대로 억제의 효과를 발휘하는 내분비물을 '칼론'(chalone)이라고 부를 것이다. 그는 두 가지를 뭉뚱그려서 '오타코이드'(autacoids)라고 불렀다. 그것들이 몸 자체에 의해 만들어진, 약품 같은 원리들이라는 뜻이다.

이젠 생리적 현상을 신경 조절뿐만 아니라 화학적 조절로도 정의해야 한다는 것이 분명히 드러났을 것이다. 우리는 또 두 가지 조건이 모두 정신적 현상의 맞은 쪽이라는 것을, 그리고 화학적 조절이 신경 조절보다 더 활발하다는 것을 보고 있다.

우리는 육체 안에 많은 수의 물질이 존재하고 있다는 사실을 깨달아야 한다. 이 물질들은 매우 섬세하면서도 대단히 막강하며, 생화학적 약이라고 불릴 수 있다. 이 물질들에 대한 지식이 늘어날수록, 그것들의 중요성도 더욱 커진다. 그렇다고 해서 생화학 분야의 용어를 심리학으로 끌어들이는 것은 정당화되지 않는다. 조직학[6]의 용어를 심리학으로 끌어들이려는 시도는 실수였다는 것이 오래전에 확인되었다. 생화학 용어를 심리학으로 도입하려는 시도도 마찬가지로 실수일 것이다. 호르몬 또는 칼론이 육체적인 측면에서 감정을 낳는 데 관여했다 하더라도, 감정은 어디까지나 감정으로 남는다.

....
6 동식물 조직의 구성과 구조를 그것들의 기능과의 연관 속에서 다루는 생물학의 한 분야이다.

성충동의 본질

성적 발달을 이루기 위해 함께 작용하는 유기체의 활동들의 생리적인 측면에서 빠져나오면서, 우리가 여기서 관심을 두고 있는 정신적 현상으로 표현되는 섹스의 생물학적 과정에 대해 포괄적인 관점을 얻는 것이 반드시 필요하다.

정말로, 섹스 과정의 정신적 측면에 관한 이론으로 널리 받아들여지고 있는 것은 전혀 없다. 옛날의 믿음에 따르면, 성충동은 단순히 배출 욕구의 표현에 지나지 않는다. 장(腸)과 방광에서 주기적으로 경험하는 그 배출 욕구와 비슷하다는 것이다.

그 같은 믿음은 부정확하고 오도하는 견해였다. 남자의 정액은 배설할 폐기물이 아니며, 여자는 배설을 위한 성적 욕구 비슷한 것조차도 거의 보여주지 않는다. 언젠가 제기된 이보다 더 믿을 만한 이론은 성충동을 "생식 본능"으로 정의했다. 그러나 엄격히 말하면 생식 본능 같은 것은 없으며, 자웅동체의 경우엔 생식 본능이 필요하지도 않다. 필요한 것이라곤 수컷과 암컷이 수정을 이루는 방향으로 함께 모이게 하는 운동 충동뿐이다. 수정이 성취되기만 하면, 후손의 미래는 모성과 부성 충동에 가해지는 자극에 의해 보장된다. 생식 본능 같은 것은 전혀 필요하지 않다.

사회 심리학을 다룬 책 중에서 가장 널리 읽혔던 윌리엄 맥두걸(William McDougall) 교수의 『사회 심리학 입문』(Introduction to Social Psychology)은 섹스를 전혀 다루지 않다가("생식 본능"에 대해 언급하는 선에서 그쳤다) 1914년에 8쇄가 나올 때에야 "섹스 본능"이라는 장을 보충했다. 이 책에서 섹스 본능은 하나의 콤플렉스로, 말하자면 세 부분으로 이뤄진, 선천적인 정신적, 육체적 경향으로 정의되고 있다. 각 부분은 우리가 모든 완전한 정신적 또는 심리-육체적 과정에서 확인하는 3가지 양상, 즉 인지적, 감정적, 능동적 양상들 중 하나를 촉진한다. 이 세 부분을 우리는 신경의 기능과 구조라는 관점에서 지각 부분과 중추 부분, 운동 부분이라고 부를 수 있다.

맥두걸 교수는 인지적 측면에 종의 행복이 요구하는 바에 따라 사물을 지각하고 구분하려 하는 그런 타고난 경향이 있다고 지적한다. 말하자면 이성(異性)을 구분하는 능력이 있다는 뜻이다. 보다 높은 종의 경우에 이 능력은 성행위에서 완전한 적응을 보장해 줄 일련의 반응들을 수반한다.

맥두걸 교수 본인이 언급하듯이, 그의 정의는 모든 본능들에 제시할 정의이며, 그는 본능들을 "어느 한 종의 모든 구성원에게 공통적인, 정신의 타고난 특별한 경향들"로 정의하고 있다. 이 정의는 사실 양성(兩性)의 접근과 결합의 과정에 일어나는 것을 이해하는 데엔 거의 아무런 도움을 주지 않는 일반적인 진술이다.

앙리 피에롱(Henri Piéron)을 비롯한 많은 전문가들이 여전히 본능이라는 단어를 고수할 것이지만, 이 맥락에서 "본능"이라는 단어의 사용을 최대한 피하려 하는 경향이 있다. 나도 이 경향을 오랫동안 따르고 있다. "본능"이라는 단어를 쓰는 것 자체가 바람직하지 않을 수 있다. 본(Bohn)이 말하듯이, 이 단어는 타협적인 역사를 갖고 있으며, 허버트 스펜서(Herbert Spencer)의 정의에 따르면, 이 단어는 일반적인 목표로 쓰이는 경우에 "복합적인 반사 행동"으로 여겨지지만, 이 단어의 의미에 대해 완전한 합의가 아직 이뤄지지 않은 상태이다. 또 본능에 의식이 수반되는지 여부에 관한 질문도 여전히 비본질적인 것으로 여겨지고 있다.

생물 심리학자들은 자크 로엡(Jacques Loeb)의 영향을 받은 사람들뿐만 아니라 대체로 에티엔느 콩디야크(Etienne Condillac)의 입장으로 돌아가면서 "본능"이라는 단어를 사용하길 기피하는 경향을 보인다고 할 수 있다. 이런 전문가들은 우리가 접하게 되는 자동적인 정신 과정을 분석하는 것이 우리의 임무라고 말한다. 너무나 다양하고 불행한 연결들을 갖고 있는 단어를 자동적인 정신 과정에 사용함으로써 그 정신 과정을 분석하는 작업 자체를 더욱 어렵게 만들어서는 안 된다.

나는 언제나 본능이라는 단어보다 훨씬 덜 의문스런 용어인 "충동"을 선호했다. 프로이트가 언급한 바와 같이, "충동은 사실 '본능'의 핵심"이다. 따라서 우리는 섹스를 "본능"으로, 보다 구체적으로 "생식 본능"으로 논의하는 것 자체를 그만둘 수 있다.

"생식 본능"이라는 표현은 조잡한 완곡어법에 지나지 않는다. 충동은 간접적으로 영향을 미칠 수 있는 목적을 언급하는 것만으로는 절대로 분석되지 않는다. 우리는 오직 성충동과 그것을 분석하는 일에만 관심을 둘 것이다.

성충농 분석이라는 문제는 1897년에 알베르트 몰(Albert Moll)이 성충동에 관한 기질 이론을 제기했을 때 보다 높은 기반 위에 놓이게 되었다. 몰이 이해하고 있었던 바와 같이, 성충동에는 두 가지 요소가 있다. 한 가지 요소는 국부적인 생식기의 기능을 재촉한다. 이 기능은 남자의 경우에 정액의 배출이고 따라서 방광을 비우는 것과 비슷한 배설의 과정이다. 다른 한 가지 요소는 각 파트너가 상대방 파트너와 육체적, 정신적 접촉을 하도록 촉구한다.

몰은 첫 번째 요소를 '팽창 해소 충동'(impulse of detumescence)이라고 부르고 두 번째 요소를 '접촉 충동'(impulse of contrectation)이라고 불렀다. 이 두 가지 구성 요소들의 기원은 생식샘들로 거슬러 올라갈 수 있다. 첫 번째 요소는 일차적이고 두 번째 요소는 이차적이지만, 두 가지 요소들은 뚜렷하며 각 요소는 별도로 존재할 수 있다. 이 두 가지 요소들이 결합한 것이 정상적인 성충동이다.

몰의 분석은 과학적이고 포괄적인 진술로서 강력히 추천할 만하며, 따라서 그의 분석은 널리 받아들여지고 있다. 그러나 그의 분석도 몇 가지 문제를 안고 있다. 예를 들어, 그 분석은 여자들에게 적용하는 경우에 남자들에게 적용할 때보다 덜 만족스러워진다. 로베르트 뮐러(Robert Müller)와 조르주 생-폴(Georges Saint-Paul) 등 일부 사람들이 지적했듯이, 그의 분석은 섹스의 과정을 나눈다는 단점도 있다.

이런저런 어려움을 피하기 위해서, 나는 성 선택이라는 찰스 다윈(Charles Darwin)의 이론 중에서 논란의 여지가 가장 적은 부분의 도움을 받아 몰의 이론을 다소 수정했다.

일반적으로 동물들 사이에, 그리고 미개 상태의 인간들 사이에 일어나는 섹스 과정을 들여다보면, 팽창 해소로 시작할 수 없다는 점을 금방 깨달을 수 있다. 팽창 해소가 일어날 수 있기 전에 먼저 팽창이 성취되어야 한다. 가축들과 문명화된 인간의 경우에 팽창은 종종 쉽게 일어난다.

그러나 자연 상태에서는 그 과정이 언제나 그렇게 쉬운 것은 아니다. 자연 속에서 그것은 수컷 쪽에서 많은 활동과 과시를 보여야 하고, 암컷 쪽에서 오랫동안 숙고하고 고려한 뒤에만 성취할 수 있는 일이다. 이 과정에 암컷과 수컷이 취하는 행동이 둘 모두에게 팽창을 높이게 된다. 육체적이든 정신적이든 "접촉"은 단순히 팽창을 강화하는 것이 목적이고 그 과정의 일부로 여겨질 수 있다.

성 선택이 끝나고 사랑의 결정화(結晶化)(스탕달(Stendhal)의 표현이다)가 정성들여 이뤄지고, 정상적이든 비정상적이든 개인의 에로틱한 상징들이 결정되는 것은 팽창의 느린 과정 동안이다. 그럼에도 팽창 해소가 전체 드라마의 목적이고 절정이다. 팽창 해소는 분명히 해부학적이고 생리학적인 과정이지만, 매 지점에서 불가피하게 심리를 건드리는 과정이다. 정말로, 팽창 해소가 팽창 과정의 핵심이다. 팽창 해소 때 일어나는 일을 아주 정확하게 파악하는 것이 전제되지 않는다면, 성충동에 대한 심리학적 분석은 애매하고 부적절할 수밖에 없다.

팽창 해소는 보통 팽창과 밀접히 연결되어 있다. 팽창은 연료의 지속적인 축적이고, 팽창 해소는 모든 것을 삼키는 불꽃에서 빠져나오는 것이다. 이 불꽃으로 생명의 햇불이 붙여져 세대를 이어 전해신다. 전체 과정은 이중적이면서도 하나이다. 그 과정은 무거운 것을 들어 올려 어떤 말뚝 위로 떨어뜨림으로써 그 말뚝을 땅 속 깊이 박는 과정이나 비슷하다.

팽창이 이뤄지는 동안에, 생명체는 서서히 흥분하고 힘이 축적된다. 팽창 해소의 행위에서, 축적된 힘이 방출되고, 이 힘의 방출에 의해 정액을 품고 있는 매개물이 깊이 들어간다.

한 여자가 어느 남자로부터 성적 접근을 받을 때 일어나는 팽창 과정을 표현하는 용어인 구애(求愛)는 일반적으로 매우 긴 과정이다. 그러나 성교 행위가 반복될 때마다 양측이 똑같이 정상적으로 효과적으로 수행하기 위해서는 당연히 이와 비슷한 이중적인 과정이 요구된다는 사실을 언제나 기억할 필요가 있다. 팽창 해소엔 약식일지라도 구애가 반드시 선행되어야 하는 것이다.

익숙해진 성교 행위의 반복에서도 팽창을 보장하거나 강화하는 이 약식의 구애는 주로 촉각으로 이뤄진다. 팽창이 감각적 자극의 영향을 받아 팽창 해소가 일어날 절정을 향해 나아갈 때, 육체의 현상은 성기 쪽으로 더욱더 집중된다. 처음에 거의 신경과 관련 있고 정신적이었던 과정이 이제 특별히 혈관과 연결된다.

성관계는 살갗에 아주 뚜렷하게 나타난다. 성관계 자체를 다양한 방식으로 보여주는, 피부 충혈이 드러나는 것이다. 얼굴은 붉어지는 경향을 보이며, 성기에도 그와 똑같은 현상이 일어난다. "발기는 페니스가 얼굴을 붉히는 것"이라는 말도 있다. 차이는 성기에 나타나는 이런 고조된 혈기가 성취할 구체적인 일을 갖고 있다는 점이다.

남자의 성기가 발기하는 것은 여자의 그 부위 속으로 들어가기 적절하게 준비하는 것이다. 따라서 페니스에는 특별한 종류의 혈관 메커니즘이 발달했으며, 이 메커니즘은 발기 조직이라 불리는,

근(筋) 없는 근육 조직을 가진 결합 조직 속의 혈관들로 이뤄져 있다. 남자의 성기에 일어나는 이 과정은 중심 쪽으로나 말초 쪽으로 작동할 수 있다.

팽창 과정에 가득 차며 부풀어 오르는 발기 조직을 갖고 있는 것은 남자만이 아니다. 여자도 외부 생식기 부위에 마찬가지로 발기 조직을 갖고 있으며, 지금 이 조직은 피로 가득하며 그녀의 파트너에게서 일어나고 있는 것과 똑같은 변화가 일어나고 있다. 다만 눈에 두드러지지 않을 뿐이다.

고릴라 같은 유인원의 경우에, 성적으로 흥분할 때 커다란 클리토리스(음핵)와 음순이 두드러져 보인다. 그러나 인간 여자의 경우에 클리토리스의 발달이 덜한 반면에 불두덩이 특별히 진화되어 있어서 이 성적 팽만이 실은 눈에 잘 보이지 않는다. 그래도 팽팽해진 부위를 손으로 만져보면 팽창이 확인된다. 자궁을 포함한 여자 성기의 관(管) 전체는 혈관이 아주 많으며, 성적 흥분이 일어나며 팽창이 강화되는 동안에 일종의 발기 같은 것을 할 수 있다.

여성의 발기 과정은 액체의 방출을 수반하며, 이 액은 질 입구 주위의 외음부의 모든 부분을 엄청난 양으로 적신다. 액은 부드럽고 냄새가 없는 점액이며, 일상적인 상황에서고 그 부분들을 서서히 본인이 자각하지 못하게 덮는다. 그러나 정말로 액체의 사출(射出)이 일어난다. 흔히 묘사되듯이, 질 입구에 위치한 샘들에서 많은 액체가 나오는 것이다. 이 샘들은 출생할 때부터 이미 분비할 수 있다.

고도의 팽창에 도달할 때마다 이런 식으로 분출되는 액체는 팽창 해소가 시작되기 전에 성기의 관 입구를 매끄럽게 하여 남자의 성기가 들어오는 것을 용이하게 하는 중요한 기능을 수행한다. 태아의 머리가 나오도록 하기 위해 똑같은 부위들이 늘어나는 때인 분만 동안에도 이와 비슷한 과정이 일어난다. 팽창 과정에 점액의 흐름이 일어나는 것은 언제나 그 과정이 실제로 뇌의 센터들에게 영향을 미치고 있다는 것을, 관능적인 감정이 존재하고 있다는 것을 암시한다. 따라서 그 점액은 사랑의 기술에서 대단한 중요성을 지닌다.

남자와 여자에게서 똑같이 발기가 완전히 일어날 때, 마침내 접합의 조건이 완성된다.

이 지점에서 여자가 처녀일 때, 처녀막의 문제가 나타난다. 고대에는 이 얇은 피부막이 여자의 상태를 결정하는 데 엄청난 중요성을 지니는 것으로 여겨졌다. 처녀막의 존재 여부가 미혼 여자의 도덕적 성격을 결정하는 기준이 되었던 것이다. 여자의 미덕이 단순히 해부학적 바탕에 근거할 수 없다는 사실 외에도, 처녀막이 그 같은 중요성을 유지할 수 없는 이유는 많다.

처녀막의 모양과 크기도 당연히 아주 다양하다. (질 자위뿐만 아니라) 다양한 사건들도 처녀막이 사라지도록 할 수 있다. 그런 한편 처녀막이 성교를 한 뒤에도 계속 남아 있는 경우도 있다. 심지어 매춘부들에게서도 처녀막이 확인되는 사례가 있다.

첫 성교 행위에서 처녀막이 파열되는 경우에 고통과 불편을 야기할 수 있다. 이따금 처녀막이 단단해서 관통에 어려움을 야기하기도 한다. 그런 경우에 약간의 절개가 필요할 수 있다. 여자 본인이 손가락으로 처녀막에 압박을 가하라는 식의 권고도 있었다. 일부 민족들 사이에선 위생적인 이유나 미래에 성교를 용이하게 하기 위해 어머니가 딸이 어릴 때 손가락을 집어넣어 딸의 처녀막을 파괴하기도 한다. 이 관행에 대해선 앞으로 논하게 될 것이다.

　모든 동물의 경우에, 심지어 인간과 아주 가까운 동물들 사이에도 성교는 수컷이 암컷에게 뒤에서 접근하는 방식으로 이뤄진다. 인간의 경우에 남자가 접근하는 정상적인 방법은 여자와 얼굴을 마주보는 것이다. 소위 '베누스 오브세르바'(Venus observa)[7] 체위다. 그러나 '베누스 오브세르바'가 특별히 인간적인 성교 방법으로 여겨질 수 있지만, 그것의 변형들도 있으며, 동물들의 체위에 보다 가까운 다른 방법들이 다양한 민족들에게 민족적 관습으로 채택되어 왔다. 따라서 그 방법들도 정상적인 변형의 범위 안에 포함된다. 그런 방법들을 부도덕한 도착으로 여기는 것은 잘못이다.

　여기서 새로운 요소가 나타난다. 근육의 활동이다. 대개 본인의 의지와 상관없이 일어나는 근육 활동의 시작과 함께, 팽창 해소가 일어나기 시작한다. 그리하여 목적을 열렬히 추구하던 행위가 특별한 노력을 기울이는 경우를 제외하곤 사실상 폐지된다. 이 단계에서 사람들은 결정적인 순간에 다가선다. 질과의 마찰에 의해 페니스에 가해진 자극의 영향을 받는 가운데, 요도로 쏟아진 정액의 압력이 척추 아랫부분과 골반신경총에 위치한 사정 센터들을 자극하고, 그에 따라 요도를 둘러싸고 있는 구해면체(球海面體) 근육

....

7 '선교사 체위'라고도 불린다. 여자가 등을 바닥에 대고 눕고 남자가 위에서 여자를 정면으로 보는 자세다. 이 용어는 지금은 잘 쓰이지 않는다.

이 리듬감 있게 경련을 일으키면서 수축한다. 바로 사정이 일어나는 때이다.

성교의 현상들은 간접적으로나 직접적으로 두 가지 집단으로 나뉘질 수 있다. 첫 번째 집단은 순환계와 호흡계이고, 두 번째 집단은 운동계이다. 그럼에도 두 집단이 정말로 분리 가능한 것은 아니라는 점을 알고 있어야 한다. 호흡이 빠르고 얕으며 어느 정도 멈추기도 한다. 호흡의 멈춤은 혈액이 정맥 쪽으로 흐르게 하고, 따라서 혈관 운동 중추를 자극하는 것을 돕는다. 그렇게 함으로써 전반적으로 육체의 혈압을, 구체적으로 발기 조직의 혈압을 높인다.

고혈압은 팽창 해소 상태의 가장 두드러진 특징 중 하나이다. 푸셉(Poussep)에 따르면, 동물들의 경우에 성교 중에 뇌와 혈관계에서 혈관 수축과 혈관 확장이 빠른 속도로 번갈아 일어난다. 심장 박동이 더 강해지고 빨라지며, 살갗 표면의 동맥이 더욱 뚜렷해지고, 눈의 결막이 빨개진다. 동시에 샘의 활동이 전반적으로 일어나는 경향이 있다. 다양한 분비물이 풍부하게 형성된다. 피부가 전반적으로 활동하면서 냄새나는 물질을 분비하고 땀이 많이 난다. 타액 분비도 일어난다.

더욱 많아진 여자의 분비물에 부응하면서, 남자에게서도 팽창의 막바지 단계에 점액의 분비가 일어난다. 이 점액은 요도구에 방울로 맺히며, 요도 쪽으로 열려 있는 리트레(Littré) 샘과 쿠퍼(Couper) 샘에서 나온다. 이 현상은 그 의미를 깨달은 옛날의 신학자들 사이에 '증류'(distillatio)라 불렸다. 신학자들은 그것을, 정액과 뚜렷이 구분되지만 정신이 관능적인 이미지에 푹 빠져 있다는 것을 암시하는 것으로 받아들였다. 그것은 고대 그리스와 로마 시대에도 알려져 있었다. 보다 최근에는 그것이 종종 정액과 혼동되었으며, 따라서 그것이 신경이 예민한 사람들에게 쓸데없는 불안을 야기했다. 신장에서도 분비물이 증가하고, 아마 육체 전반에 걸쳐서 샘들이 분비물을 증대시킬 것이다.

운동계의 작용이 팽창 해소에 핵심적인 요소다. 왜냐하면 이 작용이 없을 경우에 정세포가 난세포 가까이 효과적으로 운반되지 못하고, 따라서 자궁 안으로 나아가지 못하게 되기 때문이다. 이 작용은 특별히 성적일 뿐만 아니라 일반적이기도 하다.

수의근(隨意筋)의 힘에 증대가 일어나지 않아도, 아니 수의근의 힘이 줄어들 때에도 다소 무의식적인 운동이 일어나는 경향이 있다. 불수의근(不隨意筋)이 작용을 확산시키려 하는 경향은 팽창 해소와 관련해서 일어나는 방광의 수축에 잘 드러나고 있다. 이런 경향은 남자와 여자에게 똑같이 일어나지만, 남자들의 경우에 발기가 보통 방광을 비우는 일에 기능적 장애를 일으킨다. 여자들의 경우에는 오줌을 배출하려는 욕망이 일어날 뿐만 아니라 실제로 오줌을 배설하는 일도 벌어진다. 몸을 떠는 경향과 목구멍 압박감, 재채기, 내부 가스 방출 등 다양한 현상들이 가끔 팽창 해소와 관련해서 일어난다. 이것들은 운동계의 장애가 광범위하게 일어난다는 점을 보여주는 증거이기도 하다.

이보다 더 중요한 것은, 또 더욱 합목적적이면서 불수의(不隨意)적인 것은 특별히 성적인 근육의 운동들이다. 팽창 해소의 시작 단계에서부터, 이 근육 작용은 뚜렷이 느껴진다. 남자들의 경우에 이 운동이 꽤 명백하고 상당히 단순하다. 정액이 정낭에서 나와서, 마찬가지로 중요한 전립선액과 함께 섞여 요도를 따라 나아가야 하며, 최종적으로 요도구에서 어느 정도의 힘으로 발사되어야 한다. 정상적이라면, 질의 접촉과 마찰에 의한 자극의 영향을 받는 가운데, 이 과정은 주로 구해면체근의 리듬감 있는 수축에 의해 효과적으로 실행되며, 정액이 순간적으로 분출된다.

여자의 경우에 특별히 성적인 근육 작용이 눈에 덜 드러나고, 더 모호하고, 더 복잡하고 더 불확실하다. 팽창 해소가 실제로 일어나기 전에, 자궁벽의 수축이 시간적 간격을 두고 불수의적으로, 규칙적으로 일어난다. 그 목적은 남자의 신체 기관에서 시작하려는 것들을 자극함과 동시에 조화를 이루기 위함인 것 같다. 이 주기적인 수축은 꽤 일정하게 일어나는 어떤 현상을 과장되게 표현하는 것 같다. 이는 방광에선 약간의 수축이 언제나 이뤄지고 있는 것이 정상인 것과 똑같다. 팽창 해소 직전에 꽤 뚜렷해지고 또 주로 외음괄약근(남자의 구해면체근과 비슷하다) 때문에 일어나는 질의 수축은 국부에 일어나는 근육 작용의 일부에 지나지 않는다.

팽창 해소의 순간에 여자의 성기가 남자의 정액이 자궁으로 향하도록 하기 위해 적극적으로 참여한다는 것은 오랜 믿음이며, 이것은 자궁을 육체 안에 있는, 활동 능력을 부여받은 하나의 동물로 본 고대 그리스인들의 관점과 일치하지만, 현대 들어서 이뤄진 면밀한 관찰은 그런 적극적 참여를 뒷받침할 증거를 거의 발견하지 못하고 있다. 이 관찰은 대개 산부인과에서 이뤄지는 검사 동안에 우연히 일어나는 성적 흥분과 오르가슴의 결과물이다. 증거가 뒷받침되는 한도 안에서 말한다면, 여자들의 경우에 말이나 개 같은 동물들과 마찬가지로 오르가슴 동안에 자궁이 더 짧아지고 더 넓어지며 더 부드러워진다. 동시에 자궁은 간헐적으로 입구를 열면서 골반 쪽으로 더 아래로 내려간다.

자궁의 발기와 수축, 하강, 그리고 그와 동시에 일어나는 점액의 방출 속에서 여자들은 팽창 해소의 완성이라는 결정적인 순간을 맞는 것 같다. 그리고 여자들이 오르가슴을 느낀 뒤에 간혹 알게 되는 많은 점액은 그보다 앞에 있었던 투명한 분비물과 달리 이때는 자궁에서 나온다. 여자들의 팽창 해소에 대해, 일부 권위자들은 분비물의 분출에서 성취되는 것으로 보고 있고, 다른 권위자들은 주기적으로 일어나는 성기의 수축에서, 특히 자궁경부에서 일어나는 수축에서 성취되는 것으로 보고 있다.

그러나 성적 부위들은 팽창 수축의 마지막 단계에 이르기 전에 아주 긴 시간 동안 점액 속에 푹 빠져 있을 것이다. 그리고 리듬감 있는 수축도 다소 일찍 일어나고 있다. 그러나 오르가슴의 마지막 순간에 점액 분비와 주기적인 수축에 두드러진 증가가 필히 일어나는 것은 아니다.

여자들의 경우에 이런 것이 남자들에 비해 신경과 더 뚜렷이 연결되는 것 같다. 개인의 주관적인 차원에서 보면, 팽창 해소는 아주 명백하다. 긴장이 풀리고, 아늑한 휴식의 느낌이 따른다. 그러나 객관적인 차원에서 본다면, 절정의 순간을 딱 꼬집어 말하기가 쉽지 않고 그 순간이 남자처럼 반드시 운동계의 전반적 경련으로 나타나는 것도 아니다.

자궁이 팽창 해소에서 하는 적극적인 역할에 대해선 더 이상 의문을 품을 수 없지만, 그렇다고 해서 정자의 능동적인 운동을 부정해야 한다는 식으로 성급하게 결론을 내려서는 안 된다. 일부 권위자들이 믿고 있듯이, 정자가 여자의 신체 안에서 1주일 이상 활동성을 온전히 갖는다는 이론(이것이 일반적인 규칙인지에 대한 의문이 있다)이 옳다면, 정자는 에너지를 발휘할 시간을 아주 많이 갖는다. 그러나 정자가 질 속을 실제로 침투하지 않고 단순히 질 입구에 방출된다 하더라도, 그 정자가 난자에 닿는 과업에서 활용할 자원은 자신의 운동성밖에 없는 것은 아니라는 점을 덧붙여야 한다. 자궁이 팽창 해소에 능동적인 역할을 맡을 뿐만 아니라 질(膣)도 마찬가지로 능동적인 운동을 하기 때문에, 일부 여성들의 경우에, 그리고 일부 상황에서 자궁에 유리하게 작용할 그런 운동이 질의 외부 입구로 전달될 수 있다.

일부 권위자들은 또 특히 미개한 민족에 속하는 여자들의 경우에 질이 분만 동안에 아이를 밖으로 내보낼 때 일으키는 충동을 이용해 정액을 추방할 수 있고, 따라서 이 충동을 피임의 목적에 활용할 수 있다고 주장한다.

성적 흥분이 일어나는 동안에 남자의 정액과 여자의 질이 서로 함께 작용하는 덕분에, 정액은 질 입구에 뿌려진 상황에서도, 심지어 처녀막이 건드려지지 않은 때에도 자궁에 닿을 수 있다. 따라서 질 밖에 사정하는 것은 적절한 피임법이 아니며, 따라서 남편이 자기 아내와 '실질적인' 성교를 전혀 하지 않았다고 확신하고 있는데도 임신이 일어난다 해도, 그것이 간통이 있었다는 것을 뒷받침하는 증거가 절대로 될 수 없다.

특별히 성적인 근육의 작용이 요구되는 여자들의 팽창 해소가 꽤 분명할 수 있는 성적 흥분의 일반적인 근육의 현상과 뚜렷이 구분되는 것으로서, 복잡하고 모호해 보일 수 있다. 그럼에도 불구하고, 팽창 해소는 남녀 똑같이 서서히 축적된 신경의 힘을 방출하는 경련이다.

여자들의 경우에도 남자들과 마찬가지로 운동 방출은 구체적인 어떤 목적을 추구하고 있다. 그 목적이란 바로 한 쪽에서 정액의 분출을 일으키고, 다른 쪽에서 정액을 받는 것이다. 남녀 모두에게 똑같이, 성적 오르가슴과 그것이 야기하는 쾌감과 만족감은 가장 근본적인 요소로서 성적 영역의 운동계의 작용을 수반한다.

팽창이 완성될 때 얼굴 표정이 남자의 경우에 강력한 에너지가, 여자의 경우에 사랑스러움이 특징으로 꼽힐지라도, 팽창 해소가 시작되는 단계의 특징들은 다소 불안스러워 보인다. 동공 팽창, 콧구멍 확장, 타액 분비, 혀의 움직임 등이 감각적인 욕구의 충족이 가까워지고 있다는 점을 암시한다. 일부 동물들 사이에 이 순간에 귀가 쫑긋 서는 것도 의미심장하다. 아무 의미 없는 말이 튀어나오기도 한다. 동공 팽창은 광선 공포증을 낳으며, 이 때문에 팽창 해소의 과정에 눈이 자주 감긴다. 성적 흥분이 시작하는 시점에, 눈 근육의 탄력성이 증대되는 것 같다. 눈을 크게 보이게 하고 눈의 윤농성과 밝기를 높이기 위해서 위쪽 눈꺼풀의 거근(擧筋)이 수축한다. 눈 근육의 탄력성의 증대로 인해, 사시가 일어날 수 있다.

팽창 해소의 과정에 수반되는 신체 장기의 경련이 아주 깊기 때문에, 성교 뒤에 간혹 심각한 효과가 따를 수 있다. 동물들의 경우에도 이런 예가 관찰되었다. 인간 종, 특히 남자의 경우에 성교 뒤에 죽음뿐만 아니라 다양한 장애와 사건들이 일어나는 것으로 알려져 있다. 이런 결과들은 주로 팽창 해소 과정에 일어나는 혈관과 근육의 흥분 때문에 일어난다. 여자들이 이런 일을 덜 겪는 이유는 아마 팽창 해소가 남자에 비해 훨씬 더 느리게 진행되기 때문일 것이다.

첫 성교를 한 뒤에 젊은 남자들 사이에 졸도와 구토, 배뇨와 배변 같은 것이 무의식적으로 일어나는 것으로 알려지고 있다. 간질도 드물지 않게 기록되고 있다. 다양한 신체기관의 손상, 심지어 비장의 파열도 간혹 일어난다.

장년기 남자들의 경우에 동맥이 가끔 높은 혈압을 견디지 못하며, 마비를 동반하는 뇌출혈이 일어나기도 한다. 그보다 나이가 더 많은 남자들의 경우에 젊은 아내나 매춘부와의 성교가 가끔 죽음을 부른다.

그러나 그런 결과들은 예외적이다. 그런 일은 비정상적으로 민감한 사람들이나 성적 위생의 원칙을 무분별하게 위반하는 사람들에게 일어나기 쉽다. 팽창 해소는 아주 깊은 곳에서 일어나는 자연스런 과정이다. 팽창 해소는 생명체의 한 기능으로서 대단히 깊이, 그리고 대단히 친밀하게 일어난다. 그렇기 때문에 팽창 해소는 육체적 상태가 건강하지 않을 때에도 대체로 전혀 아무런 피해를 입히지 않는다.

좋은 상황에서 일어나는 팽창 해소의 일반적인 결과들은 전적으로 이롭다. 팽창의 오랜 긴장으로부터 풀려남에 따라, 그리고 근육이 편안하게 쉬고 혈압이 떨어짐에 따라, 남자들은 깊은 만족감과 전반적인 행복감, 나른한 권태, 어떤 강박으로부터 정신적 해방 같은 것을 느낀다. 꽤 행복한 상황에는 고통이나 소진, 슬픔, 감정적 혐오 같은 것은 전혀 없다.

여자들에게도 팽창 해소의 결과는 똑같다. 단지 그 행위가 몇 번 반복되지 않은 이상 나른한 느낌이 그렇게 두드러지지 않다는 것만 다를 뿐이다. 휴식의 느낌도 있고 자신감도 생기며, 종종 자유롭고 즐거운 에너지로 충전하는 느낌도 있다. 만족스런 팽창 해소가 있은 뒤에, 여자들은 몇 시간 동안 중독의 느낌을 경험할 수 있다. 거기엔 해로운 결과는 전혀 따르지 않는다.

따라서 팽창과 팽창 해소는 서로 뚜렷이 구분되는 두 개의 과정이 아니라 두 가지 양상을 가진 하나의 과정이라는 것이 확인되었다. 그 과정은 오르가슴의 행위에서 유기체를 방전시키기 위해서 자연이 그 유기체를 고도로 충전시키는 방법을 나타내고 있다. 이 오르가슴의 행위는 생식 세포들을 해방시킴과 동시에 그 세포들을 결합시킴으로써 생식이라는 최고의 목표를 성취한다. 이 목적이 저지당할 때에도, 오르가슴의 행위는 유기체 전반을 통해서 육체적으로나 정신적으로 유익한 변화를 이루게 된다.

성감대

이것은 팽창 과정에 성적으로 극도로 예민해지는 육체의 부위들에 붙여진 이름이다. 일부 부위는 건강한 모든 사람의 경우에 평소에도 극히 예민하다. 육체의 다른 부위들도, 그러니까 육체의 표면 거의 모든 부위 또는 꽤 많은 부위도 특별한 경우에 매우 민감할 수 있다. 그 민감함의 정도는 시간에 따라 다르며, 감정적인 상태에 있는 경우에 당연히 더 커진다.

생식기 부위와 입, 그리고 여자들의 경우에 젖꼭지는 정상적인 성감대로 여겨진다. 귀와 목덜미, 남자들의 젖꼭지, 겨드랑이, 손가락, 항문, 허벅지도 드물지 않게 성감대이다.

성감대라는 개념은 "공감"이라는 오래된 관점에서 비롯된 것으로 전해진다. 성감대는 병리학 영역에서 장 마르탱 샤르코(Jean-Martin Charcot)가 압박을 가하는 경우에 격정적인 발작을 낳기도 하고 중단시키기도 하는 '히스테리 발생 부위'가 있다는 사실을 발견했을 때 세상에 처음 소개되었다. 그 부위는 처음에 난소였다가 나중에 더욱 넓어졌지만, 샤르코는 그것들과 성적 감정을 연결시키지 않았다.

그러나 1881년에 파리의 에르네스트 샹바르(Ernest Chambard)가 정상적인 조건에서, 특히 여자들의 경우에 살갗에, 간질을 유발하는 센터들과 비교할 만한 부위들, 말하자면 성감대라고 부를 수 있는 부위들이 있다는 사실을 보여주었다. 이 부위들은 가벼운 자극에도 급속도로 흥분되었다. 이 부위들은 어떤 조건에서 관능적인 감정을 야기할 뿐만 아니라 오르가슴을 준비하고 결정하거나 수반했다.

훗날 샤를 페레(Charles Féré)도 우연히 이런 관찰을 했으며, 그곳이 샤르코의 히스테리 발생 부위와 비슷하다는 점에 주목하면서 그곳을 "성감대"라고 불렀다. 그러나 앞에서 본 샹바르는 이 연결을 간과했다. 이날 이후로 그곳의 이름은 언제나 성감대라는 이름으로 불렸다.

정상적인 경우에 성감대인 곳이 비정상적인 사람의 경우에 히스테리 발생 부위가 되는 것으로 오늘날 널리 알려져 있다. 그렇다면 성감대와 히스테리 발생 부위 사이에 유사성 그 이상의 무엇인가가 있다고 할 수 있다.

그 부위들은 프로이트에 의해 철저히 연구되었다. 프로이트는 리비도의 첫 번째, 즉 자기 성애의 단계를 성충동이 전혀 아무런 대상을 갖지 않는 단계로 묘사했다. 그래서 성충동의 목적이 성감대 안에 억제되고 있다. 한편 사춘기가 지나면 더욱 분명한 성적 목적이 등장한다. 그래서 삶의 초기에 홀로 얻었던 '쾌감'이 이젠 더 큰 쾌감으로 나아가는 단계가 되었다.

이런 식으로 본다면, 성감대가 정상적인 성생활의 중요한 부분을 차지하고 있다는 것이 확인된다. 성감대는 사랑의 완전한 희열을 가르치는 교육에서 당연히 어떤 역할을 하게 되어 있다. 모든 여자는 나름대로 뚜렷하거나 잠재적인 성감대를 갖고 있다. 성적 결합의 과정에서 당연히 그 첫 단계를 이루는 팽창을 성취하기 위해서 이 성감대를 발견하고 발달시키는 것은 구애에 나선 연인이

해야 할 일이다.

일반적인 패턴은 사람마다 다 똑같을지라도, 기질은 사람마다 다 다르다. 성 선택의 요소들이 각자 모두 다른 것은 바로 이 기질 차이 때문이다. 촉각을 바탕으로 할 때, 서로 많이 다른 성감대도 아주 쉽게 드러난다.

구애의 생물학

적절히 이해한다면, 구애(求愛)는 두 개의 성이 존재하는 동물의 세계 전반에 걸쳐서 발견되는 생물학적 과정이다. 구애는 느리게 이뤄지는 팽창의 정신적인 측면을 나타내고 있다.

자웅동체인 민달팽이들 사이에서도 정교한 구애가 발견된다. 각 파트너는 상대방의 움직임을 서서히 따른다. 그들은 서로의 주위를 기어 다닌다. 한 쪽이 주둥이를 다른 쪽의 꼬리 끝에 댄다. 그러면서 둘은 많은 양의 점액을 방출한다. 마지막에 생식기들이 튀어나오고, 이 생식기들이 서로를 감는다. 그러면서 민달팽이들은 팽창이 완전히 이뤄질 때까지 아름다움 모양과 번뜩이는 색깔을 띤다. 그것은 자연의 세계 전반에 걸쳐서 관찰되는 어떤 과정의 표현이며, 그 과정의 정신적 측면은 심지어 고도로 발달한 문명에서도 그 흔적이 관찰된다.

구애의 현상들은 대단히 두드러진다. 세계의 많은 지역에서 다양한 종의 새들을 대상으로 구애에 관한 연구가 주의 깊게 행해졌다. 새들의 아름다운 깃털과 노래, 자기 과시, 행진, 댄스 등은 주로 구애의 일부(대부분의 권위자가 동의하고 있는 부분이다)이며, 그런 것들은 수컷의 내면에 짝짓기 충동을 일으키기 위한 자극임과 동시에 파트너로 찍은 암컷을 흥분시키는 방법이다.

이와 똑같은 영향은 인간의 문명에도 내려오고 있다. 네덜란드 헤이그에 사는 누군가는 마그누스 히르슈펠트(Magnus Hirschfeld)에게 세계 대전 동안에 영국군이 거기에 있을 때 네덜란드 소녀 몇 백 명이 영국 군인들의 멋진 보행 때문에 엄마가 되었다고 말했다. 이 보행은 영국군의 빠르고 경쾌한 걸음걸이를 가리킨다.

정말로, 문명 속에서는 성적 흥분을 비교적 쉽게 일으키는 게으름과 사치, 영양 과다, 그리고 가끔 거의 지속적인 팽창 때문에, 구애 현상이 훨씬 덜 중요하다. 그럼에도 구애 현상은 여전히 만연하다. 그 현상이 훨씬 더 다양하고, 섬세하고, 종종 정신적인 형태로 나타나긴 하지만 말이다.

구애 현상은 생물학적으로 동물과 미개인, 문명인, 특히 여자들의 경우에 성욕이 항상 표현되는 것이 아니라 주기적으로 표현되는 것이라는 사실과 연결되어 있다. 만약 성적인 기관들이 남녀 모두에서 단 한 번의 자극에도 쉽게 반응한다면, 구애는 최소한의 노력으로도 가능하고 팽창을 얻는 것도 전혀 어려운 일이 아닐 것이다. 그러나 오랜 기간 동안 성충동은 정지해 있으며, 구애는 성충동을 불러일으키려는 노력의 정신적 측면으로 여겨질 수 있다.

고등 동물들 대부분은 1년에 한 번 내지 두 번, 봄이나 가을, 아니면 봄과 가을에 번식기를 갖는다. 미개인도 가끔 이와 비슷한 번식기를 갖고 있으며, 세계의 다양한 지역에서 에로틱한 축제가 봄이나 추수 때 아니면 두 계절에 다 열리며, 이 축제 동안에 성적 결합이 일어나기도 하고 결혼이 행해지기도 한다.

모든 문명국가에서 나타나는 수태율의 주기성, 즉 수태율이 봄과 가끔 가을에 최고 수준에 오르는 경향은 동물들과 똑같은 원인으로 일어나는 원시적인 번식기의 흔적인 것 같다. 그 원인의 정확한 본질에 대해선 일치된 의견이 전혀 없다. 어떤 전문가들(에밀 뒤르켐(Émil Durkheim) 포함)은 이것과 비슷한 모든 주기성(예를 들면, 범죄율과 자살률)은 주로 사회적 원인 때문이라고 주장한다. 다른 전문가들(폴 가이데켄(Paul Gaedeken) 포함)은 봄에 가장 강한 태양의 화학선(線)들이 진짜 원인이라고 말한다. 또 다른 전문가들(존 베리 헤이크래프트(John Berry Haycraft) 포함)은 그 현상의 원인을 태양의 열기로 돌린다. 또 어떤 사람들은 그 현상을 이른 봄의 온기와 이른 겨울의 냉기에 자극을 받아 일어나는 것으로 보고 있다.

최근에는 문명국가의 남자들 사이에서도 여자들과의 관계와 상관없이 성적 주기성이 발견되었다. 금욕 생활을 하는 남자들의 몽정이 흥미로운 결론을 도출할 자료를 제공했다.

줄리어스 넬슨(Julius Nelson)은 1888년에 남자들에게 28일 길이의 성적 주기가 있다는 것을 뒷받침하는 증거를 처음으로 제시했다. 페리-코스트(Perry-Coste)는 더 오랜 기간에 걸쳐 정교하게 연구한 결과, 철저히 달을 기준으로 하는 주기(29일 반)를 받아들여야 할 이유를 발견했다. 그가 자신의 자료에서 끌어낸 결론은 논란을 불러일으켰다.

루시엔 폰 뢰머(Lucien Von Römer)는 미혼 남자의 성교 행위가 월주기를 보인다는 점을 보여줌으로써 무의식적 사정에서 나온 증거와 성교를 통한 사정에서 끌어낸 증거를 일치시키고 있다. 폰 뢰머의 결론을 보면 페리 코스트의 것과 비슷한 2개의 최고점이 있다. 폰 뢰머는 또 가장 높은 지점은 만월 때이고, 두 번째로 높은 지점은 신월 때라고 주장했다. 이것은 성적 활동이 가장 활발해지는 시기가 전 세계의 원시인들 사이에서 에로틱한 축제가 벌어지는 시기와 일치한다는 점을 보여준다. 그러나 여기서 이 결론들도 오직 잠정적일 뿐이라는 점을 덧붙여야 한다. 그 자료들에 대해 먼로 폭스(Munro Fox)를 비롯한 여러 전문가들이 이의를 제기했다.

무의식적인 성적 활동이 일요일이나 일요일 근처에서 정점에 달하는 그런 주일 주기를 보인다는 주장이 종종 제기되고 있다. 이것은 아마 사회적인 원인 때문일 것이다. 그러나 내가 1898년에 처음 보여 준 이후로 추가적인 증거로 계속 뒷받침할 수 있었던, 무의식적 성적 활동의 1년 주기에 대해선 그런 식으로 말하지 못한다. 이 증거는 자연발생적인 성적 행위가 증대되는 시기가 1년에 두 번 있다는 점을 분명히 보여주고 있다. 초봄에 한 번 있고, 가을에 한 번 있다. 가을의 시기가 종종 가장 활발한 것으로 확인되었다.

여자들의 무의식적 성적 행위가 1년 주기를 보인다는 점을 세부적으로 보여주는 증거는 아직 없다. 그러나 여자들의 경우에는 월경이 일어난다는 사실이 보여주듯이 성적 주기성이 아주 정상이고

뚜렷하다. 이 점에서 본다면 여자들이 남자들보다 훨씬 더 자연적
이다.

월경의 기원에 대해선 많이 논의되었다. 조수(潮水)의 영향을 받
으며 사는 열등한 유기체들은 달을 중심으로 하는 주기성을 보이는
것으로 여겨졌다. 그러나 이를 뒷받침하는 증거는 거의 발견되지
않는다. 조개들은 대체로 달의 영향을 받지 않는다. 그러나 수에즈
만에 있는 성게는 달을 따른다. 이 성게들은 달이 찰 때 커지고 달이
기울 때 작아진다. 성게들의 크기는 곤이 때문이며, 성게들은 만월
때 알을 낳는다. 동물학적으로 거리가 아주 먼 영향은 네발 동물까
지 확장할 수 없으며, 포유류들 사이에선 사람과 동류인 유인원들
이 나타날 때까지 월경의 주기는 시작조차 하지 않았다. 스반테 아
레니우스(Svante Arrhenius)의 제안(이 주제를 특별히 연구한 먼로
폭스에게 받아들여졌다)은 월경 주기의 원인은 전기 쪽이라는 것이
다. 그는 대기의 전기가 주기적으로 변한다는 점을 보여주었다. 이
주기는 달이 지구를 한 바퀴 도는 데 걸리는 시간인 $27\frac{1}{3}$일에 절정에
이른다. 그는 또한 출생 곡선에도 월주기 같은 것을 발견했다.

월경이 나타나기 시작하는 원숭이들을 보면, 월경이 보다 원시
적인 계절적 영향을 받는 것이 확인된다. 그래서 거의 한달 단위로
월경을 경험하는 원숭이들은 1년 중 어느 시기에만 새끼를 낳는
다. 이런 경향의 흔적은 인간 종에도 남아 있다. 암컷 동물이 일반
적으로 교미를 허용하는 때는 오직 발정기 동안뿐이다. 여자들의
경우에 성욕이 최고조에 달하는 시기가 월경 전후인 경향을 보이
지만, 특히 문명 속에서는 성욕이 더욱 분산되고 있다. 초기 권위자

들의 대부분은 월경 전이나 후에 성적 감정이 최고조에 달한다는 점을 인정했다.

예를 들면, 리하르트 폰 크라프트-에빙(Richard von Krafft-Ebing)은 그 시기를 월경 후에 두었다. 오토 아들러(Otto Adler)는 성적 감정이 월경 전과 후, 월경 동안에 고조된다고 언급했다. 코스만(Kossmann)은 월경 직후나 심지어 월경 후반부를 성교가 가장 필요한 시기로 보고 그때 섹스를 할 것을 권했다. 쥘 기요(Jules Guyot)는 월경 후 8일이 여자들의 성욕이 큰 시기라고 말했다. 런던 병원의 환자들을 대상으로 설문 조사를 하는 방법으로 근로 계층의 건강한 부인들의 성욕의 주기성을 연구한 해리 캠벨(Harry Campbell)은 그들의 3분의 2가 월경 전이나 후, 월경 동안, 혹은 3시기 모두에서 성욕이 커졌다는 것을 확인했다.

지금은 통계학적으로 보다 정확한 토대에서 실시한 설문의 결과들이 확보되어 있다. 한 예로, 캐서린 데이비스(Katharine Davis) 박사는 2,000명 이상의 여자들을 대상으로 성생활을 연구한 결과, 최고의 성욕이 거의 언제나 월경 2일 전부터 월경 후 1주일 사이에 일어난다는 것을 발견했다. 대부분의 연구원들과 달리, 데이비스 박사는 월경 후보다 월경 전에 성욕이 강해진다는 것을 확인했다.

길버트 해밀턴(Gilbert Hamilton)은 교육 받은 계층의 기혼 부인 100명을 조사한 결과, 성욕을 25명은 월경 직후에만, 14명은 월경 직전에만, 21명은 월경 직후와 직전에, 11명은 월경 도중과 월경 직전과 직후에 느꼈으며, 19명은 주기성을 전혀 보이지 않았고, 나머지 10명은 정보를 제공하지 않았다. 조사 대상이 된 부인의 숫자가 작지만, 연구는 면밀하게 이뤄졌다.

동물들 사이에 암컷의 얌전함은 성적 주기성을 바탕으로 대단히 원시적인 형태로 나타나는데, 여자들의 얌전함은 바로 그런 주기성과 관계있으며 구애의 한 근본적인 조건이다. 처음에 얌전함은 아직 발정기에 이르지 않은 암컷 동물이 성교를 거부하는 몸짓으로 여겨질 수 있다. 그러나 얌전함이 발정기와 겹치는 경향을 보인다. 그렇다면 암컷은 수컷에게 접근하다가 달아나기를 반복하거나, 수컷으로부터 원을 그리며 달아난다고 할 수 있다. 여기서 암컷의 교태가 확인된다.

얌전함은 처음에 주로 성적 거부의 몸짓인 한편으로 재빨리 다른 충동들과 결합하면서 최종적으로 인간의 경우에 다음과 같은 요소들과 결합하는 것으로 생각된다. 1) 여자가 남자의 접근을 원하게 되는 생식기에 있지 않을 때 보이는, 성적 거부라는 원시적인 동물적 몸짓. 2) 반감을 불러일으키지 않을까 하는 공포. 이 공포는 주로 생식기가 불쾌한 배설물을 배출하는 지점과 아주 가까운 곳에 위치해 있다는 사실 때문에 일어난다. 3) 성적 현상의 주술적 영향에 대한 두려움과 이 두려움에 주로 근거한 의식적(儀式的) 관행들. 이 두려움은 최종적으로 얌전함의 신호이자 수호자인 예의범절로 바뀐다. 4) 장신구와 의상의 발달. 이것은 남자의 성적 욕망을 억누르는 얌전함과 남자의 성적 욕망을 자극하는 교태의 효과를 낸다. 5) 여기에 간혹 여자를 재산으로 대하는 인식이 더해지면서 이미 보다 자연적인 사실들에 근거하고 있는 어떤 감정에 새로운 허가를 더한다.

이런 식으로 형성된 얌전함은 아주 원시적인 미개인들 사이에서도 형식은 크게 다를지라도 매우 막강한 동인으로 작용한다. 문화의 어느 단계에서도 얌전함이 반드시 의상의 착용을 수반하지는 않았다. 습관적으로 거의 또는 완전히 벌거벗고 사는 일부 야만인도 여전히 얌전함을 보인다.

한편, 현대적 삶에서 완전히 발가벗는 새로운 관습, 예를 들면, "나체주의"나 일광욕, 독일에 흔한 노출 문화도 얌전함을 손상시키지 않는다. 그러나 문명 속에서 얌전함의 효력이 떨어지고 있다. 얌전함은 부분적으로 하나의 의식(儀式)으로서, 또 부분적으로 예의 같은 것으로 지속되고 있지만, 그것은 하등 민족들 사이에서 누리는 매력적인 힘을 더 이상 발휘하지 못한다. 그럼에도 어쨌든 얌전함은 처음부터 끝까지 구애의 기본적인 조건으로 남아 있다. 얌전함에 따른 삼가는 태도와 지연이 없다면, 남녀 양쪽에서 팽창이 적절히 일어나지 못할 것이며, 여자는 자신의 호의를 얻으려는 희망자들의 자질을 테스트하면서 최고의 짝을 선택할 시간과 기회를 누리지 못할 것이다.

우선적 만남: 성 선택의 요소들

팽창의 과정은 다양한 감각들을 통해서 받은 자극적인 영향들에 의해 직접적으로나 간접적으로 성취된다. 알베르트 몰이 'contrectation'이라고 부른 그 과정은 정말로 한 이성으로부터 그런 식으로 정상적으로 받은 육체적 및 정신적 인상들의 총합이다. 성 선택은 이 인상들을 가장 적절하게 내보내는 사람을 선택하는 것이다.

"성 선택"이라는 용어를 사용하면서, 우리는 다윈의 진화론에 나오는, 원래 형태 그대로 받아들여지지는 않는 어떤 이론을 당연하게 받아들이는 것처럼 보인다. 우리는 특히 그런 선택이 미학적인 것으로 여겨지지 않는다는 점을 기억해야 한다. 중요한 것은 아름다움이 아니라 더 센 활력을 갖추거나 더 두드러져 보이는 것이다.

동물의 생활을 주의 깊게 연구하는 많은 학생들에게도 다윈의 성 선택이 동물들 사이에 과연 유효한가 하는 의문이 가시지 않고 있다. 바꿔 말하면, 짝짓기에 일어나는 그런 본능적인 선택이 생물학적으로 일부 성격들을 선택하고 다른 성격들을 거부함으로써 유전에 영향을 미칠 수 있는지가 의심스럽다는 말이다.

멘델이 제시한 유전적 요소들에 대한 지식이 최근에 크게 늘어나면서 성 선택 이론을 더욱 손상시키고 있다. 우리가 확실히 관심을 두고 있는 문제는 '우선적 짝짓기'이며, 이것은 성 선택의 문제를 민족적 유전과의 관계 속에서 보도록 만든다.

덜 선호되는 존재가 대체로 짝짓기에서 배제되고 있는지가 분명하지 않다. 하등 동물들 사이에서든 열등한 인간 종들 사이에서든 완전히 배제되는 자들의 숫자가 일반적으로 무시해도 좋을 만큼 작은 것 같다.

새들 사이의 구애는 종종 진지하고, 시간이 많이 걸리고, 매우 힘든 일이다. 그럼에도 거기서 다윈의 "선택"이 성취되고 있다는 것이 언제나 명확하지는 않다. 새의 생활을 아주 철저히 관찰하고 있는 학자인 엘리엇 하워드(Eliot Howard)는 딱샛과의 새들을 대상으로 한 연구서에서 그런 "선택"을 완전히 부정하지는 않았지만 선택의 범위와 의미에 대해 매우 주저하는 태도로 말하고 있다. 새의 생활에 대해 많이 아는 다른 권위자들도 마찬가지로 조심스런 입장을 보이고 있다.

아득한 옛날의 인간들 사이에선 우선적 짝짓기 때문에 선호되지 않는 사람들은 짝을 짓고 덜 선호되는 성격을 후손에게 넘겨주기가 정말로 어려웠을 수 있다. 바빌론 여자들 사이에선 평생에 한 번 밀리타르(Mylitta)[8]의 신전에서 매춘을 하는 것이 의무였는데, 헤로도토스(Herodotus)는 덜 매력적인 여자들은 남자의 선택을 받기까지 3, 4년은 기다려야 했을 것이라고 말하고 있다. 이와 똑같은 영향이 틀림없이 과거에 결혼에도 그대로 작용했을 것이다.

그러나 낮은 단계의 문화에서도 거의 모든 여자들이 조만간 임신하는 것 같으며(일부 관찰자들은 미개인들 중에서 매력적이지 않은 여자들도 임신하는 것이 확인되었다고 기록하고 있다), 따라서 선택의 지연은 덜 선호되는 성격을 후손에게 전달할 가능성을 줄이는 한편으로 민족적 선택도 제한될 것임에 틀림없다.

다윈이 말하는 성 "선택"의 가능성은 미래에는 정말로 빨리 일어날 수 있을 것 같다. 지금과 같은 문명의 단계에서도 아주 많은 수의 남자들과 여자들이 대개 이성에게 짝짓기 충동을 불러일으키지 못한다는 이유로 짝을 찾지 못한 상태로 남아 있다.

....
8 풍요의 여신 이슈타르의 다른 이름. 신전 매춘을 할 때엔 이 이름으로 했다.

62

만약 미래의 문명이 오늘날 매력적이지 않은 부적절한 존재들까지 짝을 짓도록 하는 외적 고려 사항들을 고려하지 않는 상태에서 짝짓기가 가능하도록 한다면, 또 바람직한 이상형이 짝짓기에 아주 엄격한 동인으로 자리를 잡는다면, 많은 사람들이 짝을 찾지 못하게 만들 그 선택 과정은 틀림없이 인간의 진화에 강력한 원동력이 될 것이다. 하이만스(Heymans)는 이렇게 말한다. "만약 남자들이 여자들이 지금보다 키가 더 크거나 덜 감정적이길 원한다면, 그런 남자들이 결혼하기 위해 선택할 수 있는 키 큰 여자들과 감정적이지 않은 여자들은 많다. 그러나 남자들의 그런 경향이 자유롭게 작용할 수 있게 되기까지 많은 시간이 걸릴 것이다."

그러므로 당장 다윈의 성 "선택"을 자연의 손에 쥐어진 조각칼로, 그러니까 쓰레기를 끊임없이 버리면서 미래의 존재를 영원히 새로운 형태로 다듬어나가는 도구로 여기는 것은 가능하지 않다. 하이만스가 정확히 말하고 있듯이, 일정한 한계 안에서 여성의 전형은 남자들의 이상(理想)에 스스로를 적용시키는 경향을 가짐에 틀림없고, 남성의 전형은 여자들의 이상에 스스로를 적용시키는 경향을 가짐에 틀림없다. 그러나 그 한계가 불확실하고 좁아 보인다. 현재 우리는 남녀 어느 쪽도 이성(異性)의 "선택"을 통해서 완전해진 창조물로 볼 수 없다.

성 심리학의 근본적인 사실들에 접근할 때, 이 같은 기본적인 것들을 먼저 고려하는 것이 반드시 필요하다. "성 선택"이라는 용어가 쓰일 때조차도, 우리가 진정으로 관심을 두고 있는 것은 구애를 촉진하는 감각적인 자극들의 다양한 끌림에 의해 이뤄지는 우선적인 짝짓기이다.

일부 전문가들이 여전히 믿고 있는 것과 달리, 구애가 성적 파트너의 후보자들 사이의 갈등이나 선택을 결코 야기하지 않는다고 우리는 단정적으로 말하지 못한다. 경쟁이 배제될 때에도 그 갈등이나 선택은 압축된 형태로 이뤄질지라도 성생활 내내 마찬가지로 분명하고 또 필요하다.

결합의 행위는 새로운 구애의 절정이 아닌 경우에는 효과적이고 행복한 방향으로 성취되지 못한다. 동물들 사이에 성 "선택"의 중요성에 대해 크게 의심했던 엘리엇 하워드까지도 구애가 거치는, 길고 정교한 흥분의 단계들을 강조한다. 이는 구애가 성생활의 토대를 이루는 팽창과 팽창 해소의 전체 과정에 개입되기 때문이다.

관련 있는 감각들은 촉각과 후각, 청각, 시각이다. 심지어 비정상적인 개인들의 경우에도 미각을 포함시켜야 하는 뚜렷한 이유는 전혀 없는 것 같다. 미각이 이 문제에서 어떤 역할도 하지 말아야 하는 좋은 이유가 있다. 미각이 유기체의 다른 중요한 욕구, 즉 영양 섭취 욕구의 노예이기 때문이다. 만약 미각이 생식이라는 중요한 욕구와도 연결된다면, 본능이 혼동을 일으키고, 따라서 연인이 파트너와 성적 결합을 하지 않고 삼키려 들 수도 있을 것이다. 간혹 파트너를 먹는 동물은 몇 종뿐이다. 그런 경우에도 파트너를 먹는 것은 보통 암컷이며, 그때도 수태가 이뤄지기 전에는 수컷을 먹지 않는다.

1) 촉각

촉각은 가장 중요하고 가장 원시적인 형태의 접촉이다. 성적 행위 자체는 기본적으로 접촉 행위이며, 이 접촉에서 촉각이 가장 중요하다. 아이들 사이에서 끌어안고 입을 맞추고 포옹하는 것이 일반적으로 보면 애정의 중요한 표현이고 구체적으로 보면 성적 애정의 표현이다. 아이들도 똑같이 성인 연인의 기본적인 욕망을 표현하고 있다.

정말로, 접촉이라는 이 중요한 충동에는 분화되었거나 특별한 것이 전혀 없다. 피부는 모든 형태의 감각 지각이 자라난 바탕이며, 성적 감각은 모든 형태의 감각 중에서 가장 오래된 편에 속하기 때문에 반드시 일반적인 촉각이 변형된 형태이다.

촉각의 큰 영역이 갖는 이런 원시적인 성격과 촉각의 모호성과 확산은 피부 감각의 감정적인 강도를 강화한다. 그래서 모든 중요한 감각 영역들 중에서 촉각의 영역은 가장 덜 지적이고 대단히 감정적이다. 촉각이 팽창과 팽창 해소의 장치들과 밀접히 연결되어 있는 점뿐만 아니라, 이 특성들도 촉각을 성적 부위에 닿을 수 있는 가장 즉시적이고 가장 막강한 경로로 만든다.

쉽게 예상할 수 있듯이, 촉각은 하등 동물들의 구애에 중요한 역할을 한다. 촉각은 게와 가재들의 짝짓기를 결정하며, 거미들에게도 촉각이 대체로 중요한 성적 감각이다.

소와 사슴, 말, 개들의 경우에는 핥는 행위가 구애의 중요한 부분이다. 코끼리들의 교미를 지켜본 노이만(Neumann)은 수컷이 긴 코로 암컷을 어루만지고, 그런 다음에 코끼리들은 옆으로 나란히 서서 서로의 코를 교차시키면서 그 끝을 각자의 입술에 댔다. 인간 존재들도 이와 비슷한 행위를 한다. 많은 사람들, 특히 완전한 성교에 익숙하지 않은 여자들에게는 촉각의 밀접한 접촉 자체가 성적 쾌감과 만족을 제공한다.

촉각적인 요소는 여성들의 정서적 생활, 특히 성적 생활에 매우 중요하다. 릴리언 마틴(Lillian Martin)은 여학생들의 미적 감각을 조사하면서 촉각에 바탕을 두고 있는 감정이 지배적이라는 점을 관찰했다.

피어스 클라크(Pearce Clark)는 9세인 소녀 간질 환자의 예를 묘사했다. 이 소녀 환자는 자신이 신체적으로 접촉하기를 좋아하는 사람들에 대해서만 신경을 썼는데, 클라크는 소녀가 알고 지내는 사람들을, 그녀가 그들의 악수나 입맞춤에 보이는 반응에 따라 분류했다.

사춘기에 소녀들의 성적 각성은 성교보다는 키스와 포옹에 대한 욕구로 나타난다. 이시도르 자드거(Isidor Sadger)는 "아주 많은 소녀들을 둘러싸고 있는 순결이라는 후광은 피부의 강력한 성적 감각과 점막, 근육계와 결합되는 생식기 충동의 부재에 근거하고 있다."고 말한다. 촉각에 대한 민감성은 여성들에게서 성생활의 초기뿐만 아니라 성생활 내내, 심지어 팽창 해소의 절정에도 자주 뚜렷하게 나타난다.

18세기 에로틱 소설에 이런 내용이 나온다. "그녀는 꼭 껴안은 그의 두 팔에서 빠져나오려고 필사적으로 몸부림을 치고 있었는데, 그때 그녀의 목표가 그와의 접촉점을 최대한 증대시키는 것이었다는 점은 너무나 분명했다." "이상하고 복잡한 촉각의 기술은 향기의 꿈과 소리의 기적과 맞먹는다."고 쓴 사람은 여류 시인 르네 비비앙(Renée Vivien)이었다. 여자들이 사랑에서 촉각의 중요성을 본능적으로 인정하는 것은 촉각이야말로 가장 중요하고 원초적인 성적 감각이라는 사실을 뒷받침하는 추가적인 증거이다.

촉각에 바탕을 둔 병적인 지각 과민 이상(異常)은 남자와 여자 모두에게 일어난다. 물건 페티시즘(털이나 융단, 비단 등과의 접촉)이 그런 예이다. 그런 지각 과민 이상은 '절도에 의한 성적 흥분'을 뜻하는 클렙토라그니아(kleptolagnia) 같은, 사회적으로 중요성을 지니는 결과를 낳을 수 있다. 클렙토라그니아는 주로 여자들 사이에서 발견된다.

한편, '프로타주'(frottage)[9]라는 특이한 성도착증은 오직 남자들에게서만 두드러지게 발견되며, 그것은 옷을 입은 자신의 몸을 역시 옷을 입은 여자의 몸에 접촉시키려 드는 욕망을 말한다. 이때 몸은 성기 부분만을 의미하지 않는다. 이런 성도착증을 갖고 있는 남자는 공개적인 장소에서 전혀 알지 못하는 여자들을 상대로 이런 욕망을 채우려 든다. 많은 여자들은 군중 속(극장 뒤쪽이나 심지어 교회에서)에 서 있다가 어느 순간에 이런 교묘한 접촉을 불쾌하게 자각하게 된다. 이 같은 병적인 일탈은 법의학 분야의 관심을 끌고 있으며, 그 희생자는 그것만 아니라면 꽤 괜찮은 사회적 지위와 탁월한 지능을 가진 정상적인 남자이다.

이 대목에서, 간지럼은 출생 전부터 발달하는 반사 작용에 바탕

....
9 옷을 입은 상태에서 남의 몸이나 물건에 문질러 성적 쾌감을 느끼는 것을 말한다.

을 둔, 일종의 촉각의 부산물이라는 점을 강조할 수 있다. 간지럼은 성적 현상과 밀접한 관련이 있다. 간지럼은 말하자면 팽창의 놀이 같은 것이다. 그 과정에 웃음은 원하지 않는 성적 감정을 해소시키기 위해 팽창 해소의 놀이로 나온다. 간지럼은 팽창이라는 보다 진지한 현상 쪽으로 이어지며, 간지럼은 청년기로 들어서면서 성적 관계가 정상적으로 시작되면서 점차 사라진다.

간지럼을 오직 파괴되기 위해 존재하는 피부의 얌전함 같은 것으로 보는 관점은 정말로 간지럼의 양상들 중 하나만을 보고 있을 뿐이다. 간지럼은 분명히 비(非)성적인 출발점에서 생겨났으며, 보호적인 쓰임새를 갖고 있을 것이다. 이유는 루이스 로빈슨(Louis Robinson)이 지적했듯이, 어린 동물들의 경우에 간지럼을 가장 잘 타는 부분이 가장 취약하고 보호를 가장 많이 필요로 하는 부분이기 때문이다.

그러나 간지럼은 성적 영역 안에서, 그리고 가끔 성적 감각에 쉽게 반응하는 외진 부분의 성감대 안에서 달리 작동한다. 헤리크(Herrick)가 연속적인 자극들을 축적시키는 힘이라고 부른 것 덕분에, 산사태 같은 어떤 과정이 일어나고, 이를 통해 말초 세포들이 흥분하고 엄청난 수의 피질 세포들이 서서히 에너지로 충전된다.

그것은 팽창 해소의 행위로 정점을 찍는 팽창의 한 과정이며, 팽창 해소 행위는 성적 영역 밖에서는 근육 반응이나 웃음의 폭발로 나타나고 성석 영역 안에서는 성적 행위로 나타난다. 모든 형태의 애정 어린 접촉, 그리고 특별히 성적인 포옹은 간지럼 현상과 밀접한 관계가 있다. 정말로, 그것은 바뤼흐 스피노자(Baruch Spinoza)

가 제시한 그 유명한 사랑의 정의의 바탕에 깔려 있다. "사랑은 어떤 외적 원인으로 일어난 생각이 수반하는 쾌락이다." 이는, 윌리엄 가워스(William Gowers)가 말했듯이, 성행위가 주로 피부의 반사 작용이기 때문이다.

간지럼이 문명 속의 성생활에서 중요하지 않게 되었음에도 불구하고 일부 미개인들 사이에는 옛날의 유럽에서처럼 여전히 중요한 의미를 지닌다는 점을 강조할 필요가 있다. 일부 민족들 사이에 간질이는 행위가 성교 행위가 되었으며, 푸에고 섬의 사람들 사이에서처럼, 간지럼을 뜻하는 단어와 성적 포옹을 뜻하는 단어가 간혹 동일하다. 클리토리스를 뜻하는 독일어 단어 'Kitzler'는 그와 비슷한 연결을 암시한다.

'가려움'(pruritus)이라는 단어는 로마인들에 의해 '음탕함'(lasciviousness)의 동의어로 쓰였으며, 국소적인 가려움이, 삶의 초기에 자기 성애적이다가 갱년기에 다시 나타나는 경향이 있는 부위에서 일어난다는 사실은 의미심장하다. 슈타인(B. Stein)에 따르면, 18세기 러시아에서 차르의 부인은 궁정에 발을 간질이는 관리들을 두었다. 이들의 임무는 황후에게 발을 간지럽혀 쾌감을 줌과 동시에 음탕한 이야기를 들려주고 저속한 노래를 불러주는 것이었다. 이 관리들은 황후가 지쳐 소진한 상태일 때 황후의 궁둥이를 때림으로써 황후가 기운을 차리게 하는 특권도 누렸다. 이 관직은 당연히 귀족 출신 부인들에게 돌아갔다. 이런 관행의 생리학적 근거는, 샤를 페레가 보여준 바와 같이, 간지럼이 과도한 경우에는 억제 효과가 있을지라도 적당한 경우에는 에너지를 증대시키는 자극제가 될 수 있다는 사실에 있다.

간지럼과 성적 감정 사이의 관계는 어느 부인의 경험, 말하자면 성관계에 끌리지 않는 상황에서 성적 부위가 건드려질 때엔 간지럼을 느끼지만 성욕이 일어날 때엔 간지럼이 사라진다는 경험에 의해 암시되고 있다. 그렇다면 성적 감정은 변형된 형태의 간지럼이라고 할 수 있다. 간지럼은 원래 접촉을 물리치는 파수꾼이었다가 다른 상황에서 매력을 발휘하는 목사가 된다.

피부와 성적 부위의 밀접한 연결은 간지럼 현상뿐만 아니라, 옛날의 털샘(hair-gland)들의 흔적 기관이면서 털이 몸을 덮었던 시대부터 남아 있는 피지샘들의 행동에 의해서도 암시되고 있다. 이 샘들이 털을 만들려고 하는 시도는 사춘기나 성적 체계가 방해를 받게 될 때 자주 여드름을 낳으며, 여자들의 경우에 갱년기 이후에 실제로 털이 나는 예가 종종 있다.

따라서 털 자체와 털에 일어나는 장애는 성적 체계와 연결된다. 레이몽 사부로(Raymond Sabouraud)가 지적했듯이, 여자들의 경우에 부분적 탈모가 사춘기를 앞둔 시점과 50대쯤에 자주 일어나는 경향이 있다. 반면에 남자들의 경우에는 그와 비슷한 특징이 전혀 나타나지 않는다. 부분적 탈모는 또 월경이 끝난 뒤나 난소 절개술 뒤에, 심지어 임신 중에도 일어날 수 있다.

성적 포옹 자체는 대개 특별한 종류의 피부 반사 작용이지만, 일반적인 피부 감각과 성적인 감각 센터 사이에 이차적인 성적 센터들이 있다. 이 이차적인 성적 센터들은 대체로 이미 앞으로 불려나와 있으며, 따라서 성감대에 포함된다.

이 이차적인 센터들의 공통점은 그것들이 육체 부위들의 입구와 출구를 포함하고 있다는 점이다. 다시 말하면, 그 센터들에서 피부가 점막으로 바뀌고, 진화의 과정에 촉각에 대한 감수성이 대단히 예민해진다는 뜻이다.

육체의 이런 경계 부위들에 대해서는 일반적으로 이렇게 말할 수 있다. 팽창이 일어날 수 있는 조건에서 그 부위가 이성인 상대방이 가진 그와 똑같거나 비슷한 경계 부위와 접촉하면, 거기서 최소한의 성적 흥분이, 가끔은 최고조의 성적 흥분이 일어나는 경향이 있다고. 이 부위들이 서로 접촉하거나 성적 부위와 접촉하는 행위 자체가 중앙의 성적 반사 작용을 너무나 강하게 자극하기 때문에, 신경 에너지가 흐를 경로가 형성되고 이차적인 성적 중심들이 조성된다.

이 현상들이 기본적으로 정상이라는 점을 기억하는 것이 중요하다. 그 현상들 중 많은 것은 흔히 "도착"이라고 불리고 있다. 그러나 그것들은 팽창을 돕는 한에는 정상적인 변형의 범주 안에 드는 것으로 여겨져야 한다. 그런 것들이 악취미라는 소리를 들을 수는 있지만, 그것은 다른 문제이다.

게다가, 미학적 가치가 성적 감정의 영향 아래에선 변한다는 점을 기억해야 한다. 연인의 관점에서 보면, 평소에 아름답지 않은 많은 것이 아름다워 보인다. 또 연인이 열정에 심하게 흔들릴수록, 그의 정상적인 미학적 기준도 그만큼 더 넓게 변한다. 정말로, 비(非)성적인 관점에서 보면, 섹스의 전체 과정이 팽창의 초기 단계를 제외하곤 미학적이지 않게 보일 수 있다.

성감대들을 통해서 얻을 수 있는 성적 흥분을 활용하는 것은 모두 정상적인 변형의 범위 안에 드는 것으로 여겨야 한다는 점을, 우리는 정말로 많은 동물들 사이에서 관찰하고 있다. 그런 흥분이 어떤 의미로든 "성도착"으로 불릴 수 있는 것은 오직 그것이 팽창뿐만 아니라 팽창 해소를 이루는 데까지 쓰일 때뿐이다.

키스는 이 집단의 현상들 중에서 가장 전형적인 예이다. 입술에는 살갗과 점막 사이에 매우 민감한 경계 부위가 있으며, 이 부위는 많은 측면에서 질구와 비슷하고 그보다 훨씬 더 민감한 혀의 적극적인 움직임에 의해 강화될 수 있다. 따라서 팽창에 유리한 조건에서 이 부위들을 밀접히 오랫동안 접촉하면 강력한 신경 자극의 흐름이 생겨난다. 성적 부위들이 직접적인 역할을 하는 그런 접촉이 일어난 뒤에는, 신경의 힘을 성적 영역으로 전하는 키스 같은 경로는 전혀 없다.

키스 중에는 현대뿐만 아니라 고대에도 연인들이 폭넓게 행했던 소위 '프렌치 키스'가 특별히 두드러진다. '마렝쉬나주'(maraichinage)라 불리는 그 키스의 한 형태는 일부 신학자들로부터 대죄(大罪)라는 비난을 듣고 있음에도 일반적으로 프랑스의 일부 지역에서 행해지고 있다.

이 키스를 닮은 모습이 인간보다 열등한 다양한 동물들 사이에서 발견된다. 달팽이들과 곤충들이 더듬이를 서로 접촉하는 행위, 부리를 맞대는 새들의 애무, 개를 포함한 다양한 동물들이 교미 중에 핥거나 부드럽게 무는 행위 등이 그런 예이다.

인간의 경우에 키스는 두 가지 요소를 갖고 있다. 하나는 촉각적이고 다른 하나는 후각적이지만, 촉각적 요소가 가장 오래되었으며, 유럽에서는 그것이 키스 중에서 가장 중요한 부분이다. 그러나 후각 키스가 유럽의 촉각 키스보다 세계에 훨씬 더 널리 퍼져 있다. 그것은 몽골족 사람들 사이에서 가장 완전하게 발달해 있다.

키스가 팽창을 이루기 위한 접촉의 방법으로 전형적이고 정상적인 것으로 여겨지지만, 조금 덜 중요한 다른 방법들도 있다. 이성 사이의 구멍 접촉은 가끔 팽창을 자극하는 데 키스와 거의 비슷한 효과를 발휘한다. 정말로, 그런 접촉은 모두 키스와 같은 유형의 집단에 속한다. 쿤닐링구스와 펠라티오도 부자연스런 것으로 여겨서는 안 된다. 그것들의 원형적인 형태가 동물들 사이에서 발견되고, 다양한 미개인들 사이에서도 발견되기 때문이다. 전희의 형식으로서, 그리고 팽창을 돕는 장치로서 그것들은 미적인 것으로 여겨지지 않을지라도 자연스러우며 가끔 남녀 모두에게 핵심적인 형태의 성적 쾌감으로 여겨진다. 그러나 그런 행위들이 성교의 욕망을 대체하게 될 때, 그것들은 일탈이 되고 "성도착"으로 불릴 수 있다.

젖꼭지는 매우 중요한 촉각적인 성적 초점으로서, 구멍과 비슷한 또 하나의 경계 부위를 이룬다. 유방은 일차적으로 연인을 위해서가 아니라 아이를 위해서 존재하기 때문에 성적 센터들 중에서 특별한 의미를 지닌다. 이것은 틀림없는 근본적인 사실이며, 다른 성적 접촉들은 그 같은 사실 위에서 이뤄졌다. 연인이 입술에 민감하게 반응하는 것은 유아의 입술이 엄마의 젖꼭지를 빨 때의 그 민감성에서 발달했다.

젖을 분비하는 기관으로서, 유방과 성기 사이의 연결이 밀접해야 하는 것은 너무나 당연하다. 그래서 유방이 출산 직후에 젖을 빨려고 드는 아이의 입술의 요구에 적절히 대응할 수 있는 상태에 있을 것이다. 젖꼭지 빠는 것이 객관적으로 자궁에 반사적인 수축을 야기한다. 주관적인 측면에서 보면, 아이가 젖을 빠는 행위가 여자들에게 관능적인 성적 감정을 낳는 경향이 있다.

이 점을 가장 먼저 지적한 사람은 카바니스(Cabanis)였다. 그는 19세기 초에 아이에게 젖을 빨리는 몇 명의 여자들이 젖을 빠는 아이가 그런 감정을 불러일으킨다고 말했다고 주장했다. 성적인 감정과 젖 빠는 행위가 연결되어야 하는 이유를 알기는 쉽다. 어린 포유류들의 생명을 지키기 위해서는 어미들이 젖을 빨리는 어려움을 참고 견디게 할 만한 유쾌한 감각에서 적절한 동기를 발견할 수 있어야 한다. 젖의 분비로 인해 일어나는 긴장 완화 그 이상의 유쾌한 감각을 획득하는 가장 확실한 방법은 성적 감정을 활용하는 것이다.

젖꼭지와 성적 부위의 연결이 아주 본질적인 것처럼 보이지만 그리 특별하지 않을 수도 있다. 쿠르디노프스키(Kurdinovski)는 토끼들을 대상으로 한 실험을 통해서 귀 같은 다른 구멍들의 자극도 자궁에 강력한 수축을 낳는다는 사실을 발견했다. 아마 어느 부위든 상관없이 말초에 가해지는 자극은 모두 반사 경로들을 통해서 자궁 수축을 야기할 것이다. 이 같은 추정은 피부의 전반적인 성적 감수성과 성감대의 존재와 관계가 있다.

유방에 대한 성애적 관심의 중요성은 가톨릭 신학자들이 그 주제에 쏟은 관심의 크기에 의해 암시되고 있다. 18세기에 유두 접촉을 놓고 일대 논쟁이 벌어졌다. 일반적으로 종교재판과 교회에 반대했던 탁월한 예수회 신학자들은 사악한 의도가 전혀 없다면 심지어 수녀들의 유방을 만지는 것도 용서받을 수 있다고 주장했다. 어느 예수회 법정에서는 그런 행동이 본래 순수하다는 점을 부정하는 것은 신앙의 오류에 해당하며 그것을 부정하고 나서는 사람은 얀센주의자뿐이라는 결론이 나왔다.

2) 후각

후각은 처음에 일반적인 촉각과 뚜렷이 구분되지 않았다. 냄새의 감각은 점진적으로 특화되었으며, 미각이 처음 발달하기 시작했을 때, 일종의 화학적 감각이 형성되었다.

척추동물들 사이에서 냄새가 감각들 중에서 가장 잘 발달되었으며, 냄새는 척추동물들에게 멀리서 자신에게 관심을 두고 있는 존재들에 관한 첫 정보를 준다. 냄새는 또 척추동물에게 가까이서 노리고 있는 존재들에 대한 정확한 정보를 준다. 척추동물의 정신 작용 대부분은 이 냄새를 바탕으로 수행되며, 척추동물의 감정적 충동이 의식에 닿게 만드는 것은 냄새다.

파충류에게, 나중에는 포유류에게 모든 성적 연상은 주로 후각이었으며, 후각을 통해 받은 인상들은 다른 모든 인상들을 지배하기에 충분하다. 동물은 후각 자극으로부터 적절한 성적 흥분을 얻을 뿐만 아니라, 그 자극은 다른 감각들이 제시하는 모든 증거들의 균형을 잡아준다.

뇌에서 후각을 관장하는 부위가 아주 넓다는 점을 기억한다면, 이것도 그리 놀라운 사실이 아니다. 정말로, 루트비히 에딩거(Ludwig Edinger)와 엘리엇 스미스(Elliot Smith)가 보여주듯이, 대뇌 피질 자체는 원래 냄새의 인상들을 받는 센터보다 크지 않았으며 후각이 동물의 행동에 영향을 미치도록 하는 도구에 불과했다. 이 후각 자극들도 시상(視床)을 거치지 않고 직접 피질에 닿았다. 그래서 냄새는 심리학적으로 독특한 위치를 차지한다. 냄새는 "보다 높은 정신적인 모든 힘들의 근원"을 나타내거나, 어쨌든 그런 정신적 힘들을 함께 묶는 시멘트 역할을 한다. 물에서 서식하는 원시적인 척추동물들의 경우에, 냄새는 전체 행동을 지배하며 생물학적으로 엄청난 중요성을 지닌다.

보다 고등한 원숭이와 사람에 이르면, 이 모든 것이 바뀐다. 냄새 감각은 여전히 보편적으로 퍼져 있으며, 종종 무시당하긴 해도 대단히 섬세하다. 게다가 냄새 감각은 유익한 보조자의 역할을 한다.

미개인들은 종종 나쁜 냄새에 무관심하다는 비난을 듣는다. 다소 맞는 말이기도 하다. 그러나 미개인들은 냄새들과 냄새들의 변형의 의미에는 종종 대단히 민감하다. 그렇다고 미개인들의 냄새 감각이 문명인들보다 특별히 더 발달한 것 같지는 않다. 냄새는 문명인의 감정생활에 지속적으로 일정한 역할을 하고 있다. 더운 나라에서 특히 더 그러하다.

그럼에도 불구하고, 실제 생활에서나 감정생활에서나, 또 과학에서나 예술에서나 똑같이, 냄새는 정상적인 조건에서는 기껏해야 보조의 역할만 한다. 또 위트레흐트 대학의 헨드리크 츠바르데마케르(Hendrik Zwaardemaker)가 1888년에 후각계(嗅覺計)를 발명하고 냄새의 생리학에 관한 저서를 발표함으로써 냄새를 적절한 위치로 다시 올려놓을 때까지, 냄새에 대한 연구는 불신의 대상이었다.

몇 년 뒤에 브뤼셀 대학의 알베르 에냉스(Albert Heyninx)가 후각이라는 주제를 더욱 발달시켰다. 그는 후각을 엄격한 물리적 바탕 위에 올려놓으려 노력하면서 파장을 기준으로 분류하는, 냄새 스펙트럼 같은 것을 만들었다. 그래서 냄새들이 감정의 경로들을 활성화시키는 것은 화학적 에너지보다는 분자의 진동인 것으로 여겨지게 되었다. 그러나 파커(G. H. Parker) 같은 다른 권위자들은 "기계적인 감각"(압력이나 소리, 빛의 자극으로 일어나는 감각)을 분리한 다음에 냄새를 "화학적" 감각들 중에서 최고로 여기는 데 만족하고 있다. 화학적 감각은 원시적인 수중 생활에서 비롯되었으며, 냄새가 주를 이룰지라도 야콥슨 기관(organ of Jacobson)[10]의 기능이자 흔한 화학적 감각인 맛도 포함한다. 그럼에도 불구하고, 후각과 관련해서 확실하게 내려진 결론이 아주 많다고는 말하기 어렵다.

냄새 감각은 그 연상은 종종 매우 감정적임에도 불구하고 메시지의 모호함이라는 측면에서 보면 여전히 촉각과 비슷하다. 많은 저자들이 냄새의 감각을 다른 무엇보다도 상상의 감각이라고 묘사하도록 만든 것이 바로 이런 특징들이다. 그 특징들이 너무나 모호하면서도 너무나 구체적이고, 너무나 쓸모없으면서도 너무나 본질

....
10 척추동물의 비강(鼻腔) 일부가 좌우로 부풀어져 생긴, 한 쌍의 주머니처럼 생긴 후각 기관을 말한다.

적이니 말이다.

어떤 감각도 냄새 감각만큼 막강한 암시의 힘을 발휘하지 못한다. 말하자면, 넓고 깊은 감정적 반향과 함께 옛날의 기억을 불러일으키는 힘이 냄새 감각만큼 큰 감각도 없다는 뜻이다. 한편, 자극을 받는 사람의 전반적인 태도에 따라서 감정적 색깔과 분위기가 쉽게 달라지는 인상들을 냄새 감각만큼 쉽게 내놓는 감각도 없다. 그러므로 냄새는 감정적인 생활을 통제하는 데 특별히 적절함과 동시에 감정적인 생활의 노예가 되기도 한다. 문명의 상태에서 냄새의 원초적인 감정적 연상이 약해지는 경향을 보이는 한편, 이 영역에서 후각의 상상적인 측면이 강조되고 개인적 특이성이 두드러지는 경향을 보이고 있다.

냄새는 전체 신경계를 건드리는 막강한 자극제이며, 다른 자극제들과 마찬가지로 에너지의 증대를 야기한다. 그런데 이 에너지의 증대가 과하거나 오래 지속되는 경우에 신경 쇠약이 일어날 수 있다. 따라서 휘발성 기름을 함유하고 있는 방향제가 경련 방지제와 마취제로 쓰이며, 그런 방향제는 소화와 혈액 순환, 신경계를 자극하고 양이 과한 경우에 우울증을 낳을 수 있다. 동력계(動力計)와 근력계(筋力計)를 갖고 실시한 샤를 페레의 실험은 냄새의 자극 효과를 정의하는 데 크게 기여했다.

모든 남자들과 여자들이 냄새를 풍긴다는 식으로 말할 때, 우리는 인간 송에서 냄새가 갖는 특별한 성적 측면에 접근하고 있다. 냄새는 모든 인간 종에 다양하게 나타나는 특징이다. 고대에 체취가 지녔던 성적 연결은 물론이고 오늘날 체취가 실제로 발휘하고 있는 성적 연결과 관련해서도, 히포크라테스(Hippocrates)가 오래 전에 주장했듯이, 남녀가 어른의 특징들을 갖추게 되는 것이 사춘기 이후라는 점은 대단히 중요한 사실이다. 유아와 어른, 노인은 저마다 다 다른 냄새를 갖고 있으며, 에밀 모닌(Emil Monin)이 말하듯이, 냄새로 사람의 연령을 맞추는 것도 어느 정도 가능하다. 남자나 여자나 똑같이 사춘기와 청년기, 성인 초기는 살갗과 분비물의 냄새가 성인의 냄새로 점진적으로 발달해 가는 과정을 뚜렷이 보인다. 이 과정은 이차 성징인 털과 색소의 발달과 대체로 일치한다. 실제로, 실비오 벤투리(Silvio Venturi)는 육체의 냄새를 이차 성징으로 묘사했다.

인간의 성 선택에서 후각 작용이 유일한 요소로 작용하는 예는 무척 드물 것임에 틀림없다. 이유는 이 감각의 인상들이 작용을 하지 않아서가 아니라, 유쾌한 체취가 충분히 강하지 못하기 때문이다. 후각 기관들은 너무나 둔해서 냄새가 시각적 장면보다 앞서도록 만들지 못한다.

그럼에도 불구하고, 많은 사람들을 보면 일부 냄새들, 특히 건강하고 성적으로 바람직한 사람과 관련 있는 냄새들이 유쾌하게 느껴지는 경향을 보인다. 그 냄새들은 사랑하는 사람과의 연결에 의해서 더욱 강화된다. 가끔은 저항하기 어려울 만큼 강하게 다가온다. 그 냄새들의 힘은 틀림없이 일부 체취를 포함하는 많은 냄새들이 신경 자극제라는 사실 때문에 더욱 커진다.

남자나 여자나 똑같이, 코의 후각 점막과 전체 생식 기관 사이에 밀접한 관계가 존재한다는 데에는 의문의 여지가 거의 없는 것 같다. 또 코의 후각 점막과 생식 기관이 자주 어떤 교감 작용을 보이고, 생식기 부위에 영향을 미치는 것이 이따금 코에도 영향을 미치고, 코에 영향을 미치는 것이 반사적으로 생식기 부위에 영향을 미친다는 데에도 의문의 여지가 없는 것 같다.

예외적이지만 그래도 꽤 정상적인 소수의 사람들의 경우에, 냄새가 평균적인 사람에게서는 좀처럼 확인되지 않을 만큼 감정적인 중요성을 지니는 것 같다. 이런 예외적인 사람들은 알프레드 비네(Alfred Binet)가 성적 페티시즘에 관한 연구에서 후각 유형이라고 부른 사람에 속한다. 그런 사람들은 수적으로 규모가 작고 덜 중요할지라도, 잘 알려져 있는 시각 유형이나 청각 유형, 정신 운동(psychomotor) 유형과 비교할 만한 집단을 형성한다. 그런 사람들은 다른 사람들에 비해 냄새에 더 강하게 끌릴 것이며, 후각적 공감과 반감에 더 강하게 영향을 받을 것이다.

냄새의 감각으로부터 끌어내는 성적 만족을 표현하기 위해, 키어난(Kiernan)은 냄새 성애를 뜻하는 표현으로 '오졸라그니'(ozolagny)를 만들었다. 정상으로 여겨지는 많은 여자들은 특별한 냄새에 의해서, 이를테면 사랑하는 남자의 전반적인 체취(가끔은 담배 냄새와 결합될 때)나 가죽 냄새(어쨌든 따지면 이것도 살갗 냄새다)에 의해 성적으로 흥분될 수 있으며(오르가슴에 이르기도 한다), 돌연 떠오르는 연인의 체취에 가끔 압도당하기도 한다.

일상적인 평범한 사람들에게서도 개인적인 냄새는 성적 끌림과 성적 혐오에 적지 않은 역할을 한다. 이것은 가끔 'olfactionism'이라 불린다. 그러나 인간은 냄새 감각에 비교적 둔감한데, 이 때문에 인간은 대체로 구애의 사전 준비가 끝날 때까지 후각적 영향을 잘 느끼지 못한다. 그렇다 보니 인간의 경우에 냄새가 하등 동물들 사이에서 성적 끌림에 지니는 그런 중요성을 발휘하지 못한다.

이 같은 한계만 있을 뿐, 냄새가 낮은 종에서부터 높은 종에 이르기까지 모든 인간 종의 성적 관계에서 이롭거나 불리한 영향을 미친다는 데에는 의문의 여지가 전혀 없다. 냄새가 그런 영향을 끼칠 수 있고, 또 대부분의 사람들에게 그런 냄새들이 모든 친밀한 관계에서 무관심할 수 있는 문제가 아니라는 사실은 대체로 우연히 터득하게 된다.

그러나 키어난이 지적하듯이, 후각이 문명인의 성적 영역에 끼치는 영향이 크게 과소평가되어 있는 것은 틀림없는 사실이다. 그렇다고 구스타프 야거(Gustav Jäger)처럼 반대편 극단 쪽으로 내달리면서 인간의 성적 본능조차도 주로 후각의 문제로 여길 필요는 없다.

인간의 경우에 냄새의 성적 중요성이 하등 동물들에 비해 훨씬 낮을 뿐만 아니라 후각적 매력의 초점 자체가 성적 부위에서 몸의 상체로 이동했다. 이 점에서 보면, 후각이 인간에게 지니는 성적 매력은 우리가 시각의 영역에서 발견하고 있는 그 점을 보이고 있다고 할 수 있다. 이유는 남자의 성기도 그렇고 여자의 성기도 그렇고 평소에 이성의 눈에 그렇게 아름답게 보이지 않으며, 그것을 노출시키는 것이 구애의 예비적 단계로 좀처럼 여겨지지 않기 때문이다.

성적 부위를 은밀히 숨기는 것이 분명히 이 같은 초점 이동을 용이하게 했다. 그리하여 개인적인 냄새가 성적 유혹으로 작용할 때, 살갗과 털과 함께 주로 작용하는 것이 겨드랑이가 되었다.

우리는 여기서 한 걸음 더 나아가면서 중요한 사실을 한 가지 인정해야 한다. 만약 어느 정도의 팽창이 이미 이뤄진 상태가 아니라면, 정상적인 상황에서 의식적인 성적 영역 안에 간혹 들어오는 개인적인 냄새들조차도, 그리고 온갖 종류의 순수하게 개인적인 냄새들도 매력을 발휘하지 못하고 오히려 반감을 낳을 수 있다는 사실을 말이다. 또 팽창이 어느 정도 이뤄졌다 하더라도, 개인적인 냄새들이 혐오감을 일으킬 수 있으며, 그러면 성적 관계에 심각한 문제가 야기될 수 있다. 바꿔 말하면, 인간 육체에 대한 우리의 후각적 경험은 육체에 대한 시각적 경험보다는 촉각적 경험에 더 가깝다는 말이다.

인간에게 냄새는 지적 호기심의 주도적인 경로라는 지위를 이미 내려놓았다. 개인적인 냄새들은 주로 친밀하고, 감정적이고, 상상적인 성격의 호소력을 발휘한다. 그래서 그 냄새들은 윌리엄 제임스(William James)가 '반(反)성적 본능'(anti-sexual instinct)이라고 부른 것을 곧잘 불러일으킨다.

동물들도 암컷과 수컷 모두가 똑같이 냄새의 영향을 받는 것 같다. 왜냐하면 성적 부위에 특별한 냄새를 일으키는 샘들을 갖추고 있는 것이 대체로 수컷이지만, 발정기에 암컷에게서 나는 특이한 냄새가 수컷을 끌어들이는 매력으로 결코 덜 효과적이지 않은 것이 확실하기 때문이다.

만약 성적 유혹의 문제를 떠나서 우리가 남자들과 여자들이 유쾌한 냄새에 어느 정도 민감한지를 비교한다면, 여자들이 민감하다는 것이 너무나 분명하게 드러날 것이다. 그루스(Groos)는 어린이들 사이에서도 소녀들이 소년들에 비해 냄새에 관심을 더 많이 보인다고 지적했다. 다양한 연구자들, 특히 가비니(Garbini)의 연구는 소년들보다 소녀들 사이에서 냄새를 구분하는 능력이 두드러진다는 점을 보여주었다.

미국에서 앨리스 세이어(Alice Thayer)는 소녀들이 좋아하는 것을 선택하는 데 있어서 소년들보다 냄새의 영향을 더 강하게 받는다는 사실을 보여주었다. 마로(Marro)는 더 나아가 사춘기 전후의 소녀들을 폭넓게 관찰한 결과, 소녀들이 성생활을 시작할 때 냄새에 아주 민감해진다고 믿어도 좋을 만한 근거를 발견했다. 이 소녀들도 다른 감각과 관련해서는 민감성의 증대를 전혀 보여주지 않았다.

일부 여자들은 임신 동안에 후각이 극도로 예민해진다는 점을 덧붙일 필요가 있다. 니콜라이 바스키드(Nicolae Vaschide)의 실험이 보여주었듯이, 여자들은 늙어서도 남자들에 비해 후각의 탁월성을 지킨다. 반 데 벨데를 비롯한 여러 산부인과 전문의들이 지금 대체로 동의하고 있듯이, 여자들이 남자들에 비해서 후각적 인상의 영향을 더 강하게 받고 더 자주 받는 것 같다.

향수도 몸에서 나는 냄새와 화학적으로 닮은 점이 있기 때문에 체취와 같은 효과를 발휘할 수 있다. 이완 블로치(Iwan Bloch)가 강조한 바와 같이, 향수가 원래 여자들이 문명국가에서와 달리 자연적인 냄새를 가릴 목적이 아니라 자연적인 냄새를 강화할 목적으로 쓰였을 수 있다. 만약 원시적인 남자에게 체취가 약한 여자를 낮춰보는 경향이 있었다면, 그러니까 폴리네시아 사람이 시드니의 부인들을 보고 "저 사람들에겐 냄새가 전혀 없어!"라며 멀리했듯이 원시인이 냄새가 약한 여자를 외면했다면, 여자들은 불가피하게 이 점에서 자연적인 결함을 보완하려 노력하면서 자신의 냄새를 강조하려 들었을 것이다. 이는 문명국가에서 여자들이 자신의 육체의 성적 탁월성을 강화하려고 노력하는 것과 다르지 않다.

이런 식으로, 블로치가 암시하듯이, 우리는 최근까지 여자들이 선택한 냄새들이 아주 섬세한 것이 아니라 대단히 강렬하고 동물적이고 성적인 것이었던 사실을 설명할 수 있다. 사향과 해리향, 용연향 등이 그런 것이다. 이것들 중에서 전형적인 것은 틀림없이 사향이다. 사향은 용연향과 더불어 칼 린나이우스(Carl Linnaeus)가 '신들에게 알맞은 냄새'(Odores ambrosiacae)라 부른 집단의 주요 구성원이다. 사향은 인간 육체의 냄새를 가장 많이 닮은 것으로 평가받는 냄새다.

인간의 후각 집단의 특이성은 그것들이 아득히 먼 인간 조상들에게 성적 유혹의 중요한 경로였던 한 감각이 쇠퇴했다는 점을 명백히 보여주고 있는 점이다. 인간과 심지어 원숭이들에게서도 후각이 지배적인 위치를 시각에게 어느 정도 내주었다. 그럼에도, 후각은 우리를 다소 지속적인 냄새들의 대기 속에 깊이 빠뜨리고 있으며, 이 냄새들은 우리로 하여금 영원히 공감을 느끼거나 반감을 품게 만든다. 약간의 냄새만 나도 우리는 여전히 그것을 무시하지 못하고 오히려 거기에 몰두하게 된다.

3) 청각

중요한 생리적 기능들은 주기적이며, 따라서 리듬이 우리의 생체에 깊이 각인되어 있다고 해도 전혀 놀라운 일이 아니다. 그 결과, 생체의 신경근(神經筋)의 주기적인 경향에 가담하는 모든 것은, 그리고 그 주기적 경향을 강화하거나 발달시키는 모든 것은 우리에게 자극적인 영향력을 발휘하게 되었다.

인간의 노래의 기원이 체계화된 노동에 수반되었던 리듬 있는 소리라는 칼 뷔허(Karl Bücher)와 빌헬름 분트(Wilhelm Wundt)의 견해를 받아들일 수는 없지만, 단순한 형태든 음악처럼 발달한 형태든 불문하고, 리듬은 근육의 작용을 강력히 자극하는 요소다.

성욕이 언어가 일반적으로 발달한 주요 원천이라는 스웨덴 언어학자 한스 스퍼버(Hans Sperber)의 견해는 꽤 합당하다. 그는 본능적인 외침으로 반응을 끌어낼 수 있는 상황이 두 가지가 있다고 주장한다. 배고픈 아기가 울어서 엄마의 젖을 빠는 것이 한 가지 상황이고, 다른 하나는 성적으로 흥분한 수컷이 외치고 거기에 암컷이 반응하는 상황이다. 두 번째 상황이 먼저 발달했을 가능성이 크며, 따라서 성욕이 아마 언어의 첫 번째 원인일 수 있다. 정말로, 척추동물의 발달 초기에 이런 일이 일어났음에 틀림없다.

리듬과 별도로, 샤를 페레의 실험들을 통해 드러난 바와 같이, 단하나의 음악적 음도 생리적 자극으로서 효과를 발휘한다. 그러나 주로 연구되었던 것은 음악이 근육 작용에 미치는 영향이었다. 동력계를 갖고 짧은 시간 동안 실험하나 근력계를 갖고 긴 시간 동안 실험하나 똑같이 자극 효과가 나타나는 것이 확인되었다.

근력계를 이용해 이반 타르카노프(Ivan Tarkhanov)는 신경이 예민한 사람에게 생생한 음악이 일시적으로 피로가 사라지게 만든다는 사실을 발견했다. 그래도 단조의 느린 음악은 반대의 효과를 냈다. 페레는 불협화음의 경우에 기분을 우울하게 만든다는 것을 발견했다. 장조의 전부는 아니라도 대부분은 자극하는 효과를 내고, 단조의 전부는 아니라도 대부분은 우울하게 만드는 효과를 냈다. 그러나 피곤한 상태에서 단조가 장조보다 더 자극적인 것으로 나타났다. 이것은 사디즘을 연구하면서 확인하게 되는, 몸이 피곤한 상태에서 다양한 고통스런 감정이 자극적인 영향을 발휘한다는 내용과 일치하는 흥미로운 결과다. 활발한 근육 작용이든 느린 근육 작용이든, 또 수의(隨意) 근육 작용이든 불수의(不隨意) 근육 작용이든 똑같이 음악의 자극을 받는다.

직접적이거나 직접적이지 않은 신경근육 체계의 이런 자극 외에, 음악이 순환과 호흡에 미치는 영향도 있다. 러시아 생리학자 알렉산드레 도기엘(Alexandre Dogiel)이 1880년에 동물들을 대상으로 실험한 결과 음악이 심장의 힘과 속도를 증대시킨다는 것을 발견한 이후로, 인간과 동물들을 대상으로 음악이 심장과 폐에 미치는 영향을 연구하는 실험이 많이 행해졌다.

이어진 연구들은 음악이 동물들만 아니라 인간에게도 순환계와 호흡계에 영향을 미친다는 점을 분명히 보여주었다. 음악이 뇌의 혈액 순환에 직접적 영향을 미친다는 것은 파트리치(Patrizi)가 머리에 심각한 부상을 입어 두개골의 상당 부분을 제거해야 했던 젊은이를 관찰한 결과 확인되었다. 멜로디의 자극이 뇌 쪽으로 피의 흐름을 크게 증대시켰던 것이다.

음악이 다양한 내장과 그것들의 기능에 간접적으로 영향을 미친다는 사실은 놀라운 일이 아니다. 음악은 발한(發汗) 기능을 증대시키면서 살갗에 영향을 미친다. 음악은 눈물을 흘리는 경향을 낳을지도 모른다. 음악은 가끔 소변을 보고 싶은 욕구를 야기하거나 실제 배뇨를 일으키기까지 한다. 개들을 대상으로 한 실험에서 청각 작용이 산소의 소비를 증가시키고 탄산의 제거를 낳는 것이 확인되었다.

다양한 종의 동물들 사이에, 보다 구체적으로 곤충과 새들 사이에 음악의 매력이 성적 매력이라는 토대 위에서 강화되고 발달하고 있다는 주장에 거의 이견이 없다. 한쪽 성의 노래가 다른 쪽 성을 성적으로 유혹하는 역할을 하는 것이다. 이 이론을 뒷받침하는 증거는 다윈에 의해 광범위하게 조사되었다.

윌리엄 헨리 허드슨(William Henry Hudson)처럼 새들의 노래가 "넘치는 에너지" 때문이라는 허버트 스펜서의 견해를 선호하는 일부 작가들은 구애와 노래의 관계가 단순히 "부수적(附隨的) 관계"라고 말한다. 이 견해는 더 이상 지지를 받지 못한다.

동물의 소리의 정확한 기원이 무엇이든, 음악적 소리와 새들의 노래는 구애에서 중요한 역할을 한다는 데에는 의문이 제기될 수 없다. 대체로 암컷을 유인하는 것이 수컷의 음악적 재주인 것 같다. 암컷이 수컷을 유인하는 것은 곤충처럼 단순하고 원시적인 뮤지션들 사이에서만 일어난다. 음악적 재능을 타고나는 것이 거의 언제나 한쪽 성뿐이라는 사실은 이 문제의 대답이 성적이라는 점을 암시한다.

포유류에 속하는 많은 종들의 수컷은 번식기에 주로 목소리의 힘을 이용하고 전적으로 목소리의 힘만을 이용하는 경우도 가끔 있다. 정말로 고등 동물인 원숭이들 사이에 소리는 흥분을 드러내는 한 방법일 뿐만 아니라 구애의 중요한 도구이다. 다윈은 이 점을 강조했으며, 페레는 다른 관점에서 인간의 성적 본능의 이상(異常)을 연구하면서 청각에 바탕을 둔 병적인 성적 도착이 있다는 것을 보여주는 관찰은 전혀 없었다고 언급했다.

인간과 밀접한 관계가 있는 동물들뿐만 아니라 인간도 사춘기에 발성기관과 소리가 뚜렷한 성적 분화를 겪기 때문에, 그 변화가 성 선택과 성 심리에 어떤 영향을 미친다는 것은 쉽게 믿을 수 있다. 사춘기에 이르면 발성기관과 성대에 급격한 발달이 일어나고, 목소리는 더욱 깊어지는 반면에 성대는 더 커지고 두꺼워진다.

이 모든 변화는 소녀들에게는 약간만 나타나고 소년들에게는 뚜렷이 나타난다. 그러면 소년의 목소리는 "찢어지면서" 적어도 한 옥타브는 낮아진다. 사춘기에 소녀의 발성기관은 5대 7 정도로만 커지지만, 소년의 발성기관은 5대 10이 된다. 이 변화가 전반적인 성적 발달에 따르는 것이라는 점은 그것이 사춘기에 일어난다는 사실뿐만 아니라 사춘기 전에 고환을 제거하는 내시들의 경우에 목소리가 아이 같은 특징을 그대로 간직한다는 사실에 의해서도 확인된다.

이런 사실을 기억하면서, 우리는 목소리와 음악에 일반적으로 성적 호소의 한 방법으로서 상당한 중요성을 부여할 수 있다. 이

점에 대해 우리는 알베르트 몰의 의견, 말하자면 "귀를 통한 성적 자극은 일반적으로 생각하는 것보다 더 크다."는 견해에 동의한다.

그럼에도 나는 그 자극이 남자보다 여자에게 더 강하게 작용할 것이라고 생각한다. 이유는, 로베르트 뮐러가 언급했듯이, 여자의 목소리는 아이 같은 자질을 그대로 간직하고 있고, 따라서 남자의 목소리가 특별히 남자 같은 반면에 여자의 목소리는 특별히 여자 같지 않기 때문이다.

정말로, 남자들은 종종 소년 시절에 품었던 사랑에 관한 생각들 중 많은 것을 노래하거나 연주를 하는 여자들과 연결시킬 수 있다. 그러나 이런 경우에 매력은 낭만적이고 감상적이지 특별히 성적이지는 않은 것으로 확인될 것이다. 반면에 성인의 삶에서 종종 성적 호소력을 지니는 음악은 부분적으로 스토리와의 연결을 통해서, 또 부분적으로 열정을 미학적으로 표현하려 한 작곡자의 노력에 대한 지적 깨달음을 통해서 실제로 이런 효과를 낳는다.

음악의 실제 효과는 성적이지 않다. 리하르트 바그너(Richard Wagner)의 오페라 '트리스탄과 이졸데'의 음악이 최면 상태의 남자들에게 미치는 성적 영향에 관한 실험의 결과가 보고된 것처럼 부정적이었다는 것은 믿을 만하다. 그러나 비중이 조금 떨어지는 작곡자들의 음악, 특히 쥘 마스네(Jules Massenet)의 음악은 성적 효과를 분명히 발휘하는 것으로 확인되었다. 헤르만 폰 헬름홀츠(Hermann von Helmholtz)는 더 나아가 음악에서 성적 갈망의 표현은 종교적 갈망의 표현과 동일하다고 언급했다.

페레는 급성 관절염으로 병원에 입원한 젊은이의 예를 소개했다. 이 환자는 침대 시트를 관리하는 젊은 여자의 매우 유쾌한 목소리가 문틈으로 들려올 때마다 고통스런 발기를 겪는다고 불평했다. 그러나 그런 현상은 흔하지 않아 보이거나 어쨌든 매우 두드러진 것 같지는 않다. 나의 조사에 따르면, 아주 작은 수의 남자들만이 음악을 들으면서 성적 감정을 명확히 경험하는 것 같다.

남자들이 청각을 통해 성적으로 끌리지 않게 만드는 이유들은 곧 여자들이 청각을 통해 성적으로 그렇게 강하게 끌리도록 만드는 이유들이다. 사춘기에 일어나는 목소리의 변화는 보다 깊어진 남자의 목소리를 남자의 이차 성징으로 만든다. 한편, 포유류 동물들 사이에 목소리를 많이 쓰는 것이 일반적으로 수컷이라는 사실은 인간 종을 포함한 포유류들 사이에 암컷이 수컷의 목소리의 성적 의미에 실제로, 또는 잠재적으로 반응하는 감수성을 갖고 있을 가능성을 높인다. 이 감수성은 아마 인간 문명의 상황에서 일반적으로 음악으로 옮겨갈 것이다.

여자들에게 음악은, 공쿠르 형제(Goncourts)가 표현했듯이, "사랑의 미사"이다. 여자들이 쓴 소설들을 보면 주인공의 목소리가 여주인공에게 미치는 감정적 효과를 세심하게 묘사하는 예가 자주 보인다. 한편, 실제 생활에서 여자들은 남자의 목소리와 종종 사랑에 빠지며, 어떤 때는 남자를 보기도 전에 사랑에 빠진다.

니콜라 바스키드(Nicolas Vaschide)와 클로드 뷔르파(Claude Vurpas)는 국부적인 성적 효과가 구체적으로 나타나지 않는 상황에서도 음악이 여자들에게 미치는 생리적 효과는 성적 흥분이 낳는 생리적 효과를 닮았다는 점을 강조했다. 교육 수준이 높은 대부분의 정상적인 여자들은 언제나 똑같은 종류의 음악은 아니라도 음악을 통해서 명확한 성적 흥분을 어느 정도 경험한다. 신경 장애를 겪는 사람들에게서 간혹 그런 영향이 더욱 뚜렷할 수 있으며, (바스키드와 뷔르파에 따르면) 일부 병적인 사람들에게선 음악의 도움 없이 성관계가 일어나지 않는다.

사춘기의 변화가 음악을 비롯한 예술 분야에 두드러진 관심을 수반하는 경향을 보이는 것은 중요하다. 교육 받은 계층의 젊은이들 대다수와 특히 소녀들은 몇 개월 또는 길어야 1, 2년 지속되는 사춘기에 대해 예술적으로 표현하고 싶은 충동을 느낀다. 어느 일련의 관찰에 따르면, 6명 중 거의 5명이 음악에 대한 열정적 사랑을 보여주었으며, 그 사랑을 그린 곡선은 15세에서 절정에 이른 뒤 16세 이후로 급격히 하강했다.

4) 시각

시각은 서서히 다른 감각들을 대체하면서 우리가 인상들을 받아들이는 주요 경로가 되었다. 시각의 범위는 실로 무한하다. 시각은 추상적인 용도에나 은밀한 용도에나 두루 적절하다. 시각은 다수의 예술이 호소력을 발휘하는 바탕을 제공하며, 우리가 영양 섭취라는 동물적 기능을 수행하면서 주로 의지하는 감각도 시각이다. 성 선택의 관점에서 시각이 가장 중요한 감각이 되는 것은 하나도 놀랍지 않다. 사랑에 관한 인간들의 생각은 언제나 아름다움에 대한 명상이었다.

우리가 품고 있는 아름다움에 관한 생각들의 기원은 미학에 속하는 문제이지 성 심리학에 속하는 문제가 아니며, 그것은 미학자들이 의견 일치를 이루지 못하고 있는 문제이다. 여기서, 성적 아름다움에 대해 품고 있는 우리의 이상들이 보다 일반적이고 근본적인 법칙들의 영향을 받아 발달하게 되었는가, 아니면 성적 이상들이 우리가 아름다움에 대해 품고 있는 일반적인 인식에 근본적인 영향을 미쳤는가 하는 문제를 파고들 필요는 없을 것 같다.

실질적으로, 인간과 인간의 직계 조상에 관한 한, 아름다움의 성적 요소와 비(非)성적 요소는 처음부터 서로 얽혀 있었다. 성적으로 아름다운 대상은 근본적으로 생리적인 반응을 불러일으켰음에 틀림없으며, 일반적으로 아름다운 대상도 성적 대상이 자극하는 흥분을 불러일으켰음에 틀림없다. 이 두 가지 요소들 사이엔 언제나 작용과 반작용이 불가피하게 일어났다.

자연 속에 널리 퍼져 있는 유쾌한 냄새들의 성적 영향과 비(非)성적 영향이 서로 떼어놓을 수 없을 만큼 밀접히 결합되어 있는 것과 똑같이, 어떤 대상이 우리 눈에 아름답게 보이도록 만드는 동기들도 마찬가지로 성적인 것과 비성적인 것이 서로 밀접히 결합되어 있다. 많은 것을 풍성하게 의미하는 단어인 '아름다움'은 단 하나의 감각을 통해 얻어진 복잡한 인상들이 통합된 것이다.

비교적 문명화되지 않은 땅에 사는 사람들이 여자들의 아름다움의 이상으로 정한 것을 광범위하게 연구하면, 그 이상들이 문명화된 우리의 미학적 취향에도 호소력을 발휘하는 특징들을 많이 포함하고 있다는 사실이 놀랍게 다가온다. 정말로, 그 이상들 중 많은 것은 우리 유럽인들의 규범과 명백히 충돌하는 특징을 전혀 갖고 있지 않다. 심지어 이런 식으로 말할 수도 있다. 일부 야만인들의 이상이 우리 인간의 중세 시대 조상들의 이상 중 일부보다 더 큰 공감을 불러일으킨다고.

이 같은 사실, 즉 미학적 아름다움에 특별히 민감하게 만드는 문화에 사는 현대의 유럽인이 야만인 여자들에게서도 여전히 아름다움을 발견할 수 있다는 사실은 아름다움의 이상을 바꿔놓을 영향들이 아무리 많다 하더라도 아름다움 자체는 대개 객관적인 문제라는 점을 암시한다. 이 점은 열등한 민족들의 남자들이 가끔 자기 민족의 여자들보다 유럽 여자들을 더 흠모한다는 사실에 의해서도 확인된다.

활기찬 인간이 사는 세상 전반에 걸쳐서 어떤 비슷한 요소가 발견된다는 사실은 아마 어떤 의미를 지닐 것이다. 자연 전체에 걸쳐서 인간에게 가장 아름답게 보이는 것들은 성적 과정과 성적 본능과 밀접히 관계있거나 그런 것에 의존하는 것들이다. 식물의 세계가 꼭 그렇다. 동물의 세계 대부분에도 이 말이 그대로 적용된다. 에드워드 풀턴(Edward Poulton)은 종종 파악되지 않아 설명조차 되지 않고 넘어가는 이 같은 사실에 대해 언급하면서 "암새의 짝짓기 충동을 자극하는 노래나 깃털은 거의 틀림없이 인간에게도 대단히 유쾌하게 느껴진다."고 말한다.

남성적 아름다움과 여성적 아름다움의 이상(理想)이 형성되는 과정에, 성적인 특성들이 인간 역사의 초기부터 중요한 요소로 작용했음에 틀림없다. 원시적인 관점에서 보면, 성적으로 바람직하고 매력적인 여자는 자연적으로나 인위적으로 성적 특징들을 두드러져 보이게 만든 여자이다. 바꿔 말하면, 아이를 낳고 아이들에게 젖을 빨리기에 가장 적절해 보이는 여자가 이상형이었다는 뜻이다. 마찬가지로, 한 여자에게 남성적인 아름다움은 곧 유능한 짝과 보호자로서 가장 적절한 자질들이다. 따라서 일차적인 성적 특징들이 야만인들 사이에 어느 정도 존경의 대상이 되고 있다.

종종 성적 의미를 담고 있는, 많은 민족들의 원시적인 춤들을 보면, 남녀가 성기를 드러내 보이는 것이 가끔 두드러진 특징이다. 유럽에서는 중세까지도 남자들의 의상은 간혹 성기를 강조했다. 세상의 일부 지역에서는 여자의 성기를 인공적으로 확장하는 관습이 내려오고 있으며, 그런 식으로 확장된 성기는 중요한 매력으로 여겨진다.

그러나 노출된 성기를 매력의 대상으로 여기는 것은 대체로 열등한 문화권의 사람에게 국한된다. 그런데 일본의 춘화를 보면 남녀의 성기가 종종 과장되게 그려지고 있어 눈길을 끈다. 그보다는 문신이나 장식, 특이한 의상으로 성기를 아름답게 장식하거나 위장하려는 시도가 더 널리 퍼져 있다.

의상의 아름다움을 신체의 아름다움의 대체물로 받아들이는 경향은 인류 역사 속에서 일찍부터 나타났으며, 알다시피 문명국가에서는 의상의 아름다움이 신체의 아름다움을 대체하는 경향이 뚜렷하다. 따라서 우리의 현실과 우리의 전통적인 이상은 가끔 서로 화해 불가능한 모순을 보인다. 우리의 예술가들도 마찬가지로 무지하고 혼란을 느끼고 있으며, 칼 하인리히 슈트라츠(Carl Heinrich Stratz)가 거듭 보여주었듯이, 예술가들은 순진하게도 결함 있는 모델들의 기형과 병적 특성들을 끊임없이 재생산하고 있다.

그러나 미개인들 사이에 장식과 의상의 중요한 목적은 육체를 감추는 것이 아니라 육체로 사람들의 주의를 모으고 육체를 보다 매력적으로 보이게 하는 것이다. 이 점을 고려한다면, 우리는 위험스런 육체의 기능들을 분리시켜서 지키는 한 방법으로서 장식과 신체 절단의 주술적 영향을 인정해야 한다.

장식과 신체 절단이라는 두 가지 동인은 대개 함께 얽혀 있다. 성기는 정말로 문화의 초기부터 성스러운 것이 되기 시작하고 성적 기능들이 종교적인 성격을 띠기 시작한다. 자연 속의 번식인 생식이야말로 원시인에게 가장 중요한 임신으로 여겨졌으며, 원시인은 생식력을 보여주는 중요한 상징으로 성기를 높이 평가했고, 따라서 원시인의 성기는 성적 유혹이라는 목적에 그다지 이롭지 않은 장엄한 성격까지 띠게 되었다. 남근 숭배는 거의 보편적인 현상이다. 심지어 높은 수준의 문화에서도 그런 숭배가 확인되고 있다. 고대에 로마 제국이 있었고, 현재엔 일본인들이 있다.

세계의 넓은 지역에 걸쳐서 일차 성징에 부여되고 있는 종교적, 주술적 특성들과 별도로, 일차 성징들이 성적 유혹의 대상으로서 중요성을 지니지 않아야 하거나 오랫동안 지니지 않아야 하는 다른 이유들이 있다. 일차 성징들은 성적 유혹이라는 목적에 불필요하고 불편하다. 동물들 사이에서도 일차 성징들을 이성의 눈에 매력적인 방향으로 발달시키는 경우는 극히 드물다. 그런 것들이 종종 후각에는 매력적일지라도 말이다.

성적 부위는 특이하게 취약하다. 인간도 마찬가지다. 생식기를 보호할 필요성은 성적 유혹에 필요한 두드러진 과시와 모순된다. 이 목적은 성적 매력의 중요한 표시들을 상체 중에서 두드러진 부위들에 집중하면 더 쉽게 이룰 수 있다. 이런 현상은 이미 하등 동물들 사이에도 거의 보편적으로 나타나고 있다.

그와 동시에, 남녀의 생식기가 눈으로 보기에 미학적으로 아름답지 않아 보일지라도, 삽입하는 남자의 성기와 그것을 받아들이는 여자의 도관이 원래의 특성들을 간직하는 것은 근본적으로 필요한 일이다. 따라서 남자의 성기나 여자의 성기나 똑같이 성 선택 또는 자연 선택에 의해 크게 변하지 못하며, 따라서 성기들은 원시적인 특성을 갖지 않을 수 없다. 또 성기들은 감정의 영향을 받는 상황에서는 이성에게 아무리 성적으로 바람직하고 매력적으로 보일지라도 미학적 관점에서 아름다운 것으로 여겨질 수는 없다.

예술 속에서 성기의 크기가 작아지는 경향이 있으며, 우리 문명에서 예술가들은 이상적인 남성적 아름다움의 표현으로 발기한 성기를 절대로 내세우지 않는다. 여자의 몸이 남자들의 몸에 비해 일반적으로 미학적으로 더 아름다운 대상으로 고려되는 이유는 주로 여자의 성적 부위의 미학적이지 않은 성격이 나체로 서 있을 때 거의 보이지 않기 때문이다. 이런 성격과 별도로, 우리는 엄격히 미학적인 관점에서 남자의 형태를 적어도 똑같이 아름다운 것으로 보아야 한다. 게다가, 여자의 형태는 종종 아름다움의 정점을 쉽게 넘어버린다.

문화의 발달로 인해, 성기로 주의를 끌기 위해 채택되었던 바로 그 방법들이 추가적인 발달을 통해서 이젠 성기를 감추는 목적을 위해 간직되었다. 처음부터 이차 성징이 성적 유혹의 방법으로 일차 성징보다 훨씬 더 널리 활용되었으며, 문명이 가장 많이 발달한 국가들에서 오늘날에도 이차 성징들이 대다수 인구에게 가장 매력적인 방법으로 여겨지고 있다. 잘 발달한 개인에게서 보통 아름답게 나타나는 것은 주로 이차 성징이다.

이 이차 성징들 중에서, 유럽과 아시아, 아프리카 등의 토착민들 대부분은 여자들의 큰 엉덩이를 아름다움의 중요한 특징으로 꼽는다. 이 특징은 여성의 몸이 남성의 몸으로부터 구조적으로 가장 많이 벗어나 있다는 것을 보여주고 있으며, 이 같은 차이는 여자들의 생식 기능에 따른 것이다. 그런 특징이 감탄을 불러일으킨다는 점에서 본다면, 성 선택이 자연 선택과 조화롭게 작용하고 있다고 할 수 있다.

그래도 크기가 적정한 선을 벗어나는 경우에, 여자의 엉덩이도 순수하게 미학적으로 아름다운 것으로 여겨지지 않는다. 그러나 이런 수준 높은 요구와 별도로, 거의 모든 지역에서 큰 엉덩이는 아름다움의 조건으로 여겨져 왔으며, 대단히 미학적인 나라들에서도 평균적인 남자는 그런 견해를 갖고 있다. 남자들의 탄탄한 몸매와 대조적인 이런 풍성함과, 그런 식의 발달이 건강한 모성에 필요한 조건이라는 너무나 분명한 사실은 성적 매력의 이상(理想)이 형성되는 데 큰 영향을 미쳤다. 한편, 큰 골반을 포함한 평퍼짐한 엉덩이는 당연히 가장 높은 인간 종의 특징이다. 왜냐하면 가장 큰 머리를 가진 종족이 가장 큰 골반을 물려받았을 것이기 때문이다.

보다 높은 종족들의 큰 골반을 높이 평가하면서 그런 식으로 가꾸려는 의태(擬態)가 둔부에 지방을 축적하는 형태로 일어나고 있는 곳이 바로 흑인들, 그러니까 골반이 작은 사람들 사이라는 것은 결코 우연이 아니다. 둔부 지방 축적은 보통 여자의 엉덩이와 허벅지 윗부분을 덮고 있는 피하 지방층이 과도하게 발달한 상태를 말하며, 이처럼 극단적인 형태일 때 그것은 일종의 자연적 지방종(脂肪腫)을 이룬다. 진정한 둔부 지방 축적은 지금 부시먼족과 호텐토트족 여자들, 그리고 혈연적으로 그들과 연결되는 사람들 사이에서만 존재하고 있다.

그러나 엉덩이의 유별난 발달은 많은 다른 아프리카 사람들 사이에서도 발견된다. 이 특징에 감탄하는 태도는 가끔 비만을 높이 평가하는 태도와 연결되고 있으며, 약간의 비만은 여자의 이차 성징으로 여겨질 수 있다. 이런 감탄은 아프리카의 일부 흑인 민족들 사이에서 특히 두드러진다. 성적 아름다움이라는 개념을 잘 발달한 엉덩이와 연결시키는 현상은 임신한 여자를 육체적으로 가장 아름다운 유형으로 보는 경향(중세 유럽에서 한때 존재했다)에서 발견된다.

골반의 매력에 이어 두 번째 자리에, 문명 속에서는 대체로 그것보다 더 높은 위치에, 우리는 유방의 매력을 놓아야 한다. 정말로, 유럽인들 사이에 이 부위가 아주 중요하게 여겨지고 있기 때문에 몸의 노출에 반대하는 분위기가 아주 강할 때조차도 완전 정장을 한 유럽 부인에게 유방을 살짝 드러내는 것이 허용되었다.

반대로 미개인들은 육체 중 그 부위를 별로 중요하게 생각하지 않는다. 다양한 미개 민족들은 심지어 유방의 발달을 추한 것으로 여기며 유방을 납작하게 만드는 장비까지 채택한다. 이런 식으로 유방을 숨기는 관행을 촉진하는 감정이 현대 유럽에 알려지지 않은 것은 아니다. 중세 유럽에는 여자는 날씬해야 한다는 일반적인 이상이 풍만한 가슴에 반대했으며, 의상은 유방을 꽉 누르는 경향을 보였다. 그러나 고도로 발달한 문명에는 이런 감정이 알려져 있지 않으며, 대부분의 미개인들에게도 그런 감정이 널리 알려져 있지는 않다.

잘 발달한 유방과 골반에 경탄을 표했다는 사실은 고대의 코르셋에서 보듯 허리를 잘록하게 죈 관행에 의해 증명되고 있다. 이 관행은 대부분의 백인 민족들에게 거의 보편적이었으며, 다른 인종들 사이에도 알려져 있다.

남자에게 또 하나의 두드러진 이차 성징은 턱수염이며, 이것은 유방과 엉덩이와 달리 기능적인 성적 행위와 뚜렷한 관계가 없다. 턱수염은 순수하게 성적인 장식으로 여겨질 수 있으며, 많은 수컷 동물들의 머리의 털과 다소 비슷하다.

턱수염을 가꾸는 것은 문화의 시기마다 다 다르며, 미개한 민족들은 가끔 턱수염을 신성하게 여긴다. 문명 속에서 턱수염은 그런 의미를 잃는 경향을 보이며, 성적 장식으로서 턱수염의 가치는 줄어들었거나 완전히 사라졌다. 이 같은 현상은 이미 고대 문명에서도 뚜렷했다. 그래서 고대 로마 초기에는 턱수염을 기르고 머리를 길게 길렀으나 후기엔 그런 모습이 없어졌다. 이땐 여자들의 경우에 치골 부위의 털을 뽑는 것이 대세였다. 한편, 턱수염은 위엄과 지혜를 암시하는 것으로 여겨지면서 철학자들의 전유물이 되었다.

그리스 조각을 보면 여자들의 치골에 보통 털이 없지만, 이것이 실제 생활의 일반적인 관습을 암시하지는 않는다. 화병의 그림들은 종종 매춘부도 음모가 있는 모습으로 묘사하고 있다. 한편, 미(美)의 전형으로 여겨지는 트로이의 헬레네도 음모가 있는 모습으로 나타나고 있다. 털에 관한 평가(이 문제에 대해선 스톨(Stoll)이 길게 논했다)에서, 다양한 민족들의 관습은 다 다르며, 심지어 같은 민족의 관습조차도 시기에 따라 크게 달라진다. 털은 어떤 때는 남자들에게 가장 소중한 것으로 여겨지고 여자들에게는 최고의 아름다움의 표현으로 여겨지다가도 다른 때에는 최대한 감춰지면서 깎이거나 잘리거나 뽑힌다.

털이 이런 대접을 받는 주된 이유는 체모와 섹스의 밀접한 연결 외에, 체모는 골반이나 유방과 달리 더 이상 명확한 생물학적 가치를 지니지 않는다는 깨달음이 결합되기 때문이다. 따라서 털은 호불호에 따라 유행이 달라지는 분야이다. 종교의 금욕적 요소들은 심지어 고대 이집트에서도 체모에 불리하게 작용했다. 이유는, 레미 드 구르몽(Remy de Gourmont)이 강조하듯이, "살아 있는 존재의 부도덕성은 특히 털이 많은 곳에 있기 때문"이다.

따라서 기독교의 영향이 털에 불리하게 작용하는 것은 불가피했다. 특히 옛날에 턱수염에 반대하는 분위기가 강했다. 수도원 생활을 하던 저자들이 턱수염에 반대했으며, 훗날 빅토리아 시대에는 음부의 털은 그림으로 그리기에도 "혐오스런" 것으로 여겨졌다. 따라서 종교가 문명의 세련미로 여겨지던 것을 촉진시켰다고 할 수 있다. 오늘날에는 남자들은 턱수염을 깎고, 여자들은 전반적으로 털을 최소화할 뿐만 아니라 겨드랑이 털을, 또 가끔은 음모를 뽑는 경향이 지배적이다.

그러나 대체로 보면 세계의 다양한 민족들이 어쨌든 가장 지적인 구성원들을 통해서 미(美)의 공통적인 이상을 인식하고 받아들이도록 하는 근본적인 어떤 경향이 있다고 단정할 이유가 충분히 있다. 그렇다면 아름다움은 객관적으로 미학적인 어떤 바탕을 어느 정도 갖고 있다고 말할 수 있다.

인간이 품는 이런 미학적 이상은 이차 성징들 중 이것 또는 저것을 강조하거나 억누르려는 경향 때문에 나라마다, 또 같은 나라 안에서도 시대에 따라 크게 달라진다. 이 경향은 성충동에 의해 촉진되는데, 성충동은 미학적 규범과 반드시 조화를 이루지는 않는다.

순수하게 미학적인 미(美)의 이상을 가꾸는 일을 성충동 이상으로 강하게 제한하는 또 하나의 경향은 국민 또는 민족의 유형의 영향이다. 모든 민족의 평균적인 남자에게, 그의 민족의 유형을 가장 완벽하게 구현하고 있는 여자는 일반적으로 가장 아름다운 사람이며, 심지어 신체 절단과 신체 변형도 종종 민족의 유형을 강화하려는 노력에 그 기원을 두고 있다. 동양 여자들은 태생적으로 크고 두드러진 눈을 갖고 있으며, 그들은 인위적으로 이 특징을 더욱 강화하려 든다. 아이누 사람은 털이 가장 많은 민족에 속하는데, 그들에겐 털만큼 아름다운 것이 없다.

민족적 구성이 우리와 근본적으로 다른 사람들에게 성적으로 끌리기는 어렵다. 일례로, 자신의 민족적 특성을 찬양하는 경향이 미학적 아름다움과 거리가 한참 먼 특징들을 이상화하도록 한다. 탱

탱하고 동그란 유방은 확실히 아름다움의 한 특징이지만, 아프리카의 흑인 민족들의 경우에는 가슴이 일찍부터 처지며, 따라서 거기선 가끔 축 늘어진 유방이 아름답다는 찬사를 듣는다.

성적 아름다움에 대한 분석을 어느 정도 완전하게 끝내기 위해선 개인적 취향의 영향을 반드시 더해야 한다. 모든 개인은 문명 속에서 어쨌든 좁은 범위 안에서나마 부분적으로 자신의 특별한 체질을 바탕으로, 또 부분적으로 자신이 실제로 경험하는 매력을 바탕으로 나름대로 이상형을 구축한다. 이 요소가 존재한다는 점을 강조하는 것은 불필요한 일이다. 이유는 문명인이 성 선택을 할 때 그 사람의 개인적 취향이 늘 고려되고 있기 때문이다. 그러나 개인적 취향의 변형이 무수히 많으며, 그 취향이 사랑의 열정에 빠진 연인으로 하여금 현실에선 아름다움과 정반대로 여겨지는 특징들을 이상화하도록 만든다. 여기서 우리는 병적인 성적 일탈의 영역에 다가서고 있다.

따라서 우리는 미(美)의 이상을 이루는 또 다른 요소를 인정해야 한다. 문명화된 조건에서만 발견되는 요소이다. 진기하고, 멀고, 이국적인 것에 대한 사랑이다. 희소한 것은 아름다운 것으로 높이 평가받는다고 흔히 말한다. 엄격히 말하면 이것은 진리가 아니며, 일반적으로 존경을 받는 유형에서 약간만 벗어난 특성에 대해서만 그렇게 말할 수 있다.

"풍미를 더하는 변형이 없는 것은 어떤 것도 유쾌하지 않다."는 옛말이 있다. 문명의 신경성 불안과 민감성이 더욱 커지면서, 이런 경향도 강화되었다. 이런 경향은 예술적 천재성을 지닌 남자들 사이에 자주 발견된다. 문명의 모든 중심에서 민족이 품고 있는 미(美)의 이상은 이국적인 방향으로 다소 변하는 경향이 있으며, 외국의 유행뿐만 아니라 외국의 이상(理想)도 고유의 유행과 이상보다 더 선호된다.

시각의 성적 호소에서 아름다움이 최고의 요소일지라도 유일한 요소는 아니다. 전 세계에 걸쳐, 이 같은 사실이 잘 이해되고 있다. 구애에서, 그러니까 팽창을 일으키려는 노력에서, 시각에 대한 호소가 다양해짐과 동시에 다른 부차적인 호소의 도움을 받고 있다.

일례로, 절시증(竊視症: scoptophilia)[11], 즉 성애 장면이나 간단히 이성의 성기를 봄으로써 일어나는 성적 흥분이 있다. 이것은 어느 선까지 지극히 정상이며, 그것을 수치스럽게 여기는 것은 단순히 발가벗은 몸과 관련해 옛날부터 내려오는 내밀성 때문이다.

존경할 만한 많은 남자들도 젊은 시절에 침실에 든 여자들을 은밀히 들여다볼 기회를 추구했으며, 존경할 만한 많은 여자들도 인정하고 싶지 않겠지만 남자들의 침실을 문구멍으로 들여다보았다. 안주인이나 하녀나 똑같이 연인으로 의심되는 커플이 들어 있는 방의 문구멍에 눈을 고정시키는 것은 정말로 공통된 습관이다.

이 절시증을 무모하게 키우는 사람들은 일반적으로 "엿보는 사람"(peeper)이라 불린다. 이런 행태는 특히 파리에서 가끔 경찰의 주목을 끌었으며, 내가 아는 여자들은 튈르리 정원의 공중 화장실 뒤에서 반사광을 통해 자신들을 보고 있는 남자들을 발견했다.

....
11 실제적인 성관계의 대체물로서, 포르노나 나체, 페티시 등을 봄으로써 성적 쾌감을 끌어내는 것을 말한다.

또 다른 형태로, 에로틱한 장면을 그린 그림들의 성적 매력이 있고, 조각의 성적 매력이 있다. 이 성적 매력은 한편으로 흔히 포르노그래피라 불리는 것의 심리적 원천이고, 다른 한편으로는 '피그말리오니즘'(Pygmalionism)이라 불리는 성적 일탈의 심리학적 원천이다. 피그말리오니즘이라는 단어는 자신이 제작한 조각과 사랑에 빠졌다는 그리스 신화 속 인물 피그말리온의 이야기에서 비롯되었다.

에로틱한 장면과 에로틱한 그림에 대한 관심은 마음을 온통 빼앗는 열정이 되지 않을 때엔 자연스럽고 정상적이지만, 피그말리오니즘은 흠모하는 대상이 그 자체로 하나의 목적이기 때문에 병적이다. 피그말리오니즘은 주로 남자들에게서 관찰되었으나, 히르슈펠트는 상류 계층인 어느 부인이 박물관에서 고전적인 조각들의 무화과나무 잎을 들추고 그 아래의 부분에 입을 맞추는 것이 관찰되었다고 언급하고 있다.

그림의 에로틱한 매력은 지금 너무나 분명하며, 그런 매력은 영화를 통해서 아주 광범위하게 퍼지고 있다. 영화의 경우에 제시되는 그림들이 살아 있는 듯한 느낌을 주고 동적이기 때문에 그 영향이 훨씬 더 강하다. 너무나 많은 사람들, 특히 젊은 여자들이 밤마다 자신이 흠모하는 주인공이, 아마 수천 마일 밖에 떨어져서 살고 있어서 실제로는 절대로 만나지 못할 주인공이 성적으로 흥분하는 상태를 보기 위해 영화관을 찾는다.

시각에 부차적인 호소력을 지니는 것으로 동작과 연결되어 있는 것이 바로 춤이다. 여기서 우리는 이시도르 자드거가 근육 에로티즘이라고 부르고, 힐리가 "살갗 에로티즘"과 결합한 근육과 관절의 쾌락이라고 묘사한 것을 보고 있다. 춤에는 근육의 작용과 결합된 장면이 있으며, 각 장면은 어떤 조건에서 성적 자극이 되며, 춤의 장면은 가끔 운동보다도 더 큰 성적 자각이 된다. 많은 미개 종족들 사이에서 춤은 종종 성 선택의 매우 중요한 방법이며, 노련하고 강건한 춤꾼들은 여자의 선택을 쉽게 받는다.

춤이 문명에 건전한 영향을 끼치는지 여부를 놓고 가끔 논란이 벌어졌다. 몇 년 전에 아브라함 브릴(Abraham Brill)이 뉴욕에서 "새로운" 춤에 열광하는 342명의 남녀(친구와 환자 등 대답을 신뢰할 만한 사람들이었다)를 대상으로 이 문제를 연구했다. 대상자 중 3분의 2가 남자였고 3분의 1은 여자였다. 그는 이런 질문들을 했다. 1) 새로운 춤을 추는 중에 성적으로 흥분된 적이 있는가? 2) 사람들이 새로운 댄스를 추고 있는 것을 보고 있으면 흥분되는가? 3) 옛날의 춤을 추거나 보면서 똑같은 경험을 하는가?

첫 번째 질문에 대해 남자 14명과 여자 8명이 그렇다고 대답했다. 두 번째 질문에는 남자 16명과 여자 29명이, 세 번째 질문에 대해서는 남자 11명과 여자 6명이 그렇다고 대답했다. 두 번째 질문에 '그렇다'고 대답한 사람들은 첫 번째 질문과 세 번째 질문에 비슷하게 대답한 사람들을 모두 포함했다. 전체 숫자와 비교하면 '그렇다'고 대답한 비율이 여자가 남자보다 약간 높았다. 이 연구의 대상이 되었던 사람들은 모두 브릴이 알고 있던 사람이었으며, 그에 의해 성적으로 대단히 미학적인 사람들로 여겨졌다. 대다수는 단순히 활기와 행복감을 느낀다고 말한다. "새로운" 댄스가 성적 자극제가 되는지 여부를 묻는 질문에는 그렇지 않다고 대답한 사람들이 대다수였다.

브릴은 새로운 춤이나 구식 춤이나 똑같이 성적 긴장의 배출구이며 정도만 다를 뿐이라고, 또 신경질적이고 건강염려증이 있는 여자들에게 종종 춤이 대단한 이점을 안긴다고 결론을 내린다. 춤은 그 자체로 바람직하지 않은 유행이 될 때조차도 욕망과 억압이라는 상반된 두 가지 흐름의 타협으로서, 또 높은 긴장을 해소하는 안전판의 역할을 하는 것으로서 충분히 개발할 가치를 지닌다.

마지막으로, 아름다움이 주로 여자의 특징이고 그런 것으로서 남자들이 영원히 생각하는 주제이고 여자들에게도 당연히 감탄의 대상이 되는 여자의 자질이지만, 정상적인 여자는 남자의 아름다움에 대해 그와 비슷한 숭배를 전혀 경험하지 않는다는 점이 강조되어야 한다. 남자의 육체의 완전성은 여자의 육체의 완전성에 뒤지지 않지만, 남자의 육체의 완전성을 연구하는 일은 오직 예술가나 미학자에게만 호소력을 지닐 뿐이다.

남자의 몸의 완전성은 거의 전적으로 남자 성 전도자의 성적 열정만 불러일으킨다. 동물들이나 미개인들의 경우야 어떻든, 문명속에서는 여자들과의 관계에서 가장 큰 성공을 거두는 남자는 일반적으로 아주 잘 생긴 사람이 아니고 잘 생긴 것과는 거리가 먼 사람이다. 스탕달은 "우리가 요구하는 것은 열정이다. 아름다움은 단지 가능성들을 제공할 뿐이다."라고 말한다.

여자들은 남자의 아름다움보다는 남자의 육체적 또는 정신적 힘을 흠모한다. 힘을 보여주는 광경은 시야에 남아 있는 동안에 무의식적일지라도 또 하나의 감각, 즉 촉각과 연결되는 인상들을 우리에게 안겨준다.

우리는 눈에 보이는 에너지를 본능적으로, 또 무의식적으로 압력 에너지로 바꾼다. 우리는 힘을 흠모하면서 실제로는 눈에 보이게 된 촉각의 어떤 자질을 흠모한다. 따라서 남자들은 시각을 통해 주로 아름다움의 시각적 특성에 성적으로 영향을 받는 반면에, 여자들은 근본적으로 보다 성적인 촉각에 속하는 특성들을 나타내는 시각적 인상에 영향을 더 강하게 받는다고 할 수 있다.

여자의 경우에 시각적으로 표현된 압력 에너지에 대한 갈망이 남자들에 비해 훨씬 더 뚜렷하고 지배적이다. 왜 그런지 그 이유를 밝히는 것은, 굳이 일반적인 설명, 즉 성 선택에 따르면 여자가 강한 아이들의 아버지가 되고 가족의 훌륭한 보호자가 될 그런 남자를 택하게 된다는 설명에 의지하지 않더라도 그리 어려운 일이 아니다.

육체적 사랑에서 보다 활동적인 부분은 남자의 몫이고, 보다 수동적인 부분은 여자의 몫이다. 그렇다면 여자의 에너지는 사랑에서 효율성을 말해주는 지표가 전혀 아닌 반면에, 남자의 에너지는 성적 포옹이 요구하는 정력의 중요한 자질을 남자가 갖고 있는지 여부를 여자에게 알려주는 지표가 된다. 그것이 그릇된 지표일 수도 있다. 왜냐하면 근육의 힘이 반드시 정력과 관계있지는 않으며, 극단적인 경우에 근육의 힘의 부재와 관계가 있을 수도 있기 때문이다. 그러나 에너지는 "열정의 가능성"을 말해주며, 어떻든 에너지는 효력이 분명히 나타나는 어떤 상징으로 남아 있다.

물론, 이런 고려들이 "얼굴을 붉히면서 아도니스를 버리고 헤르쿨레스 쪽을 택하는" 처녀의 의식에서 언제나, 또는 종종 이뤄진다고 짐작해서는 안 된다. 이런 감정적인 태도는 다소 정확한 본능에 뿌리를 내리고 있다. 이런 식으로, 시각적 매력의 분야에서조차도 성 선택은 보다 원시적인 촉각, 그러니까 근본적으로 성적인 감각을 바탕으로 여자들에게 영향을 끼치게 된다.

우아하거나 숙련되거나 강건한 움직임의 장면이 불러일으키는 성적 즐거움을 페레는 '운동 사랑'(ergophily)이라고 불렀다. 이것은 특별히 여자들에게 두드러지게 나타나며, 공포와 잔인한 장면이 이따금 야기하는 보다 병적인 쾌락과 구분된다.

페레는 극단적인 '운동 사랑'을 보여주는 전형적인 예를 제시했다. 이 젊은 기혼 여성은 자기 남편에게 불만이 전혀 없는데도 남편의 애정에 제대로 반응하지 못했다. 어릴 적에 그녀는 섬세한 아이였으며, 네 살 때 유랑 서커스단을 구경하러 갔다. 거기서 그녀는 겨우 자기 또래의 어린 소녀가 공을 공중으로 던지며 벌이던 묘기에 너무나 강한 인상을 받고 흥분했다.

그때 그녀는 성기 부분에서 이상하게 따뜻해지는 느낌이 들었고 이어서 일종의 경련이 느껴지면서 오줌을 쌌다. (그런 경련이 초기에 일어날 때, 팽창 해소가 배뇨로 나타날 수 있다.) 그 일이 있은 뒤로 어린 곡예사가 그녀의 공상에 나타나고 가끔은 밤에 꿈에 나타나기도 했다. 그런 꿈을 꿀 때면, 똑같이 따뜻한 느낌이 들고 배뇨 현상이 있었다.

14세에 사춘기를 보낸 뒤에, 그녀는 어느 서커스에서 몸이 단단하고 실력이 출중한 운동선수를 보았는데, 이 운동선수도 그녀에게 똑같은 효과를 낳았으며, 공을 던지던 어린 곡예사와 운동선수가 꿈에 번갈아 나타났다. 16세에 산으로 소풍을 다녀와서 음식을 푸짐하게 먹은 뒤, 그녀는 잠을 자다가 그 운동선수의 환상을 보면서 강력한 오르가슴을 느끼는 상태에서 잠에서 깨어났으나, 다행히 배뇨는 없었다.

그녀는 파리로 이사를 했으며, 곧 극장이나 작업장에서 볼 수 있는 온갖 숙련되고 힘찬 남성의 활동이 성적 쾌감의 원천인 것으로 확인되었다. 결혼을 해도 달라진 것은 전혀 없었다. 그녀는 훗날 남편에게 사정을 털어놓을 수 있었다. '운동 사랑'은 정도가 심하지 않은 경우에는 정상으로 여겨질 수 있다.

요약하면, 아름다움은 일부 전문가들이 주장하는 것과 달리 단순히 변덕의 문제가 아니다. 아름다움은 부분적으로 (1)미학적인 본질을 지닌 어떤 객관적인 토대를 근거로 하고 있다. 이 객관적인 토대는 아름다움의 온갖 변형을 함께 묶어주며 모든 민족들 중에서 가장 지적인 남자들이 선호하는, 여성의 아름다움의 이상들이 서로 비슷하도록 만든다.

그러나 일반적이고 객관적인 이 바탕 그 너머에서, 우리는 (2)인종 또는 민족의 특이한 특성들이 아름다움의 이상에 일탈을 야기한다는 것을 발견한다. 왜냐하면 아름다움이 종종 인종 또는 민족에 나타나는 인류학적 특징의 극단적인 발달과 연결되기 때문이다. 정말로, 민족적 특징들의 완전한 발달이 동시에 건강과 활력의 완전한 발달을 암시하는 것처럼 보인다.

또 (3)대부분의 나라들에서 아름다움을 이루는 중요하고 근본적인 한 가지 요소는 이차, 삼차 성징들이라는 점도 고려해야 한다. 여자의 머리와 유방, 엉덩이, 그리고 수많은 사소한 특징들의 성격도 성 선택의 관점에서 보면 중요한 의미를 지닐 수 있다.

이 외에 (4)개인적 취향이라는 요소가 있다. 그 개인의 특별한 체질과 특이한 경험에 좌우되는 개인적 취향은 그 사람이 아름다움에 대해 품고 있는 이상에 영향을 미치지 않을 수 없다. 종종 이 개인적인 요소는 집단적인 형태로 흡수되며, 그런 식으로 미(美)의 문제에 일시적 유행이 생겨난다.

마지막으로, 높은 문명의 상태에서, 그리고 문명에서 흔하게 발견되는, 초조해하고 불안해하는 개인들에게서, 우리는 (5)아름다움의 이상에 이국적인 요소가 나타나는 경향을 본다. 사람들이 자신의 민족의 유형에 가장 근접한 그런 종류의 아름다움을 흠모하지 않고 대신에 익숙한 것들로부터 다소 벗어나 있는 유형의 영향에 호의적으로 반응하기 시작하는 것이다.

인간에게 일어나는 성 선택이 단순히 남자가 여자를 선택하는 것이 아니라 여자가 남자를 선택하는 것이기도 하다는 사실 때문에 그 문제는 더욱더 복잡해진다. 이 같은 사실을 고려할 때, 우리는 기준이 완전히 달라지고, 남자의 눈에 아름답게 보였던 여자의 미의 요소들 중 많은 것이 배제되는 반면에 힘과 활력을 중시하는 새로운 요소가 등장한다는 사실을 확인하게 된다. 이 요소는 순수하게 시각적인 성격을 지니지 않고, 시각적 조건으로 해석된 촉각적 압력의 성격을 지닌다.

그러나 성적 이상에 대해 언급하는 것은 절대로 인간의 성 선택이라는 더 큰 문제를 언급하는 것이 아니다. 바람직한 것으로 여겨지며 추구되는 이상은 대개 경험의 결실이 아니다. 이상은 또 개인의 기질과 특이성을 표현하는 것도 아니다.

성적 이상은 주로 어쩌다 처하게 된 환경의 결과이고, 어린 시절에 우연히 느낀 끌림의 결과이며, 낭만적인 감정에 의해 신성하게 된 전통의 결과이다. 삶의 실제 접촉에서, 개인은 자신이 평소에 중요하게 여겨왔던 이상과 다른, 경우에 따라서 이상과 정반대인 그런 감각적 자극에 의해 성충동이 일어나는 것을 발견할 수도 있다.

이 외에, 기본적으로 보다 생리적인 성격을 지닌 요소들이 이런 정신적인 요소들보다 더 깊이 성 선택의 문제에 개입할 수 있다고 믿어야 하는 이유가 있다. 일부 개인들은 자신이 짝으로서 이상적으로나 실질적으로 가장 적절한가 하는 문제와 별도로 엄청난 에너지를 과시하면서 파트너를 확보하는 일에 다른 사람들보다 더 큰 성공을 거둔다. 이런 개인들은 육체적으로나 정신적으로 더욱 강한 활력을 갖고 있으며, 이 활력이 전반적으로 일에 성공을 부를 것이고 아마 특별히 성적인 활동도 강화시킬 것이다.

따라서 인간의 성 선택 문제는 극도로 복잡하다. 현재 확보 가능한 귀한 자료들을 모두 취합한다 하더라도, 우리는 그 결과들의 정확한 의미를 현재로서는 명쾌하게 파악하기 어렵다는 사실을 깨닫고 있다. 대체로 인간은 짝을 선택하면서 민족적 및 인류학적 특성은 동일한 것을 추구하는 한편으로, 이차 성징과 보완적인 정신적 성격에 있어서는 변형을 추구하는 것 같다.

우리가 추구하는 것은 하나의 변형이지만, 어디까지나 약간의 변형일 뿐이다.

3장

젊은 시절의
성충동

성충동의 첫 출현

어린 시절에는 성충동이 전혀 존재하지 않는 것으로 믿어졌다. 그 믿음은 일부 사람들이 생각하는 것만큼 그렇게 일반적이지는 않았다. 그러나 성충동이 삶의 초기에 정상적으로 존재할 수 없다고 주장하는 것이 가능하다면, 그 시기에 나타나는 성충동은 모두 '도착적인 것'으로 여겨져야 한다. 심지어 유아의 성욕을 정상적인 것으로 여기는 프로이트조차도 초기의 성충동을 '도착'으로 보고 '다형(多形) 도착'(polymorph-perverse)이라고 불렀다. 성충동에 관한 논의에서는 그 논의가 아무리 간단하게 전개되더라도 이 혼란부터 말끔하게 정리하는 일이 반드시 필요하다.

논의를 시작하기 전에 먼저, 성충동의 표현들이라고 불릴 수 있는 것이 지금까지 짐작해 왔던 것보다 훨씬 더 잦다는 말을 반드시 해야 한다. 또 성충동의 표현들의 힘과 조숙, 성격도 그 범위가 일반적으로 생각하는 것보다 훨씬 더 넓다.

심지어 생식기가 성적 자극에 반응하는 성향에도 기본적으로 넓은 범위의 변형이 있다. 일부 유아가 어린 나이에 생식기에 반응하려는 태도는 일반적으로 자극의 반사적 신호로 여겨졌고 또 오래 전부터 관찰되어 왔다. 그런 성충동의 표현은 기억에 남지 않는다. 그래서 우리는 그 표현이 유쾌한 것인지 여부를 밝힐 직접적인 증거를 전혀 갖고 있지 않다. 그러나 많은 남자와 여자들이 어린 시절에 생식기와 연결된 유쾌한 감각을 회상할 수 있다. 그 감각들은 억눌러지지 않았으며, 억눌러지면서 경험되지 않고 있는 것은 그 감각들을 어른들에게 언급하려는 충동이다.

그런 감각들은 대체로 다른 사람들에게 언급되지 않는다. 그러나 그 감각들은 기억에 계속 남는 경향을 보인다. 이유는 그것들이 일상적인 경험에 비춰 유난하고 일상적 경험과 두드러진 대조를 보이기 때문이다.

성적 자기 흥분은 아주 어릴 때부터 일어나는 것으로 오래 전부터 알려져 있었다. 19세기 초에, 프랑스를 비롯한 여러 나라의 다양한 저자들(마르크(Marc)와 퐁사그리브(Fonssagrives) 페레즈 (Perez) 등)이 서너 살 때부터 자위를 하는 남녀 어린이들의 예를 제시했다.

월터 프랭클린 로비(Walter Franklin Robie)는 첫 번째 성 감정이 소년들의 경우에는 5세에서 14세 사이에, 소녀들의 경우에는 8세에서 19세 사이에 일어난다는 것을 발견했다. 또 소년들과 소녀들에서 똑같이 첫 성 감정의 표현이 초기보다 후기에 더 빈번한 것으로 확인되었다.

해밀턴은 정교하게 실시한 조사에서 남자의 20%와 여자의 14%가 6세 이전에 자신의 성기를 통해 쾌감을 발견한다는 것을 확인했다. 캐서린 데이비스는 남자와 여자의 집단을 비교하면서 11세까지 소년의 20.9%와 소녀의 49.1%가 자위행위를 시작했지만 그 다음 3년 동안을 비교하면 소년의 비율이 소녀보다 월등히 앞선다는 것을 알아냈다.

모든 아이들이 성기의 흥분 또는 유쾌한 성적 감각을 경험하거나 경험할 수 있다고 가정하는 것은 실수다. 아이가 페니스를 마찰시키면 크기를 키울 수 있다는 다른 아이의 꾐에 빠져서 순진하게도 그런 혜택을 누리려 노력하지만 아무런 소득을 얻지 못하는 그런 일도 일어난다. 시간이 되어 사춘기에 이르면, 자연히 성기가 완전히 흥분할 수 있는데도 말이다.

따라서 어린 시절에도 성기와 성을 대하는 성향이 아주 다양하다고 할 수 있다. 성적 성향의 차이가 어느 정도 유전에 따르는 것인지에 대해 말하는 것은 언제나 쉬운 일은 아니다. 충분히 예상할 수 있는 바와 같이, 대체로 보면 건전하고 분별 있는 조상의 아이는 어린 시절에 성적으로 흥분할 수 있는 성향이 덜하고, 건강하지 않은 유전 형질을 갖고 있거나 성욕이 과잉인 부모에게서 태어난 아이는 조숙하게 흥분한다. 해밀턴 박스의 설문은 성생활이 늦게 시작될수록 만족스런 결혼 생활을 할 가능성이 더 높아진다는 점을 암시하고 있다.

생식기에 나타나는 현상을 넘어서면, 이 주제는 훨씬 더 복잡해진다. 여기서 우리는 정신분석가들이 말하는 리비도를 만난다. 초창기에 리비도를 유아기와 어린 시절에 적용했을 때, 엄청난 반대가 일어났다. 지금도 그 반대를 완전히 극복했다고 말하지 못한다. 그러나 지금은 많은 것이 우리가 '리비도'라는 단어를 어떻게 정의하느냐에 달려 있는 것으로 인식되고 있다.

프로이트의 많은 용어들처럼, 리비도도 행복하게 선택되는 길을 밟지 못했으며, 그 용어를 영어 단어 'libidinous'(육욕적인, 선정적인)와 떼어놓는 것은 쉬운 일이 아니다. 프로이트 학파 밖에서 가장 탁월한 분석가 중 한 사람인 칼 구스타프 융(Carl Gustav Jung)은 정말로 리비도를 섹스와의 연결로부터 해방시켰으며, 그것을 넓은 의미로 "정신의 힘"으로 받아들이고 있다. 융의 리비도는 앙리 베르그송(Henri Bergson)의 '생명의 약동'(élan vital)과 비슷하고 영어로 표현하면 일부 사람들이 즐겨 쓰는 '생명의 충동'(vital urge) 정도가 된다. 그래도 리비도라는 단어를 섹스 에너지와 완전히 떼어놓는 것은 불가능하다.

프로이트도 리비도와 리비도의 발달에 관한 견해에서 흔들리는 모습을 보였다. '유아기 리비도의 조직'에 관한 에세이(1923)에서 보여주듯이, 그는 한때는 리비도가 전성기기(前性器期)에 조직된다는 점을 강조했으나 나중에는 어린 시절의 성욕과 성인의 성욕이 매우 비슷하다는 점을 받아들였다. 그러나 유아기의 생식기 조직 중에서는 정말로 남근이 유독 두드러진다고 그는 말한다. 프로이트는 남근을 어린 시절에 인식되는 유일한 생식기로 보고 있다.

동시에 그는 "전성기기" 단계에 대해 말하며, "사춘기 때까지는 남자와 여자 사이에 성욕의 양극성이 뚜렷이 드러나지 않는다."고 단언한다. 이 대목에서 일부 사람들은 개인들로 구성된 세상에서 이론적으로 일반화하려는 부당한 경향을 탐지해냈다. 세상을 이루고 있는 개인들이 서로 다른 유전 형질을 갖고 있을 뿐만 아니라 외부 세계에 대해서도 당연히 서로 다르게 반응하기 마련인데도 말이다.

그러나 중요한 것은 프로이트에게 성적 양극성은 사춘기에 이르러서만 얻어지는 것이라는 점이다. 따라서 보통 사람에게 '리비도'가 주로 성적 양극성에 달려 있는 것으로 다가오기 때문에, 프로이트의 리비도가 과도한 두려움을 거의 낳지 않는 것 같다. 잘못된 것은 프로이트의 용어 선택이다. 어니스트 존스는 성적 활동을 "초기의 쾌락"과 "후기의 쾌락"의 두 단계로 구분한다면 "사춘기 전에 일어나는 성적 표현은 거의 전적으로 전자의 집단에 한정된다고 말하는데, 우리는 존스의 말에 동의할 수 있다. 그러나 우리는 예외도 인정해야 한다.

만약 프로이트가 마침내 1925년(『자아와 이드』(Das Ich und das Es))에 취하게 된 입장을 처음부터 취했더라면, 다시 말해 그가 리비도를 어느 정도 포기하면서 에고와 이드[12]의 관계를 제시했더라면, 프로이트의 리비도 개념은 그렇게 강한 반대에 봉착하지 않았을 것이다. 프로이트에 따르면, 이드는 열정들을 갖고 있는, 다소

....
12 본능적 충동의 원천을 말한다.

무의식적이고 원시적인 자기이며, 에고는 외부 세상과 보다 밀접하게 연결되어 있는, 보다 의식적이고 합리적인 자기이다. 에고는 점진적으로 이드로부터 발달해 나오면서 스스로를 분리시킨다. 프로이트 자신이 말한 바와 같이, 이 같은 개념은 일반적으로 받아들여진 생각들과 꽤 조화를 이룬다.

아이들의 행위들을 광범위하게 조사할 때, 거기서 발견하는 가장 두드러진 것은 대체로 "남근의 우세"가 아닌 것처럼 보인다(아기들을 잘 아는 사람들 대부분은 손가락과 발가락의 우세가 두드러진다고 말할 것이다). 남근의 우세에 관한 한, 그것은 종종 근본적으로 호기심의 충동이다(프로이트도 정말로 이런 식으로 말하고 있다). 그런데도 일부 어머니들은 불행하게도 이런 호기심의 충동을 억누르고, 그 문제에 지나치게 신경 쓰다가 오히려 부당하게 강조하는 결과를 낳는다. 육체 중에서 가장 "신기한" 부분이 남근처럼 보인다. 그것이 아이에게는 "손가락과 발가락처럼" 갖고 놀기 좋은 것으로 보인다.

이 관심이 쾌감으로 이어질 수도 있지만, 대부분의 아이들에게는 성적 감각으로 여겨질 수 있는 것은 성기 부위 밖에 있는 것처럼 보일 것이다. 시발점의 성적 감각이라고나 할까. 바꿔 말하면, 어른의 안에 성적 영역의 문턱에 있으면서 성적 영역까지 닿는 그런 종류의 감각 말이다(그래서 이 감각을 일으키는 것은 당연히 사랑의 기술에 속한다). 차이점은 아이의 경우에 그런 감각들이 쾌감을 안겨주긴 하지만 일반적으로 실제적 성적 감각의 문턱을 넘어서지는 않는다는 점이다.

그런 현상은 대체로 입 부위에서 가장 먼저 나타난다. 우리는 당연히 그럴 것이라고 예상해야 한다. 왜냐하면 유아의 민감한 입술이 엄마의 젖꼭지와 접촉할 때 거기서 거의 틀림없이 가장 큰 쾌감이 나올 것이기 때문이다. 입은 성인의 삶에서 성감대, 즉 성적으로 자극하는 부위이기 때문에, 그것이 유아의 경우에도 성적 문턱에서 쾌락의 중심이 된다고 해도 전혀 놀라운 일이 아니다. 아이가 성장하거나 여러 가지 사정으로 엄마의 젖꼭지를 빨 수 없게 될 때, 엄지손가락 빠는 행위가 가끔 젖꼭지 빠는 행위를 대체한다. 이런 현상을 놓고 일부 사람들은 그것이 일종의 자위행위일 수 있으며 훗날 일반적인 자위행위로 이어진다는 의견을 내놓고 있지만, 많은 권위자들은 이 이론에 반대하고 있다. 엄지손가락을 빠는 행위는 남녀 모두에서 어린 시절에 꽤 많이 발견되는 행위이며, 심지어 출생 직후부터 나타나기도 한다.

입 부위 다음으로는 아마 항문 부위일 것이다. 배설물이 자동적으로 저항 없이 통과하는 한, 항문 부위가 쾌락 센터가 될 가능성은 거의 없다. 그러나 배설물의 자동적 통과에 어떤 저항이 생기기라도 하면, 배출에 희열이 느껴질 것이 분명하고, 항문의 유쾌한 감각이 발달할 가능성이 커진다.

항문 부위는 훗날 입 부위만큼 잦고 깊지 않아도 종종 성감대가 된다. 일부 정신분석가들은 초기에 쾌감을 느낄 목적으로 배설물을 참는 경향을 보이는 아이들도 있다고 말한다. 정신분석가들에 따르면, 이런 경향은 훗날 정신의 발달에 큰 영향을 끼치게 된다. 그러나 이 이론은 일부 전문가들로부터 입증이 쉽지 않은 것으로 여겨지면서 부정당하고 있다.

소변에 대해서도 똑같이 말할 수 있다. 그럼에도 소변의 경우에는 쾌감은 아이나 어른이나 똑같이 거의 전적으로 방출 자체에 따른 것이다. 어떤 관찰자들은 유아의 경우에는 자신이 특별히 좋아하는 사람에게 이런 방출을 하는 데서 쾌감을 발견할 수도 있다고 말한다.

그러나 이 같은 해석은 종종 사실들을 오해한 결과일 수 있다. 유아가 즐거운 감정을 느끼는 상태에서 오줌을 누는 것은 전혀 의도적이지 않을 수 있다. 그것은 성인 여자가 성적 오르가슴을 느끼는 상태에서 이따금 반사 작용으로 오줌을 싸는 것이 의도적이지 않은 것과 똑같다. 이런 상황에 처하는 여자는 그 같은 사실에 엄청난 낭패감을 느낀다. 해밀턴은 남자들의 21%와 여자들의 16%가 초기에 오줌이나 오줌을 갖고 노는 것에 관심이 있었다는 점을 인정한다는 것을 발견했다. 대변에도 관심이 있었다고 밝힌 남녀의 비율도 앞의 것과 거의 똑같았다.

정신적 측면을 보면, 아이들이 성적이라고 부를 수 있는 감정을 경험할 수 있는 경향이 육체적인 측면보다 더 강하다. 여러 해 전에 샌퍼드 벨(Sanford Bell)은 집단적인 통계를 바탕으로 아이들 사이에 그런 경험이 빈번하다는 점을 보여주었다. 그의 보고서는 읽어둘 만한 가치가 충분하다. 그는 그 문제를 학교 안과 밖에서 15년 동안 연구했으며, 그 과정에 800명을 직접 관찰했다. 그는 또 다른 관찰자 360명으로부터 1,700명에 관한 기록을 확보했다(따라서 총 2,500명이 연구 대상이 되었다). 1,700명 중에서 어린 시절에 그런 종류의 경험을 한 기억을 전혀 떠올리지 못하는 사람은 5명에 지나지 않았다.

이것은 어린 시절 초기의 그런 경험이 억압되는 것이 보통이라고 추정하는 것이 실수라는 점을 암시하는 사실이다. 억압이 일어난다면, 그것은 분명히 비정상적이고 아마 선천적인 특성일 것이다. 벨은 이런 종류의 감정이 일찍이 생후 3년 차 중반에 목격된다는 것을, 또 그런 감정 표현의 성격에 몇 가지 단계가 있다는 것을 발견했다.

첫 번째 단계는 보통 8세까지 이어지고, 두 번째 단계는 14세까지 이어진다. 첫 번째 단계에서 소년이 소녀에 비해서 대체로 더 얌전하고 덜 공격적이다. 그 감정은 성적인 기원으로 돌리지 않을 수 없는 다수의 작은 신호들에 의해 탐지되고 있다.

끌어안고 키스하려는 경향은 흔하지만 언제나 일어나는 것은 아니며, 그런 감정을 그 대상이나 다른 사람들로부터 숨기려는 욕망이 자주 보인다. 어떤 형태의 접촉이 자주 추구되지만, 그것은 일반적으로 특별히 성적이지 않다. 그런 접촉이 성적일 때, 벨은 그런 예를 조숙한 것으로 여기는 경향을 보였다. 벨이 적절히 언급하고 있는 바와 같이, 흥분은 대체로 성기에 나타나지 않고 몸 전체로, 특히 혈관계와 신경계로 퍼진다. 봄은 1년 중에서 이런 감정 표현이 가장 쉽게 일어나는 시기이다.

그 후로, 어린 시절을 연구하는 전문가들은 이 같은 관찰을 증명했다. 프로이트는 그 문제를 거듭 다뤘으며, 오스카 피스터(Oskar Pfister)는 어린 시절의 사랑과 그 결함에 대해 광범위하게 연구한 결과 어린이들의 사랑 감정이 표현되는 길이 대단히 다양하다고 결론을 내렸다.

앞에서 이미 암시한 바와 같이, 어린이들의 성적 또는 유사 성적 관심들은 주로 어른에게 성적인 것으로 통하는 영역 밖으로 향한다는 점이 특징이다. 부분적인 이유는 육체의 측면에서 아이의 성기 부위가 아직 발달되지 않았고, 또 다른 부분적인 이유는 정신적 측면에서 아이에게 이성(異性)이 아직 명확한 중요성을 지니지 못하기 때문이다. 이성은 조만간 사춘기로 접어드는 아이에게 중요한 의미를 지니게 될 것이다.

흥미로움에도 불구하고 종종 간과되는, 아이의 성욕의 특징 한 가지는 '알고라그니아'(algolagnia: 고통 도착증), 즉 고통에 쾌락적 관심을 갖는다는 점이다. '고통 도착증'은 고통을 목격하거나, 고통을 가하거나, 고통을 경험하는 데서 느끼는 쾌감을 포함한다. 이런 감정의 표현들에 성인들에게 쓰는 다양한 용어들, 이를테면 "잔인성"이나 "사디즘", "마조히즘" 같은 것들이 대체로 그대로 쓰이고 있다. 이런 현상은 아마 어른들이 아이의 정신에 나타나는 그런 표현들을 어른을 기준으로 설명하다보니 불가피할 것이다.

그러나 그런 용어들은 오도하고 부적절하다. 왜냐하면 그것들이 어린 아이의 목표들로부터 아주 멀리 벗어나 있기 때문이다. 예를 들면, 아이는 어른이 말하는 "잔인성"이라는 개념을 아직 전혀 모르고 있다. 많은 어른들에게도 여기서 말하는 "잔인성"이라는 개념이 명확히 알려져 있지 않다는 점을 고려한다면, 하등 동물들의 고통을 즐거운 마음으로 보면서 종종 동물의 고통을 강화하거나 야기하는 아이들에게 그런 개념이 낯설다고 해도 전혀 놀라운 일이 아니다.

어린이들은 탐구적인 이성과 아직 분화되지 않은 감정을 갖고 그것들을 갈고 닦는 연습장에서 일을 하고 있을 뿐이다. 일이라는 표현이 맘에 들지 않는다면 놀고 있다고 할 수도 있다.

여기서 성인의 도덕이라는 화석화된 잣대를 잘못 갖다 대고 있다. 아이가 훗날 삶에서 하게 될 활동들을 적절히 발달시키도록 돕는 것이 본래의 의미에서 말하는 교육의 기능이다(교육은 주입하는 것을 의미하지 끌어내는 것을 의미하지 않는다는 오류가 무식한 사람들 사이에서는 지금도 여전히 통하고 있다). 또 아이가 충분한 이해력을 발휘하게 되는 순간에 아이가 어릴 때 느꼈던 제어되지 않은 충동은 어른의 세계에서는 더 이상 통하지 않는다는 점을 분명히 깨닫게 하는 것도 교육의 기능이다.

우리가 여기서 오직 우연히만 고통의 문턱까지 닿을 수 있는 감정 영역의 연습에 주로 관심을 두고 있다는 사실은 아이가 고통을 당하는 것도 고통을 가하는 것만큼, 혹은 그 이상으로 좋아한다는 점에서 확인되고 있다. 서로를 때리며 노는 "처벌" 게임은 언제나 소년과 소녀들 사이에 은밀히 행해져 왔다. 아마 소녀들 사이에서 더 흔했을 것이다.

소녀들의 경우에 때리는 목적에 주로 머리 빗는 솔이 이용되었다. 자기 학대도 가끔 행해졌으며, 생식기 부위가 충분히 활동하는 사춘기 이후에도 자기 학대가 이성(異性)의 대상이 없는 가운데 홀로 성충동의 쾌감을 강화하는 방법으로 채택될 수 있다.

고문에 관한 공상은 어린이들 사이에 드물지 않은 쾌감의 원천이다. 나이가 좀 더 든 청소년에게는『폭스의 순교자들의 책』(Foxe's Book of Martyrs)[13]이 스릴 넘치는 즐거움의 원천이 된다는 말도 있다. 가끔 아이는 자기 자신에게, 그리고 종종 자신의 페니스에 고통을 가하려는 충동을 강하게 느낀다. 이것은 페니스가 어른들이 말하는 성적 흥분의 원천은 아니더라도 이미 감정적 관심의 중심이 되어 있다는 것을 암시한다.

그 같은 사실은 일부 정신분석가들이 엄청난 중요성을 부여하는 거세 콤플렉스를 떠올리게 한다. 페니스를 단단한 실로 감기도 한다. 아니면 페니스를 세게 때리기도 한다. 9세 소녀가 자신의 클리토리스를 실로 너무 단단하게 묶는 바람에 실을 제거하지 못해 수술이 필요하게 되었다는 기록도 있다.

감각과 감정은 여전히 비교적 산만하게 흩어져 있다. 말하자면, 아직 형태가 구체화되지 않고 있다는 뜻이다. 자기 보존을 위해서 삶의 초기부터 고통을 깨닫는 것이 중요하기 때문에, 고통스런 감정들이 막연한 쾌락 충동들이 일어나는 그런 감정이 되는 것이 불가피하다.

해밀턴은 인격이 있고 교양 수준이 높다고 볼 수 있는 자신의 연구 대상들 중에서 고통을 가하는 일로 쾌감을 경험한 적이 없다고 밝힌 사람은 남자들 중에서는 49%, 여자들 중에서는 68%라는 것을 발견했다. 반면에 남녀 공히 거의 30%가 고통을 겪는 데서 쾌감

....
13   영국 프로테스탄트 역사학자인 존 폭스가 1563에 발표한, 프로테스탄트와 순교의 역사에 관한 책이다.

을 경험했다고 밝혔다.

여기서 우리가 성인의 발달로부터 아주 멀리 벗어나 있다는 사실은 이런 감정의 표현에 성(性)의 유사성과 혈연의 가까움도 전혀 아무런 장애로 작용하지 않는다는 사실에서 확인된다. 그런 감정 표현이 일어나고 있다는 것을 눈치 챈 성인은 진지하게, 또 현학적으로 "동성애"와 "근친상간" "오이디푸스 콤플렉스"에 대해 이야기하면서 자신이 저지르고 있는 모순에 대해서는 전혀 깨닫지 못하고 있다.

이 성인이 다 성장한 자신의 세계에서 벌어지고 있는 그와 비슷한 현상에 대해 말하고 있다면, 그 사람은 꽤 합리적으로 말하고 있다. 그러나 성욕이라는 개념 자체가 전혀 없는 곳에서는 동성애가 있을 수 없으며, 혈연관계의 장벽이 알려지기 전에는 근친상간이 있을 수 없다.

탁월한 정신분석가인 스미스 젤리프(Smith Jelliffe) 박사는 어린이들의 충동적인 행위에 대해 이런 식으로 딱지를 붙이는 것에 대해, "그것을 의식적인 성인의 행위로 나타내는 것은 난센스다."라고 말했다. 섹스와 별도로, 어린 시절에 관한 최고의 심리학자들 (『어린 시절 초기의 심리학』(Psychology of Early Childhood)을 쓴 윌리엄 스턴(William Stern) 포함)은 우리가 어린이들을 어른의 정신적 힘을 근거로 측정해서는 안 되며 어린이들의 다른 본성을 이해하는 섯을 배워야 한다는 점을 분명히 전하려고 노력하고 있다.

이 같은 진리를 깨달을 때까지, 또 어릴 때의 기억을 모두 망각한 것 같은 어른들이 다듬은 패턴 위에 세워진 어린 시절 성욕의 구조를 말끔히 허물어뜨릴 때까지, 우리는 이 분야에서 공허한 그림자들 사이를 방황하지 않을 수 없다. 여기에 틀림없이 어린 아이들만큼 작아진 사람들만 들어갈 수 있는 지식의 왕국이 있다.

이 대목에서, 심리학 이론 한 가지에 대해 언급하고 넘어갈 필요가 있다. 정신분석가들, 특히 그 이론에 대해 가장 먼저 주목할 것을 요구한 프로이트는 과거에도 그랬고 지금도 여전히 대단히 중요하게 여기는 이론이다. 소위 오이디푸스 콤플렉스다.

표면적으로도 오이디푸스 콤플렉스라는 표현은 썩 아름다워 보이지 않는다. 왜냐하면 우리가 오이디푸스 콤플렉스라는 용어로 심리학적으로 뜻하고자 하는 것이 단순히 어린 아이가 이성(異性) 쪽 부모에게 사랑을 느끼고 동성 쪽 부모에게 질투를 느낀다는 것에 지나지 않기 때문이다.

오이디푸스 신화를 보면 오이디푸스는 그런 감정을 전혀 경험하지 않고 신탁과 신들에 의해서 자기 어머니와 결혼하고 무심코 자기 아버지를 죽이는 것으로 되어 있다. 오이디푸스 자신은 그런 범죄를 피하려고 노력했지만, 신화 속에선 일이 그런 식으로 전개되었다. 그러나 오이디푸스의 이 같은 반대를 프로이트는 신탁과 신들이 무의식의 구현이라고 둘러댄다.

프로이트의 오이디푸스 콤플렉스는, 약 30년 전에 처음 소개될 당시에 '근친상간'이라는 단어가 엉뚱한 데 적용되고 부주의하게 다뤄진 탓에, 프로이트 본인이 자주 언급했듯이, 공포와 저주의 대상이 되었다. 그 같은 대중의 반응은 강하고 전투적인 기질의 소유자였던 프로이트로 하여금 자신의 학설을 더욱 단호하게 고집하도록 만들었다.

프로이트는 오이디푸스 콤플렉스가 이런저런 형태로, 심지어 정반대의 형태로도 "아이의 정신생활에 규칙적으로 나타나는 매우 중요한 요소"라고 선언했다. 그는 더 나아가 오이디푸스 콤플렉스가 모든 성도착의 원천임과 동시에 "신경증의 실질적 핵심"일 가능성도 배제하지 못한다고 말했다.

당시에 프로이트와 아주 밀접했던 오토 랑크(Otto Rank)는 자신의 폭넓은 문학적 소양을 바탕으로 이 모티브가 극시(劇詩)에 얼마나 자주, 또 얼마나 다양하게 등장하는지를 보여주었다. 프로이트는 최종적으로 1913년에 발표한 『토템과 터부』(Totem and Taboo)에서, 오이디푸스 콤플렉스라는 개념이 원시 도덕의 뿌리에 작용하고 있다고 주장했다. 그렇게 함으로써 프로이트는 죄책감을 소개했는데, 이 죄책감은 그가 보기에 "종교와 도덕의 종국적 원천"인 것 같고, 이마누엘 칸트(Immanuel Kant)의 '정언 명령'(categorical imperative)의 초기 형태 같고, 또 부모들에서부터 시작해 신과 운명, 자연 등이 된 위대한 우주적 형상들을 최초로 구현하는 것처럼 보였다.

그러나 이런 식으로 오이디푸스 콤플렉스를 인간 문화의 큰 부분의 토대에 놓은 정신분석가들은 그 콤플렉스가 혹시 있다 하더라도 가족의 어떤 특별한 구성과 연결될 수 있을 뿐이라는 것을, 그리고 가족은 한 가지 형태의 구성만을 갖고 있는 것이 아니라 아주 다양하다는 사실을 깨닫지 못했다.

유럽의 여러 지역에서 역사 시대 동안에 존재하면서 유럽인들에게 가장 잘 알려져 있는 가부장적 가족이 오이디푸스 콤플렉스에 기본적이다. 그러나 가부장제 가족은 언제 어딜 가나 알려져 있는 그런 가족의 종류가 아니다. 가족의 본질은 생물학적이지만, 그 형태는 사회적으로 다듬어진다. 이 점은『미개 사회의 섹스와 억압』(Sex and Repression in Savage Society)을 쓴 브로니슬라프 말리노프스키(Bronislaw Malinowski)(정신분석에 호의적인 편향을 갖고 연구 활동을 시작했다)에 의해 분명히 확인되고 있다.

문화를 형성하는 것으로 여겨지는 콤플렉스들은 오직 문화 속에서만 일어날 수 있었을 것이며, 문화는 종류가 아주 다양하다. 우리는 "중산층 유럽 가족의 온갖 편향과 부적응과 나쁜 기질을 두루 갖춘 상태에서 선사시대의 정글 속에 놓인 그런 원시 부족"을 받아들일 수 없다. 모든 유형의 문명은 불가피한 산물로서 특별한 유형의 콤플렉스를 갖지 않을 수 없다.

게다가 오이디푸스 콤플렉스는 인간에게 삶의 초기에 성적 사랑을 가까운 친척과 경험하려는 타고난 경향이 있다는 믿음에 바탕을 두고 있다. 또 오이디푸스 콤플렉스는 그런 경향이 엄밀한 법과 엄격한 억압에 의해서만 극복될 수 있을 만큼 강하다는 믿음을 전제로 하고 있다. 모든 권위자들 사이에, 근친상간의 충동을 자유롭게 실행하는 것이 가족 질서와 양립될 수 없다는 점과 그런 바탕에서는 문명의 발달이 절대로 가능하지 않다는 점에 대해 의견의 일치가 이뤄지고 있다.

그러나 권위자들은 근친상간 충동의 자연스런 또는 부자연스런 성격에 대해서는 의견을 달리하고 있다. 에드바르드 베스테르마크

(Edvard Westermarck)는 원래 근친상간을 혐오하는 확실한 본능이 있다고 주장한 반면에, 프로이트는 유아 시절부터 강력한 근친상간 본능이 존재한다는 입장을 고수하고 있다. 한편, 말리노프스키는 근친상간 혐오를 선천적으로 타고나는 것으로 받아들이지 않고 문화에 의해 생겨나는 것으로, 말하자면 "문화적 반발의 복합적인 계획"으로 받아들이고 있다.

내가 오랫동안 취해온 입장은 대개 근친상간 본능에 반대하는 견해들과 조화를 이룬다. 접촉이 밀접히 이뤄지는 사람들에게 성적으로 끌리는 경향이 있다. 접촉이 빈번한 사람들은 종종 친척이며, 따라서 그 끌림이 "근친상간"으로 불린다.

해밀턴은 남자들의 14%가 어린 시절에 근친상간의 충동을 느꼈다는 것을, 또 그 남자들이 두려운 감정을 전혀 느끼지 않았다는 것을 발견했다. 이 통계에서는 또 남자들의 10%가 어머니에게, 남자들의 28%가 자매에게 성적 감정을 느꼈다고 대답했다. 여자들 7명은 아버지에게, 여자들 5명은 남자 형제에게 성적 감정을 느꼈다고 대답했다.

그 같은 회상은 가끔 당혹감을 다소 불러일으켰지만, 심각한 죄책감은 전혀 일으키지 않았다. 이것은 정상적인 상황에서 일어나는 약한 끌림(예외는 언제나 있기 마련이다)이며, 이 끌림은 젊은 이가 생활 반경 밖에서 매력적인 욕망의 대상을 새롭게 발견할 때 극복된다.

근친상간에 반대하는 본능도 없고, 근친상간에 대한 타고난 혐오도 없지만, 성충동이라는 깊은 감정이 피어나려면 강력한 흥분이 필요하며, 이를 위해서는 새로운 대상이 필요하다. 친밀함에 의해서 아주 진부하게 되어 버린 그런 대상을 필요로 하는 것이 아니다. 이것은 에드바르드 베스테르마크가 결혼에 관한 그의 위대한 저서 개정판에서 보인 견해와 동일하다.

이 견해는 이미 월터 히프(Walter Heape)뿐만 아니라 알프레드 크롤리(Alfred Crawley)도 받아들인 것이다. 성적 과정의 생리학과 구애의 심리학을 이해한 사람이면 누구에게나 분명하게 다가오는 견해이다.

성 심리학의 소중한 자료인 레스티프 드 라 브르톤느(Restif de la Bretonne)의 자서전 『니콜라 씨』(Monsieur Nicolas)에서 전형적인 예를 하나 끌어낼 수 있다. 여기서 우리는 대단히 조숙한 4세 아이가 여자 소꿉놀이 친구들의 포옹을 대단히 수줍어하는 모습으로 받아들이면서 그들에 의해 성적으로 어느 정도 흥분하게 되는 과정을 배우게 된다. 그래도 아이가 심지어 초기의 수치심을 완전히 버리고 성교에 이를 만큼 강하게 흥분된 것은 11세 이후의 일이었으며, 그 일은 다른 마을에 사는 이방인 소녀와의 사이에 일어났다.

이런 심리학적 사실만 명쾌하게 이해되었더라도 나쁜 많은 이론들을 피할 수 있었을 것이다. "근친상간 혐오" 같은 것은 없으며, 자연스런 조건에서 깊은 성적 끌림은 강력한 자극을 필요로 하며 그런 끌림은 대체로 친숙한 사이에서 쉽게 나오지 않는다. 근친상간적인 사랑의 가장 두드러진 예들은 서로 함께 자라지 않아서 친근함의 영향이 없는 오누이 사이에서 일어난다는 점에 주목할 필요가 있다.

족외혼(族外婚)의 심리학적 바탕에 대한 나의 언급에 반대하는 목소리가 다양하게 나왔지만, 그 반대들은 오해 때문임과 동시에 관련성이 매우 높은 많은 사항들을 고려하지 않은 탓이다. 어떤 반대자들은 문명인과 가축들이 사는 조건만을 고려한 결과 오해하게 되었다. 또 어떤 반대자들은 친근한 사람들의 성적 자극에 대한 완전한 무관심 같은 것은 있을 수 없다는 사실을 보지 못한 때문이다. 이런 성적 자극은 쉽게 존재할 수 있으며 어떤 때는 특이하게 강하다. 다른 반대자들은 근친상간은 최고의 후손을 낳거나 가정의 평화를 낳을 확률이 떨어진다고, 또 족외혼이 사회의 진화에서 매우 중요한 요소라고 주장한다.

이런 영향들이 근친상간 터부를 낳고 그 터부가 유지되도록 할 것이다. 그러나 이 영향들은 내가 주목할 것을 요구한, 의심할 여지 없는 그 정신적 경향의 토대 없이는 거의 일어나지 못했을 것이다. 사회적 제도들은 그 기원을 보면 절대로 부자연스럽지 않으며, 그런 제도들은 자연스런 편향 위에서만 생겨날 수 있다. 더욱이, 원시인의 삶에서 우리는, 크롤리가 지적하고 있는 바와 같이, 정상적인 것에다가 관습과 법의 정언명령을 더함으로써 자연을 지원하려는 어떤 순진한 욕망을 발견한다.

오늘날 우리는 오이디푸스 콤플렉스와 그것이 불러일으킨 맹렬한 반발을 차분히 돌아볼 수 있다. 사실들을 보편적인 원칙으로 일반화하거나 무섭게 보이거나 장엄하게 보이도록 만들려는 노력을 하지 않고 단순히 직접적으로 본다면, 어린 소년이 자기 어머니에게 끌리고(마찬가지로, 어린 소녀가 자기 아버지에게 끌릴 수 있다), 자기 어머니의 관심을 빼앗는 사람을 질투하는 것이 매우 자연스럽다는 사실이 쉽게 확인된다.

질투는 대단히 자연스러운 원시적인 감정이며, 모든 개는 자신이 가진 뼈다귀를 빼앗으려는 시도가 있으면 으르렁거리는 경향이 있고, 고양이는 자신의 접시를 건드리려는 낯선 고양이에게 불쾌감을 보인다. 우리들 중에서도 많은 사람들, 신경증이 거의 없는 정상적인 사람들조차도 어린 시절에 동생이 처음 태어났을 때 거기에 불쾌한 반응을 보였다는 사실을 기억할 것이다. 그러나 우리는 동시에 시간이 조금 지난 뒤로는 새로 태어난 동생에게 아주 친절하게 대하면서 심지어 동생을 돕는 일에 자부심을 느꼈다는 사실을 기억할 것이다.

정상적인 조건에서는 성장의 어떤 단계에서도 아버지에게 적대감을 좀처럼 느끼지 않는다. 이유는 꽤 분명하다. 아기는 새로운 존재이고 새로운 감정을 불러일으키고, 아버지는 처음부터 거기에 존재하고 있었고, 아버지에 대한 태도를 바꾸게 할 일이 전혀 일어나지 않고, 아버지가 당연한 존재로 받아들여지기 때문이다.

그러나 우리는 틀림없이 체질적으로 신경증적인 사람들이 특히 편애나 무관심한 방치 같은 지혜롭지 못한 부모의 행동 때문에 감정을 병적으로 발달시키기 쉽다는 것을 보고 있다. 그러면 우리는 정신분석가들이 설명하는 표현들의 전체 사슬을 보게 된다.

이런 가능성을 알고 있는 상황에서, 의사들은 그런 예가 보이면 두려워하지 않고 해결할 준비를 갖추고 있을 필요가 있다. 왜냐하면 심리학의 길을 따르는 데는 반드시 용기가 필요하기 때문이다.

그러나 단 한 가지 사건 또는 많은 사건들을 갖고 굳이 일반화할 필요는 없다. 그리고 미리 결정된 패턴을 갖고 시작하면서 모든 사례를 거기에 꿰어맞추려 드는 태도는 건전한 결론을 내리는 데 치명적이다.

이 모든 것이 지금 갈수록 더 명확해지고 있으며, 심지어 정신분석가들의 인정까지 받기 시작하고 있다. 한 예로, 오이디푸스 콤플렉스라는 개념이 처음 공개되었을 때 이 개념을 발달시키는 일에 적극적으로 나섰던 랑크는 20년 뒤에 현대 교육에 관한 도발적인 연구에서 "이성의 부모에게 끌리는 한편으로 동성의 부모에게 질투심을 느끼는 것을 말하는 오이디푸스 콤플렉스는 프로이트가 처음에 믿었던 것과 달리 신화에서 표현되는 것만큼 실제 생활에서 분명하게 발견되지 않는다."고 말했다. 그러면서 랑크는 정신분석가들에게도 오이디푸스 콤플렉스를 주장하는 것이 쉽지 않다고 덧붙였다. 다른 곳에서 랑크는 그 유명한 "어머니 콤플렉스"도 어린이가 실제로 어머니에게 고착되는 것을 뜻하기보다는 단순히 오늘날 어머니가 아이의 교육에 끼치는 영향에 대한 믿음이 지배적이라는 것을 보여주는 신호라고 관찰하고 있다.

거세 콤플렉스는 정신분석가들에 의해서 오이디푸스 콤플렉스와 연결되고 있다. 프로이트는 거세 콤플렉스를 주로 섹스 분야에서 일어나는 협박에 대한 반응으로 여기고 있으며, 유아의 활동에 대한 제약은 종국적으로 아버지의 탓으로 돌려지고 있다.

어머니와 보모가 페니스를 만지는 어린 아이를 보고 장난삼아 잘라 버리겠다고 위협하는 경우가 가끔 있다. 그런 때 아이가 그

협박을 진지하게 받아들일 수 있다. 만약 이 아이가 자기 여자 형제는 페니스를 전혀 갖고 있지 않다는 것을 관찰했다면, 그런 협박이 더욱 진지하게 다가온다.

반면에 어린 소녀는 남자 형제에게 있는 신체 기관이 자신에게 없는 것을 박탈로 느낄 수 있다. 이런 감정이 평범한 아이들에게 대단히 중요하다고 단정하기는 쉽지 않다. 프로이트는 1923년에 거세 콤플렉스가 "누구에게나 있다"고 단정하는 한편으로, 그 위협이 절대로 현실화되지 않을 것이기 때문에 거세 콤플렉스를 믿기가 어렵다는 사실을 확인하면서, 어쩔 수 없이 아이가 스스로 그런 생각을 품는다는 식으로 주장하지 않을 수 없게 되었다.

그러나 그의 의견 자체가 달라졌다. 1928년에 프로이트는 "남자는 누구도 거세 협박에 따른 충격을 피하지 못한다."고 말했다. 그는 거세 콤플렉스는 신경증의 형성에 중요한 역할을 할 뿐만 아니라 건강한 아이의 성격 형성에도 중요한 역할을 한다고 주장한다. 거세 콤플렉스가 신경증을 앓는 사람들에게 영향력을 행사한다는 데는 이견이 없다. 지성이 예리하면서 신경증적 성향을 가진 일부 사람들은 자신의 초기 발달을 되돌아보면서 거세 콤플렉스를 일으킨 영향을 따지면 보모가 훨씬 더 크다는 사실을 발견했다.

초기 삶의 이런 측면과 관련해서 언제나 주의를 많이 끈 명확한 표현은 옛날부터 '자위행위'라 불려온 것이다. 여기선 성욕이라는 표현이 아주 적절하지는 않아도 차라리 성욕에 대해 말하는 것이 더 편하고 또 더 합당할 것 같다.

성욕이 엄격히 맞아떨어지는 용어가 아니라고 보는 이유는 우리가 지금 유쾌한 감각을 본능적으로 찾고 있는 어떤 행동에 관심을 두고 있기 때문이다. 그러나 그것이 삶의 초기에 국한되지 않고 종종 섹스라는 개념과의 연결 속에서 어느 나이에나 일어날 수 있기 때문에, 구분선을 명확히 그으려 시도하는 것은 지나치게 엄격한 태도일 것이다.

그런 행동을 부르는 오래된 흔한 이름은 남녀 똑같이 손으로 성적 부위를 흥분시키는 것을 암시하고 있다. 그러나 그 단어는 꽤 불가피하게 마찰을 이용해 성기 부위에 쾌감을 일으키는 데 이용되는 모든 방법을 일컫는 데 쓰이고 있다. 틀림없이 손이 가장 자주 이용되는 도구이며, 또 정신적 억제와 육체적 방해 없이 가장 자연스럽게 이용되는 도구이다.

그러나 다른 방법도 많다. 소년들의 경우에 놀이나 스포츠, 체조, 심지어 옷을 압박하는 것도 특히 전반적으로 흥분된 상태에서는 발기와 심지어 오르가슴까지 충분히 이를 수 있다. 이런 발기나 오르가슴은 그것을 경험하는 본인에게 놀라움을 안겨주고 가끔은 공포를 안겨준다. 긴장과 불안 상태, 또 공포나 쾌감을 불러일으키는 장면도 똑같은 효과를 낳을 수 있다.

그와 비슷한 종류의 일을 실제로 경험할 때에도 비슷한 결과가 나타날 수 있다. 그런 예를 든다면, 장 자크 루소(Jean Jacques Rousseau)가 어릴 때 여자 가정교사의 손에 회초리를 맞았던 경험이 있다. 아주 고전적인 예이다. 루소가 믿는 바에 따르면, 이 처벌이 대단히 민감한 그의 정신적 성향에 영원히 영향력을 끼쳤다.

소녀들의 경우에 손의 행위는 소년의 경우와 마찬가지로 가장 평범한 방법임에도 불구하고 덜 근본적이다. 성적인 부위의 우연한 접촉도 아주 어린 시절에조차도 즐거운 것으로 드러날 수 있으며, 소녀의 초기 기억 중 하나로 자리 잡을 수 있다. 훗날에는 외부 대상과의 접촉과 마찰을 본능적으로 찾게 된다. 아주 어린 소녀들은 전혀 숨기지 않고 의자 귀퉁이나 서랍 손잡이에 자신의 몸을 비빈다. 젊은 여자들도 이와 비슷한 습관을 지속할 수 있으며 심지어 공개적인 식당의 테이블 다리에 몸을 비비며 흥분시킬 수도 있다. 외부의 도움이 전혀 없는 경우에 소녀는 허벅지를 서로 비벼 흥분과 오르가슴을 느낄 수 있다. 아니면 좋은 감정 상태인 경우에 자신의 양쪽 허벅지를 시로 단단히 누름으로써 그런 효과를 누린다. 소년들의 경우처럼, 자극적인 장면을 보거나 유혹적인 생각을 떠올리는 경우에도 똑같은 결과가 꽤 자연스럽게 일어날 수 있다. 이것은 두 연인 사이에서 정상적인 방법으로 일어날 수 있는 것과 거의 구분되지 않는다는 것을 우리는 알고 있다.

아주 어릴 때 성적 행위의 자발적 충동을 전혀 경험하지 않고 동료들로부터도 어떤 성적 유혹도 경험하지 않은 소년들의 경우에, 첫 번째 오르가슴은 보통 사춘기에 잠자는 동안에 꿈을 꾸거나 꿈을 꾸지 않는 상태에서 일어난다. 이런 경우에 가끔 소년이 불안이나 수치심을 느끼게 된다. 그러다가 세월이 몇 년 더 흐르면 소년은 그것을 금욕적으로 사는 어른의 생활에 거의 불가피한 것으로 받아들이는 것을 배우게 된다.

그러나 소녀들의 경우에는 비슷한 상황에서 그것이 불가피한 것이 아니다. 소녀들이 잠을 자면서 (오르가슴을 느끼거나 느끼지 않은 상태에서) 성적 흥분을 처음 경험하는 예는 드물며, 소녀들이 보통 그런 경험을 한다는 주장은 무지의 산물이다.

소년은 잠을 자면서 자기도 모르게 성적으로 일깨워진다. 그러나 소녀는 다른 사람이나 자신에 의해서 실제로 일깨워져야만 한다. 소녀가 성인의 나이에 이르고 나서도 한참 뒤까지 이런 식의 성적 흥분이 일어나지 않을 수 있을지라도, 그런 것을 경험하고 나면, 소녀는 에로틱한 꿈을 아주 생생하게 꿀 것이다.

여기서 남녀 사이에 흥미로운 성적 차이가 나타난다. 남자의 성적 행위가 더 활발하고, 여자의 성적 침묵이 더 길다는 것이다. 그러나 이것이 남자의 성욕이 더 크고, 여자의 성적 욕구가 더 적다는 것을 의미하지는 않는다. 그 차이가 아마 소녀가 히스테리와 신경증 증상들을 쉽게 보이는 이유일 것이다. 이 증상들을 잠재적인 성적 에너지의 표현으로 여길 수도 있다.

미국에서 월터 프랭클린 로비는 다수의 남녀를 대상으로 조사한 결과 평생을 살면서 어느 시기에 자위나 다른 형태의 자기 성애 행위를 경험하지 않은 사람은 거의 또는 전무하다는 것을 발견했다. 8세 이전에 자위를 경험하는 사람들도 종종 있었다. 그의 관찰은 언제나 매우 정확했던 것은 아니다.

이 측면에 특별히 관심을 기울였던 캐서린 데이비스는 22세 이상인 미국 여대생 1천 명 중에서 60%가 자위의 역사를 분명히 제시한다는 것을 발견했다. 그녀는 그 문제를 다른 어떤 연구원보다 더 철저하고 더 세세하게 조사했다. 대학을 졸업한 여자 미혼자들 중에서, 43.6%가 3세에서 10세까지 사이에 자위를 시작한 것으로 드러났다. 그들 중 20.2%가 11세에서 15세 사이에, 13.9%가 16세에서 22세 사이에, 15.5%가 23세에서 29세 사이에 시작했다. 캐서린 데이비스가 얻은 결과와 남자들을 대상으로 연구한 다른 연구원들의 결과를 비교하면 다음과 같다.

	남자	여자
11세까지	20.9	49.1
12세에서 14세까지	44.3	14.6
15세에서 17세까지	30.3	6.2
18세 이상	4.5	30.1

이 결과들은 중요성을 지닌다. 연구 대상이 된 사람들의 숫자가 남자 500명이고 여자가 900명이기 때문이다. 이 결과들은 뜻밖에도 소녀들이 자위행위를 소년들보다 더 빨리 시작한다는 것을 보여주고 있다. 또 사춘기 동안에 성적 활동은 소년이 지배적이지만, 성인의 나이에 이르면, 우리가 예상할 수 있듯이, 여자들의 숫자가 더 크다.

해밀턴은 결혼한 남자 100명과 결혼한 여자 100명을 대상으로 연구를 했다. 연구 대상이 된 남자와 여자는 모두 사회적 지위가 좋은 사람들이었다. 그 결과, 해밀턴은 남자들의 97%와 여자들의 74%가 어느 시기에 자위행위를 했다는 사실을 발견했다. 이 결과들은 알베르트 몰의 보다 일반적인 결론과 상당히 일치한다.

알베르트 몰의 『아이의 성생활』(The Sexual Life of the Child)

(1908)은 이 주제를 포괄적으로 다룬 연구서로 평가받았으며 지금도 대단히 중요한 책으로 여겨지고 있다. 그러나 몰은 독일에서는 자위행위가 흔히 짐작하는 것만큼 흔하지 않다고 말하고 있으며, 나는 영국에도, 심지어 프랑스에서도 미국인들의 비율을 근거로 할 때 예상되는 만큼 흔하지 않은 것 같다고 덧붙일 수 있다.

이 수치는 흔히 말하는 고전적인 "자위행위" 개념을 훨씬 벗어나는 것까지 포함하고 있다는 사실이 확인될 것이다.

따라서 이 집단의 표현들을 하나의 전체로 볼 때, 우리는 그것들을 뭉뚱그려서 "성도착적"이라고 부르지 못한다. 그것들은 자연스럽다. 그것들은 성적 욕망의 대상이 부재하는 상황에서 일어나는 성충동의 불가피한 결과이다. 하등 동물들 중 일부에서도 그런 현상이 보인다. 그것들은 성인의 나이가 되기 전에 일어날 때 특히 더 자연스럽다. 성인의 나이 때에도 성충동이 저항할 수 없을 만큼 강할 때엔 그런 행위들이 자연스럽다. 정상적인 성적 접근이 바람직하지 않을 때에도 그런 행위들이 자연스럽다. 여기서 어떤 상황에서 그런 행위보다 더 중요해 보이는 다른 고려사항 때문에 그런 것을 억제하거나 억압하는 것도 마찬가지로 자연스럽다는 점도 덧붙여야 한다.

문화의 다양한 단계와 역사의 다양한 시기에 사춘기 전의 성욕에 대해 어떤 태도를 취했는지를 탐구하는 것도 유익하다. 섹스의 충농처럼 원시적이고 근본적인 충동을 다룰 때, 우리는 단순히 어느 특정한 시대의 종교적 또는 사회적 관습에 따라서 정해진 기준을 근거로 어떤 것이 "자연스럽고" 어떤 것이 "비뚤어졌다"고 말하지 못한다. 특히 우리 자신이 지금 막 빠져나오고 있는 시대는 섹스를 보는 관점이 특이하고 아주 편향적이었는데, 그 시대는 보편적인 기준을 절대로 제시하지 못한다.

예를 들어, 유럽의 전통 밖에 있는 어느 문화권의 민족으로 눈길을 돌려보자. 브로니슬라프 말리노프스키(Bronislaw Malinowski)의 『미개인의 성생활』(Sexual Life of Savages)에 제시되고 있듯이, 뉴기니의 트로브리안드 제도의 주민들을 대상으로 과학적 연구가 실시되었다.

트로브라인드 제도의 아이들은 성적인 문제에서도 자유와 독립을 누린다. 그곳의 사람들은 이이들이 자기 부모들이 성교하는 장면을 보지 않도록 하거나 성적인 문제를 논의하는 것을 듣지 못하도록 하기 위해 특별한 주의를 조금도 기울이지 않는다. 그러면서도 그곳의 어른들은 보거나 들은 것을 그대로 따라 하지 않는 아이들을 높이 평가한다.

고기잡이에 나서면 소녀들이 자기 아버지를 따라가는데, 이때 남자들은 보통 음부 가리개를 제거한다. 이유는 남자의 육체의 모양이 소녀들에게 절대로 신비가 되지 않도록 하기 위해서다. 소년과 소녀는 나이가 조금 더 많은 동성의 동료들로부터 성적인 문제에 대한 가르침을 받으며, 이른 나이부터 섹스 놀이를 한다. 이런 놀이를 통해서 소년과 소녀들은 성적인 문제들에 대한 지식을 얻고, 자연스럽게 호기심을 충족시킨다. 그러면서 어느 정도의 쾌감을 얻기도 한다.

섹스 놀이에서 성기를 다루는 일에는 보통 손과 입이 이용된다.

어린 소녀들은 보통 4세나 5세에 섹스 놀이를 시작하고, 진짜 성생활은 6세나 8세에 시작할 수 있다. 반면에 소년들의 진짜 성생활은 10세부터 12세 사이에 시작된다.

소년과 소녀가 마을 한가운데서 노는 라운드 게임[14]은 이따금 섹스의 특징을 강하게 보인다. 성인들은 이 모든 표현들을 자연스런 것으로 여기며 비난하거나 간섭할 이유를 전혀 보지 못한다. 거기서 해로운 일이 전혀 나오지 않는다. 사생아도 생기지 않는다. 어떤 식으로 그런 것을 막는지, 그것은 신비로 남아 있다. 트로브리안드 제도의 젊은이들은 시적인 본능의 도움으로 거친 성욕을 누그러뜨리고 있으며, "놀이를 통해서 독특하고 낭만적인 위대한 어떤 감각"을 보여준다고 말리노프스키는 강조하고 있다.

그러나 세계의 똑같은 지역에서도, 또 문화나 민족의 측면에서 서로 그다지 멀지 않은 민족들 사이에서도 섹스를 대하는 태도가 크게 다르다.

마가렛 미드(Margaret Mead)는 『뉴기니에서의 성장』(Growing up in New Guinea)에서 뉴기니 북쪽의 에드미럴티 제도의 마누스 민족을 극히 청교도적이라고 묘사하고 있다. 마누스 족은 섹스를 혐오하고 배설을 증오하면서, 섹스의 표현들을 억압하고 피하며 최대한 비밀을 유지하려고 노력한다. 아이들은 육체적인 측면에서 조심스럽게 훈련시킴에도 그렇지 않은 경우에는 관대하게 다루고 자유롭게 내버려둔다.

그러나 자위행위를 포함한 성적 표현은 약하고 드물다. 이유는

....
14 4인 이상이 편을 나누지 않고 각자 단독으로 하는 놀이.

홀로 남을 수 있는 기회가 흔치 않기 때문이다. 성적 불감증이 많은 것 같았고, 결혼한 여자들은 부부관계의 쾌락을 인정하지 않고 성교를 피하려 들었다. 그들 사이엔 낭만적인 애정을 보여주는 표시는 전혀 없다.

유럽 문화 외의 지역에서 일어나는 젊은이의 성생활을 보여주는 또 다른 그림은 마가렛 미드의 『사모아에서 성년되기』(Coming of Age in Samoa)에 소개되고 있다. 여기서 유럽 문명은 사모아의 옛 문명을 꽤 해체시키는 영향을 끼쳤다. 그래서 새로운 인위적인 문화가 꽤 빨리 성장한 것처럼 보인다.

그럼에도 그 문화는 당연히 최소한의 터부와 금지 외에 거의 모든 것을 빼앗긴 사모아의 옛 문화의 토대 위에서 성장했으며, 유익하게 작용하는 것 같다. 작은 소년들과 소녀들은 외부 명령에 의해서가 아니라 관습과 본능에 따라 서로를 피하는 경향을 보인다. 그럼에도 소년들과 소녀들은 일찍부터 사생활의 전반적인 부재 때문에 섹스와 성교의 세부사항을 포함한 삶과 죽음의 근본적인 사실들과 친숙해지기 시작한다. 그들도 어린 시절부터 개인적인 성생활을 갖는다. 작은 소녀들 거의 모두가 6세나 7세부터 다소 은밀하게 자위행위를 하고, 소년들은 일반적으로 무리를 지어 자위행위를 하며 소년들 사이에 우발적인 동성애 행위도 흔하게 일어난다. 성장하는 소녀들이나 함께 일하는 여자들의 경우에 그런 우발적인 관계는 "음탕한 요소가 가미된 유쾌하고 자연스런 오락"으로 여겨지고 있다. 그런 "도착"(倒錯)은 금지되지도 않고 제도로 촉진되지도 않는다. 그런 것들은 단지 폭넓은 정상을 인정한다는 점을 보여주는 신호이다.

그곳의 여론은 섹스의 세부사항에 대한 관심을 부적절한 것으로 여기지만 그것을 그릇된 것으로 여기지는 않는다. 마가렛 미드는 사모아의 사람들이 이런 식의 사고를 통해서 "신경증이 일어날 수 있는 영역 자체가 존재하지 못하도록 막고 있다."고 주장한다. 거기엔 신경증도 없고, 성 불감증도 없으며, 성 불능도 없다. 용이한 이혼은 불행한 결혼 자체를 불필요하게 만들며(간통이 반드시 결혼 생활을 파괴하지는 않을지라도), 아내의 경제적 독립은 아내를 남편과 같은 위치에 서도록 만든다.

유럽의 전설로, 그리고 유럽 현대 문명의 원천으로 돌아가면, 이런 표현들에 관한 최초의 언급은 반대의 뜻을 전혀 보이지 않거나 기껏해야 이따금 경멸감을 보인다. 고대 그리스 문학에서도 자위행위와 신들의 연결이 나온다. 역사 시대에, 우리는 견유학파의 존경스런 철학자들은 성적 욕구를 홀로 충족시키는 것의 이점을 자랑스러워했다.

고대 로마에서는 이런 문제에 대한 무관심이 상당했던 것 같다. 심지어 기독교 교회에서도 1천 년 이상 동안에 퇴치해야 할 성적 지나침이 너무나 많았기 때문에 혼자서 자연스럽게 하는 성적 표현은 관심조차 끌지 못했다.

도덕주의자와 의사들이 자위행위에 대해 걱정하기 시작한 것은 종교개혁 때였다. 이런 움직임은 재빨리 프랑스와 다른 가톨릭 국가로도 퍼져나갔지만 처음에는 주로 프로테스탄트 국가들에서 나타났다. 이 같은 현상은 18세기에 두드러졌다. 동시에 "자학"으로 여겨지기 시작하던 그 사악한 행위가 돌팔이들에게 다소 공상적인 치료법을 제시할 기회를 주었다. 18세기 말까지도 진지한 의사들은 자위행위가 이런저런 중대한 결과를 낳는다는 것을 당연하게 받아들였다.

자위행위를 어린이와 젊은이들의 "성도착"으로 보던 인식이 사라지기 시작한 것은 다윈의 고무를 받아 새로운 생물학적 개념이 서서히 의학 분야로 파고들던 19세기 후반 동안이었다. 한편에서는 크라프트-에빙이 19세기 후반에 발표한 선구적인 저작물로 시작된, 섹스에 관한 새로운 과학적 연구가 어린 시절에 소위 그런 "도착"이 얼마나 흔한지를 보여주었으며, 다른 한편에서는 진화라는 개념이 발달한 성인의 기준을 아직 발달하지 않은 존재들에게 적용해서는 안 된다는 점을, 또 이 단계에서 자연스럽다고 해서 그전 단계에도 당연히 자연스러운 것은 아니라는 점을 분명히 보여주기 시작했다.

이런 영향력을 끼친 권위자들 중 한 사람이 이탈리아 정신과 의사 실비오 벤투리였다. 이탈리아에서 새로운 생물학, 사회적 개념을 바탕으로 의학을 풍성하게 가꾸려 노력했던 실증주의 학파인 그는 1892년에 중요한 연구서 ('Le Degenerazioni Psico-sessuali')를 발표했으며, 이 책을 통해서 개인 및 사회의 역사를 깊이 들여다보면서 의미 있는 개념들을 다양하게 제시했다.

벤투리는 성적 발달을 하나의 느린 과정으로 보았으며, 사춘기까지는 "성적"이라는 표현을 쓰는 것이 적절하지 않다고 말한다. 그때까지 성적 발달의 과정은 별도의 요소들로 구성되어 있다는 것이다. 이 요소들은 삶이 시작할 때부터 따로 발달하며(유아의 발기들은 그런 한 요소이며, 훗날 입술이 느끼는 에로틱한 감수성도 마찬가지로 삶의 초기엔 에로틱하지 않은 행위를 통해 발달한다), 그러다가 이 요소들이 사춘기 이후에 마침내 결합하면서 성욕이라고 적절히 부를 수 있는 것을 이루게 된다. 벤투리는 그것을 아모레(amore)라고 부르기를 고집한다.

마스터베이션(벤투리는 이것을 언제나 '오나니즘'(onanism)[15]이라고 부른다)은 "훗날 사랑이 될 씨앗"으로 여겨지고 있다. 자위행위는 에로틱한 이미지가 전혀 없이 단순히 육체적인 쾌락으로서, 틀림없이 성적인 성격을 지녔을 미지의 신체적 욕구를 충족시키는 것으로서 아주 어린 시절에 나타나며, 유아기에 근본적인 뿌리를 두고 있다.

그러나 그 행위는 금단의 열매라는 정신적 양념이 가미되어 있을지라도 의식에는 근질근질한 예민한 살갗을 긁는 행위로 나타난다. 그 행위는 정신적인 요소들과 순수하게 에로틱한 자극에 의해서 점진적으로 복잡해지며, 이 에로틱한 자극은 서서히 자위행위를 상상 속의 짝과 성교하는 행위로 바꿔놓는다. 따라서 자위행위는 거의 지각되지 않을 만큼 서서히 성인의 성적 사랑으로 바뀌며 사라지거나, 개인에 따라 다양한 방식으로 늦게까지 이어진다.

그러나 페티시즘 같은 자위해위의 요소들은 발달의 정지에 의

....
15 유다의 둘째 아들 오난(Onan)에서 비롯된 표현이다. 유다는 맏아들 에르가 자식 없이 죽자 둘째 아들 오난에게 형수 다말과 결혼해 후손을 이어라고 명령했다. 그러나 오난은 형수와 결혼만 하고 성교를 하다가 중단하여 다말이 임신할 수 없게 했다. 현대에선 자위행위의 뜻으로 쓰인다.

해 계속 간직되면서, 벤투리가 언급한 것처럼(벤투리의 견해는 체사레 롬브로소(Cesare Lombroso)를 따르고 있으며 오늘날의 견해와 일치한다), 성인이 되어서 그 요소들이 섹스의 정상적인 목표를 대체하게 될 때 "성도착"이라고 묘사된다. 후에 프로이트는 "도착적인 성욕은 유아기의 성욕에 지나지 않는다."고 말했다. 말하자면, 아이일 적에 정상적이었던 것이 성인에게 일어나면 비정상적일 수 있다는 뜻이다. 따라서 자위행위는 선생들과 도덕주의자들이 퇴치해야 할 악이 아니라 "어린 시절의 따뜻하고 관대한 사랑이 훗날 성숙하고 차분한 부부 사랑으로 넘어가는 자연스런 경로"라고 벤투라는 결론을 내렸다.

자기 성애

어린 시절 초기에 일어나는 현상을 고려하는 과정에, 우리는 이미 '자기 성애'(autoerotism)라는 단어로 나타내는 성적 표현까지 살피게 되었다. 내가 잠을 자는 동안에 성기가 흥분하는 것이 특징으로 꼽히는, 저절로 나타나는 성적 현상을 나타내기 위해 '자기 성애'라는 용어를 고안한 것은 1898년이었다. 이 용어는 지금 일반적으로 널리 쓰이고 있다. 그래도 내가 그 용어를 정의한 의미 그대로 언제나 쓰이고 있지는 않다. 가끔은 자기 자신을 향한 성적 행위를 의미하는 것으로만 쓰이기도 한다.

그것은 그 용어가 의미하는 범위를 부당하게 축소하는 것이며,

접두사 'auto'('자기의, 스스로의'라는 뜻)를 포함하고 있는 용어들의 일상적인 쓰임과도 맞지 않는다. 일례로 'automatic'('자동적인, 불수의(不隨意)의'라는 뜻) 행위는 자신을 향한 행동을 의미하지 않고 외부의 직접적인 충동 없이 자신에 의해 행해지는 행위를 의미한다. 'autoerotic'이라는 단어의 의미를 좁히는 경우에 전체 집단을 나타낼 수 있는 용어가 하나도 남지 않게 된다.

따라서 나는 '자기 성애'라는 용어를 직접적으로나 간접적으로 다른 사람에게서 비롯되는 외적 자극이 없는 가운데 일어나는 자발적인 성적 감정의 현상을 의미하는 것으로 쓰고 있다. 여기서 완전히 무시하지 못하는 넓은 의미에서 본다면, 자기 성애는 전반적인 삶에 다소 영향을 미치는, 예술과 시의 정상적인 표현뿐만 아니라 일부 병적인 조건들(예를 들면 히스테리)의 한 요소인 억압된 성적 행위의 변형들까지 포함한다고 말할 수 있다.

넓은 의미에서 말하는 자기 성애는 형식을 불문하고 모든 자기 사랑을, 말하자면 성적 일탈의 희생자들뿐만 아니라 과학자, 탐험가, 스포츠맨, 등반가까지 포함한다고 로버트 디킨슨(Robert Dickinson)은 말한다.

그 같은 정의는 이성의 연인 앞에서 일어나는 정상적인 성적 흥분을 제외한다. 그 정의는 또 동성의 사람에게 끌리는 것과 관련 있는, 일탈한 성욕도 제외하며, 더 나아가 다양한 형태의 에로틱한 페티시즘도 제외한다. 이런 페티시즘의 경우에 성적 끌림의 정상적인 초점을 엉뚱한 곳에 두고, 정상적인 연인이라면 부차적인 중요성밖에 지니지 않을 어떤 물건에 관능적인 감정을 느끼게 된다.

자기 성애의 분야는 아주 넓다. 보다 구체적으로 말하면 1)에로틱한 상상 2)수면 중에 꾸는 에로틱한 꿈 3)자기 자신에 대한 생각이 에로틱한 감정을 불러일으키는 현상을 말하는 나르시즘 4)손에 의한 자기 흥분뿐만 아니라 성기와 다른 성감대에 직접적인 영향을 미치는 다양한 방법에 의한 자기 흥분까지 포함하는 자위행위 등을 두루 아우른다.

에로틱한 공상

이것은 매우 흔하고 중요한 형태의 자기 성애이다. 가끔은 자위행위의 초기 단계에 일어난다. 공상은 오래 전부터 웰즐리 대학의 메이블 리어로이드(Mabel Learoyd)에 의해서 공상의 중요한 한 형태인 "반복되는 이야기"로 연구되어 왔다. 지속적으로 반복되는 이야기는 그 사람 본인에게 다소 특유한 상상의 이야기이다. 그 사람은 이 이야기를 너무나 좋아하고 또 특별히 신성한 정신적 소유물로 여기고 있으며, 마음이 통하는 친구들하고만 공유하려 한다.

그런 공상은 소년들과 젊은 남자들보다 소녀들과 젊은 여자들 사이에 더 흔하다. 남녀로 구성된 352명 중에서, 여자들의 47%가 계속 반복되는 이야기를 갖고 있는 것으로 드러난 반면에, 그런 이야기를 갖고 있는 남자들은 14%에 지나지 않았다.

출발점은 책에 나오는 어떤 사건이거나, 책 속의 등장인물이 겪는 경험이다. 등장인물은 거의 언제나 그 스토리 속의 남녀 주인공이다. 이야기의 전개가 고독한 상황 때문에 더욱 활발해지고, 잠을 자기 전에 침대에 누워 있는 시간은 그런 공상이 피어나기에 특별히 적절하다.

조지 파트리지(George E. Partridge)는 사범학교에 다니는 16세에서 22세 사이의 소녀들을 대상으로 공상에 수반되는 육체적 현상을 잘 묘사했다. 픽(Pick)은 히스테리를 겪는 남자들을 대상으로 연구하면서 대체로 에로틱한 바탕을 가진 다소 병적인 공상의 예들을 기록했다. 시오데이트 스미스(Theodate Smith)가 연구 대상으로 삼은 거의 1,500명에 가까운 젊은 사람들 중(3분의 2 이상이 소녀와 부인들이었다)에서, 지속적으로 반복되는 이야기가 극히 드문 것으로 드러났다. 겨우 1%에 불과했다. 15세 이전의 건강한 소년들이 품는 공상은 스포츠와 운동, 모험이 주를 이루었으며, 소녀들은 자기 자신을 자신이 좋아하는 소설 여주인공으로 여겼다. 17세 이후에, 소녀들의 경우에 그보다 더 이른 나이에, 사랑과 결혼에 관한 공상이 자주 일어나는 것으로 드러났다. 확인 작업이 결코 쉬운 일이 아님에도, 다소 에로틱한 이런 공상들은 젊은 남자들과 특히 젊은 여자들에게 흔했다. 각 개인은 저마다 특별한 꿈을 갖고 있으며, 그 꿈은 언제나 발달하고 변화하지만 상상력이 매우 뛰어난 사람을 제외하곤 절대로 크게 발달하지 않는다. 그런 공상은 종종 즐거운 개인적 경험의 바탕 위에서 생겨나서 그 바탕 위에서 발달한다.

공상은 실제 생활에서 절대로 표현되지 않을 도착적인 요소를 수반할 수 있다. 물론 공상은 성적 금욕에 의해서도 촉진된다. 대부분의 예를 보면, 공상을 실현시키려는 시도는 거의 없다. 공상이 가끔 성적 흥분이나 자연적인 성적 오르가슴을 야기하긴 하지만, 공상이 반드시 자위행위로 이어지지는 않는다.

공상은 엄격히 개인적인 경험이다. 공상의 본질이라는 측면에서도 그럴 뿐만 아니라, 이미지로 나타난다는 측면에서도 그렇다. 공상을 떠올리고 있는 사람은 그것을 언어로 옮기려 할 때조차도 큰 어려움을 겪는다. 극적이거나 낭만적인 성격의 공상도 있다. 그런 경우에 남녀 주인공이 이야기의 에로틱한 절정에 닿기 전에 많은 경험을 거치게 된다. 이 절정은 당사자의 지식이나 경험이 늘어감에 따라 점점 발달하는 경향을 보인다. 처음에는 단순히 키스였던 공상이 성적 만족 같은 것으로 변해가는 것이다.

공상은 정상적인 사람에게나 비정상적인 사람에게나 똑같이 일어날 수 있다. 루소는 『고백』(Confessions)에서 마조히즘과 자위와 연결되는 꿈을 묘사하고 있다. 마르크 앙드레 라팔로비시(Marc-André Raffalovich)는 성 전도자들이 홀로 공상에 빠질 때 거리나 극장에서 본 동성의 환상을 떠올리면서 일종의 "정신적 오나니즘"을 겪는 과정에 대해 언급하고 있다.

이런 종류의 공상이 비밀과 고독을 좋아하는 탓에 최근까지 별로 연구되지 않았고 과학적 탐구의 대상이 될 만큼 충분히 관심을 끌지 못했음에도 불구하고, 공상은 정말로 상당한 중요성을 지니는 과정이며, 자기 성애 분야에서 큰 부분을 차지한다. 정숙한 삶을 영위하는 세련되고 상상력 풍부한 남녀들이 자주 공상을 꾸며, 그들은 종종 자위행위로 그 공상을 해소한다. 그런 사람들의 경우에 어떤 상황에서는 공상이 엄격히 정상적인 것으로 여겨져야 하고, 성충동이 작용한 불가피한 결과로 여겨져야 한다.

틀림없이, 공상은 종종 병적일 수 있고, 지나치게 빠지는 경우에 건강한 과정은 절대로 아니다. 예술적 충동을 가진 세련된 젊은이들에게 그런 일이 쉽게 일어날 수 있는데, 그들에게 공상은 대단히 유혹적이다.

공상이 언제나 성적 감정에 물들어 있는 것은 아니지만, 그럼에도 공상에는 성적 기원을 말해주는 중요한 암시가 있다. 겉으로 보기에 분명히 성적인 것과 관련 없는 공상을 자주 경험한 사람들이 결혼을 하면 그런 공상이 더 이상 생기지 않는다고 말하는 예가 있으니 말이다.

성적 공상의 중요성은 해밀턴의 신중한 연구에 의해서 드러나고 있다. 그는 남자들의 27%와 여자들의 25%가 성 문제에 대해 알기 전에 성적 공상을 꾸었다고 대답한다는 것을 발견했다. 다른 많은 사람들은 분명하지 않다고 대답했다. 한편, 남자들의 28%와 여자들의 25%는 사춘기 전에 성적 공상을 꾸었다고 대답했다. 남자들의 1%와 여자들의 2%만이 사춘기 이후에 성적 공상을 전혀 꾸지 않았다고 대답했으며, 남자들의 57%와 여자들의 51%는 18세 이후부터 결혼하기 전까지 성적 공상이 정신의 많은 부분을 차지했다고 말했다. 또 남자들의 26%와 여자들의 19%(모두 기혼자임)는 아직도 성적 공상이 일을 간섭할 만큼 강하게 작용한다는 사실을 발견하고 있다.

공상은 기질적으로 예술가가 될 성향이 강한 사람들, 쉽게 이해할 수 있듯이, 특히 소설가들의 삶과 활동에 종종 중요한 역할을 한다. 그렇다면 이렇게 말할 수 있다. 보통 사람들의 경우에 공상에 빠지는 행위가 성인의 삶까지 이어지는 것은 틀림없이 건전하지 않다. 왜냐하면 공상이 현실의 삶을 멀리하게 만들기 때문이다. 반면에 예술가의 기질이 있는 사람들의 경우에는 공상이 예술 형태의 창조를 통해서 현실로 돌아가는 길을 발견한다. 프로이트는 예술가가 기질적으로 승화 능력과 억제하는 태도를 특별히 많이 타고났을 수 있다고 주장했다. 그래서 예술가는 공상을 통해 너무나 강력한 쾌락의 흐름에 빠지고, 그러면 적어도 한동안은 억압이 압도되면서 쫓겨난다.

에로틱한 꿈

꿈들의 심리학적 의미에 대한 이해와 해석은 사람에 따라 크게 다를지라도, 그 의미만은 언제나 인정을 받아 왔다. 인류의 초기 전통에서, 우리는 꿈들이 주술적, 종교적 또는 예언적 의미를 지니는 것으로 진지하게 다뤄졌다는 사실을 발견한다. 꿈들은 문명화된 민족의 민간전승에서도 그런 의미를 지닌다. 오늘날의 미개 민족들 사이에서도 꿈이 대단히 중요한 의미를 지니는 것으로 여겨진다. 현대의 과학적인 심리학의 발달로 인해, 꿈은 다양한 관점에서 다소 진지한 연구의 대상이 되었다. 최근에는 꿈에 관한 연구가 더욱 정교해졌으며, 잘 알고 있듯이, 정신분석에서는 꿈이 대단한 중요성을 지니는 것으로 여겨지고 있다.

그러나 꿈의 중요성이 전반적으로 받아들여지고 있긴 해도, 꿈을 꾸는 것이 정상적이고, 지속적이고, 따라서 완전히 건강하고 자연스런 현상인가 하는 문제에 대해선 아직 의견의 일치가 이뤄지지 않고 있다. 심지어 프로이트는 꿈을 신경증적이기도 하고 건강하기도 한 것으로 여기고 있다.

꿈을 완전히 자연스런 것으로 보는 것이 가장 합리적일 것 같다. 동물들도 꿈을 꾼다. 잠을 자는 개가 달리는 동작을 해 보이기도 한다. 미개인들도 꿈을 꾼다. 꿈을 꾸는 것을 의식하지 못하는 사람들이 많지만, 그런 사람들도 꿈에 관심을 두기만 하면 꿈의 흔적을 종종 발견한다. 그런 사람들의 경우에 잠을 자는 동안에 정신적 활동이 대체로 아주 약하기 때문에 잠에서 깨어날 때 전혀 아무런 기억이 남지 않는다고 볼 수 있다.

오르가슴을 수반하거나 수반하지 않는 에로틱한 꿈에 대한 의견도 전반적인 꿈에 대한 의견과 마찬가지로 갈리고 있다. 건강한 개인들이 성적으로 금욕적인 생활을 하는 경우에 깨어 있으면서 생활하는 동안에 자기 성애적인 현상이 나타나는 경향이 있다는 점은 이론적으로나 실제 사실들을 바탕으로 한 연구에서나 믿을 만한 것으로 확인된다. 그러나 똑같은 조건에서 살고 있는 사람이 잠을 자는 동안에 남자의 경우에 사정까지 하면서 오르가슴을 느끼는 것도 지극히 정상이라는 데에도 의문의 여지가 전혀 없다.

세계의 많은 지역에서, 정말로 그런 현상은 악마들의 자극에 따른 것으로 여겨지고 있다. 가톨릭교회는 자체적으로 '타락'(pollutio)이라고 부른 것의 부도덕성을 특별히 강조해 왔으며, 마르틴 루터(Martin Luther)도 에로틱한 꿈을 결혼이라는 약을 필요로 하는 질병으로 여겼던 것 같다. 심지어 의학 분야의 일부 권위자들(특히 알베르트 몰과 알베르트 오일렌부르크(Albert Eulenburg))까지도 몽정을 야뇨증이나 구토와 같은 차원의 병으로 보았으며, 원시적일 정도로 자연적인 조건에서는 이런 의견이 옳을 수 있다는 점을 부정하지 못한다.

그러나 우리의 사회적 조건에서 어느 정도의 성적 금욕이 다시 불가피하기 때문에, 대부분의 권위자들은 그런 금욕의 결과 나타나는 현상을 꽤 정상적인 것으로 여기는 경향을 보인다. 권위자들은 단지 그 횟수에 관심을 두고 있다.

제임스 패짓(James Paget)은 독신 생활을 하는 사람 중에서 1주일에 한두 번에서 3개월마다 한 번씩 그런 사정을 하지 않는 사람을 본 적이 없으며, 양쪽 극단 모두 건강한 범위 안에 든다고 선언했다. 한편, 브런턴(Brunton)은 2주에 한 번이나 한 달에 한 번이 정상적인 횟수이며, 이 시기에 사정이 이틀 연달아 일어나는 경우도 종종 있다고 주장했다. 또 헤르만 롤레더(Hermann Rohleder)는 몽정은 보통 연달아 며칠 일어난다고 언급했다. 해먼드(Hammond)도 몽정이 2주에 한 번 정도 일어난다고 생각했다. 츨레노프(Tchlenoff)가 모스크바의 학생 2,000명 이상을 대상으로 실시한 조사에서도 횟수가 그렇게 나왔다. 리빙(Ribbing)은 몽정의 정상적인 주기를 10일 내지 14일로 보았으며, 해밀턴은 가장 흔한 주기가 1주일 내지 2주일(조사 대상의 19%)이라는 것을 발견했다. 로벤펠트(Löwenfeld)는 정상적인 횟수를 1주일에 한 번 정도로 보았다. 이 횟수가 많은 건강한 젊은이들의 경우에 진실에 가까운 것 같으며, 내가 확보할 수 있었던, 건강한 젊은이들 몇 사람의 기록과 일치한다.

그러나 몽정을 전혀 하지 않는 사람도 가끔 있다(그런 사람은 츨레노프의 조사에 따르면 10% 정도이고, 해밀턴의 조사에 따르면 2%에 지나지 않는다). 꽤 건강한 젊은 남자들 중에 지적 활동을 하거나 불안을 느끼거나 걱정을 하는 때가 아니고는 몽정이 거의 일어나지 않는 사람들도 있다.

몽정은 꼭 그런 것은 아니지만 대체로 에로틱한 꿈을 동반하며, 꿈속에서 본인은 대체로 이성인 어떤 사람을 보거나 밀접하게 접촉하는 것으로 의식하게 된다. 일반적으로 꿈이 생생하고 관능적일수록 육체적 흥분이 더 커지고 흥분에서 깨어나면서 느끼는 기분 전환의 느낌도 더 커지는 것 같다.

에로틱한 꿈이 사정을 전혀 수반하지 않고 꾸어지는 경우도 가끔 있으며, 에로틱한 꿈을 꾼 사람이 잠에서 깨어난 뒤에 사정이 일어나는 경우도 드물지 않다. 막 이르려던 오르가슴이 반쯤 깬 상태에서 억눌러지는 경우도 간혹 있으며, 이런 현상을 파울 내케(Paul Näcke)는 '중단된 타락'(pollutio interrupta)이라고 불렀다.

구알리노(Gualino)는 이탈리아 북부에서 에로틱한 꿈들을 주제로 포괄적인 연구를 실시했다. 대상자는 의사와 선생, 변호사 등 정상적인 남자 100명이었으며, 모두가 몽정을 경험한 사람들이었다. 구알리노는 사정을 수반하는 에로틱한 꿈은 육체적 발달의 시기보다 다소 앞서 시작된다는 것을 보여주고 있다. 이 같은 사실은 마로가 이탈리아 북부의 같은 지역에서 젊은이들을 대상으로 실시한 조사에서도 확인되었다.

구알리노는 조사 대상이 된 사람들 모두가 17세에 에로틱한 꿈을 꾸었다는 것을 발견했다. 마로는 그 나이에 젊은이들의 8%가 성적으로 아직 제대로 발달하지 않았다는 것을, 그리고 성적 발달은 13세에 시작하고 에로틱한 꿈은 12세에 시작한다는 것을 확인했다. 대부분의 젊은이들의 경우에 에로틱한 꿈이 나타나기 전에 발기가 몇 개월 동안 이뤄졌다. 조사 대상자의 37%가 성적 경험이 전혀 없으며(자위행위나 성교가 없었다는 뜻이다), 23%는 자위행위를 했고, 나머지는 어떤 형태의 성적 접촉이 있었다.

꿈들은 주로 시각적이고, 촉각적 요소들이 그 다음이다. '드라마'에 등장하는 인물은 대체로 모르는 여자(27%)이거나 얼굴만 아는 사람(56%)이며, 대개 처음에는 추하거나 공상적인 형체에서 시작해 점점 매력적인 모습을 띠어가지만 현실 속에서 사랑하는 여자와는 절대로 똑같지 않다. 이런 현상은 낮의 감정이 수면 중에 숨어 있으려 하는 일반적인 성향과 일치한다고 구알리노와 로벤펠트 등은 주장했다.

사춘기의 감정적 상태는 쾌락을 제쳐놓고 불안(37%)과 욕망(17%), 두려움(14%) 등이었다. 성인기에는 불안과 두려움이 각각 7%와 6%로 줄어들었다. 조사 대상자들의 33%는 성적 또는 일반적인 불안의 결과로 꿈이 없는 몽정을 경험했으며, 이런 현상은 언제나 심신을 피곤하게 만드는 것으로 드러났다.

90% 이상이 꿈들 중에서 에로틱한 꿈이 가장 생생하다고 대답했다. 응답자의 34%에서, 에로틱한 꿈은 성교 직후에 일어나는 경향을 보였다. 많은 응답자들에서, 구애 동안에, 그러니까 젊은이가 약혼자와 키스를 하고 포옹을 하는 시기에 에로틱한 꿈이 특별히 빈번했지만(하룻밤에 세 번이나 꾸는 경우도 있었다), 결혼 뒤에는 그런 꿈이 사라졌다. 침대에 누운 자세나 꽉 채워진 방광이 에로틱한 꿈에 영향을 미친다는 점이 지적되지 않았다. 정낭이 가득 찬 상태도 에로틱한 꿈의 중요한 원인으로 여겨지고 있다.

많은 전문가들(로벤펠트 등)은 사람들이 사랑하는 사람에 대해 생각하다가 잠이 들 때조차도 연인에 대해서는 에로틱한 꿈을 꾸지 않는다는 점에 주목했다. 이것은 예리했던 감정이 잠을 자는 동안에 소진되어 휴식 상태에 빠지기 때문인 것으로 여겨지고 있다. 틀림없는 말이다. 또 우리는 그날 일어난 사소한 디테일에 대해서는 종종 꿈을 꾸지만 슬픈 일에 대해서는 거의 꿈을 꾸지 않는다는 사실도 잘 알려져 있다. 또 많은 전문가들(스탠리 홀(Stanley Hall) 등)은 에로틱한 꿈에서는 생활 속에선 꿈을 꾼 당사자와 꽤 무관한 개인들뿐만 아니라 매우 사소한 개인적 디테일이나 상상 속의 접촉도 오르가슴을 일으키기에 충분하다는 점을 강조했다.

깨어 있을 때 그 사람의 성적 본질을 암시하는 것으로서, 성적인 꿈들이 지니는 진단적인 가치는 다양한 저자들(몰과 내케 등)에 의해 강조되었다. 성적인 꿈들은 그 꿈을 꾼 사람이 생활 속에서 성적 호소력을 가장 강하게 느끼는 특징들을 재현하고 강조하는 경향을 보인다.

그와 동시에, 이 같은 일반적인 진술은 성도착적인 꿈들과 관련해서 특별히 검증되어야 한다. 먼저, 평소에 여자의 신체를 잘 알지 못하는 젊은 남자는 아무리 정상이라 하더라도 잠을 잘 때 여자들에 관한 꿈에서조차도 여자의 육체를 좀처럼 보지 않는다. 둘째, 꿈을 꾸는 사람이 성적 도착과 아무리 거리가 멀다 하더라도, 꿈 이미지의 혼동과 혼합이 종종 성적 구분을 지워버리는 경향이 있다. 따라서 완벽하게 정상인 사람도 가끔 비정상적인 꿈을 꿀 수 있고, 또 드물게 정상적인 사람들의 에로틱한 꿈들이 늘 비정상적일 수도 있다. 그래도 그런 현상이 진짜 또는 잠재적인 일탈 때문에 나타난다고 믿을 근거는 전혀 없다. 이 점을 명심하는 것이 간혹 아주 중요하다.

대략적으로 말하면, 잠 자는 동안에 일어나는 자기 성애의 형태는 남자들과 여자들 사이에 심리학적으로 어떤 의미를 지니는 차이가 있는 것 같다. 남자들의 경우에 자기 성애의 현상은 꽤 단순하다. 자기 성애의 표현은 대체로 사춘기에 나타나며, 그 사람이 순결하게 산다면 다양한 길이의 시간 동안 주기적으로 지속되며, 늘 그런 것은 아니지만 일반적으로 절정으로 이끄는 에로틱한 꿈을 수반한다.

자기 성애의 표현은 다양한 상황의 영향을 어느 정도 받는다. 그런 상황의 예를 든다면, 육체적, 정신적, 감정적 흥분, 잠자리에 들기 전에 섭취한 알코올, 침대 위에 누운 자세, 방광의 상태, 가끔은 낯선 침대에 누웠다는 단순한 사실, 그리고 월 또는 연 단위의 주기 등이 있다. 대체로, 자기 성애의 표현은 잠에서 깨어날 때 의식적인 흔적을 거의 남기지 않는, 꽤 분명하고 규칙적인 현상이다. 일부 예에서 피로감이 남고, 두통이 남을 뿐이다.

그러나 여자들의 경우에는 잠 자는 동안에 일어나는 자기 성애의 현상이 훨씬 더 불규칙적이고, 다양하고, 몸 전반에 더 널리 퍼져 있는 것 같다. 소녀들이 사춘기나 청년기에 에로틱한 꿈을 경험하는 것은 예외적인 것 같다. 정숙한 젊은이에게 오르가슴이 그런 식으로 나타나는 것이 원칙이지만(해밀턴은 12세에서 15세 사이에 그런 오르가슴이 나타나기 시작한다는 것을 발견했다), 순결한 소녀의 경우에는 그것이 예외적이다.

섹스의 초기 표현을 다룰 때 지적한 바와 같이, 여자들이 꿈에서 오르가슴을 느끼기 시작하는 것은 깨어 있는 상태에서 오르가슴이 명백히 일어난 뒤의 일이다. 심지어 억압된 삶을 살고 있는 대단히 성적인 여자도 잠을 자다가 오르가슴을 느끼는 일은 드물거나 없다(해밀턴에 따르면 여자들의 60%가 여기에 해당한다).

성교에 익숙해진 여자들의 경우에, 대단히 에로틱한 꿈들이 꿔진다. 이때는 완전한 오르가슴과 안온한 느낌이 수반된다. 실제 성교에 익숙하지 않은 여자들에게도 그런 것이 간혹 수반된다. 그러나 일부 여자들은 성교를 잘 알고 있는 때조차도 성적인 꿈들이 액의 방출을 수반함에도 불구하고 단지 욕망의 징후에 지나지 않으며 안온한 느낌을 낳지 않는다는 것을 발견한다.

여자들의 에로틱한 꿈이 남자들의 그런 꿈과 다른 성격들 중에서 가장 흥미롭고 중요한 것은 여자들의 꿈이 깨어 있는 동안의 삶에 영향을 끼치는 경향을 보인다는 점이다. 남자들의 에로틱한 꿈들이 현실 속의 삶에 미치는 경우는 드물며, 그런 경향이 나타날 때에도 그 영향은 미미한 선에서 그친다. 그런 현상은 심지어 건강하고 정상적인 여자들에게도 흔하게 나타나며, 신경증을 앓는 사람의 경우에는 과장되기도 한다. 신경증을 앓는 사람은 꿈을 현실로 해석하기도 하는데, 이것은 실용적인 중요성을 지니는 사실이다. 왜냐하면 그 같은 사실이 마치 상태에서 공격을 당했다는 식의 근거 없는 비난을 낳을 수 있기 때문이다.

잠 자는 동안의 자기 성애 현상이 깨어 있는 삶에까지 흘러넘치며 의식적인 감정과 행동에 영향을 미칠 만큼 강한 에너지로 표현되는 경향은 히스테리를 겪는 여자들에게서 특별히 뚜렷하게 보인다. 그래서 여자들의 자기 성애를 연구하는 전문가들은 주로 그런 사람들을 연구 대상으로 삼는다. 산테 데 산크티스(Sante de Sanctis)와 질 드 라 투레트(Gilles de la Tourette) 등은 꿈들이 히스테리 환자들의 깨어 있는 삶에 미치는 영향과 에로틱한 꿈들의 특별한 영향을 강조했으며, 이 꿈들을 우리는 중세의 귀신 숭배에서 아주 중요한 역할을 했던 잉쿠부스(incubus)[16] 숙쿠부스(succubus)[17]라는 개념과 연결시켜야 한다.

히스테리 환자들의 에로틱한 꿈들이 언제나 유쾌한 성격의 꿈인 것은 결코 아니며, 대체로 그런 것도 아니다. 일부 환자들을 보면, 성교의 환상이 심지어 예리한 통증까지 야기한다. 이것은 옛날에

....

16   여러 신화와 전설에 등장하는 악마로서 잠든 여자와 성교를 하는 남자의 모습으로 나타난다.

17   신화와 전설에 등장하는 악마로서 잠자는 남자와 성교를 하는 여자의 모습으로 나타난다.

마녀들에 의해 확인되었으며, 오늘날에도 발견되고 있다. 가끔 이것은 의식 속에서 단순히 육체적인 충동과 갈등이 빚어진 결과이며, 이때 육체적 충동은 그 사람이 감정적으로나 지적으로 강하게 혐오함에도 불구하고 모습을 드러낼 만큼 강하다. 따라서 성교의 환상은 온갖 육체적인 성적 표현들이 그런 것에 반응하지 않는 어떤 사람의 내면에 불러일으키려는 극단적인 형태의 반감에 지나지 않는다.

성적 감정과 성기가 행위에 의해 소진된 상태에서 그것들을 다시 자극하려 시도할 때, 그와 다소 비슷한 정신적 혐오와 육체적 고통이 일어난다. 그러나 이런 현상에 정신적인 요인뿐만 아니라 생리적인 요인이 작용하고 있을 가능성이 꽤 있다. 폴 솔리에(Paul Sollier)는 히스테리의 본질과 기원, 그리고 무감각증과 정상적인 감각 사이의 중간 과정에 일어나는 현상의 명확한 성격을 규명하기 위한 연구에서, 감수성의 장애가 히스테리에 대단히 중요하다는 점을 강조함으로써 히스테리 환자들의 자기 성애적인 흥분에 나타나는 이런 특징의 메커니즘을 밝히려 노력했다.

틀림없이, 히스테리증의 자기 성애적인 현상이 지닌 불쾌한 성격을 과장하려는 경향이 있어 왔다. 그 같은 경향은 이전의 어떤 견해, 즉 히스테리는 성적 감정의 무의식적 표현에 지나지 않는다는 견해에 대한 불가피한 반발이었다. 그런 것으로서 그 견해는 면밀한 조사 없이 비과학적으로 일축되었다.

우리는 프로이트의 의견, 말하자면 히스테리 환자들의 성적 욕구도 정상적인 여자들의 성적 욕구만큼 개인적이고 다양하지만,

히스테리 환자들이 자신의 본능과 도덕적 투쟁을 벌이면서 본능을 의식의 뒤쪽으로 밀어 넣으려 시도하는 탓에 성적 욕구 때문에 더 큰 고통을 겪게 된다는 의견에 동의한다. 히스테리를 앓거나 정신적으로 비정상적인 많은 여자들의 경우에, 자기 성애의 현상과 성적 현상이 일반적으로 대단히 유쾌할 수 있다. 그럼에도 그런 여자들은 그 경험의 에로틱한 성격에 대해 꽤 모르고 있을 수 있다.

자위행위

어린 시절의 성적 현상을 다루면서 이미 논한 바 있는 자위행위는 엄격한 의미로 보면 스스로 성적 흥분을 얻기 위해 손을 이용하는 것을 뜻한다. 보다 넓은 의미에서 보면, 자위행위는 이런 목적에 채택된 온갖 형태의 자기 흥분에 적용된다. 또 육체적 행위의 도움이 전혀 없이 생각만으로 흥분을 일으키는 것에 대해 비논리적으로 "정신적 자위"라고 말하는 것도 가능하다.

'오나니즘'이라는 단어가 가끔 같은 의미로 쓰이지만, 그리 합당한 표현은 아니다. 왜냐하면 오난의 행위가 어떤 의미로도 자위 행위가 아니고 단지 '성교 중단'(coitus interruptus)에 지나지 않았기 때문이다. 마그누스 히르슈펠트는 사람이 정신적 대상으로서나 육체적 대상으로 자신의 육체에 희열을 안기는 것을 뜻하는 것으로서, "autoeroticism"(자기 성애)와 구별하기 위해 'ipsation'이라는 단어를 만들었다.

보다 넓은 의미에서 보면, 자위는 세계의 모든 지역에서 동물들과 인간에게 광범위하게 나타나는 현상이다. 자위가 너무나 널리 퍼져 있기 때문에 우리는 그것에 대해 "비정상"이라고 말하지 못한다. 그것은 정상과 비정상 사이의 경계 지역에 있는 현상이며, 성적 기능의 자연적 행사에 제약이 가해질 때마다 일어나기 쉽다.

길들여져서 격리된 상태에 있는 동물들 사이에서, 그리고 관찰이 훨씬 더 어렵긴 하지만 야생 상태의 동물들 사이에서, 암수를 불문하고 홀로 흥분하는 형태가 다양하게 나타난다. 가끔은 페니스로 복부를 치기도 하고, (특히 암컷의 경우에) 성적 부위를 외부 물체에 비비기도 한다.

인간 종을 보면, 비슷한 현상이 문명 속에서만 발견되는 것은 절대로 아니다. 그런 현상들은 틀림없이 문명의 상태에서 크게 발달했지만, 파올로 만테가차(Paolo Mantegazza)가 생각하는 바와 달리, 자위가 유럽인들의 도덕적 특징 중 하나인 것은 절대로 아니다. 우리가 깊이 알고 있는 민족들 거의 모두에게서, 아주 자연스런 조건에서 살고 있는 민족들 사이에서도 자위가 발견된다. 그리고 일부 민족들 사이에선 자위가 자주 행해지고 있으며, 남녀 모두로부터 삶의 초기부터 하나의 관습으로 일반적으로 인정받고 있다. 다소 낮은 수준의 문화를 가진 민족들 사이에서도 여자들이 자위행위에 도구를 이용하는 것이 발견된다. 특히, 평범한 여자들 사이에는 그렇지 않지만 오늘날 유럽에서 사용되는 인공 남근이 많이 사용되고 있다.

한편, 문명화된 현대 국가들의 평범한 사람들 사이에 자기 성애적인 만족을 얻는 데 사용되는 일상적인 물건 또는 도구는 아주 다양하지만, 실제로 동원되는 물건들의 종류는 이따금 외과 의사의 손을 거쳐야 하는 불운한 사건이 생기는 경우에만 확인될 수 있을 뿐이다. 일례로, 채소와 과일(특히 바나나)이 여자들 사이에 자주 이용되지만, 그런 것들은 위험한 결과를 거의 낳지 않으며, 따라서 그런 것들의 활용은 확인되지 않은 채 남아 있다.

그러나 외과 의사의 개입을 통해 질과 요도에서 빼낸 물건들도 아주 다양하다. 가장 흔한 것들을 꼽자면, 연필과 봉랍(封蠟)[18], 실패, 머리핀, 초, 코르크, 오뚝이 등이 있다. 여자의 질과 요도 안에서 발견되는 이물질들의 90%는 지위 때문이다. 그런 곳에서 이물질이 발견되는 나이는 주로 17세에서 30세 사이이다.

머리핀이 여자의 방광에서 발견되는 경우가 자주 있다. 이유는 요도가 정상적으로 매우 예민한 성감대이고 안으로 들어오는 것을 모두 "삼키는" 경향이 있기 때문이다. 한편, 머리핀(침대에서 여자가 가장 쉽게 확보할 수 있는 도구이다)의 모양은 그런 식으로 사라지기에 딱 좋게 생겼다.

자위에 쓰이는 또 다른 종류의 물건들은 외과 의사의 눈에 띄지 않는다. 그것들이 성적 부위를 접촉시키는 외부 물건들이기 때문이다. 입고 있는 옷과 의자, 탁자, 그리고 다양한 가구들이 그런 종류에 속한다. 체육관에서 운동(장대 오르기 등)을 하거나, 말을 타거나, 자전거를 타거나, 재봉틀을 밟거나, 코르셋을 단단히 졸라맬 때에 우발적으로나 의도적으로 일으킬 수 있는 성적 흥분에 대해

....
18   편지, 포장물 등을 봉하는 데 쓰이는 수지질 혼합물을 말한다.

서도 언급해야 한다. 이런 운동 또는 압박의 행위들 중에서 그 어느 것도 반드시 성적 흥분의 원인이 되는 것은 아니라는 점이 덧붙여져야 한다.

이 집단에 속하는 자기 성애적인 흥분의 형태들은 넓적다리 마찰의 형태로 이어질 수 있는데, 그렇게 되면 넓적다리를 다소 의도적으로 압박하거나 마찰시키는 것이 성적 부위에 영향을 끼치게 된다. 이런 행위는 남자들도 가끔 하지만 여자들 사이에 더 흔하다. 그것은 심지어 여자 유아들에게서도 발견된다. 그것은 널리 행해지고 있는 관행이며, 일부 국가(스웨덴 같은 나라)에서 여자들 사이에 가장 흔하게 행해지는 자위의 형태이다.

다소 외따로 떨어져 있는 성감대를 마찰하거나 다른 방식으로 자극함으로써 자위를 할 수도 있다. 궁둥이에 채찍을 가하거나 유방과 젖꼭지를 문지르는 것이 그런 예이다. 예외적인 경우에, 육체의 거의 모든 부위가 정말로 성감대가 될 수 있으며, 관능적인 감각을 위해 만져질 수 있다.

이외에 또 다른 종류의 자기 성애가 있다. 생각이 관능적인 주제나 감정적인 성격을 지닌 비(非)관능적인 주제로 향할 때 저절로 성적 흥분이 일어나는 경우나, 매력적인 이성과의 성교 행위를 상상함으로써 성적 흥분을 고의로 일으키는 경우(해먼드는 이것을 '정신적 성교'라고 부른다)가 그런 종류의 자기 성애에 속한다. 이런 자기 성애의 표현들은 앞에서 고려한 바 있는 에로틱한 공상과 결합한다. 데이비스 박사는 성적인 생각을 암시하는 책들을 읽는 것이 자위의 가장 빈번한 원인이고, 이성과의 애무가 그 다음 원인이고, 춤을 추는 것이 그 다음 원인이라는 것을 발견했다.

자위가 전형으로 꼽히는 자기 성애 현상의 범위와 횟수, 의미 등을 정확히 조사하길 원한다면, 우리는 많은 어려움과 상당한 이견에 봉착할 것이다.

남자들 사이의 자기 성애 현상에 대해 말한다면, 믿을 만한 의견은 자위가 삶의 어느 시기에 행해지게 된다는 쪽이다. 일부 남자들의 경우에는 자기 성애가 매우 드물고 매우 짧은 시간 행해졌을지라도, 남자의 90% 이상이 자위를 하는 것으로 드러났다. 일례로, 영국에서 럭비 스쿨의 의사인 클레멘트 듀크스(Clement Dukes)는 기숙학교의 소년들 중 90% 내지 95%가 자위를 한다고 언급했다. 독일에서 율리안 마르쿠제(Julian Marcuse)는 자신의 경험을 근거로 남자들 중 92%가 젊은 시절에 자위를 했다고 결론을 내리고 있으며, 헤르만 롤레더는 그 비율을 다소 더 높게 잡고 있다.

미국에서 시얼리(Seerly)는 학구적인 학생들 125명 중에서 오직 6%만이 자위를 한 번도 하지 않았다는 것을 발견했으며, 브록먼(Brockman)은 심지어 신학생들 사이에도 56%가 묻지도 않았는데 자위를 했다고 언급하는 것을 확인했다. 츨레노프는 모스크바 학생들 중에서 60%가 자위를 한다는 점을 자발적으로 인정한다는 사실을 발견했다. 그런 식으로 자발적으로 제공되는 정보는 당연히 그것보다 훨씬 더 빈번하다는 점을 암시한다. 왜냐하면 많은 개인들이 자위에 대해 아주 부끄러워하는 까닭에 좀처럼 그것을 인정하려 들지 않기 때문이다.

자위가 남녀 중에서 어느 쪽에 더 흔한가 하는 문제에 관한 의견은 예전에 다양했으며, 일반 대중들 사이에서는 일반적으로 자위가 소녀들보다는 소년들 사이에서 더 흔한 것으로 여겨지지만, 권위자들의 의견은 남녀 양쪽으로 비슷하게 갈리고 있다. 그러나 그 문제는 지금 명확한 자료를 근거로 고려될 것이며, 이 자료에 대해서는 성충동이 처음 나타나는 때에 대해 논할 때 이미 언급한 바가 있다.

자위를 남녀별로 구분하는 것은 자기 성애적인 현상 자체를 종류별로 분류하는 데 초점을 맞추려는 경향 때문에 다소 모호해졌다. 우리가 밝혀낸 사실들을 제대로 활용하길 원한다면, 그 사실들을 합리적으로 묶고 나누는 과정이 반드시 필요하다.

만약 우리의 주의를 매우 어린 아이들에게로 한정시킨다면, 증거는 자위가 여자 아이들 사이에서 더 흔하다는 점을 보여주며, 그 같은 결과는 성적 조숙과 연결되는 조숙한 사춘기가 대부분 여자 아이에게서 나타난다는 사실과 맞아떨어진다.

사춘기와 청년기에는 자위가 소년과 소녀 모두에게서 공통적인 현상이다. 그래도 나는 그 연령대의 자위가 흔히 생각하는 것만큼 빈번하지 않을 것이라고 믿는다.

자위가 소년이나 소녀 중 어느 한쪽에서 더 활발하게 행해진다고 말하기는 어렵다. 그럼에도 사람들은 소년들 사이에 자위행위가 더 광범위하게 이뤄질 것이라고 결론을 내리는 경향이 있다. 소년들의 전통과 보다 활동적인 삶이 자위행위의 경향을 다소 약화시키는 반면에 소녀들의 경우에는 그런 식으로 억제하는 영향력이 덜한 것은 사실이지만, 성충동과 그에 따라 자위행위를 하는 경향은 소녀들이 소년들에 비해 더 늦게, 더 어렵게 일어난다.

청년기를 지나고 나면, 자위가 남자들보다 여자들 사이에서 더 흔하게 행해진다는 데는 거의 의문의 여지가 없다. 이 시기에 이르면, 남자들은 이성과의 성적 만족을 이룰 방법을 어떤 식으로든 확보하지만, 여자들은 대부분 그런 식의 성적 만족을 피한다. 게다가 여자들은 드물게 성적으로 조숙하지만 그들의 성충동은 청년기가 지나야만 그 힘과 자의식을 얻는다.

적극적이고, 지적이고, 건강한 여자들이 이따금(특히 월경을 할 때 쯤) 자위를 하는데, 이 여자들은 그런 때가 아니면 절제적인 삶을 영위한다. 이것은 특별히 정상적인 성관계를 가진 뒤에 어떤 이유로 그런 관계를 유지하지 못하고 홀로 지내게 된 젊고 건강한 여자들에게 해당한다.

그러나 성적 감수성이 선천적으로 아주 민감하면서도(틀림없이 이런저런 측면에서 정상적인 건강의 기준에 못 미치는 여자들도 있다) 성적 본능이 전혀 일깨워지지 않아서 자위도 하지 않을 뿐만 아니라 정상적인 희열에 대해서 어떠한 욕망도 보이지 않는 여자들이 일부 있다는 점을 기억해야 한다. 적극적인 간섭이 거의 또는 전혀 없는 가운데 몽상에 굴복함에 따라 저절로 일어나는 자기 성애 현상은 분명히 남자들보다 여자들에게 훨씬 더 잦다.

최근까지도 자위행위의 효과에 대한 의견은 크게 달랐다. 소수의 권위자들은 자위가 과도한 성교에 따를 수 있는 그런 효과 이상의 나쁜 효과를 전혀 낳지 않는다고 판단했던 반면에, 대다수의 권위자들은 지나치지 않을 때조차도 자위가 다양한 종류의 병적인 상황을 야기한다고 주장했다. 지금은 보다 온건한 견해가 지배적이다. 자위는 특별한 경우에 바람직하지 않은 다양한 효과를 낳는 것으로 일반적으로 믿어지고 있지만, 자위가 과도할 때조차도 건강하고 정신이 건전한 개인들에게서 대단히 병적인 상태를 낳는다는 주장은 더 이상 타당하지 않다.

자위행위에 대해 보다 차분하고 분석적인 관점이 등장하게 된 데엔 19세기 중반의 빌헬름 그리징거(Wilhelm Griesinger)의 공이 컸던 것 같다. 그리징거는 당시를 지배하던 전통에 어느 정도 얽매어 있었음에도 불구하고 나쁜 효과를 낳는 것은 자위행위 자체가 아니라 자위행위를 보는 사회적 태도가 민감한 정신들에게 불러일으키는 감정들이라고 보았다. 자위행위에 나쁜 효과가 따른다면, 그것은 자위행위를 강요하는 흥분과, 자위행위에 따른 수치심과 후회, 선의(善意) 사이의 숨겨진 갈등의 결과라는 뜻이었다. 그리징거는 자위행위만 갖는 특별한 표시는 전혀 없다면서 자위행위는 원인이 아니라 하나의 징후에 불과하다고 덧붙였다. 그 이후로 경험을 근거로 한 의견들이 전반적으로 나오면서 그리징거가 조심스럽게 언급한 효과들을 뒷받침하면서 더욱 앞으로 밀고 나갔다. 이 탁월한 정신과 의사는 자위행위가 어린 시절에 행해지는 경우에 광기로 이어질 수도 있다고 생각했다.

베르칸(Berkhan)은 어린 시절의 정신병들을 연구하면서 자위행위가 원인이 되었던 예는 하나도 발견하지 못했다고 말했다. 보겔(Vogel)과 우펠만(Uffelmann), 헤르만 에밍하우스(Hermann Emminghaus), 몰 등은 비슷한 연구를 통해서 그와 비슷한 결론을 내렸다. 자위행위가 심각한 결과를 낳을 수 있는 곳은 선천적으로 병적인 신경계뿐이라고 에밍하우스는 주장했다. 키어난은 자위행위의 결과로 알려진 것은 파과병(破瓜病)[19]이나 히스테리 때문이며, 이 경우에 결과가 원인으로 오해를 받고 있다. 막스 크리스티안(Max Christian)은 20년 동안 병원과 정신병동, 도시와 시골을 돌면서 개인적 경험을 쌓으면서 자위행위의 심각한 부작용을 전혀 발견하지 못했다. 정말로, 그는 자위행위가 남자들보다 여자들에게 더 나쁜 악으로 작용할 수 있다고 생각했다.

그러나 옐로우스(Yellowlees)는 여자의 경우에 "자위행위가 남자들에 비해서 덜 소모적이고 덜 해롭다."고 생각한다. 구트치트(Guttceit)뿐만 아니라 해몬드도 같은 의견을 보였다. 옐로우스는 더 나아가 여자들이 자위행위를 남자들보다 더욱 깊이 한다는 것을 발견했다. 이 점에 특별한 관심을 보였던 파울 내케는 자위행위가 여자에게 광기의 원인으로 작용한 사례를 한 건도 발견하지 못했다.

코치(Koch)는 남녀 모두에서 이와 비슷한 결론을 내렸다. 그럼에도 그는 자위행위가 병적인 상태를 어느 정도는 야기할 수 있다는 점을 인정했다. 그러나 이 점에서도 그는 자위행위를 쉽게 하고 다른 사람들에 비해 무절제하게 하는 사람들은 신경계가 이미 손상을 입은 사람이며 적절히 하는 경우에 자위행위는 해를 끼치지 않는다고 주장했다. 해악의 주요 원인은 양심의 가책, 그리고 자위 충동과의 갈등이라는 것이 그의 입장이다.

··········
19   정신분열증의 한 종류로 감정 둔화가 중요한 증상이다.

헨리 모즐리(Henry Maudsley)와 마로, 에드워드 스피츠카 (Edward Spitzka), 슐레(Schüle) 등은 여전히 특이한 "자위행위 광기"를 인정했지만, 크라프트-에빙은 오래 전에 그것을 부정했으며 내케는 단호히 반대했다. 에밀 크레펠린(Emil Kraepelin)은 과도한 자위행위는 단지 그런 성향을 타고난 사람들에게만 위험할 정도로 일어날 수 있다는 식으로 언급했다. 오귀스트 포렐(Auguste Forel) 과 로벤펠트도 앞서 트루소(M. Trousseau)가 그랬던 것과 마찬가 지로 그런 의견을 보였다. 최근의 권위자들은 자위를 광기의 원인 으로 보는 데 한목소리로 반대하는 것으로 전해지고 있다.

자위행위가 다른 형태의 정신병과 신경증에 미치는 영향에 관한 전문가들의 증언은 똑같이 단호해지고 있다. 여러 해 전부터, 그러 니까 웨스트(West) 이후로 어린이들 사이에 나타나는 백치와 경 련, 간질, 히스테리 등은 자위 때문이 아니라는 이론이 일반적으로 받아들여지고 있다. 그럼에도 소수의 전문가들은 히스테리와 간질 이 자위행위 때문에 일어날 수 있다고 믿어왔다. 라이덴(Leyden) 은 척수의 질병들을 낳는 원인 속에 어떤 형태의 성적 과잉도 포 함시키지 않았다. 빌헬름 에르브(Wilhelm Erb)는 "적절한 경우에 자위행위는 자연스런 성교보다 척수에 결코 더 위험하지 않으며, 부작용도 전혀 일으키지 않는다. 정상적인 상태에서 일어나든 외 로운 상태에서 일어나든 오르가슴에는 전혀 차이가 없다."고 설 명했다. 이것은 또한 툴루즈(Toulouse)와 파울 퓌르브링어(Paul Fürbringer), 쿠르슈만(Curschmann)을 비롯한 대부분의 권위자들 의 의견이기도 하다.

그러나 자위가 성교에 비해 결코 더 나쁜 효과를 낳지 않는다고 단정하는 것은 아마 너무 멀리 나간 생각일 것이다. 만약 성적 오르가슴이 순수하게 생리적인 현상에서 그친다면, 이 같은 입장도 옳을 것이다. 그러나 성적 오르가슴은 보통 이성(異性)에 의해 야기되는 강력한 감정들과 연결되어 있다.

성교의 만족은 성적 오르가슴의 분출뿐만 아니라 이런 감정들이 야기하는 기쁨에도 있다. 갈망의 대상인 파트너가 없는 상태에서 느끼는 오르가슴은 그것이 아무리 큰 위안을 준다 하더라도 반드시 불만감, 어쩌면 우울한 느낌, 심지어 소모감과 수치심과 후회를 안겨주게 되어 있다. 또 일부 전문가들이 주장하는 것처럼 자위행위가 성교보다 더 많은 신경계의 노력을 수반하는지가 의문이지만, 성교보다 자위행위에서 과잉 현상이 일어날 가능성이 더 크다. 따라서 자위행위가 성교에 비해 나쁜 효과를 더 많이 낳지 않는다고 단언하는 것은 다소 오도할 위험이 있다. 그러나 포렐이 주장하듯이 적절히 행하기만 하면 자위행위는 수면 중에 일어나는 성적 흥분과 같은 수준일 것이다.

자위행위의 중요한 징후들과 신호들, 그리고 그것의 해로운 결과라는 문제를 검토하면서, 우리는 건강하고 태생이 좋은 개인들이 적당한 선에서 하는 자위행위는 심각할 정도로 해로운 결과를 전혀 낳지 않는다는 결론에 닿을 것이다. 자위행위의 일반적인 신호들에 대해 말하자면, 믿을 만한 것으로 받아들여질 수 있는 것이 하나도 없다고 말할 수 있다.

이 주제를 놓고 상반된 견해들이 제시되고 있는 이유는 양쪽의 저자들이 유전과 기질의 영향을 무시했거나 충분히 인정하지 않기 때문이라고 볼 수 있다. 그 저자들은 많은 비과학적인 저자들이 음주벽에 관해 글을 쓰면서 오늘날까지 보이고 있는 태도를 그대로 보였다. 알코올의 끔찍한 효과를 묘사하면서, 그런 효과를 낳는 중요한 요소가 알코올이 아니라 알코올이 작용하고 있는 그 유기체라는 사실을 지적하지 않는 것이나 마찬가지라는 뜻이다.

따라서 지난 세기에 자위행위의 무서운 효과와 관련해서 나온 이상한 견해들을 무지와 그릇된 전통 때문으로 여겨 폐기하는 한편으로, 건강한 개인들의 경우에도 자기 흥분이 과도하게 행해질 경우에 약하지만 그래도 해로운 결과를 낳을 수 있다는 점이 반드시 지적되어야 한다. 피부와 소화, 순환기가 장애를 일으킬 수도 있고, 두통과 신경통이 일어날 수도 있다. 그리고 잠을 자는 동안에 일어나는 성적 흥분이 비정상적으로 잦거나 정상적인 성관계가 과도한 경우나 마찬가지로, 과도한 자기 성애도 신경계의 감도를 떨어뜨릴 수 있다. 비교적 자주 연결되는 조건들 중에서 가장 중요한 것은 아마 다양한 증상이 나타나는 "신경쇠약"일 것이다.

일부 예들을 보면, 자위행위를 사춘기 이전에 시작해서 과도하게 할 경우에 성교에 대한 무관심뿐만 아니라 성교에 부적절한 상태로 이어지는 것 같다. 또 가끔은 과도한 자위행위가 조루와 발기부전을 수반하는 부적절한 성적 흥분을 낳을 수도 있다.

로버트 디킨슨은 아주 일관되게 "불감증"을 보이는 여자들은 자기 성애를 즐기는 사람이라고 말한다. 그러나 이것은 예외이며, 자위행위가 사춘기 이후까지 시작되지 않은 경우라면 특히 더 그렇다. 그런 환자들의 경우에, 일부 말초적인 자극 또는 비정상적인 정신적 자극 때문에 육체가 이성(異性)이 정상적으로 발휘하는 매력과 전혀 아무런 관계가 없는 어떤 호소에 반응하며 오르가슴을 느끼도록 훈련을 받게 된다. 그러나 사춘기에 이르러 열정의 요구와 섹스의 진정한 매력이 느껴지기 시작하지만, 육체적인 성적 감정들이 비정상적인 경로로 흐르도록 훈련을 받았기 때문에, 보다 정상적인 새로운 성적 연상들은 강력한 관능적 충동을 발휘하지 못하고 순수하게 이상적이고 감정적인 성격만을 지니게 된다. 건강한 상태라면, 사춘기에서 청년기, 성인의 단계로 넘어감에 따라, 성적 연상들이 강력한 관능적 충동과 더욱 깊이 연결될 텐데 말이다.

이런 식으로, 일부 여자들의 경우엔, 종종 지적 수준이 대단히 높은 여자들인데, 자위행위의 조숙한 과잉이 훗날 육체적인 관능적 충동과 이상적인 감정들 사이에 괴리를 낳는 유일한 원인은 아니라도 중요한 원인으로 작용하게 된다. 만약에 초기의 자위행위가 성도착을 발달시키는 요인으로 작용했다면, 자위행위는 그런 식으로 작용할 것이고, 정상적인 성교에 대한 혐오가 도착적인 충동이 아무런 방해를 받지 않고 발달할 수 있는 토양이 조성되는 데 도움을 줄 것이다.

나쁜 효과들은 예외적이라는 점을 깨닫는 것이 중요하다. 캐서린 데이비스 박사는 여자들의 자위행위에 관한 연구서로서 대단히 소중하게 평가받는 연구 조사에서 결혼 생활이 행복한 여자들의 집단과 결혼 생활이 불행한 여자들의 집단을 비교하면서, 각 그룹에서 결혼 전에 자위나 다른 성 유희(성교를 포함하지 않음)를 했던 사람들의 숫자가 거의 동일하다는 것을 발견했다.

　정신적 측면에서 보면, 과도한 자위행위의 가장 두드러진 결과는 자긍심의 고취가 따르지 않는 상태에서 자의식이 병적으로 강화된다는 점이다. 자신이 욕망했던 이성으로부터 키스를 받는 남자나 여자는 자존심과 고양의 느낌을 받지만, 자기 성애적인 행위에는 그런 것이 없다. 자위를 하는 사람 본인이 자신의 행위에 대한 사회의 전반적인 태도를 자각하고 누군가에게 들킬까 하는 두려움을 느끼는 것과 별도로, 그런 행위는 그런 식일 수밖에 없다. 정상적인 성교도 그에 상응하는 정신적 교감이 없는 경우에는 그런 느낌이 따를 수 있으니 말이다.

　그러므로 자위행위를 하는 사람은 그 행위가 습관적인 경우에 자긍심에 대한 자각을 인위적으로 키우지 않을 수 없게 되며, 따라서 정신적 오만의 경향을 보일 수 있다. 독선과 광신적 믿음은 말하자면 후회하려는 경향을 사전에 막아주는 보호 장치의 역할을 한다. 물론, 이런 특징들이 완전히 발달하려면 병적인 정신적 토양이 필요하다.

　자위행위를 습관적으로 하는 남자는 종종 수줍어하고 외로운 사람이라는 사실을 기억해야 한다. 이런 기질을 가진 개인들은 특별히 자기 성애의 온갖 표현에 빠질 수 있는 성향을 갖고 있다.

　한편, 그런 경향에 굴복하는 사람들은 사회를 두려워하고 피하는 경향을 보임과 동시에 타인들에 대해 의심을 품는다. 크레펠린이 믿었던 바와 같이, 일부 극단적인 경우에 정신적 능력의 감퇴가 일어날 수 있다. 외부 인상들을 파악하고 조정하는 능력이 떨어지고, 기억력 약화, 감정들의 사막화, 신경질적인 현상의 심화 등이 나타날 수 있는 것이다.

지적인 젊은 남녀들이 청년기에 보이는 과잉 자기 성애는 종종 어느 정도의 정신적 비정상을 조장하며, 그릇된 삶의 이상들을 육성하는 경향을 보인다. 크레펠린은 자위행위를 통해 고양되는 열정의 빈도에 대해 언급했으며, 프랜시스 안스티(Francis Anstie)는 오래 전에 자위행위와, 문학과 미술에서 조숙하고 그릇된 작품 사이의 연결을 강조했다. 여기서 과도한 자위행위는 조숙하고 그릇된 것으로 묘사될 수 없는 문학과 그림을 남긴 남자와 여자에게도 가끔 일어났다는 점을 덧붙여야 한다.

그러나 자위행위가 나쁜 결과를 낳을 수 있는 한편으로, 정상적인 성적 관계가 있을 수 없는 경우에 그것이 자주 좋은 결과를 낳기도 한다는 점을 반드시 명심해야 한다. 지난 100년 동안에 나온 의학 문헌을 보면, 환자가 자위행위에서 이로운 점을 발견한 예들이 많다. 그런 사례를 발견하려고 눈을 크게 떴더라면, 그런 예는 틀림없이 크게 늘어났을 것이다.

우리는 자위행위가 주로 신경계를 진정시키는 효과 때문에 행해진다는 점을 인정해야 한다. 사춘기를 제대로 넘기고 순결한 삶을 영위하고 있는 정상적인 사람들이라면, 자위행위가 안겨주는 육체적, 정신적 위안을 추구할 때가 아니고는 그런 행위를 거의 하지 않을 것이다.

이런 것들을 고려한 결과, 미국에서 임상 경험을 꽤 많이 쌓은 월터 프랭클린 로비 박사는 적극적인 자기 성애 행위의 실질적 무해를 인정하는 선에서 훨씬 벗어나면서, 『합리적인 성윤리』(Rational Sex Ethics)(1916년)와 이후에 발표한 책들에서 사실상 자기 성애 행위를, 신경증적 조건에서 치료의 가치를 지니고 건강에 이로우며 정상적인 성관계와 같은 차원의 것으로서 특히 여자들에게 권했다. 이 학설에는 많은 조건이 따른다. 극단적으로 말하면, 그것은 해결해야 하는 문제들의 어려움에 비해 지나치게 순진한 방법이다. 그런 권고는 매춘이나 자제를 권하던 케케묵은 방식만큼이나 바람직하지 않다. 폐쇄된 공간에서 고독하게 즐기는 자기 만족이 뜨겁고 능동적인 욕망을 충족시키는 것은 절대로 될 수 없다. 의사의 태도가 공감하고 포용하는 태도가 되어야 하는 것은 맞지만, 오직 그 사람 본인만이 자신의 기질과 상황에 가장 적합한 행동 방침을 결정할 수 있을 뿐이다.

그러므로 로비 박사의 태도보다 더 합리적인 것은 에이브러햄 월바스트(Abraham Wolbarst)의 태도다. 월바스트는 자위행위를 권장해서는 안 된다는 입장을 견지하는 한편, 그 충동을 더 이상 억제할 수 없는 어떤 지점을 고려하면서 "정신을 변색시키느니 차라리 육체를 만족시키는 것이 낫다."는 중국 격언을 인용하고 있다. 자위행위가 인정되고 있는 때에 그 같은 행위를 거칠게 비난하는 일은 하지 말아야 한다. 그 행위 자체에 자책이 따르기 때문에, 그런 비난은 특히 더 삼가야 한다.

동시에 월바스트는 상상의 어떤 "미덕"을 지키는 방법으로 자위행위를 인정하는 도덕주의자들을 칭찬하는 것은 있을 수 없는 일이라고 덧붙이고 있다. 보다 진정한 미덕은 성적 사랑에 대한 자연스런 충동을 소중히 여기고 그런 충동에서 생겨난 자연스런 욕망을 과감하게 직면하는 데에 있다.

지금까지 우리는 어떤 거대한 집단의 자기 성애 현상에 속하는 한 행위에 대해 관심을 쏟았으며, 어떤 형태로든 그런 행위는 불가피하다는 점을 인정해야 한다. 문명화된 삶의 영원한 제한 아래에서 이처럼 성적 표현과 변형된 성적 표현이 불가피하다는 점을 인정하는 것은 아주 현명한 처사다. 또 과도하게 몰입하거나 무관심한 태도를 피하면서 공포의 태도를 피하는 것도 또한 현명한 처사다. 왜냐하면 우리의 공포가 우리의 시야로부터 적절히 가려져 있는 사실들로도 이끌 뿐만 아니라, 공포 자체가 더 심각할 수 있는 악들을 인위적으로 만들어낼 수도 있기 때문이다.

나르시시즘

나르시시즘은 자기 성애의 한 형태로, 그것도 자기 성애가 극단적인 방향으로 최대한 발달한 형태로 여겨질 수 있다. 나르시시즘은 성 심리학자들에 따라 다양한 형태로 다듬어진 개념이다. 그래서 그 개념의 역사를 간략하게 스케치하는 것이 바람직하다.

나르시시즘은 소설과 시에서는 오랜 옛날까지 더듬어 올라갈 수 있을지라도 40년 전만 해도 과학적으로 명확한 정의를 가진 개념은 절대로 아니었다. 나르시시즘의 핵심적인 상태는 고대 그리스 시대에 나르시소스라는 신화 속의 인물에 의해 상징적으로 표현되었다. 정말이지, 곳곳의 신경과 의사들은 개별 환자들에게서 그런 조건을 하나의 증상으로 주목하고 있었지만, 나는 1898년에 자기 성애에 대해 대략적인 설명을 제시하면서('정신과 의사와 신경과 의사'(Alienist and Neurologist)에서), 극단적인 형태로 주로 여자들에게서 발견되는 나르시소스 같은 성향에 대해, 성적 감정이 완전히 자기 숭배에 흡수되어 버리기 때문이라고 결론을 내렸다.

나의 논문은 당장 내케 박사에 의해 독일에 요약 소개되었다. 내케 박사는 나의 견해에 동의한다는 뜻을 표하고, 나르시시즘을 내가 자기 성애로 분류하는 것들 중에서 "가장 고전적인 형태"라고 부르면서 '나르시소스 같은 경향'을 '나르시스무스'(Narcismus)라고 번역했다. 그러면서 그는 나르시시즘에 실제 성적 오르가슴이 수반될 것이라고 덧붙였다(나는 이런 말을 하지 않았다). 이 부분은 받아들여질 수 없다.

헤르만 롤레더는 남자들에게서 이런 조건을 관찰하고는 그것을 'automonosexualism'이라고 불렀다. 히르슈펠트도 이 용어를 사용했다. 이어서 1910년에 프로이트가 내케로부터 나르시시즘이라는 이름과 개념을 차용했다. 그러나 프로이트는 그것을 단순히 남자의 성도착증이 발달하는 한 단계로만 여겼으며, 그런 남자는 어떤 여자(대체로 자기 어머니이다)와 자신을 동일시함에 따라 자기애에 빠지는 것으로 보았다.

1911년에 오토 랑크가 내가 다뤘던 내용을 받아들여 프로이트의 노선에 따라 발달시키면서 그것이 변형의 정상적인 범위 안에 들 뿐만 아니라 성적 발달의 꽤 정상적인 단계라는 점을 보여주었다. 랑크의 연구는 틀림없이 프로이트에 강한 인상을 남겼을 것이다. 프로이트가 1914년에 랑크의 견해를 받아들이며 특별히 강조했으니 말이다. 당시에 프로이트는 다음과 같이 언급했다. 모든 개인에겐 기본적으로 나르시시즘, 즉 자기 보존 본능의 이기주의를 리비도의 측면에서 보완할 것을 갖고 있으며, 이 나르시시즘은 가끔 대상 선택을 지배한다. 이때 그 사람이 자신의 현재 모습을 사랑하느냐, 자신의 과거 모습을 사랑하느냐, 자신이 되기를 원했던 모습을 사랑하느냐, 자기 자신의 일부였던 누군가를 사랑하느냐에 따라 다양한 대안들이 나온다는 설명이었다. 나르시시즘이라는 개념이 일상적인 쓰임에 가장 적절한 곳이 바로 이 지점이다.

프로이트는 어느 시점에서 자신의 견해를 수정한 뒤에 다시 그것을 더욱 확장시킨 한편, 프로이트 학파나 다른 학파에 속하는 수많은 분석가들은 종교와 철학을 나르시시즘의 표현으로 보면서 그것을 극단적인 방향으로 몰고 갔다. 마침내 자연 자체가 진화의 과정에 나르시시즘적인 동기들의 안내를 받고 있다는 주장(샨도르 페렌치(Sandor Ferenczi)의 견해)까지 제기되기에 이르렀다. 나르시시즘을 뒷받침하는 증거는 미개인들과 민간전승에서도 발견되었으며(게자 로하임(Géza Róheim)에 의해), 랑크가 처음 언급했듯이, 제임스 프레이저(James Frazer) 경의 저작이 이 대목에서 심리학적으로 이용할 자료를 풍부하게 제공하고 있다.

성 교육

유아기와 어린 시절의 표현들을 조사할 때, 우리는 가끔 섹스와 관련된 표현은 분명히 존재하지 않는다는 것을 확인한다. 또 그런 표현이 존재한다 하더라도 대체로 모호하며, 분명한 것 같은 때에도 성인에게 일어나는 경우에 설명하는 방식으로는 좀처럼 설명되지 않는다.

그 결과, 우리가 알고 있는 바와 같이, 훌륭한 관찰자들조차도 어린 시절 초기의 섹스와 관련한 태도와 정책에서 다양한 모습을 보이게 되었다. 유아의 정신에 성적인 무엇인가를 암시하는 것이 나타나면 경악하는 사람들은 지금 수적으로 점점 줄어들고 있는데, 그들은 여기서 제쳐 놓도록 하자.

건강하고 정상적인 어린 아이들에게서 순수하게 성적인 표현을 인정하는 것이 불가능하다고 느끼는 전문가들이 있는가 하면, 건전한 아이와 신경증적인 아이에게서 똑같이 성적인 표현을 언제나 확인하는 전문가들이 있다. 후자에 속하는 전문가들은 어린 아이에게 나타나는 성적 표현이 다양하고 변화한다는 점을 발견하고 있다. 또 어린 아이에게 성적인 신호들이 존재한다는 점을 인정하면서도 그것을 어린 시절의 단계에는 정상적이지 않다고 여기는 전문가들도 있다는 점을 덧붙여야 한다. 어쨌든, 이것이 랑크가 훗날 『현대 교육』(Modern Education)에서 제시한 의견이다. 랑크는 "성욕은 아이에게 자연스럽지 않다."고 관찰했다. "성욕은 차라리 그 개인의 자연스런 적(敵)으로 인식될 수 있으며, 개인은 이 적에 맞서 처음부터 전체 인격으로 자신을 방어한다." 이런 견해는 아무 튼 문화에, 심지어 원시적인 문화에도 나타나는 어떤 공통적인 태 도와 조화를 이룬다.

그러므로 어린이의 성욕을 대하는 적절한 태도는 조심스런 위생 을 대하듯 삼가는 태도여야 한다. 아이의 에로틱한 충동들은 종종 무의식적이며, 그런 충동들에 관심을 집중함으로써 그것들을 의식 적인 것으로 만들어봐야 얻을 것이 하나도 없다.

아이가 자기 자신이나 타인들에게 명백히 해로운 짓을 하지 못 하도록 막는 것이 필요하다. 또 어머니에게 이런 표현들 앞에서 지 나치게 걱정하면서 아이들을 처벌하는 일이 없도록 해야 한다고 경고하는 것도 바람직할 것 같다. 또 아이를 육체적으로 과도하게 부드럽게 다뤄서 민감한 아이가 적절하지 못한 감정을 키우지 않 도록 하라고 경고하는 것도 바람직하다.

무엇보다도 아이의 본성에 대한 이해를 높이는 것이 필요하다. 어른들은 자신의 감정과 아이의 감정이 같을 것이라고 생각하는 경향이 있다. 어른의 눈에 사악한 성적인 동기들이 있는 것으로 비 치는 어린이들의 많은 행위들이 전혀 성적인 동기를 갖고 있지 않 은 경우가 종종 있으며, 그런 행위는 단지 놀고 싶은 충동이나 지 식에 대한 욕구에서 비롯된다. 이 오류는 틀림없이 지난 몇 년 사 이에 정신분석 이론의 추종자들에게 소중하게 여겨졌다.

어린 시절을 연구하는 전문가들이 종종 신경증 환자들을 대상으 로 한 연구에서 지식을 얻었다는 사실은 불행한 일이다. 오토 랑크 는 『현대 교육』에서 이렇게 말한다. "오늘날 신경증 유형에서 끌어낸 일반적인 결론은 모두 신중하게 받아들여져야 한다. 이유는 인간이 다른 조건에 처하면 다르게 반응하게 되기 때문이다." 랑크는 또 현재의 아이는 원시인과 비교되어서도 안 되며, 교육은 지나치게 명확하지 않은 것이 최고일 수 있다고 덧붙인다.

오늘날 최고 권위자들은 아이들에 대한 성적 안내는 성적 요소들에 관한 한 아주 일찍부터 시작되어야 한다고, 또 현명하고 친절한 어머니가 어머니의 진정한 의무인 이 교육을 시킬 적임자라고 주장한다. 정말로, 어머니만이 그런 교육을 제대로 시킬 수 있다는 점이 강조되어야 한다.

어머니의 훈련은 아이들이 완전하게 발달하는 데 근본적인 조건이다. 그런 식으로 교육을 시키지 않으면 아이들이 모르고 있을 텐데 굳이 교육을 시킴으로써 아이들의 정신이 성적 대상에 인위적으로 초점을 맞추게 될 위험이 있다는 지적도 간혹 나온다.

그러나 아이의 정신의 자연스런 작동을 기억하는 것이 중요하다. 아기가 어디서 나오는지 알고 싶어 하는 아이의 욕망은 성적 자각의 표시가 아니다. 그것은 중요한 과학적 사실을 발견하려는 자연스런 욕망이다. 다시 말하지만, 조금 지나서 아이가 이성의 몸이 어떻게 생겼는지 보고 싶어 하고 알고 싶어 하는 욕망도 마찬가지로 순진하고 자연스럽다. 건강하지 않은 성적 의식을 키우는 것은 이런 자연스런 호기심을 억누르는 것이지 충족시켜주는 것이 아니다. 아이가 남몰래 이런 신비에 대한 대답을 얻으려 드는 것은 단지 그 문제를 푸는 공개적인 시도가 퇴짜를 맞았기 때문이다.

어머니가 아이에게 전하는 성 지식에는 형식적이거나 특별한 것은 전혀 없어야 한다. 어머니와 아이의 관계가 자연스럽고 친밀할 때, 모든 기능이 수시로 고려의 대상으로 떠올라야 한다. 분별력 있는 어머니는 얘기해야 할 것이 나타날 때마다 다룰 것이다. 그래도 어머니가 제시하는 정보는 아이가 보인 호기심의 범위를 벗어나지 않아야 한다.

섹스와 배설은 다른 모든 것과 마찬가지로 단순하게 다뤄질 수 있으며, 두 가지 다 배척이나 혐오의 냄새를 전혀 풍기지 않는 상태에서 이야기해야 한다. 보모들은 종종 섹스를 비난 받아 마땅한 것으로, 배설을 혐오스런 것으로 다룬다. 건전한 어머니는 자식의 배설에 대해 전혀 혐오감을 느끼지 않으며, 이런 태도가 아주 중요하다. 왜냐하면 섹스와 배설을 담당하는 신체 기관이 표면적으로 너무나 밀접하게 붙어 있는 까닭에 어느 한쪽을 혐오하는 태도가 다른 쪽에 대한 혐오로 이어질 수 있기 때문이다.

이 문제에 대해 올바르게 가르치는 태도는 두 가지 신체 기관들을 "혐오스럽지도 않고 신성하지도 않은" 것으로 가르치는 것이라는 말이 가끔 들린다. 그러나 두 가지 신체 기관들이 자연스럽고 혐오스럽지 않지만, 종국적 의미에 있어서는 엄청난 차이가 있다는 사실을 분명히 가르쳐야 한다. 또 섹스에서 비롯되는 것이 개인에게 너무나 큰 비극이 되고 민족에게 너무나 치명적일 수 있기 때문에, 우리는 섹스에 대해 "신성한"이라는 단어를 쓰지 않는다 하더라도 그것에 버금가는 무게를 지닌 다른 단어를 발견해야 한다.

조기 섹스 교육이 훗날의 삶에 지니는 가치는 캐서린 데이비스 박사가 결혼한 여자들을 대상으로 광범위하게 실시한 조사에서 드러나고 있다. 데이비스는 여자들을 자신의 결혼 생활에 대해 행복하다고 판단하느냐 불행하다고 판단하느냐에 따라 두 집단으로 나눠 조사를 실시했다. 그랬더니 행복한 집단의 57%가 초기에 성 전반에 관한 교육을 받은 것으로 드러났다. 그러나 불행한 집단에 속하는 여자들 중에서 성 교육을 받은 사람의 비중은 44%에 지나지 않았다.

이보다 훨씬 작은 자료를 근거로 한 해밀턴의 결과는 이와 완전히 일치하지 않지만, 그도 소녀들에게 조기에 성 교육을 시키는 최고의 적임자는 어머니라는 사실을 발견했다. 그런 교육을 받은 기혼 여자들의 65%는 성관계가 "적절한" 집단에 속했고, 35%는 성관계가 "부적절한" 집단에 속했다. 초기에 성에 관한 정보를 동시대의 이야기나 외설적인 대화에서 얻은 사람들을 대상으로 하면, 성관계가 "적절한" 집단에 속하는 여자들의 비율이 54%로 떨어졌으며, 아버지나 오빠로부터 성 교육을 받았던 작은 집단에 속한 여자들의 결혼 생활은 불만족스러웠다.

아이의 단순하고 자연스런 질문들에 대해선 처음 제기될 때부터 단순하고 자연스럽게 대답해야 한다. 그러면 아이의 생각이 어떤 신비를 엮어내는 일에 매달리지 않을 것이고 또 아이의 감정이 신비의 창조로 인해 왜곡되지 않을 것이다.

성 교육을 지나치게 오래 미루다 보면 불행한 일이 일어날 수 있다. 거의 모든 부모가 아이와 섹스를 놓고 대화하는 것을 지나치게 쑥스러워하거나 거북해 하기 때문에 이제 막 어린 시절을 벗어나고 있는 아이와 그런 대화를 시작하지 못한다는 점이 어려움을 더

한다.

마찬가지로, 나체와 관련해서도 이성에 속하는 아이들의 나체를 보지 않고 자라는 아이의 내면에 대단히 병적인 호기심이 일어날 수 있다. 그런 아이에겐 우연히 발가벗은 어른을 처음 보게 되는 경우에 그것이 고통스런 충격으로 다가올 수 있다. 아이들은 서로의 발가벗은 몸을 보면서 자라는 것이 바람직하다. 일부 부모들은 아이가 아주 어릴 때 벗은 몸으로 함께 목욕하는 방법을 택한다. 그런 식의 단순성과 공개성이 성 의식의 발달을 지연시키고 바람직하지 않은 호기심의 발달을 저지하는 경향이 있는 한편, 많은 위험을 예방할 수 있다. 목욕을 하면서 누나나 오빠의 몸을 보는 상태에서 자란 어린 소년이나 소녀는 육체적 구조에 따른 성적 차이가 있다는 것조차 발견하지 못하는 경우도 있다. 조숙한 성 의식을 지연시키는 모든 영향은 미래의 발달을 말해주는 좋은 조짐이다. 현명한 성 전문가는 미래의 발달이라는 목적을 인위적인 신비의 창조로는 절대로 이루지 못한다는 사실을 깨닫고 있다.

그러나 우리는 현재 아이를 대하는 최선의 태도로 인정받고 있는 것이 아직 없다는 점을 명심해야 한다. 최근에 논의되고 있는 바와 같이, 아이가 자신의 필요에 따라 부모를 창조해야 한다는 말이 맞다면, 그런 식으로 제시되는 상황을 우리의 옛 전통을 바탕으로 조정하는 것이 쉽지 않다는 말도 마찬가지로 맞는 말이다. 그래서 아이의 입장은 과거보다 훨씬 덜 단순하다. 아이의 입장은 오늘날 정말 특이하게 어렵다. 아이는 일반적으로 받아들여지는, 엄격히 집단적인 교육 방법을 더 이상 필요로 하지 않는다. 그럼에도 아이는 아직 발달이 제대로 이뤄지지 않았기 때문에 어른의 자기 훈련을 감당하지 못한다. 오토 랑크는 이렇게 말한다. "오늘날의 아이는 인간의 역사에서 그 전 어느 시기의 아이보다 훨씬 더 위험한 어린 시절을 통과해야 한다."

그러므로 전반적으로 향상된 조건에서도 우리가 "힘든" 아이나 "문제" 아이를 접하게 된다 하더라도 전혀 놀라운 일이 아니다. 유전과 환경은 여전히 그런 아이를 간혹 낳는 경향을 보이고 있다. 지금 우세해지고 있는 계몽된 견해들은 종종 특별한 전문가의 도움을 받지 않고 그런 아이들을 다루는 데 충분한 지침이 되는 것으로 확인되지만, 그것들이 언제나 지침의 역할을 하는 것은 아니다. 따라서 우리는 그런 "문제 아이들"을 예전처럼 단순히 "버릇없거나 사악한" 것으로 보지 않고 의사와 심리학자, 정신과 의사, 사회복지사가 동시에 관심을 갖고 봐야 하는 대상으로 여기는 경향을 만족스런 눈으로 볼 수 있다.

넓은 시각으로 보면, 오늘날 성적 계몽과 교육은 예전보다 훨씬 더 깊은 의미를 지닌다. 사춘기에 치르는 성적인 성인식은 언제나 민족적으로 중요한 의미를 지닌다. 잘 알려진 바와 같이, 중앙아프리카뿐만 아니라 유럽인들이 다소 부적절하게 "원시적인" 것으로 여기고 있는 여러 지역의 민족들을 보면, 그런 성인식은 신성한 의식일 뿐만 아니라 실질적으로 성인의 삶을 준비하는 의식이다. 아이는 놀이를 통해 섹스에 이미 친숙할 수 있고 종종 친숙하며, 성인들은 대체로 그런 놀이에 관대하다.

그러나 사춘기에 섹스는 보다 진지한 문제가 된다. 공동체와 민족의 요구사항을 고려해야 하고, 소년이나 소녀는 집단 안의 사회적 지위에 스스로를 맞춰야 하며, 이를 위해 도덕 교육이란 것이 필요하다. 성인식은 종종 짧고 예리하며 아마 신체 절단이나 엄격한 금욕이나 고립을 요구할 것이다.

반면에 나이가 많은 사람들은 삶의 의무에 관한 가르침을 전하고, 부족의 신성한 신비를 드러낸다. 그 과정을 거치고 나면 아이는 남자나 여자가 되며 새로운 특권과 의무, 책임을 지게 된다. 그것은 훌륭한 제도이다. 다소 원시적인 삶의 조건에서도 이보다 더 나은 것이 고안되기 어렵다. 기독교 세계에서 그런 제도의 흔적이 지금 무의미해지거나 대부분의 지역에서 사라져 버릴 정도로 쇠퇴한 것은 불행한 일이 아닐 수 없다.

오늘날 우리는 그런 의식의 상실을 알아차리고 복구하려고 노력하고 있다. 그러나 옛날의 의식과 동일한 노선에서는 더 이상 어떠한 체계도 만들지 못하며, 그런 것을 만들기 전에 먼저 우리가 통과하고 있는 문명의 단계의 본질부터 고려해야 한다.

우리가 지금 거치고 있는 문명 단계에서는 모든 중요성이 지적인 것에 부여되고 있으며, 중요성을 지니거나 널리 습득되고 있는 가르침의 방법은 지능을 교육하는 방법이다. 그러나 개인적인 생활뿐만 아니라 사회적 생활의 중요한 토대인 성충동은 지성의 영역으로 쉽게 끌어내어지지 않는다. 그래서 우리의 교육 제도들이 오늘날까지도 섹스의 비합리적인 요소를 거의 완전히 배제하는 일이 벌어지게 되었다. 오늘날의 교육 제도는 인간이 되는 법을 배우곤 하던 옛날에 널리 행해졌던 성인식과 공통점을 거의 갖고 있지 않다. 우리의 교육은 삶을 위한 교육이 아니고 오직 삶의 한 부분, 즉 돈벌이만을 위한 교육이다.

이것은 삶 중에서 성충동에 바탕을 둔 부분에 대한 무관심이나 혐오, 심지어 경멸과 관련 있다. 그 부분에 사람들이 무관심한 이유는 성충동이 우리의 교육 활동이 관심을 두고 있는 지성의 영역으로 들어오지 못하기 때문이다.

우리 교육 제도의 산물들 중에서 똑똑한 축에 속하는 개인들, 말하자면 편협한 능력이 지성의 배양에 집중되고 있는 사람들이 종종 사랑과 섹스 문제에서 냉소적인 태도를 취한다는 것은 잘 알려진 사실이다. 그것은 계획한 결과는 결코 아니지만 그 사람들이 학교에서 그런 훈련을 받은 당연한 결과이다. 그것은 성인식 같은 고대의 방법들이 낳은 결과는 분명 아니었다. 그러므로 새로운 제도를 마련할 때, 우리는 지금 벗어나려고 노력하고 있는 그 제도의 위험들을 피할 수 있어야 한다.

그러나 우리가 피해야 할 원시 사회들의 예가 한 가지 더 있다. 말하자면, 성적 성인식을 사춘기까지 지연시키지 않아야 한다는 뜻이다. 정신분석가들의 연구를 통해, 성욕이 사춘기에 이르러서야 시작되는 것이 아니라는 사실이 널리 알려지게 되었다. 성욕이 민족에게 미치는 영향은 사춘기에 시작될지라도, 성욕이 개인에게 미치는 영향은 그보다 훨씬 더 빨리, 심지어 유아기에 시작될 수도 있다.

이 같은 사실의 실제적인 결과는 섹스의 첫 입문식이 어린 시절에 이뤄져야 하는 까닭에 옛날에 사춘기 성인식을 주도했던 공동체의 손에서 벗어나 부모의 손으로 넘어가게 되었다는 점이다. 이런 상황에서 섹스의 첫 입문식은 형식적이고 의식적인 성인식이 아니라, 부모 중 어느 한 쪽의 지도 아래에 전개되는, 느리고, 자연스럽고, 거의 지각되지 않는 과정이다. 이때 한쪽 부모는 대체로 터부와 금지로부터 자유로운 어머니이다. 옛날에는 이 터부와 금지 때문에 성인들이 아이들이 있는 곳에서 섹스의 존재를 인정하거나 섹스에 대해 말하는 것이 대단히 어려운 일이었다.

학교에서 아이의 발달에 맞춰서 생물학 분야에서 모든 소년과 소녀에게 기본적인 것들을, 말하자면 섹스를 포함한 인간 생활의 중요한 사실들에 대해 가르칠 것이라고 기대하는 것은 합리적이다. 탁월한 생물학자인 러글스 게이츠(Ruggles Gates)는 이렇게 말한다. "학교에 다니는 모든 소년과 소녀는 교육의 근본적인 한 부분으로 식물과 동물 유기체들의 본질과 구조, 작용뿐만 아니라, 유기체들의 관계와 상호 작용에 대해 배워야 한다. 소년과 소녀들은 유전에 대해서도 어느 정도 알아야 하고, 모든 유기체가 유전적 특성들을 아주 사소한 차이까지 물려받고 물려준다는 사실을 깨달아야 한다."

그런 교육은 발달해가면서 보다 원시적인 민족의 의식(儀式)에 해당하는 그런 민족적 성인식으로 이어질 수 있다. 우리가 고대인들이 성스러운 것으로 여겼던 섹스의 그 측면을 현대적인 개념으로 바꿔놓는 것은 바로 이런 생물학적 노선을 따라서 가능하다. 다시 강조하지만, 섹스의 성스러운 측면을 강조해야 하는 이유는 아이들이 성욕을 평범한 것으로 여기며 성장하기를 바라는, 선의를 품고 있지만 어리석은 사람들의 생각을 받아들여서는 안 되기 때문이다. 아무리 그렇다 하더라도, 우리가 섹스를 영양 섭취와 배설과 똑같은 차원에서 볼 수는 없는 것이 아닌가. 생물학의 노선을 따르면, 섹스가 그것 이상이라는 것이 쉽게 이해된다. 섹스는 단순히 민족을 일으키고 유지하는 경로만이 아니라, 미래 세계의 모든 꿈이 서는 토대의 역할을 한다. 성충동이 추구하는 개인적인 목적들이 있지만, 거기엔 언제나 그런 확고한 사실이 자리 잡고 있다.

다른 목적들도 중요한 것으로 남아 있다. 우리의 교육 제도가 성충동을 다루면서 보이는 무관심과 경멸은 인간의 삶 전반에 걸쳐 광범위하게 영향을 미치는 성충동의 원동력 자체를 약화시키고 말았다. 그러면서 교육 제도는 동시에 성충동에 내재하는 에너지들을 발달시킬 필요성을 더욱 높이고 있다.

지성이 언제나 필요할지라도, 지성만으로는 아무것도 낳지 못한다. 지성은 유기체를 침투하는 생생한 영향력을 전혀 행사하지 못한다. 그러나 우리 현대인의 삶이 불모화하는 경향을 보이고 있음에도 불구하고, 성충동은 아무리 숨겨지고 경멸을 당할지라도 여전히 손상되지 않은 상태로 남는다. 심지어 성충동은, 오토 랑크가 말했듯이, "우리 교육의 과도한 합리화가 우리에게 마지막으로 남겨놓은 감정적 원천"이다. 여기서 성충동의 자연스런 표현과 성충동의 승화에서, 우리는 미래의 우리 문명의 위대한 희망을 보고 있다. 성충동의 자연스런 표현과 성충동의 승화는 서로 동반하는 관계이며, 어느 쪽도 다른 쪽의 완전한 억압을 통해서는 성장하지 못한다.

4장

성적 일탈과
성애의 상징

성적 일탈

예전에 성생활에 관심을 뒀던 모든 저자들은 당연히 한 가지 패턴의 성생활만 있다고 여겼으며 그 한 가지 패턴에서 벗어나는 모든 것은 "정상"이 아니라고 생각했다. 이 패턴은 당연한 것으로 여겨졌으며 논의도 되지 않았다. 이 한 가지 패턴이 무엇인지에 대해선 명확히 정의할 필요조차 없는 것처럼 보였다. 모두가 본능적으로 그것을 알고 있다고 여겨졌기 때문이다.

그러나 성생활에 관한 실제 사실들을 파고들기 시작하는 순간, 이처럼 옛부터 내려오는 전통적인 인식은 엉터리라는 것이 확인된다. 한 가지 패턴의 성생활이 있기는커녕, 개인들의 숫자만큼 많은 패턴이 있다고 말하는 것이 진리에 더 가깝다. 그러나 개인이 절대로 똑같지는 않지만 다소 근접하는 유형은 적어도 다수 있다. 내가 성 심리학을 연구하기 시작한 이후로 언제나 나에겐 이 같은 사실이 두드러져 보였다. 그래서 나는 자연의 다른 분야에서와 마찬가지로 성생활에서도 정상적인 범위 안에 폭넓은 변형을 허용해야 한다는 점을 분명히 보여주려고 노력했다.

오늘날 이 점은 경험 많은 관찰자들에게 점진적으로 인정을 받고 있다. 유명한 산부인과 의사 한 사람만을 인용한다면, 디킨슨은 "고정된 섹스 패턴에 대해 점점 커지고 있는 회의(懷疑)"를 나타내고 있다.

정상적인 범위 안에 남기 위해서, 섹스의 모든 변형은 어느 시점에는 섹스가 존재하는 종국적인 이유인 출산의 목적을 포함해야 한다. 출산을 배제하는 것은 완벽하게 정당하고, 일부 상황에서는 도덕적으로 그래야만 한다. 그러나 선호에 의해서 생식이 가능한 범위를 완전히 벗어난 성적 행위는 꽤 비정상적인 것으로 여겨질 수 있으며, 그런 행위들은 일탈이다.

성적 일탈은 예전에 "성도착(倒錯)"이라고 불렸다. 이 단어는 성적 변칙이 전반적으로 죄나 범죄로, 적어도 악으로 여겨지던 시대에 생겨났다. 이 단어는 지금도 여전히 생각이 과거의 전통에 뿌리를 박고 있는 사람들에 의해 쓰이고 있다. 초기에는 나 자신도 불만스런 상태에서 내가 의미하는 바를 설명해가면서 이 단어를 썼다. 지금 나는 (디킨슨도 지적했듯이) 이 단어를 가능한 한 피해야 할 때가 되었다는 것을 깨닫고 있다. 그 단어가 나온 라틴어에서도, 'pervursus'는 가끔 도덕적 판단을 전달한다.

그 단어는 성 문제에 과학적, 의학적 접근이 이뤄지기 전에 생겨났다. 현재의 접근 방식은 성적 이상(異常)을 이해하는 데 관심을 두고 있으며, 필요하다면 그것을 치료하지만 비난하지는 않는다. 그 단어가 "도착"의 죄를 저지르고 있다는 소리를 듣는 사람들에게 불행한 결과를 미친다는 매우 중요한 실용적인 사실과 별도로, 여기서 완전히 다른 차원에 속하는 단어를 계속 고집하는 경우에 과학적 혼란이 불가피해진다. 그 용어는 완전히 케케묵었고 유해하며, 따라서 피해야 한다.

성충동의 특이한 고착을 암시하는 데 "전이"(轉移)라는 용어가 가끔 쓰인다. 이런 용어는 도덕적으로 중립적이라는 이점을 갖지만, 이 용어도 정말 동적이고 생생하고 변화무상한 성충동의 정적 개념을 강조하고 있기 때문에 역동적인 힘을 포함하는 용어인 "일탈"이라는 단어보다 덜 만족스럽다.

과거에 나는 오랫동안 많은 또는 대부분의 성적 일탈을 표현하는 데 "상징"이라는 용어를 이용했다. "에로틱한 상징"(erotic symbolism)(혹은 보다 좁게 에로틱한 페티시즘)은 심리적인 성적 과정이 축약되거나 일탈하는 상태를 뜻한다. 축약이나 일탈이 일어나면, 그 과정의 어떤 특별한 부분 또는 정상적인 경우에 그 과정의 가장자리나 밖에 놓이는 대상이나 행위가 종종 이른 시기에 관심의 초점을 받게 된다. 따라서 정상적인 연인에게 부차적인 중요성을 지니거나 무관심할 수 있는 것들이 최고의 중요성을 지니게 되며, 그것들은 전체 성적 과정의 상징이라고 불릴 수 있다.

넓게 보면, 모든 성적 일탈은 에로틱한 상징의 예들이다. 이유는 모든 예에서 정상적인 인간 존재에겐 에로틱한 가치를 거의 또는 전혀 지니지 않는 어떤 물건 또는 행위가 그런 가치를 지니는 것으로 확인되기 때문이다. 말하자면, 그 대상 또는 행위가 정상적인 사랑의 상징이 되었다는 뜻이다. 더욱이, 에로틱한 상징은 보다 세련된 형태의 정상적인 사랑에서도 작동한다. 왜냐하면 이런 형태의 사랑이 연인의 특별한 어떤 특성에 애정 어린 관심을 집중하는 경향을 수반하기 때문이다. 이 특별한 특성은 그 자체로는 중요하지 않지만 상징적인 가치를 얻고 있다.

따라서 우리가 "상징"이라는 용어를 고대적인 의미로 쓰면서 성욕 분야에서 예진에 무차별적으로 "성도착"이라고 불렀던 일탈에 적용할 때, "상징"은 정신분석 문헌에서 부여한 좁은 의미를 벗어나게 된다. 정신분석가는 이 단어를 사용하면서 거기서 분명히 작용하고 있을 어떤 심리적 메커니즘을 의미한다.

어니스트 존스는 "모든 형태의 상징의 기본적인 기능은 주어진 어떤 감정의 자유로운 표현을 가로막고 있는 억제를 극복하는 것"이라고 말한다. 그것도 틀림없이 한 가지 방법이고 상징이 기능하는 흥미로운 길이지만, 부주의하게 그 말을 모든 형식의 상징에 적용해서는 안 된다. 매우 전형적인 상징을 하나만 예로 든다면, 국기는 애국자에게 자기 나라의 상징이지만 그가 거기에 헌신하는 것은 어떤 억제를 정복하는 것이 아니다. 옛날에 해군이 전투에 나서면서 돛대에 국기를 못으로 박을 때, 그것은 틀림없이 자기 나라에 대한 사랑을 자유롭게 표현하기를 두려워하기 때문이 아니다.

상징의 한 근본적인 의미는 (앞의 예가 암시하듯이) 그것이 추상적인 감정에 구체적인 어떤 모양을 부여하는 것이다. 연인이 사랑하는 사람의 특별한 어떤 특징이나 그녀의 소유물, 이를테면 그녀의 머리카락이나 손 또는 구두에 관심을 집중할 때, 그 사람은 자신이 사랑하는 사람의 전체 인격에 대해 느끼고 있는 흩어진 감정을 관리 가능한 구체적인 초점으로 모으고 있다.

그럼에도 불구하고, 어떤 간접적인 표상이 진정한 원동력인 숨겨진 무엇인가를 대체하는 그런 특별한 종류의 상징들이 있다. 왜냐하면 그 표상이 진정한 원동력과 특징들을 공유하고 있고, 따라서 그 표상이 그것이 나타내고 있는 숨겨진 것이 안겨주는 만족감을 주기 때문이다. 정신분석가들이 가끔 이런 종류의 상징의 범위를 과장했을지라도, 상징은 분명히 존재하며 간과되어선 안 된다.

이 항목으로 묶을 수 있는 현상들을 모으고 분류하려 시도할 때, 에로틱한 상징의 범위가 보인다. 그런 현상은 그 현상을 일으키는 물건들을 바탕으로 편의상 크게 3가지 종류로 나눌 수 있다.

1. 신체 부위

(A) 정상: 손, 발, 유방, 엉덩이, 머리카락, 분비물과 배설물, 냄새(ophresiolagnia).

(B) 비정상: 불구, 사팔뜨기, 곰보 등에 매력을 느끼는 현상, 어린이들에 대한 성적 사람, 노인에 대한 사랑, 시체 사랑 등은 이 항목에 포함될 수 있다. 동물들이 야기하는 흥분(동물 성애)도 여기에 해당한다.

2. 무생물

(A) 의류: 장갑, 신발과 스타킹과 대님, 앞치마, 손수건, 내의 등.

(B) 비개인적인 물건들: 여기엔 우연히 자기 성애에서 성적 감정을 일으키는 힘을 얻게 된 다양한 물건들이 포함된다. 피그말리오니즘, 즉 조각에 성적 매력을 느끼는 현상도 포함될 수 있다.

3. 행위와 태도

(A) 능동적인 행위: 채찍질, 잔인성, 노출증, 신체 절단, 살인.

(B) 수동적인 행위: 채찍질 당하기, 잔인성 경험하기. 개인적인 체취와 목소리도 이 항목에 포함될 수 있다.

(C) 절시증(竊視症) 또는 믹소스코피아(mixoscophia)[20] 또는 관음증: 성적 자극을 일으키는 것으로 드러난 물건과 장면을 포함한다. 위로 올라가거나 채찍질하는 것을 떠올리는 것도 여기에 포함된다. 소변과 대변을 보는 행위, 동물들의 교미도 포함된다.

성충동의 이런 일탈이 종류도 다양하고 정도도 아주 다양하다는 점이 확인된다. 한쪽 끝에 정부(情婦)의 장갑이나 슬리퍼가 어떤 남자에게 발휘하는 순진하고 사랑스러운 매력이 있다. 아주 섬세하고 건전한 정신들이 느낀 매력이다. 다른 쪽 끝에는 잭 더 리퍼

....
20   사랑하는 사람이 다른 사람과 성교하는 장면을 보면서 성적 쾌락을 얻는 것을 말한다.

(Jack the Ripper)[21]의 살인적인 폭력 행위가 있다.

그러나 그런 일탈을 뚜렷이 구분하는 선은 어디에도 없다는 점을 기억해야 한다. 또 성적 일탈을 체계적으로 분류하다 보면 감지되지 않을 정도로 점점 심해지다가, 최종적으로 무해한 열광에서 살인적인 분노로 이동한 것이 확인된다. 그렇기 때문에 범죄자나 법의학 분야를 다루지 않고 주로 정상적인 성생활의 심리학을 다룰 때조차도, 일탈에 대한 고려를 피하지 못한다. 이유는 그 일탈들이 한쪽 끝에서는 모두 정상적인 범위 안에 들기 때문이다.

극단적인 형태의 상징들은 주로 남자들에게서 발견되고 있다. 그런 형태의 상징들이 여자들에게는 아주 드물기 때문에, 크라프트-에빙은 개정판 『성적 정신병』(Psychopathia Sexualis)에서 에로틱 페티시즘을 가진 여자를 전혀 알지 못한다고 언급했다. 그러나 여자들에게도 그런 것이 이따금 뚜렷하게 나타난다.

정상적인 형태의 에로틱한 상징은 틀림없이 여성들 사이에 꽤 많으며, 알베르트 몰이 지적하듯이, 군복이 여성들에게 매력을 발휘하는 것도 거기에 용기의 상징이 작용하고 있기 때문이다. 그러나 그런 매력은 비정상적인 형태로도 일어난다. 정말로, 전형적인 형태로 거의 전적으로 여자들에게만 나타나는 형태의 에로틱한 페티시즘도 있다. '클렙토라그니아'가 그것이다.

....
21   1888년 8월 7일부터 11월 10일까지 영국 런던의 화이트채플 지역에서 5명이 넘는 매춘부를 아주 잔인한 방법으로 죽인 연쇄 살인범.

어린 시절의 성적 일탈

어린 시절과 청년기의 성적 현상을 광범위하게 조사할 때, 종교적, 도덕적, 사회적 예단을 제쳐놓기만 하면 "성도착"이라는 개념을 끌어들이기가 쉽지 않다는 것이 확인된다. 생물학적으로 보면, 우리의 관습을 벗어나 있는 많은 것들이 자연스러운 반면에, 민족적으로나 역사적으로 보면, 관습에 두루 일치하는 것은 절대로 없다. 따라서 나는 프로이트가 한때 자주 썼던 "다형(多形) 도착"이라는 용어로 아이를 설명하는 것이 꽤 불가능하고, 심지어 해롭다는 것을 발견한다. 그 후에 이 용어는, 스미스 젤리프가 지적하듯이, "자기 성애" 또는 일부 전문가가 선호하는 "전(前)성기기"로 대체되었다. 왜냐하면 프로이트 자신이 최근에 확인했듯이 발달과 교육에 의해 점진적으로 세워지는 장벽들이 아이들에게는 아직 존재하지 않기 때문이다.

따라서 아이들에게는 "성도착" 문제가 있을 수 없다. 프로이트 자신도 아이들을 "성숙하고 완전히 책임을 져야 하는 사람들의 도덕적 법적 규범"을 근거로 판단해서는 안 된다는 점을 강조하고 있기 때문이다. "다형 도착"이라는 인상을 주는 것은 단순히 겉모습일 뿐이다. 그것은 (내가 자주 지적한 바와 같이) 무지한 관찰자가 어린 고사리의 돌돌 말린 잎에서 발견할 수 있는 그런 종류의 "도착"이다. 삶의 조건이 자라나는 어린 것들에게 그런 식으로 돌돌 말린 형태를 요구하는데, 만약에 어린 것이 완전히 자란 식물의 모습을 보인다면 그것이 진정한 "도착"일 것이다.

이 점을 강조할 필요가 있다. 왜냐하면 가끔 "성과학"이라고 불리는 분야의 자칭 선구자와 교육자가 종종 과거의 올가미에 갇혀 있기 때문이다. "도착"에 대한 특별한 공포, 말하자면 젊은이들의 "도착"을 발견하고 파고들려 하는 광증이야말로 도착들 중에서 가장 심한 도착이다. 오늘날의 야만인들로 눈길을 돌리든 아니면 우리 자신의 뿌리가 닿고 있는 문명의 민족들로 눈길을 돌리든, 건전하고 자연적인 삶을 살고 있는 사람들 사이에선 그런 광증은 거의 발견되지 않는다. 성인들을 대상으로도 그와 똑같은 경향이 확인된다. 아이가 성장한 뒤에도, 소위 어린 시절의 "도착"은 이런저런 형태로 정도를 달리하며 그대로 이어진다. 왜냐하면, 젤리프가 지적하듯이, "진정으로 성숙하는 사람들이 극소수"에 지나지 않기 때문이다. 차이가 있다면, 어른이 된 뒤에는 필요한 경우에 정자와 난자의 결합을 보장하는 적절한 성교 행위가 더해진 것밖에 없다.

그러나 어린 시절과 청년기의 "도착"은 섹스의 놀이 기능의 일부로 적절히 종속된 상태로 남아 있을 것이며, 그것은 사랑의 기술과 수정(受精) 기법의 바람직한 부분을 이루고 이다. 그것은 변형의 정당한 범위 안에 속한다. 그것을 굳이 도착이라고 부를 수 있는 때는 그것이 성적 결합이라는 핵심적인 행위에 대한 욕망을 대체할 만큼 아주 커지거나, 성행위를 할 능력을 약화시키거나 죽여 버릴 때뿐이다.

따라서 초기의 삶에서 "도착"에 대해 논하는 것은 특별히 피해야 한다. 아이의 정신은 어른의 정신과 다르게 작동한다. 발달의 이 단계에서 "자연스러운" 것이라고 해서 전 단계에서도 반드시 자연스러운 것은 아니다. 그래서 아이가 어른의 정신 작용을 이해하는 것은 언제나 쉬운 일이 아니며, 마찬가지로 어른이 아이의 정신 작용을 이해하는 것도 언제나 쉬운 일이 아니다. 어른들이 자신이 어렸을 때 어떤 모습이었는지를 보다 생생하게 깨닫지 못하는 것은 불행한 일이 아닐 수 없다.

그러나 우리들 중 많은 이들은 자신이 어린 시절에 가끔 오해를 받았으며, 따라서 부당하게 다뤄졌다는 사실을 떠올릴 수 있다. 그런 일은 어린이들과 어른들이 공통점을 많이 갖고 있는 문제에서도 곧잘 일어나며, 따라서 둘 사이에 공통점이 거의 없는 섹스 분야에서는 훨씬 더 자주 일어날 수 있다.

그럼에도 어린 시절에 성적 이상(異常)이 일어나지 않는다는 식으로 결론을 내려서는 안 된다. 그러나 그것은 질의 문제이기보다 양의 문제이며, 종류의 문제이기보다는 정도의 문제이다. 종류의 문제든 정도의 문제든, 성적 이상을 어쨌든 부분적으로라도 건전하지 못한 유전으로 돌려도 실수를 거의 저지르지 않을 것이다.

아이가 자신이나 타인들에게 해로울 수 있는 성충동의 변형을 잠재적으로 보일 때, 예를 들어 출혈을 부를 잔인성, 즉 '고통 도착증'이나 '클렙토라그니아'라 불릴 수 있는 도벽을 보인다면, 의사는 유전 상태가 건강한 아이를 다루고 있지 않다. 그때는 치료적으로나 위생적으로 아이를 다루는 데 적절한 조건을 조성하는 일에 모든 정성을 쏟아야 한다.

이 대목에서 이 점을 언제나 명심해야 한다. 그런 조건에 접근할 때, 어떤 사람들은 정신이 특이하게 뒤틀린 결과 인간 행위의 유전적인 요인들을 제대로 보지 못하는가 하면, 또 다른 사람들은 정신이 똑같이 특이하지만 반대 방향으로 뒤틀린 결과 인간 행위의 습득한 요인들을 제대로 보지 못한다. 두 부류의 사람들이 서로 힘을 합하면 유익한 방향으로 일을 처리할 수 있다.

그러나 어느 한 부류의 사람만으로는 삶의 전체적인 메커니즘의 그림을 건전하고 균형 잡힌 모습으로 그려내지 못한다. 대상을 정확히 보기 위해서는 두 가지 종류의 비전을 결합시킬 필요가 있다. 그렇게 하는 경우에 이상(異常)이 습득된 것일 때에는 거기에 맞는 치료책을 따로 추구할 것이고, 이상이 타고났거나 기질적인 것일 때에는 거기에 적절한 조건을 확보할 것이다.

초기의 성생활에서 종종 발견하는 이상은 두 종류이며, 이런 이상은 불리한 조건에서는 어른의 삶에서도 지속되는 경향을 보인다. 두 가지 종류는 결여하려는 경향과 지나치려는 경향, 즉 부족 상태와 과잉 상태를 말한다. 두 가지 종류의 이상(異常)은 유럽 문명 같은 곳에서, 그러니까 성적 활동을 자극하는 것과 제한하는 것이 똑같이 강력한 곳에서 특별히 쉽게 일어난다.

초기에 부족으로 인해 일어나는 이상(감수성 결여, 흥분성 결여)은 과잉(감수성 과잉, 흥분성 과잉)으로 인해 일어나는 이상에 비하면 덜 심각하다. 왜냐하면 부족으로 인한 이상이 단순히 어떤 발달을, 그러니까 지금은 느리지만 성인이 되기만 하면 맹렬히 앞으로 나아갈 수 있는 그런 발달을 암시할 수 있기 때문이다. 그 이상은 심지어 나중에 행복한 결과를 낳을 가능성이 있다.

해밀턴의 조사가 이 점을 강하게 암시하고 있다. 해밀턴은 성적 호기심이 일어나는 시기가 늦을수록 부부관계가 더욱 만족스럽다는 것(그는 가장 편리한 테스트로 여겨지는 적당한 오르가슴을 기준으로 했다)을 발견했다. 따라서 해밀턴의 결과들 중에서 가장 신기하고 뜻밖이었던 결론에 대한 설명이 가능해진다. 섹스에 관한 사실들을 처음 배울 때 충격을 받거나 놀란 여자들이 섹스에 관한 사실들을 처음 배웠을 때 즐거웠거나 관심을 보였거나 만족했던 여자들에 비해 결혼 후 성생활에 확실히 만족하는 것(거의 65%가 적당한 오르가슴을 느꼈다)으로 나타났다는 결과 말이다.

여기서 우리는 만족했던 아이들은 이미 발달한 성생활을 하고 있는 여자들과 비슷하고, 충격을 받은 아이들은 성생활이 발달하지 않은 여자들과 비슷하다고 짐작할 수 있다. 그렇다면 그 같은 결과는 이상하기는커녕 초기에 성적 호기심을 전혀 갖지 않은 아이들이 결국에는 가장 만족스런 부부관계를 영위하게 된다는 결과와 일치한다.

성적 조숙은 불길한 징조는 절대로 아니지만 미래의 행복을 위해서는 성적 호기심이 없는 것보다 덜 바람직하다. 이 대목에서, 캐서린 데이비스 박사는 어린 시절에 자위행위를 하지 않았거나 성적 놀이를 하지 않은 소녀들이 그런 성적 경험을 일찍이 한 소녀들에 비해 훗날 더 큰 행복을 누렸다는 점을 뒷받침할 만한 증거를 발견하지 못했다는 사실을 덧붙여야 한다. 디킨슨과 피어슨(Pearson)은 자위행위 습관을 계속 이어온 여자들 사이에서 건강한 사람들의 비율이 초창기 이후에 자위행위 습관을 포기한 사람들보다 높다고 말한다. 이것은 자위행위 습관을 계속 이어간 여자들의 건강과 활력이 더 컸기 때문일 것이다. 그리고 보다 나은 건강이 자기 성애 행위의 증대 또는 재개를 의미한다는 것을 발견하는 것은 여자들의 공통된 경험이다. 디킨슨과 피어슨은 또 자위행위를 일찍이 시작한 사람들과 18세 이후에 시작한 사람들 사이에 눈에 띄는 건강 차이는 전혀 없다고 언급하고 있다. 이것은 선뜻 받아들일 수 있는 결론이 아니다.

젊은이의 성욕 결핍과 과잉을 치료하는 문제에 대해 말한다면, 어쨌든 부족의 문제가 간단하다. 우리가 본 바와 같이, 결핍이 자연적으로 일어나고 육체적으로나 정신적으로 불건전한 외부 조건에 의해 인위적으로 형성되거나 단순히 피상적으로만 일어나는 것이 아니라면, 증거는 사춘기 전에는 결핍이 오히려 만족스런 상태라는 점을 암시하는 것 같다. 과잉에 따른 이상은 너무나 많고 또 너무나 복잡하기 때문에 저마다 따로 고려되어야 한다.

여기서 아이들과 아이들의 어려움에 대해 잘 아는 현명한 의사가 필요해진다. 옛날에는 그런 의사들이 존재했다고 말하기 어렵다. 오늘날에도 그런 의사들이 많다고 할 수 없지만, 그래도 아동 연구와 아동 상담이 지금 발달하고 있기 때문에 어린 시절과 청년 시절의 성적 이상을 현명하게 치료하는 것이 더 이상 드물지 않을 것 같다는 희망을 품어도 좋을 것 같다.

그러나 대개는 아이들의 상담이 시작하는 곳도 가정이고, 대부분의 아이들에게 상담이 끝나는 곳도 가정이다. 그리고 자연적으로 선택된 아이의 안내자는 어머니이다. 소녀들을 안내하는 일에 아버지가 차지할 수 있는 중요한 자리가 있음에도, 기본적인 안내자는 어머니이다. 오늘날 모성은 중요한 소명이며, 모든 여자들이 그 소명을 다 받는 것은 아니다. 모성은 많은 것을 요구하는 하나의 훈련이며, 만약 급속도로 인구가 늘어나고 있는 세상에서 미래의 나폴레옹들이 부부의 침상에서 포탄의 밥(병사들)을 더 이상 소리쳐 요구하지 않는 것이 사실이라면 여자들은 감사하는 마음을 품을 것이다. 지금 인류가 필요로 하는 것은 소수의 최고의 어머니들이다. 그것은 결국 우리의 성생활에 어떤 혁명을, 그와 비슷한 혁명들이 그래야 하듯이, 유아기에 시작해야 하는 그런 혁명을 의미할 것이다.

이 관점에서 보면, 과거의 어머니들은 대충 두 부류로 나뉜다. 어머니들 중 다수는 무지나 소심함 때문에 자식들의 섹스를 거의 완전히 무시했다. 그런데 이 같은 태도가 종종 괜찮은 결과를 낳았다. 그리고 어머니들 중 소수는 어설픈 지식 때문에 힘들어 하면서 이 문제를 놓고 신경증적 불안과 걱정을 보였는데, 이런 태도는 거의 언제나 전혀 이롭지 않은 것으로 드러났다.

오늘날 섹스 문제에 보다 건강한 분위기가 조성되고 있는 세상에 사는 새로운 어머니는 자식들에게 이들 두 부류의 태도와 다른 태도로 대하는 것을 직접 배우고 있다. 새로운 어머니는 주의를 기울이며 살피고 많은 정보를 얻고 있지만, 동시에 자신이 그 본질과 경향에 대해 장담하지 못하는 아이들의 표현에 지나치게 간섭하지 않으려고 노력하고 있다. 새로운 어머니는 자식이 완전히 발달할 때까지 다양한 단계를 거쳐야 한다는 것을, 또 바람직해 보이지 않는 아이의 행동을 간섭하려고 지나치게 노심초사하는 것이 그런 행동보다 오히려 더 나쁠 수 있다는 것을, 또 중요한 것은 아이를 이해하고 아이의 믿음을 얻음으로써 아이가 곤경에 처할 때 신뢰할 수 있는 조언자가 되는 것이라는 것을 깨닫고 있다.

이런 직관적인 통찰은 건전하다. 아이들과 유아들을 가까이하면서 그들의 세계를 아주 잘 아는 사람들은 어머니가 처음부터 아이의 자위행위 버릇을 없애려 드는 가정의 아이들이 성인 때까지 자위행위를 이어갈 확률이 더 높다는 것을 잘 알고 있다. 또 현명한 사람들은 일부 사람들이 자위행위로 이어지는 것으로 여기는 손가락 빨기도 어릴 때부터 뚜렷한 쾌감 없이 행해지다가 간섭이 없는 경우에 훗날 다른 성적 쾌락을 유발하는 것으로 대체되지 않고 서서히 사라진다는 것도 잘 알고 있다.

가정에서 학교로 관심의 초점을 옮기면, 어려움이 증폭된다. 이유는 많은 아이들이 자신들을 가장 사랑하고 잘 아는 사람들의 보호에서 벗어나 함께 모여 있는 학교는 당연히 삶의 부자연스런 상태이고, 따라서 악의 가능성이 배가되기 때문이다.

엘리자베스 골드스미스(Elizabeth Goldsmith)는 『문명 속의 섹스』(Sex in Civilization)에서 어떤 학교에 대한 이야기를 들려주면서 이런 식으로 결론을 내렸다. "어린 아이의 자위행위에 제한을 가하지 않고, 아이의 적응 노력 전체를 연구하면서 아이가 인간관계와 활동에서 만족하고, 건강하고, 외향적인 아이로 성장하도록 돕는 데 방점을 찍을 필요가 있다." 이 "방점"이 급히 필요하며, 우리는 이런 정책의 결과에 대해 아직 듣지 못하고 있다. 틀림없이, 이런 정책의 결과를 논하기엔 아직 너무 이르다. 우리는 성인이 자신의 초기 삶을 되돌아볼 수 있게 될 때까지 기다려야 한다. 충분한 정보를 바탕으로 한 연구가 뒷받침되지 않고 어쩌다 운 좋게 실행될 수 있는 것은 정책이라 부르기 어렵다.

모두가 알다시피, 학교들의 일상적인 정책은 지금까지 무분별을 촉진시켰으며, 어쩌다 운 나쁘게 걸리는 아이가 있으면 그 아이를 "본보기 삼아" 벌을 주곤 했다(휴 드 셀린코트(Hugh de Sélincourt)의 소설 '한 어린 소년'(One Little Boy)에 이 문제가 홀륭하게 제시되고 있다). 소녀들의 자기 성애는 매우 다양함에도 대체로 보면 대단히 은밀하게 행해지고 다소 무의식적인 경우도 더러 있다.

반면에 소년들은 덜 은밀한 경향이 있다. 규모가 큰 학교에는 가끔 자위 클럽이 비밀리에 존재하고 있으며, 당연히 선생들은 그런 비밀 클럽의 존재를 좀처럼 의심하지 않는다. 그런 모임에는 대개 선천적으로 성적 기질이 과잉인 그런 예외적인 소년들이 있다. 눈에 띄는 경우에 오늘날 "문제아"로 낙인 찍힐 수 있는 아이들이다. 그런 아이들의 병적 상태는 종종 성격의 힘과 연결되어 있으며, 따라서 그들은 보다 정상적인 기질을 가졌으면서도 여전히 감수성이 예민한 동료 아이들에게 터무니없는 영향을 끼치게 된다.

많은 아이들이 한자리에 모일 때, 자연스런 발달이 자유롭게 이뤄지려면 문제를 일으킬 아이들을 조심스럽게 배제하는 것이 근본적인 조건이다. 이것을 실험한 결과는 그렇게 하지 않을 경우에 섹스 영역과 꽤 별도로 위생적으로나 다른 측면으로 온갖 종류의 나쁜 버릇들이 촉진된다는 점을, 또 강한 아이가 약한 아이를 괴롭히면서 자연스럽거나 병적인 잔인한 충동들을 행사할 수 있다는 것을 보여주었다.

따라서 아이가 자연스런 발달의 단계들을 방해받지 않고 통과하도록 허용한다는 이상을 실천하고 있는 사람들은 자신의 간섭 충동을 억제해야 할 뿐만 아니라 아이의 자연스런 발달을 막거나 왜곡시키는 다른 영향도 조심스럽게 제거해야 하는 어려움에 직면한다. 간혹 이런 "문제 아이들"의 분리를 수반하는 해결책은 언제나 개인적인 상황을 면밀히 파악하는 것을 전제로 한다. 이유는 케이스마다 조건이 다 다르고, 고도의 전문적인 기술을 요구하기 때문이다. 그런 아이들의 경우에 비정상적인 섹스의 요소가 자주 발견되지만, 그 아이들의 행동의 특이성은 종종 반사회적인 성격을 띠며 성적 영역 그 너머까지 확장된다.

그러나 평범한 아이들의 경우에 책임은 당연히 가장 먼저 부모, 특히 어머니에게 돌아가는 것이 여전히 사실로 남아 있다. 그것이 모성이 더 이상 단순히 동물적인 기능으로 여겨져서는 안 되는 이유이다. 모성은 계몽되고 훈련된 지성을 요구하는 하나의 소명이 되었으며, 육체뿐만 아니라 정신의 타고난 태도가 그런 소명에 적합하지 않은 여자들은 그것을 떠안으려 하지 말아야 한다.

무능하거나, 부주의하거나, 바보스런 부모들이 나쁜 영향을 끼친다는 인식이 지금 널리 퍼지고 있다. 그런 부류로 분류되기를 거부하는 부모들도 자신의 일에 매몰되어 지내거나 매순간 변화하는 분위기에 휩쓸릴 때엔 비합리적인 엄격성과 비합리적인 관대함 사이를 오가기 쉬우며, 따라서 부모를 심판하고 있는 아이들의 내면에 대단히 비판적인 반응을 불러일으킨다. 아이들이 부모를 심판하는 이유는 아이들이 이기적인 걱정에 빠져 자기 부모가 완벽한 모델이 되어야 한다고 생각하기 때문이다.

위니프레드 컬리스(Winifred Cullis) 교수는 런던에서 열린 부모협회(Parents' Association)의 모임에서 "어린이들에게 극기를 가르치고 훈련을 가장 잘 시키는 사람은 또래인 다른 아이들이었다."고 말했다. 여기서 제시되고 있는 고려사항들과의 연결 속에서 보면, 컬리스 교수의 말은 현명한 관찰에서 나왔다. 삶은 동년배들과 어울려 살아야 하는 것이며, 우리 인간은 규율과 통제 없이 살아가지 못한다. 충동을 억제하고 일부 타고난 가능성들을 누른다는 의미에서, 삶에는 언제나 억압이 있어야 한다.

사회적 삶엔 무제한적인 허가 같은 것이 들어설 여지가 전혀 없다. 프로이트가 『정신분석 강의』(Lectures on Psycho-Analysis)의 스물일곱 번째 강의에서 말하고 있듯이, "자유로운 삶은 그 자체로 하나의 억압"이다. 왜냐하면 자유로운 삶이 우리의 충동들의 반(半)을, 가장 인간적인 반을 부숴 버리기 때문이다. 이 반에 종국적으로 우리의 행복이 자리하고 있는데도 말이다.

나이가 많은 사람들은 규율과 통제를 가하는 사람이 되지 않고 어려움이 일어날 때마다 가이드와 심판의 역할을 하는 사람이 되는 것이 바람직하다. 아주 어릴 때부터 자기 훈련과 자기 통제가 형성되기 시작하며, 그런 것들의 형성은 동년배들끼리의 삶에서 가장 자연스럽고 가장 건전하게 이뤄질 수 있다. 가치 있는 모든 교육은 그런 삶을 위한 훈련장이 된다.

유롤라그니아와 코프롤라그니아

어린 시절에 가장 흔하게 나타나는 에로틱한 상징은 분변학적(糞便學的) 집단에 속하는 것들이며, 이 상징의 중요성은 프로이트와 다른 전문가들에 의해 종종 강조되었다. 배뇨와 배변의 경로들은 성적 신체기관들과 너무나 가까이 붙어 있기 때문에, 두 집단 사이에 육체적, 정신적 연결이 존재한다는 것은 쉽게 이해된다.

배뇨와 배변은 어떻든 어린 정신의 관심을 끌지 않을 수 없다. 이유는 그것들이 물건을 만들고자 하는 아이의 충동을 충족시키기 때문이다. 따라서 배뇨와 배변은 초보적인 형태의 예술적 충동임과 동시에 힘의 표현이기도 하다.

해밀턴은 조사 대상자들 중에서 결혼한 남자의 21%와 결혼한 여자의 16%가 어린 시절에 배뇨와 배변에 관심이 있었고 분변 관련 공상 또는 놀이를 즐긴 경험이 있다는 사실을 확인했다. 이 기능들은 신경 에너지의 무엇인가를 흡수하는 것 같으며, 훗날 이 에너지는 성적인 경로로 흘러간다. 어린 소녀들에게서, 간혹 여자들에게서 팽창이 일어났을 때, 팽창 해소가 오줌을 발작적으로 배출하는 형태로 나타날 수 있다. 야뇨증과 성적 활동, 가끔 자위행위 사이에 어떤 연결이 있을 수 있다.

프로이트는 기분 좋은 성적 감각을 위해서 장(腸)의 내용물을 정체시키는 현상이 어린 시절에 일어날 수 있다고 믿는다. 그리고 나이가 들어서도 방광의 내용물을 가끔 똑같은 이유로 정체시키는 것이 확실하다. 아이들은 대체로 나이 많은 사람들의 성행위가 배뇨나 배변과 연결이 있다고 믿고 있으며, 배설 행위를 둘러싸고 있는 신비가 이 같은 이론을 뒷받침한다.

이런 기능들에 대한 관심은 흔히 사춘기 이후까지 이어진다. 소녀들의 경우에 특히 더 그러하다. 그러나 그 관심은 간혹 섹스 문제에 대한 관심이 커감에 따라 배뇨나 배변에 관심을 주는 일을 부끄러워하는 감정이 생기면서 서서히 사라진다. 이따금 그 관심은 성인의 성충동 속에서 계속되며, 그보다 더 흔하게 일어나는 것은 유아기에 분변에 가졌던 관심이 억압당하는 경우이다. 그러면 그 관심은 프로이트가 주장하는 그런 역할을 하게 된다.

그러나 사춘기 이전에 분변에 보이는 관심은 정상으로 여겨질 수 있다. 그 나이에 아이는 원시적인 정신과 공통점을 많이 갖고 있다. 신화와 민간전승이 보여주듯이, 원시적인 정신은 배설 기능에 아주 큰 중요성을 부여한다. 이 같은 관심은 단순히 정상적인 발달의 한 단계로 여겨질 수 있다. 그 관심은 성인의 삶에서도 계속될 경우에 보통 뒤로 밀려난다. 이런 경우에 배뇨에 관한 관심은 어느 정도 변형되어 있지만, 어쨌든 섹스의 놀이 기능에서 합당한 역할을 한다.

특히 배변에 관심을 갖는 경향의 극단적인 예들이 자주 묘사되었다. 그런 사례(몰이 어느 환자의 예를 세세하게 기록했다)를 보면, 배변의 전체 과정과 그 산물에 대한 관심이 너무나 강하게 발달하기 때문에 이 관심이 정상적인 성적 관심을 완전히 대체한다. 이런 경향이 약한 경우에, 항문 성애(이것은 어린 시절의 변비나 쾌감을 얻기 위해 배변을 억제하려는 충동과 연결되는 것으로 여겨진다)가 나타난다.

이 관심은 그것을 어린 시절의 어떤 중요한 경향에 바탕을 둔 것으로 보는 정신분석가들에 의해 특별히 깊이 연구되었다. 이 관심은 어린 시절에 억압되었다가 질서와 절약, 인색 등의 정신적 특징을 낳을 수 있으며, 억압되지 않을 경우에 이런 것들과 정반대의 정신적 특징을 낳을 수 있다. 이것은 연구가 추가적으로 요구되는 문제이다.

해밀턴은 그 점을 고려한 결과, 어린 시절의 항문 성애를 부정했으나 초기에 변비를 겪었고 또 인색함과 낭비, 사디즘, 마조히즘, 축적, 사치 등을 과도하게 보이는 사람을 10명(여자 9명과 남자 1명) 발견했다. 그러나 이 같은 결과들은 지나치게 혼란스럽고 모순되기 때문에 초기 변비와 성인이 된 후의 정신적 특징 사이의 관계를 뒷받침한다고 보기에는 무리가 있다.

어린 시절이 지나면 코프롤라그니아(coprolagnia)[22]는 일반적으로 유롤라그니아(urolagnia)[23]와 연결되지 않는다. 그럼에도 그 연결이 약한 형태로는 발견될 수 있다. 극단적인 형태의 코프롤라그니아는 남자들에게 나타나는 한편, 유롤라그니아는 남녀 모두에서 자주 나타나지만 여자들에게서 약한 형태로 특히 자주 나타난다. 유롤라그니아는 틀림없이 신경 조직의 실질적 연결뿐만 아니라 배뇨 기능과 성기들의 밀접한 연결 때문에도 일어날 것이다. 어린 소

....

22   분변과의 접촉을 통해서 성적 흥분을 추구하는 것을 말한다. 애분증(愛糞症)으로 번역된다.

23   오줌이나 오줌을 누는 장면을 보거나 상상함으로써 성적 흥분을 끌어내는 것을 말한다. 철뇨광(啜尿狂)으로 번역된다.

녀들과 여자들은 가끔 배뇨에서 남자들의 태도와 겨루려 들 것이며, 젊고 아이를 낳지 않아서 배출 근육의 힘이 아직 센 많은 여자들에게는 겨뤄볼 만한 일이다. 여기엔 동성애 경향의 개입이 전혀 필요하지 않다.

자드거가 '요도애'(urethral erotism)라고 부른 것에 가끔 상당한 중요성이 부여되었다. 자드거는 요도와 소변뿐만 아니라 방광에서부터 요도구까지를 포함하는 요도 주변 부위에까지 그 용어를 폭넓게 사용했다. 초기에 일어나는 이런 종류의 성애가 훗날 성생활의 유형을 보여줄 수 있으며, 따라서 배뇨 이상이 사정 이상이 될 수 있다는 주장도 있다. 더 나아가, 그런 요도애가 최고의 정신직 영역까지 확장할 수 있다는 주장도 있다. 이유는 유아에게 의무가 처음 나타나는 곳이 장(腸) 기능뿐만 아니라 배뇨 기능의 조절이기 때문이다.

밤에 오줌을 싸는 것과 성욕을 연결시키려는 경향이 오래 전부터 있어 왔다. 프로이트와 일부 정신분석가들은 유뇨증(遺尿症)[24]과 요도 성애를 야망과 공격성이라는 정신적 특징과 연결시켰다. 이 같은 추정은 소녀들이 배뇨에 대해 품는 특별한 관심이 소년들의 배뇨 기능과의 경쟁으로 나타날 수 있다는 사실에서 비롯되었을 수 있다. 그러나 요도 성애와 그런 경쟁심 사이에는 진정한 연결이 전혀 없는 것 같다. 그런 경쟁심이 요도 성애를 전혀 갖고 있지 않은 사람에게도 흔하게 나타나고 있으니 말이다.

어릴 때부터 전반적으로 물에 대한, 구체적으로는 배뇨 기능에

....
24   소변을 가릴 나이가 지났는데도 본인도 모르게 방뇨하는 증상을 말한다.

대한 관심이 자주 나타나는 현상을 나는 '언디니즘'(Undinism)이라고 불러왔다. 이 관심은 훗날까지 이어진다. 성충동의 명확한 일탈에 해당되지 않는 이 관심은 특히 여자들 사이에 흔하며, 여자들의 그런 관심은 그들의 삶의 다양한 환경으로 설명된다. 아마 그런 관심은 변화한 사회적 조건 때문에 덜 나타날 것이지만, 성적 감정과 배뇨 작용 사이의 연결은 소변 배출 기능과 정액 배출 기능이 일반적으로 서로 배타적인 남자들보다 여자들 사이에 여전히 더 많이 나타나고 있다. 물에 대한 사랑은 일반적으로 남자들보다 여자들에게서 더 강하게 나타나는, 촉각 연상에서 쾌락을 발견하려는 경향과 연결되어 있다.

성애 페티시즘

에로틱한 상징의 가장 전형적인 것은 알프레드 비네가 1888년에 제시한 용어인 성애 페티시즘으로 불리는 것들이다. 노출증 같은 에로틱한 상징도 페티시즘일 수 있으며, 모든 페티시는 하나의 상징이다. 특별한 성애적인 의미를 얻을 수 있는 대상들의 숫자는 사실상 무한하다. 신체 부위뿐만 아니라 무생물까지도 그런 대상이 될 수 있다. 정말로, 그런 의미를 지니는 것으로 여겨질 수 없는 것은 아무것도 없다. "비도덕적인 영향(법적으로 인정된 정의에 따른 판단임)에 노출된 사람들을 부패시키고 타락시키는 경향"으로 여겨지는 "외설"을 억압하려는 법적 시도가 전혀 효과를 발휘하지 못하는 이유가 바로 거기에 있다.

한 예로 젤리프 박사의 환자인 제니아 X는 섹스의 상징들이 13세와 14세에 집요해졌다고 썼다. "그때 이후로, 갈등이 보다 의식적으로 성적인 것이 되고 따라서 더욱 맹렬해졌기 때문에, 나는 상징들, 특히 남근 상징들에 둘러싸여 지내게 되었다. 정원에 물을 줄 때의 호스, 물줄기, 배나 다른 길쭉한 과일들, 가느다란 버들개지, 꽃 한가운데의 암술, 둥근 구멍에 박힌 막대기나 막대기 모양의 물건, 내가 태어난 이후로 만지작거렸던 귓불, 나의 치아, 그리고 치아에 힘차게 눌렸던 혀 등. 이런 것들이 사방에서 나를 포위하고 있었던 상징들 중 일부이다. 이것들은 끊임없이 내 앞에 나타나면서 나에게 남근을 상기시키거나 남녀 성기들의 접촉을 상기시키고 있다."

요한네스 마르치노프스키(Johannes Marcinowski)가 묘사하는 환자의 예에서 성적 상징들의 복잡성이 다시 드러난다. 지적 수준이 아주 높은 27세의 기혼 여성으로, 병적 일탈의 기미를 보이던 신경증 환자였다. 그 상징들은 그녀의 꿈에 자주 나타났으며, 그녀는 그 꿈을 꽤 잘 해석했다. 그녀에게 항구의 배들은 종종 성교의 상징이었으며, 물은 어머니의 몸의 상징이었고(방광이 성교와 관계있다는 초기의 생각과 연결된다), 죽는 것은 사랑에 빠지는 것이고(죽는 것이 스스로를 포기하는 것이니까), 칼은 남근 상징이고, 벌레와 뱀은 남자의 음경이고, 말과 개는 비둘기와 마찬가지로 성적 상징이고(그녀는 옛날에 개의 페니스에 입을 맞춘 적이 있었다), 기관차(그녀에게 어릴 때부터 매력적으로 다가왔다)는 나무와 바나나처럼 페니스의 상징이고, 죽이는 것은 성교와 비슷하고 (그녀는 가끔 사디스트적인 공상을 품었다), 많은 물고기는 성교의 상징이며, 비와 소변, 눈물은 정액의 상징이고, 소변을 보고 싶은 마음은 그녀에게 성적 흥분의 한 형태이다.

이런 상징들 대부분은 누구에게나 어디서나 일어날 수 있다. 어느 상징이 하나의 페티시가 되는 데 필요한 조건은 두 가지뿐이다. 먼저, 언제나 명백하게 드러나는 것은 아니지만 신경증적인 성격을 지닌 어떤 특별한 성향이 있어야 한다. 그리고 성적 흥분이 강하게 일어나는 순간에 그 대상이 의식에 강력한 인상을 제시하면 된다. 이런 일은 사춘기를 전후해서 종종 일어난다.

어떤 특별한 경향이 없는 상태에서 우연적으로 일어나는 연상(聯想)은 페티시를 충분히 불러일으키지 못한다. 이유는 그런 우연적인 연상이 끊임없이 일어나고 있기 때문이다.

히르슈펠트는 페티시가 그 사람 본인의 특별한 기질을 표현하는 경우가 자주 있다고 주장한다. 군인의 빨간색 코트는 하녀에게 페티시가 될 수 있다. 왜냐하면 군인의 코트가 그녀에게 호소력을 지니는 씩씩한 성격의 상징이기 때문이다. 이보다 덜 분명한 많은 경우를 보면 페티시는 그 사람 본인의 특이성에 근거한 이상(理想)을 표현하고 있다. 그러나 대부분의 경우엔 이것이 증명되지 않으며, 페티시의 애매모호한 성격 때문에도 쉽게 증명되지 않는다.

어느 소년이 자기 앞에서 소변을 보면서 풍성한 음모(陰毛)를 드러내고 있는 여자를 넋을 놓고 보고 있을 수 있다. 그런 경우에 그날 이후로 음모가 그 소년에게 거의 틀림없이 페티시가 된다.

어떤 젊은이가 마룻바닥에 누워 있다. 그때 매력적인 소녀가 장난삼아 발을 젊은이에게 올려 놓고 한참 장난을 치는데, 그에게 성적 흥분이 일어난다. 그런 경우에 그는 평생 발 페티시를 갖고 살 수 있다.

그런 페티시즘은 약한 것으로 완전히 정상이다. 모든 연인은 사랑하는 사람의 개인적인 어떤 특징이나 그녀가 만지는 다양한 물건들 중 일부에 특별히 끌리게 된다. 그러나 이런 경향이 배타적이거나 일반화될 때 비정상이 된다. 또 사람이 없는 상태에서도 페티시 자체가 팽창을 일으킬 뿐만 아니라 팽창 해소까지 일으키는 상황이 됨에 따라 성교에 대한 욕망을 전혀 품지 않게 될 때, 그 경향은 확실한 일탈이 된다.

약하지만 명백히 비정상적인 예들을 보면, 그 사람 본인이 자신의 페티시를 구애(求愛)의 문간방에 놓으려 조심함으로써 스스로 적절히 취급하는 방법을 고안한다. 그렇게 하면 페티시가 감정의 억제나 일탈을 야기하지 않을 것이니까.

이보다 더 심각한 예들을 보면, 페티시스트(페티시를 갖고 있는 사람)는 종종 그런 성도착에서 큰 희열을 너무나 쉽게 끌어내기 때문에 정상적인 존재가 되려는 소망을 아예 품지 않는다. 일부 예들의 경우에 페티시즘이 다양한 반사회적인 범죄로, 특히 원하는 페티시의 절도로 이어진다. 다시 말하면, 구두나 손수건, 의류 같은 것을 훔치게 된다는 뜻이다.

범죄 행위로 이어지지 않는다 하더라도, 페티시즘은 부적절한 성적 흥분으로 인해 당혹스러운 것으로 드러날 것이다. 페티시가 안경인 어느 젊은 여인은 안경이 보일 때마다, 심지어 여자가 낀 경우에도 성적 흥분을 경험했다니 말이다. 그런 경우에 예전에 최면으로 가끔 치료 효과를 거두기도 했다.

심리학적 의미가 아주 복잡한 그런 형태의 성애 페티시즘이 있다. 발 페티시즘이 특별히 그런 예다. 문명의 조건에서 발이 거의 천에 가려지기 때문에, 발 페티시즘은 신발 페티시즘이 되었다.

발 페티시즘이 일어날, 거의 자연적인 토대가 있는 것처럼 보인다. 발과 성기를 연결시키는 현상이 전 세계에서 확인되고 있으니 말이다. 유대인들 사이에서도 "발"은 성기를 나타내는 완곡한 표현으로 쓰였다. 예를 들면, '이사야서'에서 음모(陰毛)를 의미하는 표현으로 "발의 털"이란 말이 나온다.

더욱이, 서로 멀리 떨어진 세계의 각 지역에서 똑같이 발은 겸손의 상징이었다. 발은 스페인에서도 그랬으며, 페이롱(Peyron)은 1777년에 여자가 발을 숨기는 관습이 그때서야 유행이 지나고 있다고 밝히면서, "자신의 발을 보여주는 여자는 더 이상 호의를 베풀 준비가 되어 있지 않다."고 말했다. 여기에다가 "고대 로마 시대에도 그랬듯이", 라는 표현을 덧붙일 수 있을 것 같다.

정상적인 연인에게도 발은 신체 중에서 가장 매력적인 부분이다. 스탠리 홀은 설문에 대답한 젊은 남자들과 여자들이 이성의 몸 중에서 가장 동경하는 부분으로 꼽은 부위 중에서 발이 4위(눈과 머리카락, 신장 다음)를 차지한다는 것을 확인했다. 그러나 히르슈펠트를 비롯한 다른 관찰자들은 손이 페티시로 발보다 훨씬 더 자주 꼽힌다는 사실을 발견했다. 유아들은 특이하게 발에, 주로 자신의 발에 관심을 둔다. 더욱이, 고대 로마와 중세 스페인뿐만 아니라 세계의 많은 지역에서, 특히 중국과 시베리아의 일부 지역에서 어느 정도의 발 페티시즘이 확인되었다.

오늘날 문명화된 대부분의 국가에서 정상적인 연인이 눈에 중요성을 부여하는 만큼 발에 중요성을 부여하는 것은 흔하지 않다. 그러나 작지만 무시할 수 없는 수의 사람들에게, 발 또는 구두가 여자의 신체 중에서 가장 매력적인 부위가 되고 있으며, 일부 병적인 경우에 여자 자체는 그녀의 발이나 구두의 비교적 중요하지 않은 부속물이 된다.

브르톤느가 꽤 비중 있는 작가가 가진 재미있는 발 페티시즘의 예를 제시하고 있다. 이 작가의 경우에 페티시즘이 뚜렷하긴 했지만 절대로 극단적이지는 않았으며, 구두가 아무리 매력적이어도 여자의 적절한 대체물은 아니었다.

발 페티시즘이 괴상해 보일지라도, 그것은 단순히 발달의 정지 때문에 우리의 선조들이 경험했던 정신적 또는 감정적 충동이 다시 등장한 것이며, 오늘날 어린 아이들 사이에서도 종종 확인되고 있다. 이 같은 옛날의 충동이 가끔이긴 하지만 꾸준히 다시 등장하는 이유는 비정상적일 만큼 과민하고 일반적으로 조숙한 유기체가, 오늘날 유럽의 평균적인 사람들에겐 느껴지지 않는 그런 영향들에 민감하게 반응하기 때문이다.

루트비히 빈스방거(Ludwig Binswanger)가 흥미로운 한 사례를 정밀하게 분석되었다. 게르다는 어린 시절에 신을 신은 채 발뒤꿈치를 깔고 앉는 버릇을 들였다. 신이 외음부와 항문을 누르는 자세였다. 이것이 이 성감대들에 흥분을 자극했을 수 있으며, 그녀는 배뇨에서 쾌락을 발견했을(아마 긴장 해소의 형태로) 것이다. 신발은 그녀의 친구이자 연인이 되었으며, 다른 사람들의 눈길로부터 조심스럽게 보호하고 지켜야 하는 대상이 되었다. 발, 특히 신을 신은 발이 그녀의 성적인 온갖 관념들과 남근 상징, 심지어 원시적인 민족들 사이에서 보는 비옥의 상징과 결합되었다. 시간이 흐르자, 이 토대 위에서 공포증과 다양한 징후들이 발달하면서 어느 정도 원래의 표현들과 겹치거나 원래의 표현들을 축소시켰다.

이것이 발 페티시즘에만 통하는 것은 결코 아니라는 점을 덧붙일 필요가 있다. 일부 다른 페티시즘을 보면 타고난 성향이 훨씬 더 두드러진다. 머리카락 페티시즘, 가죽 페티시즘 등에만 해당되는 것이 아니다. 온갖 종류의 페티시즘의 예들을 보면, 그 시작이 된 사건에 관한 기록이 전혀 보이지 않을 뿐만 아니라(이런 기록의 부재에 대한 설명은 원래의 사건은 망각된다는 이론으로 가능하다), 일부 경우에 페티시즘이 매우 느리게 생겨나는 것 같다.

이런 측면에서 접근하면, 발 페티시즘은 엄격히 유전적이라고 말할 수 없을지 몰라도 어떤 선천적인 바탕 위에서 생겨날 수 있다고 볼 수 있다. 폴 에밀 가르니에(Paul Émile Garnier)처럼, 우리는 선천적인 요소를 기본적인 것으로 여긴다.

성애 상징의 이런 선천적인 요소는 주목할 만한 가치가 충분하다. 왜냐하면 다른 그 어떤 형태의 성적 일탈보다 페티시즘이 유기체의 타고난 상태의 영향을 적게 받고, 초기 삶의 우연적인 연상이나 충격의 영향을 더 많이 받기 때문이다. 성도착은 가끔 그 개인의 기질에 아주 깊이 각인되며, 따라서 그것은 반대 방향으로 아주 강력한 영향력들이 작용하고 있음에도 불구하고 생겨나고 발달할 수 있다. 그러나 페티시즘은 예민하고 신경질적이고 소심하고 조숙한 개인들, 말하자면 다소 신경증적인 유전 인자를 물려받은 개인들 사이에 일어나는 경향이 있는 한편으로, 언제나 그런 것은 아니지만 대체로 삶의 초기에 충격을 준 성적 에피소드로 거슬러 올라갈 수 있다.

이런 종류의 연상은 정상적인 사람들 대부분의 초기 경험에서 일어날 수 있다. 그 연상들이 그후의 삶과 생각과 감정에 영향을 미치는 정도는 그 사람의 감정적 감수성의 정도나 그 사람이 유전적으로 비정상적인 일탈에 취약한 정도에 좌우된다. 조숙은 틀림없이 그런 일탈을 용이하게 만드는 조건이다. 사춘기가 되기도 전에 이성에 비정상적일 만큼 일찍부터 예민한 아이는 성욕의 정상적인 경로들을 확립했으며, 우연적인 상징을 기이할 만큼 쉽게 받아들이게 된다.

그런 상징은 모두 정도의 차이를 미세하게 보인다. 예민하지 않은 평균적인 사람은 그런 상징을 전혀 감지하지 못할지라도, 경계심과 상상력이 보다 활발하게 작용하기 마련인 연인에게는 그 상징이 열정을 뜨겁게 불러일으키는 매력적인 부분이 된다. 신경이 더욱 예외적인 사람은 그런 상징이 확고히 각인되기만 하면 그것이 연인의 매력에 절대적인 요소라는 것을 발견할 것이다. 마지막으로, 완전히 불건전한 사람에겐 그 상징은 일반화된다. 말하자면, 사람이 더 이상 욕망의 대상이 되지 못하고 단순히 그 상징의 부속물로 여겨지거나 완전히 배제된다. 이젠 상징에 대해서만 욕정을 느끼게 되고, 상징만이 완전한 성적 희열을 줄 수 있을 뿐이다.

사랑하는 사람의 매력의 근본적인 일부로 어떤 상징을 요구하는 것이 병적인 상태로 여겨질 수 있지만, 완전히 병적인 변형은 앞에서 마지막에 제시한 예처럼 상징이 모든 것을 충족시키게 되는 상황이다. 이보다 덜 완전한 형태의 성애 상징에서는 남자 연인이 갈망하는 것은 그래도 여자이고 생식의 목적이 성취될 수 있다. 여자는 무시당하고 단순히 상징만 팽창 해소에 적절한 자극이 될 때, 병적인 조건이 완성된다.

크라프트-에빙은 신발 페티시즘을 다소 잠재적인 형태의 마조히즘으로 보았다. 발이나 신발이 마조히스트가 사랑하는 대상 앞에서 느끼는 복종과 굴욕을 상징하기 때문이다. 몰은 더 정확하게 그 연결이 "매우 잦다"고 언급한다. 이것은 가르니에의 의견이기도 했다. 그러나 가르니에는 그런 연결이 전혀 보이지 않는 예들도 있다는 점을 조심스럽게 지적했다.

우리는 그 연결이 나타나는 경우가 잦다는 점을 인정할 수 있지만, 마조히즘과 발 페티시즘을 혼합시키려는 시도 앞에서는 매우 신중해야 한다. 여기서 성애 상징이 이해되고 있는 넓은 의미에서 본다면, 마조히즘과 발 페티시즘은 똑같이 상징으로서 대등하게 다뤄질 수 있다. 마조히스트에게 그의 자기 비하 충동은 황홀한 숭배의 상징이고, 발 페티시스트에게 정부(情婦)의 발이나 신발은 그녀의 인격 중에서 가장 아름답고 우아하고 여성적인 모든 것의 상징이다. 그러나 이런 의미에서 마조히즘과 발 페티시즘이 서로 대등하게 다뤄진다 하더라도, 두 가지는 종종 완전히 분리된 상태로 남는다.

정말로, 마조히즘은 단순히 발 페티시즘을 흉내 내고 있다. 마조히스트에게 신발은 엄격히 말해서 상징이 아니다. 신발은 마조히스트가 자신의 충동을 실행하는 데 필요한 도구일 뿐이다. 마조히스트에게 성적 상징은 신발이 아니라 자기 종속의 감정이다.

한편, 발 페티시스트에게 발 또는 신발은 단순한 도구가 아니라 진정한 상징이고 숭배의 초점이며, 이상화한 대상이다. 그는 발 또는 신발을 경건하게 바라보거나 만지면서 만족한다. 발 페티시스트 본인은 대체로 자신을 비하하는 행동을 할 충동이 전혀 없으며, 종속의 감정도 전혀 느끼지 않는다.

브르토느가 우리에게 제시한 그 전형적인 발 페티시스트의 예를 보면, 그 사람은 자신이 이런 페티시즘적인 숭배를 느끼고 있는 여인을 "복종시키는 일"에 대해 거듭 말하면서, 자신은 어린 시절에도 섬세하고 요정 같은 소녀를 특별히 흠모했다고 말하고 있다. 이유는 그런 소녀가 그에겐 종속시키기가 쉬워 보였기 때문이라고 한다. 그 사람의 태도는 평생 적극적이고 남성적이었지만 마조히스트는 아니었다.

우리가 돌보고 있는 환자가 페티시즘의 예인가 아니면 마조히즘의 예인가를 결정할 때, 환자의 정신적, 감정적 태도 전체를 고려할 필요가 있다. 똑같은 행동도 사람에 따라 다른 의미를 지닐 수 있다. 크라프트-에빙은 발에 밟히고 싶어 하는 욕망은 전적으로 마조히즘의 증후라고 믿었다. 그렇지 않다. 발에 밟히고 싶은 욕망은 발 페티시즘과 연결되는 성애의 상징으로 확인될 수도 있으며, 종속되고 싶은 욕망을 전혀 수반하지 않을 수도 있다.

　그것은 내가 기록한 어떤 남자의 예에서 분명히 드러나고 있다. 내가 알았던 그 남자는 지금은 죽었으며, 오만하고 진취적이었으며 종속의 욕망은 조금도 없었다.

　앙리 마르샹(Henry Marchand)과 풀러(Fuller)가 보다 최근에 기록한 비슷한 예에서, 두 사람은 마조히즘의 암시가 전혀 없다는 점을 지적하고 있다. 설령 마조히즘의 성향이 나타난다 하더라도, 그것은 단순히 부차적이고, 상징에 기생하는 것에 지나지 않는다.

　발 페티시스트가 가끔 경험하는, 발에 밟히고 싶은 욕망은 그 자체로 흥미롭다. 왜냐하면 그 욕망이 페티시의 보다 좁은 매력이 성애적 상징들의 보다 넓은 매력으로 어떤 식으로 합류하게 되는지를 보여주기 때문이다. 발은 사랑하는 사람의 것일 때 우상화되는 그런 단순한 물체 그 이상이다. 발은 힘의 중심이고, 압박을 가하는 행위자이며, 따라서 발은 정적인 성애적 페티시의 출발점뿐만 아니라 동적인 성애적 상징화의 출발점까지 제공한다.

　발의 움직임의 에너지는 성기 자체의 에너지의 대체물이 된다. 여기서 우리는 어떤 명백한 대상을 숭배하는 페티시즘과 완전히 다른 어떤 상징을 보고 있다. 그것은 성적 과정에 근본적인 리듬과 압박을 떠올리게 하는 동작의 스펙터클에서 희열을 발견하는 역동적인 상징이다. 이와 똑같은 경향은 샤르코와 발렌탱 마뇽(Valentin Magnan)이 관찰한 예에 잘 드러나고 있다. 이 발 페티시스트는 틀림없이 성교를 상징하는, 여자의 구두에 못을 박는 행위에 의해 특별히 흥분되었다.

성애적인 페티시즘에 대한 일반적인 논의를 끝내기 전에, 반(反)페티시즘에 대한 언급이 필요할 것 같다. 이 용어는 롬브로소가 1897년에 성애 페티시가 될 수 있는 대상이나 분명한 특징들에 대한 강력한 혐오를 나타내기 위해 소개한 것이다. 롬브로소는 특히 반페티시즘을 사춘기 전후에 나타난 성적 현상에 대한 혐오와 연결시켰다. 그 용어는 이 반감에 중요성을 부여하는 히르슈펠트에게 채택되었다. L. 빈스방거는 '부정적인 페티시'(negative fetish)라는 용어를 선호한다.

물건 페티시즘과 동물 성애

페티시즘 분야를 완전히 벗어나기 전에, 대체로 인간 육체와의 접촉이 없는 그런 특별한 집단의 성적 상징들을 살펴볼 필요가 있다. 동물들이나 동물들의 산물 또는 동물의 교미 장면 등이 인간에게 성적 욕망을 다양한 방식으로 불러일으킬 수 있는 것이다. 여기서 우리는 주로 비슷한 모습의 연상에 근거한 상징을 만난다. 동물의 교미가 인간의 성행위를 상기시키고, 동물이 인간 존재의 상징이 되는 것이다.

여기서 우리가 다루는 현상들의 집단은 다시 몇 가지로 나눠진다. 첫째, 교미하는 동물들의 모습에서 특히 젊은이들이 가끔 경험하는 다소 성적인 쾌감이 있다. 이것은 '동물 관찰 성애'

(mixoscopic zoophilia)라고 불려왔으며, 정상적인 변형의 범위 안에 든다.

둘째, 동물들을 건드리거나 쓰다듬는 것이 성적 흥분 또는 희열을 낳는 예들이 있다. 이것은 좁은 의미의 성적 페티시즘이며, 크라프트-에빙은 이것을 '동물 성애 에로티카'(zoophilia erotica)라고 불렀다.

셋째, 동물과의 진짜 또는 모의 성교를 원하는 예들이 있다. 이런 예들은 좁은 의미의 페티시즘을 수반하지 않지만, 그것들도 여기서 이해하고 있는 성애적 상징의 영역에 포함된다. 이 종류는 다시 두 가지로 구분된다. 하나는 개인이 꽤 정상적이지만 낮은 계층의 문화에 속하는 경우이고, 다른 하나는 개인이 보다 세련된 사회 계급에 속하지만 정신병적인 요소가 있는 경우이다.

첫 번째 경우에 수간(獸姦: bestiality)(일부 국가에서 'sodomy'라고 불리고 있지만, 이것은 혼동을 일으킬 뿐만 아니라 부정확하기 때문에 피해야 한다)이라는 단순한 용어를 쓸 수 있고, 두 번째 경우에는 아마 크라프트-에빙이 제안한 동물 성애라는 단어가 더 적절할 것이다.

남녀 어린이들 사이에, 동물들의 교미가 대단히 재미있는 장면으로 여겨진다. 그런 장면이 아이들에게 그런 식으로 비치는 것은 너무나 당연하다. 왜냐하면 그 장면이 자신들에게 감춰져 있던 비밀을 드러내는 것으로 다소 분명하게 느껴지기 때문이다. 더욱이 그것은 아이들의 머리를 떠나지 않는 비밀이며, 그런 문제에 대해 아무것도 모르는 순진한 아이들에게도 그 장면은 모호한 성적 흥분을 일으킬 수 있다.

이런 현상은 소년들보다 소녀들 사이에 더 자주 나타나는 것 같다. 성인이 되어서도 여자들이 그런 장면 앞에서 그와 똑같은 종류의 감정을 더 쉽게 느끼는 것 같다. 16세기에 영국과 프랑스에서 똑같이 왕실과 귀족계급의 부인들은 거의 공개적으로 그런 장면을 즐기러 가곤 했다. 현대로 넘어 오면서 그런 장면은 외설적이고 병적인 것으로 여겨지고 있으며, 균형을 잃은 정신의 소유자에겐 그런 장면이 틀림없이 그렇게 다가온다.

동물의 성교를 지켜보는 것은 쉽게 이해되는 성적 감정의 상징이고 이런 시절에도 아마 성적 감정의 거의 정상적인 상성인 한편, 인간 육체에 기원을 두고 있는 페티시즘의 자연스런 한 변이인 동물 페티시즘 집단에 또 하나의 하위 구분이 있다. 물건 페티시즘, 즉 거의 언제나 동물의 신체에서 나온 다양한 신체 조직들이 발휘하는 성적 매력이 바로 그것이다.

여기서 우리는 다소 복잡한 현상을 마주하고 있다. 부분적으로, 여자들의 옷이 발휘하는 성적 매력이 있다. 왜냐하면 동물의 신체 조직이 옷을 만드는 재료로 쓰이기 때문이다. 또 촉각의 감수성에 따른 성적 일탈이 있다. 이런 예들 중 상당수를 보면 성충동을 불러일으키는 힘을 지닌 것이 촉각이기 때문이다.

그러나 일부 예에서 의식적으로나 무의식적으로 동물 페티시가 보인다. 아마 이 물건들 전부와 특히 이 집단들 중에서 가장 흔한 모피가 분명히 동물의 산물이라는 점에 주목할 필요가 있다. 우리는 여자의 머리카락이라는 페티시를, 그러니까 물건 페티시즘의 그 어떤 것보다도 훨씬 더 중요하고 흔한 페티시를 변이의 한 고리로 볼 수 있다. 머리카락은 동물의 산물임과 동시에 인간의 산물인 한편, 그것은 몸으로부터 분리되고 물건의 특성을 지닐 수 있다. 크라프트-에빙은 머리카락이 발산하는 매력에는 시각뿐만 아니라 촉각과 후각, 청각까지 작용하는 것 같다고 말한다.

머리카락은 성적 페티시로서 엄격히 신체 부위들의 집단에 속한다. 그러나 머리카락이 신체에서 제거될 수 있고 주인이 부재하는 상황에서 하나의 페티시로서 성적으로 효과적이기 때문에, 그것은 비슷한 효과를 발휘하는 옷이나 구두, 손수건, 장갑과 같은 차원에 속한다. 심리학적으로 말하면, 머리카락 페티시즘은 특별한 문제를 전혀 낳지 않지만, 머리카락이 아주 강력한 매력을 발휘한다는 점과 머리카락을 땋았을 때 그것을 제거하기가 특별히 용이해진다는 점이 가끔 머리카락 페티시즘에 특별한 법의학적 관심을 기울이게 한다.

'머리카락 강탈자'는 현대적 패션이 그의 활동을 아무리 줄였다 하더라도 예전에 거의 모든 문명국가에서 발견되었을 것이다. 그 중에서 파리에서 일어난 사례들이 가장 깊이 연구되었다. 그런 사람들은 대체로 신경증적인 기질과 나쁜 유전 인자를 갖고 있으며, 머리카락의 매력은 간혹 삶의 초기에 발달하고, 가끔 병적인 충동은 흥분의 시기를 넘긴 삶의 후반에야 나타난다. 페티시는 그냥 흐르듯 드리워진 머리카락이나 땋은 머리카락이나 똑같이 될 수 있지만, 언제나 이것 아니면 저것이고 둘 다 페티시가 되는 경우는 없다.

머리카락을 만지거나 자르는 행위에서 성적 흥분과 사정이 일어날 수 있다. 그래서 머리카락이 많은 경우에 자위행위에 이용된다. 대체로, 머리카락 강탈자는 순수한 페티시스트이며, 그의 감정에 사디스트적인 쾌락의 요소는 전혀 개입하지 않는다.

물건 페티시는 거의 전부 모피와 벨벳, 깃털과 비단이며, 가죽도 가끔 이런 영향력을 발휘한다. 이것들은 모두 동물의 물질이라는 점이 주목할 만하다. 가장 흥미로운 것은 모피이며, 모피의 매력은 수동적인 '고통 도착증'과 연결되는 경우가 많다. 스탠리 홀이 보여주었듯이, 모피에 대한 사랑뿐만 아니라 모피에 대한 두려움도 어린 시절에 결코 이상하지 않다. 그런 현상은 동물을 접해본 적이 없는 유아와 아이들에게 충분히 나타날 수 있다.

다른 것이 복잡하게 얽히지 않은 물건 페티시즘을 보면, 대부분 그 끌림이 선천적인 토대 위에서 일어나는 것이 분명하다는 점을 강조할 필요가 있다. 그런 페티시즘은 신경성 기질이나 민감한 기질을 타고난 사람들에게 초기에 뚜렷한 사건도 없이 일어날 수 있다. 성적 흥분은 거의 언제나 시각보다는 촉각에 의해 일어난다. 만약에 구체적인 성적 감각이 간지러움의 특별한 변형으로 여겨질 수 있다면, 이런 물건 페티시즘의 경우에 성애적 상징은 특별한 동물과의 접촉과 관련해서 일어나는 간지러움의 다소 선천적인 일탈로 볼 수 있다.

이 방향으로 이보다 정도가 더 심한 일탈은 에로틱한 동물 성애이며, 이 예는 크라프트-에빙에 의해 잘 기록되었다. 이 기록을 보면, 지능이 높지만 섬세하고 무기력한 선천적인 신경병 환자인 그 사람은 성적 능력이 약했으며 가축, 특히 개와 고양이를 어릴 때부터 좋아했다. 그는 성적인 문제에 대해 잘 몰랐을 때에도 이런 동물들을 쓰다듬어줄 때 성적 감정을 경험했다. 사춘기에 이르러 그는 그런 감정의 본질을 깨닫고는 버릇을 버리려고 노력했다. 그 버릇을 없애는 데 성공했지만, 이번에는 동물들의 이미지가 수반되는 에로틱한 꿈이 시작되었으며, 이 꿈들이 비슷한 종류의 생각과 연결되면서 자위행위로 이어졌다. 동시에 그는 동물들과는 어떤 종류든 친밀한 성교는 바라지 않았으며, 자신에게 매력을 발산하는 동물들의 성(性)에도 무관심했다. 한마디로, 그의 성적 관념은 정상이었다. 그런 예는 촉각에 바탕을 두고 있는 페티시즘의 하나인 것 같으며, 따라서 물건 페티시즘과 동물에 성적으로 끌리는 완전한 도착 사이의 한 변형에 해당한다.

크라프트-에빙은 이것은 동물 성애와 근본적으로 구분된다고 생각했다. 이 같은 관점은 받아들여질 수 없다. 수간은 단지 우리가 동물 성애에서 만나는 똑같은 현상이 조금 더 나아간 것에 지나지 않는다. 차이점은 수간이 보다 둔감하거나 정신병적 성향이 더 두드러진 사람들에게 일어난다는 것이다.

여기서 우리는 이 집단 중에서 가장 흔한 성도착을 보고 있다. 수간, 즉 동물과의 성교 또는 밀접한 접촉을 통해 성적 만족을 얻으려는 충동이 그것이다. 이 일탈을 이해하기 위해선 우리 자신이 세련된 문명과 도시생활의 불가피한 산물인, 동물을 대하는 태도를 일단 벗어던질 필요가 있다. 대부분의 성적 일탈은 문명 생활의 실제적 산물은 아닐지라도 문명 생활에 쉽게 적응한다.

한편으로 보면, 수간(앞으로 논할 한 가지 형태는 예외)은 따분하고 둔감하고 까다롭지 않은 농민들의 성적 이상(異常)이다. 수간은 미개인들과 시골 공동체들에 흔하다. 그것은 여자들에게 매력적이지 않거나 여자들을 유혹하지 못하는 시골뜨기들의 악이다. 문화의 어느 단계에서 그것은 전혀 악이 아니다.

일례로, 13세기 말 스웨덴에서 수간이 법으로 처음으로 범죄로 정해졌을 때에도, 그것은 여전히 동물의 소유자에게 저지른 범죄였으며 그 소유자에겐 보상을 받을 권리가 주어졌다. 브리티시 컬럼비아의 샐리시 인디언 같은 소박한 민족들 사이에, 동물들은 생명의 등급에서 인간 존재들보다 결코 낮지 않은 것으로 여겨지며 어떤 측면에서는 더 높은 것으로 여겨졌으며, 그래서 거기엔 우리가 논하는 "수간" 개념이 들어설 자리가 없다.

수간이 특히 많이 행해지게 된 데는 3가지 조건이 작용했다. 첫째, 생명의 원초적인 개념들이 인간과 다른 동물들 사이에 높은 장벽을 전혀 세우지 않았다. 둘째, 농민과 가축들 사이에 당연히 극도의 친밀감이 존재했으며, 또 농민들이 아내로부터 떨어져 지내는 경우가 종종 있었다. 셋째, 민간전승으로 내려오는 믿음에 동물과의 성교가 성병 치료에 효과적이라는 내용이 있었다.

시골 지역에서 수간은 드물지 않다. 감수성도 개발되지 않은 상태에서 여자에게 가장 기본적인 것만을 원하는 농민에게, 그 점에서 동물과 인간 존재의 차이는 그리 크지 않은 것처럼 보인다. 독일의 한 농부는 치안판사에게 "나의 아내는 멀리 떨어져 있다. 그래서 나는 암퇘지와 그 짓을 했다."고 설명했다. 그것은 신학적, 사법적 개념을 전혀 모르는 농민에게 자연스럽고 충분해 보이는 설명이다.

따라서 수간은 단지 부득이한 상황에서 행해지는, 자위행위를 비롯한 다양한 성충동의 표현을 닮았지, 엄격한 의미에서 말하는 충동의 일탈로 행해지는 것이 아니다. 마찬가지로, 수간은 전선에서 금욕적인 생활을 하는 수밖에 없는 군인들 사이에서도 발견되며, 중세와 그 이전의 병사들뿐만 아니라 세계 대전 때의 병사들 사이에도 염소가 이런 맥락에서 언급되었다.

그러나 농민들 사이에 수간이 빈번한 이유는 그들의 둔한 감수성이나 여자의 부재만으로 결코 설명되지 않는다. 매우 중요한 한 가지 요소는 그들이 동물들에게 지속적으로 느끼는 친밀함이다. 농민들이 가끔 동물들을 동료 인간들보다 더 가까운 존재로 여기는 것은 결코 놀라운 일이 아니다.

다수의 동물들이 어느 시기 또는 어느 나라에서 남자들이나 간혹 여자들에 의해 성적 욕망을 채우는 데 이용되었다는 사실이 기록으로 확인되고 있다. 당연히 가축이 가장 빈번하게 논의되는 동물이며, 예외가 될 수 있는 동물은 거의 없다. 암퇘지가 가장 빈번하게 이용되는 동물 중 하나이다. 염소와 양뿐만 아니라 암말과 암소, 당나귀를 이용하는 예가 지속적으로 일어나고 있다. 개와 고양이, 토끼에 얽힌 이야기도 수시로 들린다. 암탉과 오리, 특히 중국에서는 거위도 드물지 않게 이용된다. 고대 로마 시대의 부인들은 뱀에게 비정상적인 애착을 느꼈다고 한다. 곰과 악어도 종종 언급된다.

수간을 대하는 사회적, 법적 태도는 부분적으로 그것이 행해지는 빈도를 반영하고 또 부분적으로는 그것이 야기하는 신비주의적, 신성 모독적 공포에 따른 혐오를 보여준다. 수간은 어떤 때는 단지 벌금 처분을 받는 데서 그쳤지만, 어떤 때는 그것을 행한 자와 아무런 죄가 없는 동물 파트너가 함께 불에 태워졌다.

중세와 그후에도 수간이 빈번했다는 것은 그것이 15세기와 16세기 설교자들이 즐겨 택한 주제라는 사실로도 뒷받침되고 있다. 똑같이 수간의 죄를 저질렀을지도 모르는 주교와 신부와 부제(副祭)가 맡아야 하는 회개의 시기를 정할 필요가 있다고 믿어졌다는 사실이 중요하다.

이 범죄를 저지른 사람들에게 자주 엄격한 처벌이 가해진 것은 틀림없이 수간이 일종의 비역으로, 그러니까 실제로 사회나 개인에게 안기는 피해와는 전혀 상관없이 이상한 공포심을 갖고 보는 그런 범죄로 여겨졌기 때문이다. 유대인들은 그런 공포를 느꼈던 것 같다. 범죄자와 그의 상대가 되었던 동물이 똑같이 사형에 처해져야 한다고 명령했으니 말이다.

중세에, 특히 프랑스에서 똑같은 원칙이 종종 지배했다. 남자와 암퇘지, 남자와 암소, 남자와 당나귀가 함께 불태워졌던 것이다. 툴루즈에서는 한 여자가 개와 성교를 한 혐의로 불태워졌다. 17세기에도 프랑스의 학식 높은 한 변호사는 그런 판결들을 정당화했다.

오늘날에도 수간을 대하는 사회적, 법적 태도를 보면, 이 범죄가 대체로 병적으로 비정상이거나 지능이 낮은 사람에 의해 저질러지고 있기 때문에, 그런 범죄를 저지르는 사람들이 정신 박약의 경계선 상에 있다는 사실에 관심을 충분히 기울이지 않고 있다. 더욱이, 동물을 학대하는 행위를 수반하거나 사디즘과 결합된 일부 예를 제외한다면, 수간은 직접적인 반사회적인 행위는 절대로 아니라는 점을 기억해야 한다. 잔인성이 전혀 개입하지 않는 한, 수간은 "성충동의 병적 일탈 중에서 가장 해롭지 않은 것"이라고 포렐은 말하고 있다.

도둑질을 통한 성적 흥분

원래 "편집광"의 하나로 제시되었던 오래된 단어 "클렙토마니아"(kleptomania)(8세기에 유래했다)는 의학 분야에서 절대로 받아들여지지 않았고 법학 분야에서도 대체로 부정당했다. 그래도 쓰이는 경우에, 클렙토마니아는 일반적으로 단순히 다소 저항 불가능한 도둑질 충동을, 그러니까 의식적인 동기가 전혀 없고 주체(대체로 여자다)도 힘겹게 맞서 싸우고 있는 어떤 강박을 의미했다. 또 클렙토마니아는 조울병의 광기와 결합되어 있는 것으로 여겨졌다. 지금의 경향은 이 용어를 사용하지 않는 쪽이다.

"병적 충동"이 법정에서 절도에 대한 변호로 제시될 때, 치안판사가 "내가 여기서 치료하고자 하는 것이 바로 그것"이라는 식으로 쉽게 말하게 된다. 그러나 그런 식으로 일축할 수 없는 꽤 명확한 조건이 있다. 모호한 어떤 강박이 아니라, 추적 가능한 이유들 때문에 일어나는 조건이 있는 것이다. 그래서 그 조건이 섹스 심리학의 영역에서 논의되고 있다. 이것이 소위 "성애적 절도광"이며, 이것을 나타내는 최선의 이름은 아마 "클렙토라그니아"일 것이다.

이 이름(절도가 성적 감정과 연결되어 있다는 점을 암시하기 위해, "알고라그리아"(고통 도착증)과 비슷하게 지었다)은 1917년쯤 시카고의 정신과 의사 키어난이 만든 것이다. 나는 당장 이 용어를 채택했으며, 그 이후로 이 조건에 가장 적절한 이름으로 여기고 있다. (마찬가지로, "피롤라그니아"(pyrolagnia)는 "성애적 방화광" (erotic pyromania)이라는 드문 상황에 쓰일 수 있다.) 조건 자체는 1896년에 리용의 알렉산드르 라카사뉴(Alexandre Lacassagne)가 처음 기록한 것 같다.

클렙토라그니아는 알고라그니아의 넓은 바탕 위에서, 말하자면 여기서는 불안의 형태로 나타나고 있는 고통과 성적 감정의 연결 속에서 일어난다고 할 수 있다. 클렙토라그니아는 프랑스의 정신과 의사들(1905년 드푸이(Depouy) 등)이 분명한 예들을 묘사하기 전에 다양한 관찰자들에 의해 모호하게 건드려졌으나, 이 관찰자들은 그것을 명확히 이해하지 못했다. 프랑스 정신과 의사들은 거기에 개입하는 정신적 과정이 정말로 성적 팽창과 팽창 해소의 과정이며, 이 과정이 다소 무가치한 물건을 몰래 훔치려는 강박 충동으로, 말하자면 저항과 갈등이 수반되는 충동으로 상징적으로 변화한다는 것을 보여주었다.

이때 훔치는 물건은 비단을 비롯한 물건이며, 이 물건은 그 사람이 이미 알고 있듯이, 성적 흥분을 확보하는 데 이용될 수 있다. 이 경우에 성적 흥분은 절도 행위에서 절정에 이르는데, 이 절도 행위

는 성적 팽창 해소와 감정적 이완에 해당하며 실제로 그런 것을 수
반하는 경우도 가끔 있다. 훔친 물건에는 그 외의 다른 가치는 전
혀 부여되지 않으며, 그 물건은 대체로 여자인 훔친 사람 본인에
의해 숨겨지거나 버려진다. 이런 짓을 하는 여자가 좋은 환경에 사
는 사람인 경우가 종종 있다. 그녀는 자신의 행동의 성적 원인을
분명하게 자각하지 못할 수 있으며, 설령 의식하고 있다 하더라도
대체로 그 점을 솔직히 인정하지 않을 것이다.

우리는 클렙토라그니아가 클렙토마니아와 혼용되었을지라도
전자가 후자의 한 형태가 아니라는 것을 확인하고 있다. 이유는 클
렙토마니아는 이론적으로 동기가 없고 저항 불가능한 것으로 여겨
지는 반면에, 클렙토라그니아에는 의식적이든 아니든 명확한 동기
가 있고 그 행동이 저항 불가능하지 않고, 합리적으로 경계하면서
적절한 순간을 선택해서 행해지기 때문이다. 주체는 종종 또는 언
제나 신경증적일지라도 반드시 심각한 정신병을 앓고 있지는 않
다. 클렙토라그니아는 광기가 아니며, 클렙토라그니아는 지금 거
의 사라지다시피 한 "클렙토마니아"와 함께 놓이지 않고 섹스 심
리학의 영역에서 다뤄지고 있다. 그것은 성애적 페티시즘의 병적
인 한 형태로 여겨질 수 있다.

성충동과 절도가 결합된 조건으로, 이보다 덜 흔한 것들이 있다.
이것들은 여기서 논의되고 있는 클렙토라그니아와 같은 계통일지
라도 서로 뚜렷이 구별되어야 한다. 그런 한 가지 조건은 1908년
에 빌헬름 슈테켈(Wilhelm Stekel)이 특별히 묘사한 것이다. 거기
에 묘사된 절도는 성애적이지 않다. 말하자면, 성적 희열의 한 방법

이 아니라는 말이다. 그것은 페티시의 절도가 아니라 성적 암시를 하는 것처럼 보이는 물건의 절도이다. 그것은 성적 희열의 대체물이며, 남편의 발기부전 때문에 감정을 억누르고 있는 여자들에게서 특별히 잘 일어난다. 슈테켈은 모든 클렙토마니아에 대한 설명을 그런 식으로 했는데, 만약 우리가 "클렙토마니아"의 실체를 일축한다면 금방 무너지고 말 설명이다.

절도와 성적 감정의 결합을 보여주는 또 다른 조건은 윌리엄 힐리가 명쾌하게 설명했다. 이 예들은 주로 성적 유혹에 이끌렸다가 그것이 너무나 혐오스럽고 사악하게 보인다는 것을 알고는 그것보다 덜 혐오스러운 도둑질 유혹에 넘어가는 소녀와 여자들 사이에 나타난다. 이 경우의 정신적 과정은 클렙토라그니아에서 발견되는 과정과 정반대이다. 왜냐하면 절도가 성적 욕구의 진정한 또는 상징적인 만족이 아니고 성적 욕망으로부터의 탈출이기 때문이다.

노출증

성충동의 또 하나의 상징적 표현은 어른의 삶에서는 심각하지만 어린 시절에는 순수하게, 그리고 정상적으로 일어날 수 있다. 바로 노출증이다. 몇몇 저자들은 사춘기에, 그리고 청년기에도 과시 충동이 발달하고 있는 성기(소녀들의 경우에 보다 특별히 유방)에까지 확장되는 것이 드물지 않다는 점을 지적했다. 그것은 완벽하게 자연스러워 보이는 공통된 유아적 경향이다.

프로이트는 아주 어린 아이들이 발가벗은 상태에서 경험하는 들뜬 기분에 대해 언급한다. 아이들은 잠자러 가기 전에 발가벗은 몸으로 돌아다니며 춤추기를 좋아하고, 낯선 사람들 앞에서도 종종 작은 옷을 들어 올려 보이기도 한다. 프로이트에 따르면, 이런 행동은 잃어버린 낙원 상태에 대한 회상이다.

이 같은 태도가 계속될 경우에 훗날 노출증 환자의 병적인 강박이 되지만, 그런 태도는 사춘기 이후에도 분명하지만 억제된 형태로, 정상적으로 종종 다시 나타난다. 퍼트남(Putnam)은 옷을 충분히 입지 않은 상태에 있는 꿈을 자주 꾸는 경우에 그것이 잠재적 노출증을 예고한다고 생각했다. 나는 이 의견을 받아들일 수 없다. 잠을 자는 동안에 우리가 실제로 그런 상태에 있다는 사실이 간과되고 있다.

간혹 어린 시절에 노출증은 성기에 대한 단순한 관심의 표현으로서 아이들끼리 서로 함께 하는 관행이다(12세까지도 이어진다). 그것은 종종 장난 또는 반항의 충동 때문이기도 하다. 그럼에도 계속되는 경우에 노출증은 불분명한 성적 원인을 갖고 있을 수 있으며, 알려지지 않은 긴장 해소를, 일종의 대리 자위행위를 추구하고 있는 흥분의 신호일 수 있다. 어른들의 경우에 노출증은 더욱 분명하게 성교의 상징이며, 노출증의 형태들은 몇 가지 집단으로 구분된다.

샤를 라세그(Charles Lasègue)가 1877년에 처음 설명하고 이름을 붙인 노출증은 성애적 상징의 한 형태이며, 여기선 성교와 비슷한 것이 이성에게 성기를 드러내 보이는 단순한 행동에서 발견된다. 이때 성기를 노출시키는 상대는 젊은이와 순진한 존재들, 종종 아이들이 선호된다.

노출증은 드물게 일어나는 현상이 아닌 것 같으며, 대부분의 여자들은 평생에, 특히 젊은 시절에 이런 식으로 고의로 자신을 노출시키는 남자를 한두 번은 경험한다. 노출증이야말로 가장 흔한 성적 범죄이며, 노루드 이스트(Norwood East)는 영국 런던의 브릭스턴 교도소에서 재판을 받았거나 구류 중인 성 범죄자 291명 중에서 101명이 "공개적 음란죄"를 저지른 사람이라는 사실을 확인했다. 그럼에도 전체 죄수들 중에서는 성 범죄자가 4%에 지나지 않는다는 점을 넛붙여야 한다.

노출증 환자는 종종 젊고 활력 있는 남자임에도 불구하고 단순히 자신을 노출시키는 행위와 그 행위가 상대방에 낳을 감정적 반응에 만족한다. 그는 자신을 노출시키고 있는 여자에게 좀처럼 요구를 하지 않는다. 노출증 환자는 말도 거의 하지 않고, 그 여자에게 다가서려는 노력도 전혀 하지 않는다. 대체로 환자는 성적 흥분의 신호들을 보여주는 일에도 실패한다. 그는 자위행위도 좀처럼 하지 않는다. 그의 욕망은 노출 행위와 그 같은 행위가 여자에게 불러일으키는 것으로 짐작되는 감정적 반응에 의해 완전히 충족된다. 그는 만족하고 욕구를 해소한 채 현장을 떠난다.

다양한 종류의 노출증이 제시되었다. 한 예로, 알퐁스 미더(Alphonse Maeder)는 3가지 형태를 확인했다. 첫째, 유아적인 노출증이 있다. 어린 시절에 서로 성기를 보여주는 것으로 정상적인 현상이다. 둘째, 노인의 노출증이 있다. 이것은 발기 부전인 경우에 성적 흥분을 추구하는 한 방법이다. 셋째, 성적 유혹의 한 방법으로서 일어나는 노출증이 있다. 이것은 정력에 결함이 있는 꽤 정상적인 사람에게 일어나는 현상이다. 이 분류는 완전하지 않지만, 그래도 노출증에 중요한 성적 허약의 요소를 지적하고 있으며, 그 일탈이 어린 시절에 공통적으로 겪는 정상적인 바탕을 갖고 있다는 사실을 강조하고 있다.

크라프트-에빙은 노출증을 4개의 임상 집단으로 나눴다. 첫째, 뇌 또는 척수 질병 때문에 습득하게 된 정신적 허약의 상태이다. 그 질병이 의식을 흐리게 함과 동시에 발기 부전을 야기한다. 둘째, 간질 환자들이 있다. 이 환자들의 노출 행위는 비정상적인 기질성 충동이며, 이 충동이 의식이 불완전한 상태에서 행동으로 행해진다. 셋째, 신경쇠약의 예들이 있다. 넷째, 유전적인 흔적을 보이며 주기적으로 나타나는 충동적인 예들이 있다.

이 분류는 전혀 만족스럽지 못하다. 노루드 이스트는 실용적인 목적으로 노출증 환자를 두 가지 중요한 집단으로 구분했다. 정신병적인 노출증 집단(전체의 3분의 2가 여기에 해당하며, 환자들은 "환상"을 품고 정신적 결함을 갖고 있다)과 타락한 노출증 집단(이들은 사악한 동기를 갖고 있으며, 전체의 3분의 1이 여기에 해당한다)이 그것이다.

대부분의 예들은 두 가지 집단들 중 어느 하나에 속한다. 첫째 집단에 속하는 예들은 이렇다. 다소 타고난 비정상이 있지만, 그것만 아니면 정신적 통합을 상당히 또는 완전히 이루었다. 그런 노출증 환자들은 대체로 젊은 성인들이고, 자신들이 이루고자 하는 목적을 다소 의식하고 있다. 그들이 자신의 충동에 굴복하는 것은 심각한 갈등을 겪은 뒤의 일이다.

둘째 집단에 속하는 예들은 이렇다. 정신적 장애 또는 신경 장애 또는 알코올성 퇴화가 시작되면서 보다 높은 센터들의 감수성을 약화시켰으며, 이 집단에 해당하는 사람들은 간혹 전적으로 바르게 살았던 늙은이들(성직자 등)이다. 그들은 종종 자신이 추구하고 있는 만족의 본질을 흐릿하게만 자각하고 있다. 노출을 하기 전에 갈등이 전혀 일어나지 않는 경우가 자주 있다. 휴식과 체력을 회복시키는 치료를 거치면 건강이 향상되고 그런 행동이 멈춰질 수 있다.

꽤 깊은 성적 이상이 나타나는 곳은 첫 번째 집단뿐이다. 두 번째 집단의 속하는 예들은 성적인 의도를 다소 명확하게 보이지만, 그 의도는 어디까지나 의식되는 상태에 있으며, 충동이 출현하는 것은 충동이 강해서가 아니라, 억제 센터들이 일시적으로나 영원히 약한 상태에 있기 때문이다. 억제 센터들이 약한 원인은 주로 알코올이며, 알코올은 진짜 정신적 혼동을 야기하거나 잠재적인 경향들을 풀어놓음으로써 그런 센터들의 힘을 약화시킨다. 노루드 이스트는 영국에서 알코올 소비의 감소가 공개적 음란죄로 유죄를 선고받은 사람들의 숫자의 감소를 수반했다고 주장한다(잉글랜드와 웨일스에서 1913년에 공개적 음란죄의 판결을 받은 남자는 866명이었으나, 1923년에는 인구가 더 늘어났음에도 548명에 그쳤다).

간질 환자들은 그 행위가 일어나는 동안에 의식의 상실을 겪는

데, 그들은 유사 노출증을 보이고 있는 것으로 여겨질 수 있을 뿐이다. 간질 환자들의 노출은 일반적으로 생각하는 것만큼 흔하지 않다. 노루드 이스트는 150명의 환자들 중(간질 환자가 포함되었다)에서 간질증에 따른 노출을 한 번도 보지 못했으며, 그의 경험에 따르면 그런 예들이 그리 많지 않다.

베로나의 펠란다(Pelanda)가 여러 해 전에 분명히 보여주었듯이, 간질 환자들도 진짜 또는 표면상의 노출증을 보일 수 있는 것은 틀림없는 사실이다. 그러나 이런 행동들이 간질 환자들에게 일어나기 때문에 당연히 무의식적이라는 식으로 지나치게 성급하게 결론을 내려서는 안 된다.

유사 노출증의 행동이 정말로 간질병 때문에 일어날 때, 거기엔 심리적인 성적 내용물이 전혀 없을 것이며, 그 행동은 틀림없이 온갖 종류의 상황에서 환자가 혼자 있거나 소수의 사람이 모여 있을 때 일어날 것이다. 그것은 간질 환자들이 정신적 공격이 일어나는 동안에 분명히 목적이 있는 것 같지만 정말 무의식적으로 가끔 배뇨 행위를 하는 예들과 정확히 일치한다. 그런 행위는 자동적이고, 무의식적이고, 본능적이다. 그런 때엔 간질 환자는 주위 사람도 알아보지 못한다. 그것은 노출 행위가 될 수 없다. 이유는 노출 행위는 고의적이고 의식적인 의도를 암시하기 때문이다. 한편, 장소와 시간이 분명히 의도적으로 선택될 때, 이를테면 조용한 지점이나 한두 명의 젊은 여자들이나 어린이들만 있는 곳이 선택될 때, 그때는 간질 환자의 무의식적 발작이라고 말하기가 어렵다.

법률적 관점에서 분명히 책임을 질 수 없는 간질 환자들의 유사 노출증을 제외하더라도, 노출증에는 언제나 신경증에 바탕을 두고 있는 정신적 비정상이나 다른 질병이 작용하고 있다는 점을 기억해야 한다. 이 말은 다른 어떤 형태의 성적 일탈보다도 노출증에 더 잘 적용된다.

노출증을 가진 사람을 의학적으로 전문적인 조사 과정을 거치지 않고 교도소로 보내는 일이 벌어져서는 안 된다. 히르슈펠트는 노출증 환자는 절대로 정신적으로 정상이 아니라고 믿고 있다. 일부 예들을 보면, 노출 충동이 극복되거나 사라질 수 있다. 이런 결과는 노출증이 만성적인 알코올 중독이나, 보다 높은 센터들을 억제하고 제어시키는 작용을 파괴하는 경향을 가진 다른 영향들 때문에 일어나는 환자들에게 더 쉽게 나타난다. 알코올 중독이나 그런 영향들은 위생과 치료를 통해 극복될 수 있다.

노출증이 젊은 시절에 일어날 때, 그것은 저절로 극복되는 경향을 보인다. 마조히스트 성향이 있었던 루소가 남긴 글에 그런 경향이 잘 드러나고 있다. 소년 시절에 루소는 자신의 궁둥이를 먼 곳의 소녀들에게 보여주었다고 기록하고 있다. 나는 수년 전에 모라비아를 여행하면서 기찻길 옆의 강에서 목욕을 하던 젊은 여자가 기차가 지나갈 때 등을 기차 쪽으로 돌리고 속옷을 들어 올리는 것을 보았다. (이 대목에서 엉덩이를 드러내 보임으로써 마귀를 쫓았던 고대의 방법을 기억해야 한다. 이 방법이 훗날 특히 여자들이 경멸의 뜻을 표현하는 방법으로 전락했다.) 여자들에게 진짜 노출증은 어린 시절을 제외하곤 드물다. 더글러스 브라이언(Douglas Bryan)이 말하는 바와 같이, 노출증을 보이는 여자들은 신체 전체를 페니스처럼 다룬다.

노출증은 겉모습을 보면 터무니없고 무의미해 보이는 행위이지만, 그것을 반드시 설명 불가능한 광기의 행위로, 다시 말해 지금은 그렇지 않다 하더라도 저자들이 한때 그랬던 것처럼 노출증을 정신 이상과 성적 도착으로 여기는 것은 터무니없다. 극단적인 경우에 그것이 정신 이상과 성적 도착과 연결될 수 있을지라도 말이다.

노출증은 기본적으로 구애의 왜곡에 바탕을 둔 상징적인 행위로 보아야 한다. 노출증 환자는 남자인 경우에 여자에게 자신의 성기를 드러내 보인다. 그러면서 그 사람은 여자가 그 장면 앞에서 보일 성적 수치심에 따른 충격에서 성교의 정상적인 감정이 안겨주는 희열과 비슷한 것을 느낀다. 그는 자신이 정신적 처녀성 같은 것을 빼앗았다고 느낀다.

따라서 노출증은 많은 사람들이 젊고 순진한 이성들 앞에서 꼴사나운 행동을 하거나 외설스런 이야기를 하고 싶은 충동과 비슷하며, 정말로 그런 것과 관련 있다. 그런 것도 일종의 노출증이며, 그런 행동이나 말을 하는 사람은 육체적 노출증에서처럼 그것이 상대방에게 불러일으키는 것 같은 감정적 혼동에서 희열을 느낀다. 그럼에도 우리는 노출증은 단순히 사디즘의 한 형태이며 그 만족은 오직 그것이 일으키는 공포 때문에 느껴진다는 내케의 견해를 받아들일 수 없다. 두 가지 종류의 노출증이 같은 사람에게서 결합될 수도 있다.

적극적인 채찍질의 성적 상징이 노출증의 상징과 매우 비슷하다는 점을 지적하는 것은 흥미로운 일이다. 채찍질을 하여 성적 만족을 얻는 사람은 여자의 신체의 은밀한 부분에 성적 흥분과 관련 있는 발작적인 움직임과 붉은 표시가 나타나도록 하기 위해 막대기 (이것 자체가 페니스의 상징이며, 일부 나라에서 막대기가 페니스에도 쓰이는 이름으로 불린다)를 갖고 여자에게 접근한다. 그때 여자는 달콤한 수치심을 느끼거나, 채찍을 든 사람이 여자가 그렇게 느낄 것이라고 상상한다. 한편, 노출증 환자가 이루는 것은 성행위의 모방이다. 왜냐하면 노출증 환자가 여자의 동의를 얻지도 못하고 발가벗은 여자의 몸과 밀접한 접촉도 하지 못하기 때문이다.

째찍질의 성적 상징과 노출증의 상징 사이에 다른 점은 성적 만족을 위해 채찍질을 적극적으로 하는 사람이 노출증 환자보다 더 박력 있고 정상적인 사람이라는 사실과 관계있다. 그러나 여기서도 유사성만 있을 뿐 동일성은 없다. 따라서 노출증 환자를 사디스트로 여겨서는 안 된다. 대부분의 경우를 보면 노출증 환자의 성충동은 약하고, 심지어 초기 단계의 전신 마비나 노인성 치매, 그리고 만성 알코올 중독 같은 정신적 혼란을 야기할 다른 원인을 안고 있기도 하다. 노출증 환자들이 성적으로 약하다는 점은 노출을 볼 목격자로 선택되는 사람들이 종종 어린이들이라는 사실에서도 다시 암시되고 있다.

심리학적으로 보면, 노출증 환자의 행동은 겉으로 보이는 것만큼 설명이 어렵지 않다. 노출증 환자는 대체로 부끄럼이 많고 소심한 사람이며, 가끔 유아적인 기질을 보인다. 그 사람의 그런 행동은 자신의 그런 성향에 대한 폭력적인 반발이다. 페티시스트들도 마찬가지로 수줍어하고 내성적일 가능성이 높다.

히르슈펠트는 노출증 환자에게 페티시즘의 요소가 있는 것이 자주 보인다고 주장했다. 그는 노출증 환자에게 두 가지 요소가 있는 것을 정말로 확인했다. 하나는 내생적인 신경증적 요인이고, 다른 하나는 대체로 페티시즘의 경향을 보이는 외생적인 요인이다.

노출증 환자를 흥분시키는 것은 절대로 얼굴이 아니며, 다리일 확률이 훨씬 더 높다. 어린이들과 소녀들이 노출증 환자들을 흥분시키는 이유가 거기에 있다고 히르슈펠트는 믿고 있다. 이는 어린이들과 학교 다니는 소녀들이 맨다리로 다닐 가능성이 가장 크기 때문이다.

노출이 야기하는 반응은 세 가지 중 하나가 될 것이다. 소녀가 놀라서 달아나거나, 소녀가 화를 내며 노출증 환자에게 욕을 하거나, 재미있어 하거나 즐거워하며 웃거나 미소를 지을 것이다. 이 중에서 노출증 환자에게 가장 큰 만족을 안기는 것은 마지막 반응이다.

노출증과 다소 비슷한 성애적 상징의 형태가 여자들이 입은 하얀 옷에 잉크나 산(酸)을 비롯한 액체를 던지는 것에서 성적 희열을 끌어내는 드문 예에서도 발견된다. 몰과 레옹 앙리 투아노(Léon Henri Thoinot), 히르슈펠트 등은 이런 종류의 사례를 기록했다. 투아노는 이런 예들에서 얼룩이 페티시라고 생각한다. 그 문제에 대한 설명으로 정확하지 않다. 대부분의 경우에 하얀색 옷이 중요한 페티시일 것이지만, 그 페티시는 더럽히는 행위에 의해 더 예리하게 실현됨과 동시에, 양측은 페티시스트에게 옷을 더럽히는 행위에 의해 성교 비슷한 것이 되는 그런 감정 상태로 떨어진다. 이 같은 현상은 진흙이 잔뜩 묻은 신발이 신발 페티시스트에게 행사하는 매력과 연결될 수 있다. 브르톤느는 자신이 여자들의 깔끔함을 좋아하는 태도와 자신이 깨끗하게 유지하기가 가장 힘든 신체 부위인 발에 끌리는 현상을 연결시키고 있다.

가르니에는 적극적인 채찍질과 여기서 관심을 두고 있는 그와 비슷한 많은 표현들에 '사디-페티시즘'이라는 용어를 썼다. 그런 표현들이 분명한 어떤 물체에 대한 병적인 숭배와 다소의 폭력을 행사하려는 충동의 혼합이라는 이유에서였다. 내가 채택한 성애적 상징의 측면에서 본다면, 이런 용어가 제시될 필요가 전혀 없다. 여기선 서로 다른 두 가지 정신 상태의 결합이 전혀 이뤄지지 않고 있다. 우리는 단순히 다소 완진하고 다소 복잡한 성애적 상징의 상태들에 관심을 두고 있다.

노출증을 도착적인 상징의 한 과정으로 보면, 노출증 환자는 의식적으로나 무의식적으로 노출 대상으로 잡은 여자의 정신적 반응에 관심을 두고 있다. 노출증 환자는 대부분 상대방 여자의 내면에 즐거운 감정을 일으키길 원한다. 그러나 이런저런 이유로 그의 섬세한 감수성이 저지당하고, 따라서 그는 자신이 일으킬 인상이나 자신의 행동이 낳을 전반적인 결과를 정확히 평가하지 못한다. 아니면 그는 판단력을 압도하는 강력한 강박에 따라 움직이고 있다. 많은 예들을 보면, 노출증 환자는 자신의 행위가 불쾌하기보다 유쾌할 것이라고 믿을 만한 이유를 갖고 있으며, 그는 낮은 하녀 계층에서 즐거워하는 목격자들을 자주 발견한다.

그러나 노출증 환자는 대체로 단순한 흥분 그 이상을 낳기를 원한다. 유쾌하든 그렇지 않든 불문하고, 당연히 감정적인 어떤 강력한 효과를 추구하고 있는 것이다. 가끔 허약하고 허영심 많고 나약한 남자가 최고의 감정적 효과를 거두려는 노력을 분명하게 보이는 때가 있다. 감정적 충격을 강화하려는 시도는 노출증 환자가 노출의 장소로 교회를 선택하기도 한다는 사실에 의해서 확인된다.

그렇다고 예배를 올리고 있는 교회에서 노출을 꾀한다는 뜻은 아니다. 노출증 환자는 언제나 사람들이 많이 모이는 자리를 피한다. 아마 소수의 여자들이 건물 여기저기 흩어진 채 무릎을 꿇고 있는 저녁 무렵의 교회가 가장 적절할 것이다.

교회가 선택되는 것은 신성모독적인 분노를 표하려는 충동에서가 절대로 아니다. 대체로 노출증 환자는 자신의 행동이 신성을 더럽힌다고 느끼지 않는다. 그보다는 교회가 노출 행위와 바라는 효과에 가장 유리한 조건을 제공하기 때문에 교회가 노출 장소로 선택된다. 그런 노출증 환자 한 사람은 "인상들을 교환하는 데 아주 적절한 곳"이 교회라는 식으로 말했다. "저 사람들은 무슨 생각을 하고 있을까? 저 사람들은 나를 두고 서로 뭐라고 말할까? 아, 정말로 알고 싶어!"

이런 목적으로 교회를 자주 찾았던 가르니에의 한 환자는 의미 있는 진술을 했다. "내가 교회로 가길 좋아하는 이유가 무엇인가? 나는 이 질문에 대답하지 못한다. 그러나 나는 나의 행위가 최대한의 중요성을 지니는 유일한 곳이 거기라는 것을 알고 있다. 여자는 헌신하는 정신 상태에 있으며, 그녀는 그런 곳에서 벌어지는 행위는 절대로 나쁜 취향에서 하는 농담이나 혐오스런 외설이 아니라는 것을 알아야 한다. 내가 거길 간다면, 그것은 나 자신을 즐겁게 하는 것이 아니다. 그것은 그것보다 더 진지한 문제이다. 나는 나의 신체를 본 여자들의 얼굴에 나타나는 효과를 본다. 나는 그들이 깊은 기쁨을 표현하는 것을 보길 원한다. 나는 사실 그 여자들이 스스로에게 '자연도 저런 식으로 드러내니 얼마나 인상적인가!'라고 말하지 않을 수 없도록 하고 싶다."

여기서 고대의 남근 숭배를 고무했던 것과 똑같은 감정의 흔적이 보인다. 정말로, 그런 감정이 오늘날에도 여자들뿐만 아니라 청년기의 젊은이들 사이에서도 가끔 발견된다고 스탠리 홀을 비롯한 일부 전문가들은 지적했다. 그럼에도 그런 감정은 정상적으로 억제된 상대에 있으며 단지 완전히 발달한 남자 또는 여지의 특성들을 갖췄다는 데 대한 어떤 긍지로 존재하고 있다.

그것이 가장 정상적인 형태로 나타나는 노출증이 젊음의 표현인 이유이다. 노루드 이스트는 자신이 관찰한 환자 150명 중에서 57명, 즉 3분의 1 이상이 25세 이하라는 것을 알아냈다. 노출증 환자의 숫자는 나이가 올라갈수록 점점 줄어드는 것으로 나타났다. 한편, 전체 중에서 절대 다수가 미혼이다. 그것도 아주 많은 수의 집단(노루드 이스트의 환자들 중에서 40명이 해당한다)이 "몽상가"라 불릴 수 있는 이유이다. 말하자면, 그 사람들은 비정상적인 구애라는 유치한 공상을 키우고 있다. 이스트가 언급하듯이, "적지 않은 환자들이 농가 마당에서 일부 가축들이 벌이는 구애와 사랑의 장난, '과시'를 떠올리게 한다".

이 같은 남근 숭배가 노출증 환자에 의해 공개적으로 표현되는 것은 유전과 별로 관계없다. 조상으로부터 물려받은 본능이 나타나는 것은 절대로 아니지만, 문명 속에서 보다 섬세하고 고차원적인 감정이 마비되거나 억제됨에 따라, 노출증 환자의 정신 수준은 보다 원시적인 시대의 사람과 같은 수준에 놓이게 되며, 따라서 환자는 낮은 문화의 충동들이 자연스럽게 뿌리를 내리고 발달할 수 있는 그런 토대를 보여준다. 유전적인 신경병 장애가 지나치게 깊지 않을 때, 환자는 호의적인 조건에 처하게 되면 완전히 정상적인 행동으로 돌아간다.

성적 일탈에서 종종 일어나듯이, 노출증 환자가 한 단계 더 나아가고 있는 것이 보일 수 있다. 그런 성적 표현도 원시적인 토대를 갖고 있으며 제대로 통제되고 적절한 상태에서 이뤄지기만 하면 합당한 것으로 여겨질 수 있다.

노출증 환자는 종종 지나치게 무모한 나르시시스트에 지나지 않는다. 그러나 현대의 사회적 조건에서 노출증 환자의 행동은 그 뿌리가 아무리 자연스럽다 할지라도 용납될 수 없다. 그런 행동은 그 장면을 본 순진한 소녀에게 신경성 또는 히스테리 증후를 야기할 수 있으며, 따라서 경찰의 개입이 합당하게 요구된다.

그러나 노출증 환자를 치안판사 앞에 세울 때 어떤 조치가 가능한가? 노루드 이스트가 언급하듯이, 그런 경우에 법원은 거의 언제나 정신 상태에 대한 보고서를 요구한다. 성적 일탈에 더욱 지적으로 접근하려는 현재의 분위기 때문에, 이 문제는 정말로 어려운 문제가 되고 말았다. 약한 처벌은 효과를 전혀 발휘하지 못한다. 엄격한 처벌도 부당하거나 똑같이 비효과적이다. 위반자가 부유한 사람이 아니라면, 그 사람을 전문적인 조사와 치료를 위해 관련 시설로 보낼 수도 없다.

이 대목에서, 능력이 출중한 치안판사인 나의 친구가 쓴 편지 일부를 인용하고 싶다. "4계 법원[25]에서 어제 음란한 노출 행위를 반복적으로 한 남자의 재판이 열렸다. 그에게 내려진 벌은 6개월의 중노동이었다. 어려움은 두 가지인 것 같다. 하나는 그런 사람을 감금하고 치료할 곳이 전혀 없다는 점이고, 다른 하나는 교도소 의사가 그 남자는 저능자라고 말할 뿐 그걸 뒷받침할 증거를 제시하지 못할 것이기 때문에 우리가 그에게 전혀 아무런 힘을 발휘하지 못한다는 점이다. 그 결과, 68세까지 살게 될 38세의 건강한 남자는 6개월 뒤에 풀려나고 거의 틀림없이 그런 범죄를 되풀이하게 될 것이다. 그의 군대 기록은 아주 좋았다. 다른 판사들도 그 사건에 꽤 관심이 많았으며, 나는 판사들의 감정이 그런 사람을 교도소에 보내는 데 반대하는 쪽이라는 것을 알게 되어 기분이 좋았다. 유일한 대안은 그를 석방시키는 것이었다. 다행히도 우리는 법령에 정해져 있고 또 2, 3년 전이었다면 틀림없이 태형을 가했을 그런 단계를 벗어나고 있다."

의사이며 심리치료사이기도 한 다른 치안판사 한 사람은 이와 관련해 나에게 이렇게 쓰고 있다. "나는 판사로서 그런 예를 많이 보았다. 그들은 정말로 매우 슬픈 예들이다. 나는 어떤 사람들은 처벌을 면하게 해주었지만, 다른 사람들은 '법에 따라' 처벌을 받아야 했다. 대다수가 범죄자가 아니라 정신적 병을 앓고 있기 때문에 심리 치료를 필요로 한다는 데는 의문의 여지가 없다. 많은 사람들

....
25   3개월마다 열리던 하급 법원.

이 자신의 행위에 진정으로 놀라며, 그 행위를 통제하려고 필사적으로 노력하고 있다. 이 문제와 관련해서 인습적인 견해에 변화를 주기 위해서 많은 선전이 필요하다."

치료와 관련해서, 나는 오늘날 점점 널리 받아들여지고 있는 나체족의 일광욕과의 연결 속에서 치료를 행하면 효과적일 것이라는 점을 지적해야 한다. 만약 노출증 환자가 단순히 비정상적으로 두드러진 유형의 나르시시스트라면, 다시 말해 반드시 반사회적이지는 않고 정말로 어떤 조건에서는 사회적으로 인정받을 수도 있는, 노출 충동이 심한 사람이라면, 그에게 그 충동을 합법적으로 표현할 기회를 주는 것은 그에게 새로운 자기 통제의 힘을 부여하는 것이나 마찬가지이다.

나체촌의 남녀들은 자신들도 완전히 나체이기 때문에 노출증 환자를 당연한 것으로 받아들 것이다. 그런 남녀들 사이에서 옷을 발가벗는 노출증 환자는 나르시시즘적인 욕망이 순수한 한 그 욕망을 당장 충족시킬 것이고, 그의 욕망은 병적인 격렬함을 잃을 것이다. 만약 그의 충동이 순수한 범위 안으로 억제될 수 없다면, 그는 자신에게 부여된 특권을 잃고 말 것이다. 건전하고 사교적인 경로가, 그렇지 않다면 고립되고 도착적이고 품위를 떨어뜨리게 되었을 충동을 위해 제시되고 있다.

아직 경찰의 눈에 띄지 않은 노출증 환자에게 해 주고 싶은 첫 번째 조언은 홀로 외출을 하지 말라는 것이다. 이 원칙의 중요성을 인정하는 히르슈펠트는 노출증 환자가 자신의 충동을 무서워하고 있기 때문에 이 조언이 언제나 좋은 뜻으로 받아들여지게 되어 있다고 말한다.

노출증 환자가 실제로 체포되어 치안판사에게 끌려갈 때, 초범인 경우에 치안판사가 취할 수 있는 분별력 있는 조치는 의학적 조언을 구한다는 조건으로 경고와 함께 처벌을 면해주는 것이다. 대도시에는 치안판사와 경찰 의사, 사회복지사들이 권하는 특별한 클리닉들이 있다. 비용도 싸다. 이런 곳들을 종종 이용해야 한다. 재범인 경우에는 조사와 치료를 위해 정신 병원에 적어도 1개월 이상 강제로 억류 생활을 해야 한다. 이것은 노출증 환자들은 위험하지 않기 때문에 치료를 위해 오랫동안 정신 병원에 감금되어서는 안 된다는 포렐의 의견과 일치한다.

알고라그니아(사디즘과 마조히즘)

알고라그니아(고통 도착증)은 성적 흥분과 고통 사이의 연결을 암시하기 위해서 만든 편리한 단어(알베르트 폰 슈렝크-노칭(Albert von Schrenck-Notzing)이 만들었다)이다. 그 연결이 능동적인지 수동적인지를 구분하지 않고 있다. 능동적인 형태는 보통 사디즘으로 불린다. 그런 도착을 삶에서 약간 보였고 책들에서 자주 묘사했던 사드(Marauis de Sade: 1740-1814)의 이름에서 땄다. 수동적인 형태는 마조히즘이라 불린다. 이 용어는 본인도 그런 성적 일탈을 보였을 뿐만 아니라 소설에서도 거듭 묘사한 오스트리아 소설가 레오폴트 폰 자허-마조흐(Leopold von Sacher-

Masoch: 1836-1895)의 이름에서 비롯되었다.

사디즘은 일반적으로 성적 감정의 대상에게 육체적이거나 도덕적인 고통을 가하려는 소망과 연결되어 있는 성적 감정으로 정의되고 있다. 마조히즘은 성적 감정을 불러일으키는 사람에게 육체적으로 복종하고 도덕적으로 굴욕감을 느끼려는 욕망과 연결된 성적 감정이다. 완전히 발달한 상태일 때, 적극적이든 수동적이든, 진짜든, 모방이든, 상징적이든 상상이든, 알고라그니아에 해당하는 행동은 그 자체가 성충동의 적절한 충족을 낳으며, 최종적으로 성교도 없이 팽창 해소를 이룬다.

알고라그니아라는 용어를 쓰는 것이 바람직하다는 점은 이 집단에 사디즘이나 마조히즘에 속하지 않는 표현이 존재한다는 사실로도 확인된다. 일례로 크라프트-에빙과 몰은 채찍질을 당하는 것을 단순히 육체적인 자극제로 여기면서 마조히즘으로 보기를 거부했다. 그럴 수도 있지만, 많은 예들을 보면 그것이 틀림없이 마조히즘이고, 능동적인 채찍질은 명확히 사디즘이다. 채찍질을 당하나 채찍질을 가하나 똑같이 성적 감정과 고통의 연결이 있다. 따라서 "알고라그니아"라는 용어가 사디즘이나 마조히즘에 쉽게 포함되지 않는 현상들을 두루 나타낼 수 있다.

정의상으로 보면 사디즘과 마조히즘을 이런 식으로 결합시키는 것이 불편하지만, 심리학적으로 그 결합은 건전하다. 프로이트가 말하듯이, 마조히즘은 자신을 향한 사디즘이다. 그렇다면 사디즘은 타인들을 향한 마조히즘이라고 볼 수 있다. 그것이 사디즘과 마조히즘을 같이 묶는 것이 바람직하다고 말하는 근거이다.

임상적으로 보면, 사디즘과 마조히즘은 별도로 존재하지만, 그 것들을 뚜렷이 가르는 선은 절대로 있을 수 없다. 순수한 마조히스트에게 사디즘의 요소를 발견하는 것이 드물지라도, 사디스트에게서 마조히즘의 요소를 발견하는 것은 흔한 일이다. 사드 본인조차도 순수한 사디스트가 아니며, 그에겐 작품에서 분명하게 드러난 마조히즘의 요소가 있었다.

능동적인 요소와 수동적인 요소는 서로 똑같지는 않아도 아주 밀접하게 연결되어 있다. 따라서 채찍을 흥분을 일으키는 페티시로 여기는, 주로 능동적인 알고라그니아를 가진 어떤 사람은 이렇게 쓰고 있다. "나는 그 행위의 능동적인 측면에 반응한다. 나는 수동적인 측면에도 약간의 관심을 갖고 있다. 그러나 그것은 그 행위의 잠재의식적 전도 또는 전이에 좌우된다고 나는 강하게 믿고 있다. 그래서 그 행위가 나에게 적용된다 하더라도, 그것은 나에 의해 다른 누군가에게 적용되는 것으로 잠재의식적으로 상상된다."

마조히스트가 가끔 기질적으로 남자답고 강건해 보이는 반면에 사디스트는 주로 소심하고 섬세하고 여자 같은 인격을 갖고 있다는 점도 흥미롭다. 한 예로, 알렉산드르 라카사뉴가 연구한 사디스트 리델은 다른 소년을 죽였으며, 4세부터 피에 대해 관능적인 생각들을 품었고, 죽이는 놀이를 좋아했으며, 육체적 발달이 더뎠고, 매우 소심하고 섬세했으며, 겸손하고(그래서 다른 사람 앞에서 오줌을 누지 못했다) 매우 종교적이고, 외설과 부도덕을 싫어했으며, 얼굴과 얼굴 표정이 어린애 같았다. 그러나 피와 살인에 대한 사랑은 저항할 수 없는 강박이었으며, 그 같은 사랑을 충족시키고 나면 엄청난 감정적 위안이 따랐다.

마리(A. Marie)가 연구한, 사디스트 경향이 있던 프랑스 젊은이도 비슷한 기질이었다. 매우 소심하고, 쉽게 얼굴을 붉히고, 아이들과도 시선을 맞추지 못했으며, 여자들 앞에 나서지 못하고, 다른 사람들이 있는 앞에서 오줌을 누지 못했다.

히르슈펠트는 'metatropism'이라는 단어를 소개함으로써 사디즘과 마조히즘의 정의를 둘러싼 어려움을 극복하려 노력했다. 전도되었거나 뒤바뀐 성적 태도를 의미하는 것으로 쓰는 단어이다. 말하자면 남자가 정상적인 여자의 여자다운 태도를 취하며 과장하거나 여자가 정상적인 남자의 남자다운 태도를 취하며 과장하는 것을 일컫는다. 그렇다면 남자의 사디즘은 단순히 남자의 정상적인 성적 태도를 강화하는 것이 되고, 여자의 마조히즘은 여자의 정상적인 성적 태도를 강화하는 것이 되며, 사디즘과 마조히즘은 남자에게 나타나느냐 여자에게 나타나느냐에 따라 완전히 다른 상태가 된다. 따라서 히르슈펠트에게 남자의 사디즘과 여자의 마조히즘은 단순히 정상적인 성충동의 과잉으로 보이는 한편, 남자의 마조히즘과 여자의 사디즘은 성충동이 정상으로부터 완전히 벗어난 것으로 보이게 된다.

그러나 이 개념은 널리 받아들여지지 않고 있다. 이 개념은 문제를 더욱 복잡하게 만들고 있으며, 그것은 모두가 받아들이지는 않을 그런 정상적인 성욕 개념에 바탕을 두고 있다. 히르슈펠트 자신도 사디즘이 있는 남자는 기질적으로 종종 씩씩함의 반대이고, 마조히즘이 있는 남자는 종종 여성다움의 반대라는 점을 인정한다.

그래서 히르슈펠트의 용어는 오직 불충분하게만 적용될 수 있다. 남자에 대해 이야기하든 여자에 대해 이야기하든, 알고라그니아라는 용어를 쓰는 것이 가장 편한 것 같다.

고통을 쾌락으로 경험하는 것 때문에 어려움이 생겼다. 그러나 알고라그니아에서 쾌락은 고통 자체가 아니라 고통이 불러일으키는 성적 감정이다. 알고라그니아를 갖고 있는 사람들은 대체로 섹스 과잉이기보다 섹스 결여인 것으로 여겨지며, 그런 사람들은 성적으로 강한 상태와 반대의 상태를 보인다. 그러므로 그들은 성적 행위를 불러일으키기 위해서 정상적인 자극보다 더 강한 자극을 필요로 한다. 강한 감각과 강한 감징은, 불안과 비탄 같은 부정적인 감정조차도 성적 자극제로 작용할 수 있으며, 따라서 그것 자체는 고통스러움에도 불구하고 쾌감을 낳을 수 있다.

퀼레르(Cullerre)가 제시한 예들은 대부분 신경 쇠약의 증후를 보이는 남녀들이었다. 그들은 종종 불안과 공포를 느끼는 매우 도덕적인 사람이었으며, 가끔은 종교적인 성향이 강했고, 자연적인 오르가슴이나 자위행위로 끝났다.

이 같은 근본적인 사실이 광범위하게 암시하는 것들을, 알고라그니아 기질을 가진 사람은 자신의 약한 성충동을 강화하기 위해 의식적으로나 무의식적으로 이용하고 있다.

이 대목에서, 고통은 자신이 직접 경험하든 다른 사람이 겪든 많은 사람들에게, 특히 신경증 경향이 있는 사람들에게 성적 감각을 실제로 자극할 만큼 충분히 강하지 않아도 유쾌한 정신 상태를 야기할 수 있다는 점을 기억해야 한다. 고통에 대한 자연스런 반응은 불쌍하다고 느끼거나 동정적으로 느끼는 것이다. 사람은 자신에게 닥친 고통에 대해 딱하게 생각하고, 다른 사람에게 닥친 고통에도 정도는 약하지만 친소 관계에 따라 마찬가지로 딱하게 생각한다. 그러나 쾌락이나 만족의 요소도 가능하다.

이에 관한 표현은 루크레티우스(Lucretius)의 글에 나온다. 바닷가에 앉아서 다른 사람이 물에 빠져 허우적거리고 있는 모습을 목격하는 사람의 감정에 대해 쓴 부분이다. 루크레티우스가 그것을 어떻게 설명하고 있는지를 보는 것도 흥미로운 일이다. "바닷가에 앉아서 죽음과 사투를 벌이고 있는 불행한 선원의 위험에 대해 생각하는 것은 달콤하다. 그것은 우리가 다른 사람들의 불행에서 쾌락을 느껴서 그런 것이 아니라 우리가 경험하지 않고 있는 악을 보는 것이 위안이 되기 때문이다."

신문 광고에 "amazing"이라는 형용사보다 더 빈번하게 쓰이는 단어도 없는데, 대단히 매혹적인 힘을 발휘하는 것으로 여겨지는 이 단어는 대체로 고통 또는 충격의 요소를 동반한다. 그랑 기뇰(Grand Guignol)[26] 유형의 연극은 공포 때문에 열성 관람객들을 확보하고 있으며, 고통스런 상황을 유쾌하게 묘사하고 불쌍한 인물들을 우스꽝스럽게 그린 소설들이 유능한 작가들의 인기 작품으로 꼽히는 경우가 자주 있다. 비(非)성적인 사디즘과 마조히즘으로 불릴 수 있는 한 요소가 약하게 일반인들 사이에 꽤 널리 퍼져 있는 것이 분명하다.

이런 사항들을 고려한다면, 사디스트가 반드시 잔인하려는 욕망

....
26   공포극으로 유명한 프랑스 파리의 극장 이름.

260

에 의해 생겨나는 것은 절대로 아니라는 점이 이해된다. 사디스트가 고통 이상으로 느낄 뿐만 아니라 일으키려고 하는 것은 감정이다. 예를 들면, 이미 인용한 바 있는, 지적인 경향이 있고 심하지 않은 사디즘을 보인 그 사람이 이를 잘 보여준다. "채찍질이라는 실제 행위는 매혹의 원천이다. 채찍을 맞는 사람을 모욕하려는 욕망은 전혀 없다. 그녀는 고통을 느껴야 하지만, 오직 채찍질의 강도의 표현으로만 느껴야 한다. 고통을 가하는 행위 자체는 나에게 전혀 쾌감을 주지 않으며, 반대로 그것은 나에게 반감의 원인이다. 이런 성적 이상(異常)과 별도로, 나는 잔인성을 대단히 싫어한다. 동물을 죽인 적이 딱 한 번 있었는데, 나는 지금도 그 일을 떠올릴 때마다 후회한다."

우리의 관심이 알고라그니아에 존재하는 고통에 고정되기가 쉬운데, 그것은 거기에 수반되는 정신적 현상을 알지 못하고 있기 때문이다. 그것은 악기가 섬세한 것과 비슷하다. 어떤 음악 공연이 고통을 가한다는 짐작은 합리적이며, 음악의 쾌락은 고통을 주는 쾌락이라고, 또 음악의 감정적 효과는 그런 식으로 가해진 고통 때문이라고 결론을 내리는 과학적이고 분석적인 사람들이 있음에 틀림없다.

알고라그니아는 비정상적인 성충동의 가장 특이한 표현들 일부를 나타내고 있다. 사디즘은 대단히 폭력적인 방법으로 인간 본성을 해치는 행위를 낳고, 마조히즘은 대단히 공상적인 방법으로 인간 본성을 모욕하는 행위를 낳는다. 그러므로 사디즘과 마조히즘은 똑같이 정상적인 인간의 충동에 바탕을 두고 있다는 점을 기억하는 것이 중요하다. 엄격히 생물학적 영역 안에 약하게 존재하는 경향들이 극단적인 상태로 나타난 것이 바로 사디즘과 마조히즘인 것이다.

알고라그니아의 정상적인 바탕은 복합적이고 다면적이다. 이 맥락에서 특별히 기억해야 할 것은 두 가지 원칙이다. 첫째, 가하거나 당하는 고통은 하등동물이나 인간이나 똑같이 구애 과정의 부산물이라는 점이다. 둘째, 선천적인 것이든 습득한 것이든 불문하고 고통은 특별히 신경이 허약한 조건에서 당하든 가하든 신경을 자극하는 역할을 하며, 성적인 센터들에 막강한 영향력을 미칠 수 있다.

이 두 가지 근본적인 요소들을 늘 기억한다면, 알고라그니아가 아무리 다양한 형태로 나타나더라도 그 과정의 메커니즘을 이해하는 것은 별로 어렵지 않다. 알고라그니아 과정의 심리를 풀 열쇠가 확보되었기 때문이다. 온갖 알고라그니아 형태의 성충동은 구애의 일부 원시적인 양상이 과장되게 표현된 것이거나, 쇠약한 유기체가 팽창에 이르기 위해서 성욕을 자극할 막강한 도움을 확보하려는 시도이다.

영국 저자 로버트 버튼(Robert Burton)은 오래 전에 모든 사랑은 일종의 예속이라고 말했다. 연인은 자기 애인의 하인이다. 연인은 애인을 섬기고 애인의 호의를 얻기 위해서 온갖 종류의 위험을 떠안고, 많은 어려움을 직면하고, 많은 불쾌한 의무들을 수행할 준비가 되어 있어야 한다.

낭만적인 시는 연인의 이런 태도를 보여주는 증거로 가득하다. 야만인들 속으로, 원시적인 조건으로 깊이 돌아갈수록, 대체로 연인이 구애에서 이처럼 종속적인 위치에 서는 것이 더욱 두드러지고 또 연인이 사랑하는 사람의 호의를 얻기 위해 겪어야 하는 시련도 더욱 가혹해진다.

동물들 사이에 똑같은 현상이 더욱 잔인한 형태로 나타나는 것이 목격된다. 수컷은 암컷의 사랑을 얻기 위해서 많은 에너지를 쏟아야 하며, 종종 자기보다 더 강한 라이벌과 경쟁을 벌이다가 팔다리가 부러지거나 피를 흘리게 된다. 고통을 가하고 고통을 당하는 것은 똑같이 구애의 근본적인 부분은 아니더라도 흔히 있는 일이다. 암컷은 나름대로 그 과정에 동정적이거나 상호적인 영향 때문에 불가피하게 얽히게 된다. 만약 구애 과정에 구애자가 암컷의 노예이고 암컷이 성공한 구애자와 실패한 구애자에게 자신이 야기한 고통을 즐거운 마음으로 볼 수 있다면, 나중에 암컷은 거꾸로 성적 과정이 수반하는 고통의 몫을 받아들이면서 처음에는 자신의 짝에게, 후에는 자신의 후손에게 종속된다.

가끔 구애의 과정에 암컷이 고통을 당한다. 새들 중에서 그런 예가 많다. 짝짓기 시기가 되어 수컷이 성적 광란의 상태에 빠질 때, 수동적인 암컷은 더 많은 고통에 시달린다. 일례로 푸른머리되새는 거친 구애자인데, 암컷이 종속적일수록 수컷은 부드럽고 배려하는 존재가 되는 것으로 여겨지고 있다. 사랑의 깨물기는 인간의 도구일 뿐만 아니라 동물의 도구이기도 하며, 말과 당나귀 등은 성교 전에 암컷을 부드럽게 깨문다.

고통을 가하는 것이 사랑의 표시라는 것은 고대나 현대나 똑같이 널리 퍼진 사상이다. 루키아노스(Lucianus)는 어떤 여자의 입을 통해 이렇게 말한다. "자기 애인에게 주먹을 날리지 않았거나 애인의 머리카락을 뜯지 않았거나 옷을 찢지 않은 남자는 아직 사랑하지 않고 있어." 이와 똑같은 생각, 즉 남자가 자신의 애인을 때리는 것이 사랑의 표시라는 생각은 미겔 데 세르반테스(Miguel de Cervantes)의 모범 소설들 중 하나인 '린코네테와 코르타디요'(Rinconete y Cortadillo)에 나타나고 있다.

피에르 자네의 한 환자는 자기 남편에 대해 이렇게 말한다. "그는 내가 약간의 고통을 받도록 하는 방법을 몰라요. 여자는 고통을 느끼도록 만들지 못하는 남자를 사랑하지 못해요." 거꾸로 윌리엄 콩그리브(William Congreve)의 '세상의 길'(Way of the World)을 보면, 등장인물 밀라멘트는 "사람의 잔인성은 곧 그 사람의 힘이다."라고 말한다.

그러나 알고라그니아의 표현들은 구애의 정상적인 표현들을 유전적으로 과장하는 그 이상이다. 그런 표현들은 특히 원래부터 허약한 유기체 안에서 성충동을 본능적으로 강화하려는 시도이다. 구애에 따르는 감정들, 즉 화와 두려움은 그 자체로 성적 행위를 자극하는 역할을 한다. 따라서 약해지는 성충동을 강화하기 위해서 인위적으로 화나 두려움을 야기하는 것도 가능해진다. 가장 효과적으로 그렇게 하는 방법은 고통의 행위를 통해서다.

만약 고통이 가해지고 있다면, 거기엔 사디즘이 있고, 고통을 당하고 있다면, 거기엔 마조히즘이 있다. 단순히 고통을 목격만 하고 있다면, 그것은 중간 단계이다. 이 중간 단계는 알고라그니아를 목격하고 있는 사람의 공감이 흐르는 방향에 따라 사디즘이나 마조히즘의 물이 들게 된다. 이런 관점에서 본다면, 사디스트와 마조히 스트는 똑같이 원시적인 감정의 커다란 저장고에 다가서는 한 방법으로서 고통을 이용하고 있으며, 이 저장고는 허약한 성충동에 에너지를 제공할 것이다.

알고라그니아 일탈들이 일어나는 바탕을 이해할 때, 우리는 그것들이 잔인성과 우연적으로만 연결될 뿐 기본적으로 연결되는 것은 아니라는 것을 알 수 있다. 사디스트가 실제로 아무리 잔인하다 하더라도, 그를 밀어붙이고 있는 것은 잔인하고자 하는 욕망이 아니다. 그는 축 늘어진 자신의 감정을 각성시키길 원하고 있으며, 그는 그렇게 하기 위해서 대개 자신의 희생자의 감징을 각성시킨다. 그가 그렇게 할 수 있는 가장 강력한 방법으로 알고 있는 것은 그녀에게 고통을 안기는 것이다. 그러나 그는 자주 그녀가 그 고통을 쾌락으로 느끼기를 바란다.

심지어 정상적인 사랑의 영역에서도 남자는 자신이 사랑하는 여자에게 작은 고통 또는 어려움을 종종 안길 것이며, 그는 그녀가 그런 고통이나 어려움을 사랑하거나 거기서 쾌락을 경험할 수 있기를 바란다. 사디스트는 거기서 단지 한 걸음 더 나아가면서 (어느 기록에 제시된 것처럼) 핀으로 소녀를 찌르면서도 그녀가 언제나 웃음을 지어야 한다고 주장한다. 잔인해지는 것은 그의 바람이 아니다. 그는 쾌락을 주길 원할 것이다. 그럼에도 그는 단순히 희생자가 쾌락을 느끼는 것 같은 겉모습에 만족한다.

사디스트가 상대방을 죽이는 때조차도, 그는 죽음을 야기하려는 욕망이 아니라, 피를 흘리게 하려는 욕망 때문에 그런 짓을 저지른다. 그렇게 함으로써 사디스트는 피가 흐르는 장면이 거의 예외 없이 일으키는 감정적 자극을 확보한다. 레프만(Leppmann)은 사디스트의 범죄들을 보면 목이나 복부 같은, 피를 가장 많이 흘릴 신체 부위에서 상처가 발견된다는 것을 예리하게 관찰했다.

마찬가지로, 마조히스트도 잔인한 행위로 고통을 겪으려는 소망을 전혀 품지 않는다. 크라프트-에빙과 몰 등이 단순히 정상적인 태도의 강화로 생각하면서 "성적 종속"이라고 이름을 붙인 약한 정도의 수동적인 아골라그니아의 경우에, 거기엔 육체적으로나 정신적으로 심각한 폭력도 전혀 없으며, 단지 사랑하는 사람의 변덕과 지배를 느긋하게 받아들이는 것밖에 없다. 성적 종속과 마조히즘은 서로 뚜렷이 구분되지 않는다. 그래도 둘 사이에 뚜렷한 차이가 한 가지 있다. 성적 종속에서는 성교를 하려는 정상적인 충동이 그대로 남아 있는 반면에, 마조히즘에서는 그 충동이 비정상적인 충동으로 대체된다는 사실이다. 그럼에도 마조히스트는 자신이 갈망하는 다양한 학대를 경험하면서 똑같은 쾌락을 유지하며 많은 경우에 무아경까지 경험한다.

이 학대는 다양한 행위들을 실제로 하거나 흉내를 낸다. 예를 들면, 끈으로 묶거나 족쇄를 채우고, 짓밟고, 반쯤 질식시키고, 사랑하는 사람에게 반감을 불러일으키고 있다는 느낌을 받기 위해서 하인의 의무와 직무를 수행하고 언어적으로 폭력을 휘두르는 것이 있다. 마조히스트에게 그런 행위는 성교와 동일해지며, 잔인하다는 생각은커녕, 대부분의 경우에 고통이라는 생각도 전혀 들지 않는다. 이를 고려한다면, 일부 심리학자들(프로이트 포함)이 마조히즘을 설명하게 위해 교묘하게 구축한 정교한 가설들은 완전히 불필요한 것처럼 보인다.

마조히즘의 표현들은 그 성격상 사회적으로 거의 의미를 지니지 않으며 공동체에도 거의 위험하지 않다. 따라서 이런 종류의 알고라그니아 현상은 문명의 역사에서 멀리까지 거슬러 올라감에도 불구하고, 마조히즘은 크라프트-에빙이 『성적 정신병』에서 그 특징들을 소상하게 설명할 때까지 성도착으로 여겨지지 않았다.

사디즘은 생물학적 및 심리학적 측면에서 마조히즘과 밀접히 연결되어 있기 때문에 매우 다른 사회적, 법의학적 의미를 지닌다. 사디즘의 변형을 보면 한쪽 끝에는 사랑의 깨물기 같은 아주 순수하고 정상적인 표현이 자리 잡고 있지만 반대쪽 끝부분으로 갈수록 대단히 심각하고 위험한 반사회적인 행위가 나타난다. 성애의 동기에서 꼭 살인은 아니라도 부상을 수반하는 사디즘 집단 중에서 가장 극단적인 형태가 바로 '잭 더 리퍼'이다. (이 집단에 속하는 예들은 라카사뉴에 의해 특별히 연구되었다.) 또 하나의 중요한 사디즘 집단에서는 아이들과 하녀들에게 권력을 행사할 수 있는 선생들과 안주인들이 보살펴줘야 할 사람들을 사디스트적인 동기에서 고문한다.

사디즘은 남자와 여자 모두에게 나타난다. 마조히즘은 특히 남자들에게 자주 나타난다. 이것은 부분적으로 여자들에겐 어느 정도의 성적 종속인 마조히즘의 기본 단계가 거의 정상으로 여겨지기 때문이고, 또 부분적으로는 (몰이 지적하는 바와 같이) 마조히즘은 대부분 약해진 힘을 자극하거나 대체할 것을 확보하려는 시도인데 성적 행위에서 보다 수동적인 여자들은 그런 것을 필요로 하지 않기 때문이다.

사디즘과 마조히즘으로는 이미 앞에서 말한 바와 같이 알고라그니아의 표현들을 다 규명하지 못한다. 넓은 의미에서 보면, 알고라그니아는 성애적 상징체계의 한 넓은 하위 구분이며, 그것은 성적 쾌락이 능동적으로나 수동적으로, 현실 속에서나 상상 속에서 고통과 분노, 두려움, 불안, 충격, 억제, 종속, 수치 등과 연결되어 있는 정신적 상태들을 모두 포함한다. 왜냐하면 이런 상태들이 모두 성충동을 강화하는 데 이용될 수 있는, 원시적인 감정의 저장고에 의존하기 때문이다. 채찍질이, 가하는 상황이든 당하는 상황이든 아니면 지켜보거나 그냥 상상하는 상황이든, 그런 성향이 있는 일부 사람에게 아주 오랜 옛날부터 성적 자극제로 작용할 수 있었던 것도 바로 그런 식이었다.

대부분의 예들을 보면, 육체적인 요소와 정신적인 요소가 함께 영향을 끼치고 있으며, 따라서 알고라그니아 케이스라는 중요하고 광범위한 집단이 형성된다. 다른 예들을 보면, 단순히 감정적 충격을 낳는 다양한 사건들의 장면, 예를 들면 지진이나 투우, 심지어 친척의 죽음과 장례식 장면이 그런 감정들을 겪는 사람의 사디스트 또는 마조히스트의 태도와 별도로 성적으로 작용한다.

넓게 보면, 알고라그니아의 영역은 대단히 크다. 게다가 경계선상에 놓여 있는 예들도 있다. 이런 예들은 아마 성애 페티시즘으로 분류되는 것이 더 정확할 것이다. 가르니에는 "가학적 페티시즘"의 예들을 하나의 집단으로 묶으려 시도했지만, 그가 제시한 예는 발 페티시즘에 속하기 때문에 그 같은 주장을 뒷받침하지 못하는 것 같다.

칼 아브라함(Karl Abraham)은 약해진 성적 활동을 인정하는 한편으로, 성적 활동을 강화할 필요성이 근본적일 필요는 없으며 원래 강했던 리비도의 억압이나 마비 때문에 가끔 성적 활동이 약해질 수 있다고 생각했다. 그는 프로이트의 어떤 주장, 즉 체취애호증(osphresiolagnia)과 애분증이 가끔 발 페티시즘의 기원에 어떤 역할을 하는데, 이 요소들은 미적이지 않은 것으로서 훗날 약해지고 시각적 쾌락만 남게 된다고 한 주장에 대해 언급했다.

알고라그니아와 페티시즘의 어떤 결합은 코르셋 페티시즘이라고 불린다. 여기서 코르셋은 일종의 페티시이지만, 코르셋의 매력은 구속물의 압박감과 매력과 연결되고 있다. 칼 아브라함은 22세 남학생의 예를 상세하게 설명했다. 이 학생은 체취애호증, 즉 유쾌한 체취에 대한 사랑뿐만 아니라 발 페티시즘과 코르셋 페티시즘까지 보였다. 이 중에서 체취애호증은 독특한 표현으로 여겨지고, 학생의 어머니와 관계있는 것으로 보였다.

이 학생에겐 또한 항문 성애와 요도 성애도 있었다. 앞에서 언급한 바 있는 소녀의 예처럼, 이 남학생도 어릴 때 발뒤꿈치를 깔고 앉으면서 항문을 압박하곤 했다. 복장 도착의 경향도 있었으며, 그는 자기 몸을 단단히 묶고 광을 낸 하이힐을 불편하게 신기 위해 여자가 되기를 원했다. 이 학생은 사춘기 때 자기 어머니의 헌 코르셋으로 자신을 속박하기 시작했으며, 이 페티시즘들을 설명할 연상들은 전혀 발견되지 않았다.

시체 성애, 즉 시신에게 성적으로 끌리는 것은 종종 사디즘에 포함되는 현상이다. 그런 경우에 거기엔 엄격히 말하면 가하는 고통도 없고 당하는 고통도 전혀 없다. 그래서 우리는 여기서 사디즘이나 마조히즘과 연결시키지 않지만, 성적 자극이 죽은 시신과의 접촉에 따른 감정적 충격 때문에 일어난다고 할 수 있기 때문에 그런 예들은 알고라그니아의 넓은 정의에 포함된다. 간혹 그런 예들은 성애 페티시즘의 집단에 속하는 것으로 보는 것이 더 정확하다. 그러나 이런 환자들을 임상적인 측면에서 조사한다면, 그들은 대체로 정신병적인 경향이 강하거나 정신적으로 허약한 것으로 확인된다. 그들은 보통 멍청하고 둔감한 사람이며, 후각을 상실한 경우(알렉시 에폴라르(Alexis Epaulard)가 기록한 "무이의 흡혈귀"(vampire du Muy)[27]가 전형적인 예)가 드물지 않다. 그들은 여자들이 거부한 남자들이며, 그들이 시신에 의존하는 것은 일종의 자위 행위이거나 어쨌든 수간과 비교할 만하다.

그 유명한 베르트랑 상사(Sergeant Bertrand)[28]처럼, 시체를 범할 뿐만 아니라 절단까지 하는 예들은 간혹 '시체 사디즘'이라고 불린다. 물론 여기에도 좁은 의미에서 말하는 진정한 사디즘은 전혀 없다. 베르트랑 상사는 학대당하는 여자들에 관한 공상으로 시작했으며, 나중에 그 여자들이 시신이라고 상상했다. 사디스트 같은 생각은 감정의 진화 과정에 부수적으로 나온 것이며, 목적은 내내 잔

....

27　1901년에 프랑스 남부 프로방스의 무이라는 도시에서 시신들을 무덤에서 파내서 범한 죄로 체포되었던 빅토르 아르디송(Victor Ardisson)을 말한다.

28　'몽파르나스의 흡혈귀'로 알려진 인물(1823-1878)로, 1841년에 시간(屍姦)을 한 혐의로 체포되어 1년 징역을 살았다.

인성을 가하는 것이 아니라 강력한 감정을 얻는 것이다. 그 과정에 신체 절단이 이뤄진다면, 그것은 감정적 흥분을 높이기 위해서이다. 그런 예들은 대단히 병적이다.

성적 노쇠

갱년기에 이른 여자들에게 성욕이 분출하는 현상이 두드러지는 경향이 있다. 꺼져가는 불이 마지막으로 피우는 불꽃이라고나 할까. 이런 성욕은 쉽게 병적인 형태를 보일 수 있다.

남자들도 마찬가지다. 늙어간다는 것이 느껴지기 시작할 때, 성충동이 돌연 절박해질 수 있다. 이런 본능적인 반응에서 성충동은 정상적으로나 비정상적으로 합당한 선 그 너머까지 나아가는 경향을 보인다. 이 같은 경향은 절대로 젊은 시절에 여자들을 많이 경험한 남자들에게만 국한되지 않는다. 젊은 시절에 도덕적 고려 때문에 많은 것을 억제했던 남자들에게 오히려 더 뚜렷하게 나타나는 경우가 가끔 있다.

지금 그런 남자는 너무 늦기 전에 잃어버린 세월을 보충하려는 무의식적 충동을 따르고 있을 것이다. 여자들 대부분이 공통적으로 경험하는 한 가지 사실은 젊은 시절에 자신에게 성적으로 접근했던 사람들, 그러니까 가장 대담했고 종종 가장 성공적이었던 사람들이 여자들을 보다 점잖고 보다 공손하게 대하는 젊은이들이 아니라 성격과 지위로 미뤄볼 때 그런 접근을 기대하기 어려울 것 같은 나이 많은 기혼자라는 것이다.

노망 외에, (레프만이 오래 전에 결론을 내렸듯이) 어린이들을 추구하려 드는 그런 타고난 성도착은 없는 것 같다. 예외적으로, 성숙하지 않은 소녀를 향한 충동이 잠재의식에 억눌려져 있을 수 있지만, 늙기 직전에 성충동 때문에 일어나는 우발적인 사건은 허약해진 정신 때문에 저질러진다.

나이가 들어감에 따라, 이처럼 성적 활동이 분출할 가능성이 있을 뿐만 아니라 이기심과 무신경이 생겨나면서 성적 표현을 더욱 쉽게 하도록 만든다는 점도 인정되어야 한다. 이런 현상은 다른 측면에서 보면 이롭다. 왜냐하면 그것이 허약해진 고령자가 격한 감정의 위험으로부터 보호해 주기 때문이다. 그러나 성적 영역에서 활동이 늘어나게 되면 대단히 위험한 일이 벌어질 수 있다.

이런 뒤늦은 성욕이 어린이들이나 다름없는 소녀들에게 끌리는 형태로 나타난다면, 성욕의 격화는 더욱더 위험해진다. 노인들이 젊은 사람들에게 다소 성적인 끌림을 느끼는 것은 정상이다. 그것은 종종 젊은 소녀들이 늙은 남자들에게, 젊은 소년들이 나이든 부인들에게 성적 매력을 느끼는 것이나 다를 바가 없다. 그러나 나이든 남자들의 경우에 젊음의 매력이 늙은이들의 성적 능력의 쇠퇴 때문에 비정상적이고 해로운 형태로 나타날 수 있다. 나이든 남자들은 단순히 성적 접촉만으로도 적절한 만족을 느낄 수 있으니 말이다.

남자는 나이가 들수록 쉽게 만족을 느끼며, 그런 만족을 추구하는 데 대해 양심의 가책을 덜 느끼는 것 같다. 그래서 브루아르델

(Brouardel)이 오래 전에 보여주었듯이, 성 폭행에서 희생자들의 평균 나이는 꾸준히 감소하는 반면에 가해자의 평균 나이는 꾸준히 올라가고 있다. 육체적 상태가 꽤 건전하고 정신적 상태가 꽤 온전한 한, 그런 충동은 일어나는 경우에 틀림없이 쉽게 제어될 것이며, 우리는 나이든 사람이 젊은이의 생생함에서 얻는 쾌락이 성적으로 채색되어 있더라도 그것을 병적이라고 하지 못한다. 그러나 비대해진 전립선 때문에 일어날 수 있는 육체적 흥분이나 초기의 정신적 쇠퇴 때문에 일어나는 정신적 통제력의 상실로 인해, 장벽들이 제거될 위험이 있다. 그러면 남자는 자신과 타인에게 위험한 존재가 될 수 있다. 지적 감퇴가 분명히 드러나기 전에 노인성 치매증이 나타나는 것은 간혹 그런 식이다.

예전에는 정신적으로 건전한 노인들이 어린이들을 상대로 저지르는 범죄는 단순히 정상적인 성적 관계에 "싫증"을 느낀 결과로 여겨졌지만, 이 같은 판단은 의문스럽다. 히르슈펠트는 자신의 광범위한 경험을 바탕으로 어린이를 대상으로 범행을 저지른 사람들 중에서 정신적으로 건전했던 사람은 한 번도 보지 못했다는 점을 강조했다. 그런 범죄인 경우에 정신과의 면밀한 조사가 반드시 이뤄져야 한다.

성적 일탈을 보는 사회적 태도

레미 드 구르몽은 『사랑의 물리학』(Physique de l'Amour)에서

"사랑의 병리학은 절대로 문이 열려서는 안 되는 지옥 같은 것"이라고 말했다. 그런 멜로드라마 같은 선언은 그 사람 본인의 입장에서 보면 아주 훌륭해 보일지라도 과학적 훈련이 전혀 안 된 사랑의 철학자만 할 수 있었을 것이다. 그런데 더 놀라운 것은 반 데 벨데 같은 산부인과 의사가 그런 견해에 동조하고 있다는 점이다.

아리스토텔레스가 말했듯이, 메타포의 거장이 되는 것은 위대한 일이지만, 여기서 지옥의 문은 그릇된 메타포이다. 지금 우리는 단테(Dante Alighieri)가 제시한 '신곡'의 무대에 있지 않고 생물학의 영역에 있다. 생물학에선 생리적인 것이 끊임없이 병리적인 것으로 변하고 있으며, 어떤 문도 열지 않은 가운데 생리적인 것이 병리적인 것과 거의 지각되지 않을 만큼 서서히 섞이고 있다.

병리학의 요소들은 이미 생리학적인 요소들에서 발견되고, 병리학적인 과정도 여전히 생리학의 법칙들을 따르고 있다. 섹스 문제에서 정상적인 모든 남자도 아주 면밀하게 조사하면 비정상적인 요소를 일부 보이는 것이 확인되고, 비정상적인 남자는 단순히 정상적인 사람의 일부 양상을 무질서하거나 과도하게 보이고 있는 사람일 뿐이다.

전체적으로 보면, 정상적인 것과 비정상적인 것은 같은 곡선 위에 정도만 다른 변형으로 기록될 수 있다. 사랑에 빠져 "난 당신을 먹었을 수 있어!"라고 외치는 여자는 여러 개의 작은 고리들에 의해서 '잭 더 리퍼'와 연결되고 있다. 우리 모두는 내면에 다소 발달한 형태로 잔학 행위의 씨앗을 품고 있다.

그러므로 어떤 성적 행위가 비난받을 짓이 되는 것은 그것이 "비정상적"이기 때문이 아니다. 이런 관점이 한때 사회를 지배했다. "자연적인" 것에 대한 좁은 개념이 받아들여졌던 것이다. 그 외의 모든 것은 "부자연스러운" 것으로 여겨지며 비난을 받았으며, 처벌할 일이 아닌데도 범죄로 여겨지며 가혹한 처벌을 받았다.

"자연적인" 것에 관한 지식이 크게 증가하고, 자연 속에 무한한 변형이 존재한다는 사실이 널리 인정받고 있는 지금, 이전과 다른 인식이 점점 힘을 얻어가고 있다. 우리는 정확히 구별할 줄 알아야 한다. 질문은 더 이상 그 행위가 비정상인가, 하는 것이 아니다. 이제 질문은 이것이다. 그 행위가 해로운가? 사회는 성적 커플의 다양성에 관심을 두고 있는 것이 아니라 그 다양한 변형 중에서 사회에 피해를 안기는 것이 무엇인지를 결정하는 일에 관심을 두고 있다. 이 문제는 꽤 중요하다. 왜냐하면 경험 풍부한 의사들에 따르면 "성도착"이라는 이름으로 불리고 있는 성적 행위의 변형들 중에서 많은 것이 최근 점점 늘어나고 있는 것으로 확인되기 때문이다.

이 같은 결과를 낳고 있는 원인은 여러 가지일 것이다. 부분적으로 매춘의 감소가 한 원인일 수 있다. 또 도덕적 양심이나 임신에 대한 두려움 때문에 실제적인 성교를 허용하지 않으려는 여자들과의 성적 충족을 대체하던 역할을 하던 매춘부와의 성교에 대한 반감이 더 커진 것도 그 원인으로 꼽힌다.

게다가, 문명이 발달함에 따라 고상함이 더 높아지게 되었다는 사실도 고려해야 할 것이다. 문명의 발달이 연인들로 하여금 원시인들에게 혐오스럽게 보였을 수 있는 방법으로 쾌락을 추구하도록 이끌고 있는 것이다. 물론, 성도착이나 마조히즘, 페티시즘 같은 성적 감정의 뿌리 깊은 일탈 때문에 비정상적인 경로를 통해야만 성적 만족을 얻을 수 있는 사람도 있다. 그런 때조차도 우리가 "성도착"이라고 부르는 것은 극단적이지 않을 때엔, 월바스트가 언급하고 있듯이, "정상적인 개인들의 삶을 이루고 있는 정상적인 요소"라는 사실이 종종 확인된다. 정말로, 프로이트는 건강한 사람 중에서 "성도착"의 일부 요소가 간혹 일어나지 않는 사람은 한 사람도 없다고 말했는데, 아마 그 말이 진리일 것이다.

오늘날 우리가 점진적으로 내리고 있는 결론은 성충동을 비정상적으로 충족시키는 것은 아무리 특이하고 심지어 불쾌할지라도 두 가지 종류를 제외하고는 비난하거나 간섭해서는 안 된다는 쪽이다. 한 종류는 의학을 침범하는 것들이고, 다른 한 종류는 법을 침범하는 것들이다. 말하자면, 첫 번째 종류는 비정상적인 행위의 주체가 자신의 건강을 해치는 경우이며, 그 사람에겐 의학적 또는 정신적 치료가 필요하다. 두 번째 종류는 비정상적인 행위의 주체가 자기 파트너 또는 제삼자의 건강을 해치거나 권리를 침범하는 것이다. 이런 경우엔 법이 간섭하고 나서야 한다.

성충동을 비정상적으로 충족시키는 방법도 정말 다양하며, 거기에 대처하는 법도 나라에 따라 다 다르며, 일부 국가는 그런 행위가 야기하는 피해에 대해 조치를 취해야 한다는 의견을 보이고 있다. 그런 피해의 예를 든다면, 미성년자를 유혹하거나, 간통으로 부부 동거권을 깨뜨리거나, 성교로 성병을 옮기는 것이 있다. 이런 문제들 중 많은 것에 대해 일반적인 동의가 이뤄지고 있다. 아직 의견이 크게 엇갈리고 있거나 나라마다 대처 방식이 다른 한 가지 문제는 동성애다. 이에 대해서는 다음 장에서 논할 것이다.

동성애는 언제 어디서나 존재해 왔다. 동성애는 자연스럽고 불가피한 변형의 범위 안에 드는, 인터섹슈얼의 한 상태이다. 그와 별도로, 또 삶의 초기의 성적 무관심에 근거하고 있다는 점과 별도로, 동성애는 일부 지역과 문화에서는 하나의 유행으로 인기를 누리거나 하나의 이상(理想)으로 치켜세워지기도 했다.

동성애는 아주 엄격한 법적 조치나 사회적 비난에도 없어지지 않는다. 초기 기독교 세기 동안에, 그러니까 콘스탄티누스(Constantine: 280?-337) 황제를 통해 국가가 새로운 종교로 기독교를 받아들인 이후로 동성애는 종종 잔인한 칙령의 대상이 되었으며, 프랑스에서는 종교 개혁 직전까지도 남색자들이 간혹 화형에 처해졌다.

그러나 종교 개혁 후에 나폴레옹 법전을 통해서 모든 단순한 동성애 행위는 서로 동의한 성인들끼리 은밀히 행해지는 경우에 처벌 대상이 되지 않게 되었다. 그럼에도 공개적으로 행해지거나 미성년자가 관계되었을 때엔 엄격히 처벌되었다. 그 원칙은 지금도 나폴레옹 법전이 영향을 미친 지역에서는 여전히 지켜지고 있다. 그러나 다른 나라들, 특히 영국과 미국에서는 고대의 엄격한 태도가 지금도 견지되고 있으며, 오랜 법들을 바꾸는 것이 어려워 보인다. 그런 나라에서 지금까지 취해지고 있는 조치는 그 법들의 집행을 삼가는 것이다.

사회의 태도가 더욱 계몽됨에 따라 더 큰 변화가 예상된다. 성적 행위와 태도는 공적 위반의 원인이 되지 않는 한 거기에 관련된 당사자가 결정할 사항일 뿐 다른 사람이 간섭할 일은 아니라는 점을 고려하는 것과 별도로, 그런 행위와 태도는 대개 선천적인 기질의 산물이라는 점도 기억해야 한다. 소위 선천적인 성적 일탈을 겪는 사람들이 의사를 찾을 때, 어려운 문제가 간혹 제기된다. 그런 경우에 의사는 그 환자를 "정상적"인 사람으로 만들어야 하는가? 의사에게 "정상"인 것이 진정으로 정상적인 사람에겐 부자연스럽고 "성도착"으로 보일 수 있는 상황에서 말이다.

나는 이렇게 말한 월바스트의 의견에 동의한다. "어떤 구체적인 개인에게 해를 입히지 않고 언제나 만족을 준 성적 일탈이라면 그 행위는 그 사람에게 정상적인 것으로 여겨져야 한다는 이론을 근거로 행동한다면, 우리는 아마 그 문제에서 올바른 길을 걷게 될 것이다." 여기에다가 나는 만약 그 같은 행위가 다른 사람에게 피해를 입히게 된다면 그 행위를 대하는 우리의 태도가 변하게 될 것이라는 점을 덧붙여야 한다.

우리는 아무런 결실을 얻지 못할 억압적인 조치를 취하려 들어서는 안 된다. 그럼에도 그런 태도를 타고난 짐으로 느끼면서 거기서 벗어나기를 원하는 사람이 있다면 의학적, 심지어 외과적 치료도 가능하도록 해 줘야 한다. 우리는 정의로워지려고 노력해야 할 뿐만 아니라 동시에 동정적이도록 노력해야 한다.

성적인 문제들에서 지금 보다 큰 관용이 바람직해 보이는데, 그런 관용은 정상을 벗어난 사람들을 정당하게 다루는 문제에만 영향을 미치지 않는다. 그것은 사회의 전체 기질에도 영향을 미치고, 도덕 체계에도 안정성을 새로 더한다. 성적 변형을 부도덕 또는 범죄로 다루는 것은 가망 없는 일일 뿐만 아니라, 거기에 따른 실패로 인해 도덕 체계가 손상을 입게 되고, 변형이 촉진된다. 왜냐하면 그런 문제에서는, 우리가 잘 알고 있듯이(알코올과 관련해서 잘 알려져 있다), 금지가 곧 자극이기 때문이다.

고대 그리스의 성적 표현을 연구한 역사가 한스 리히트(Hans Licht)는 그리스에서 성적 도착이 드물었다는 점을 지적했다(동성애는 성적 도착으로 여겨지지 않고 부부관계에 정상적인 보조로 여겨졌다). 이유는 그리스인들에게 성적인 문제들(어린이들이나 폭력이 수반되지 않는 한)은 도덕 밖에 있었고, 또 도덕은 오직 불공정, 국가를 해치는 위반, 그리고 범죄에만 관심을 두고 있었기 때문이다.

정상적인 관계들이 자유로울 때, 변형이 인위적으로 촉진되지 않으며, 변형이 일어난다 하더라도 지각되지 않고 넘어가는 경향이 있다. 월바스트는 이렇게 말한다. "미국 공동체들에 최근 들어서 성적 도착이 점점 널리 퍼지게 된 것은 대부분 아무도 모르는 사이에 도덕적인 힘들에 의해서 촉진되고 부추겨졌기 때문이라고 말하면 참으로 역설적으로 들리겠지만, 그것이 진실이다."

5장

동성애

성적 전도

성충동이 동성의 사람에게로 향할 때, 그것은 "성적 전도"(sexual inversion) "반대 방향의 성적 감정"(contrary sexual feeling) "우라니즘"(uranism)[29] 또는 정상적인 이성애에 반대되는 것으로서의 "동성애"(homosexuality) 등 다양한 이름으로 알려진 일탈이다. 동성애가 정상적인 이성애와 뚜렷이 구분되는 모든 형태의 이상(異常)을 두루 아우르는 최고의 일반적인 용어인 반면에, "성적 전도"는 선천적이고 고착된 형태의 이상에 가장 적절한 용어이다.

동성애는 모든 성적 일탈 중에서 가장 명쾌하게 정의되고 있다.

....
29   동성애를 뜻하는 단어로 드물게 쓰이며, 독일어 'Uranismus', 그리스어 'ouranios'를 바탕으로 만든 표현이다.

이유는 그것이 정상적인 대상으로부터 일반적으로 성적 욕망의 영역 밖에 있는 어떤 대상으로 완전히 또 근본적으로 옮겨간 충동을 나타내고 있기 때문이다. 그럼에도 동성애는 다른 측면에서는 인간의 애정에 호소력을 지니는 모든 속성을 다 갖추고 있다. 동성애는 대단히 비정상적인 일탈임에도 다른 모든 일탈이 제공할 수 있는 만족보다 더 큰 만족을 주는 것 같다. 동성애를 그렇게 중요하게 만드는 것은 아마 성적 전도의 그런 특징일 것이다.

이 중요성은 3가지 방향으로 나타나고 있다. 1) 동성애가 널리 퍼져 있으며 문화의 다양한 시대에 중요한 역할을 했다. 2) 오늘날의 문명에 동성애가 자주 등장한다. 3) 그런 일탈을 보인 사람들 중에서 탁월한 존재들이 많았다.

동성애가 근본적이고 "자연스럽다"고 불릴 수 있는 바탕은 동물들 사이에서 동성애가 흔하다는 사실이다. 다양한 포유류 동물들에서 동성애가 흔하게 관찰되며, 충분히 예상할 수 있는 일이지만, 사람과 아주 가까운 영장류 사이에 특히 많이 발견된다. 원숭이와 비비를 연구하는 G. V. 해밀턴은 "성숙하지 않은 원숭이 수컷은 전형적으로 거의 전적으로 동성애만 하는 시기를 거치며, 이 시기는 성적 성숙이 이뤄지는 시기에 갑자기 끊어지며, 그러면 원숭이는 이성애의 길로 돌아선다."고 말한다.

솔리 저커맨(Solly Zuckerman)은 비비와 침팬지들의 동성애적인 행동을 면밀히 관찰한 결과 동성애가 수컷보다 암컷 사이에 더 뚜렷이 행해지고 있다는 사실을 알아냈다. 그는 원숭이들 사이에서 동성애적인 행동과 이성애적인 행동이 전혀 뚜렷하게 구별되지 않는다는 점을 발견하면서 심지어 두 가지를 서로 섞으려는 태도를 보이고 있다.

미개하고 야만적인 민족들 사이에 동성애가 두드러지고 가끔은 존경을 받기도 한다. 유럽 문명의 토대가 되었던 고대 문명들 사이에서도 그랬다. 동성애는 아시리아인들에게도 알려져 있었으며, 거의 4,000년 전에 이집트인들은 남색을 호루스 신과 세트 신의 특성으로 여겼다.

동성애는 종교와도 연결되었을 뿐만 아니라 군대의 미덕과도 연결되었으며, 이런 식으로 동성애는 고대 카르타고인들과 도리아인들, 스키타이인들 사이에 고무되었으며 나중에는 노르만족들 사이에 고무되었다. 고대 그리스인들 사이에 동성애는 군대의 미덕과의 연결에서 이상화되었을 뿐만 아니라 지적, 미학적, 심지어 도덕적 자질과의 연결에서도 이상화되었으며, 많은 사람들에 의해서 이성애보다 더 고귀한 것으로 여겨졌다.

기독교의 도래 후에도 동성애는 여전히 그 바탕을 그대로 유지했으나 불명예를 뒤집어쓰게 되었다. 그 사이에 동성애는 동성애적인 행동과 별로로 동성을 이상화하는 하나의 심리적인 이상(異常)으로 여겨지며 망각되거나 알려지지 않게 되었다. 동성애는 유스티니아누스(Justinianus) 시대 이후로 남색으로, 말하자면 천박한 악으로, 교회의 매우 엄격한 처벌에, 심지어 화형에 처해질 수 있는 범죄로 인식되었다.

중세에는 성적 전도가 군대뿐만 아니라 수도원에서도 많이 일어났던 것 같다. 수도원의 '참회 규정서'에 끊임없이 언급되고 있으니 말이다. 그러나 동성애가 세상 속에서 두드러진 역할을 한 것은 르네상스에 이르러서였다.

단테의 스승인 브루네토 라티니(Brunetto Latini)는 동성애자였으며, 단테는 지성인과 유명인들 사이에 동성애자들이 많다고 언급했다. 유명한 프랑스 인문주의자 마르크 앙투아느 뮈레(Marc Antoine Muret)는 동성애 때문에 평생 동안 죽음의 위협에 시달렸다. 르네상스의 위대한 조각가 미켈란젤로(Michaelangelo)도 동성애 이상과 열정을 소중히 여겼지만, 그래도 그가 매력을 느꼈던 남자들과 육체적 관계를 했다는 증거는 없다. 르네상스 시대에 영국의 중요한 시인 중 한 사람이었던 크리스토퍼 말로(Christopher Marlowe)도 그와 똑같은 감정을 느꼈으며, 프랜시스 베이컨(Francis Bacon)도 마찬가지였다.

동성애자가 의사 앞에 서는 예는 좀처럼 없다는 말은 꽤 진실이다. 동성애자는 대체로 사람들 사이에 받아들여지고 있는 자신의 모습과 다른 모습을 보이기를 절대로 원하지 않는다. 또 동성애자들은 지능이 대체로 평균 이상은 아니라도 평균 정도는 되기 때문에 들키지 않으려 조심하고, 따라서 경찰의 감시를 피한다. 이런 식으로, 동성애의 유행은 그것을 찾아야 할 장소와 탐지해내는 방법을 모르는 사람에게는 절대로 알려지지 않게 되어 있다.

동성애에 관한 지식에서 타의 추종을 불허하는 히르슈펠트는 독일에서 인구의 다양한 계층을 상대로 한 여러 추산을 바탕으로 동성애자와 양성애자들의 비중이 계층에 따라서 1%에서 5%에 이른다는 점을 보여주었다. 영국에서는 나 자신의 관찰은 폭이 좁긴 하지만 교육을 제대로 받은 중산층의 경우에 동성애자의 비중이 그 정도 되는 반면에, 하층 계급에도 동성애가 드물지 않은 것이 확실하다는 점을 보여준다. 그리고 하층 계급 사이에 동성애 관계를 혐오하는 경향이 두드러지게 덜한 것 같다. 많은 동성애자들이 이 점에 대해 언급하고 있다.

여자들 사이에도 탐지하기가 보다 어려울지라도 동성애가 남자들에 비해 덜하지 않은 것 같다. 이 점에서 동성애는 다른 모든 일탈과 다르다. 두드러진 예들이야 아마 여자들이 남자들보다 적겠지만, 덜 두드러지고 덜 깊은 그런 동성애 관계는 남자들보다 여자들 사이에 더 많은 것 같다.

일부 직업이 다른 직업에 비해 동성애자 비율이 높다는 점을 보여주고 있다. 동성애는 과학적이고 의학적인 사람들 사이에 유독적다. 문학가와 예술가들 사이에 동성애자들이 많고, 연극 분야에서 동성애자가 종종 발견된다. 미용사와 웨이터, 웨이트리스들 사이에 동성애자들이 특히 많다. 교육 수준이 높은 동성애자들 중에서 이런저런 예술적 소질을 가진 사람의 비중이 높다. 나의 경험에 따르면 그 비율이 68%에 이른다.

미국에서 교육 수준이 높고 전문적인 계층에서 동성애자의 비율이 높았다. 마틴 펙(Martin Peck)은 보스턴에서 대학 생활의 모든 부분을 대표할 만한 대학생 60명을 상대로 조사한 결과, 7명이 확실한 동성애자라는 것을 알아냈다. 이들 중 6명이 성인이 되어 그런 경험을 한 적이 있다는 점을 인정했다. 다른 2명은 무의식적이었지만 분명히 동성애자였다. 펙은 대학생들 중 10%가 동성애 행위를 공개적으로 하든 안 하든 동성애자라고 생각하고 있다.

G. V. 해밀턴은 조사 대상으로 삼은 기혼녀 100명 중에서 어린 시절에 동성애적인 행위를 한 기억이 전혀 없다고 단정적으로 말할 수 있는 사람은 겨우 44명뿐이라는 것을 발견했다. 캐서린 데이비스는 여자들의 31.7%가 "다른 여자들과의 친밀한 감정적 관계"를, 미혼녀의 27.5%가 어린 시절에 동성애적인 놀이를 했다는 점을, 그들 중 48.2%가 청년기 이후로 그런 놀이를 중단했다는 점을 인정한다는 사실을 발견했다.

동성애의 중요성은 동성애 매춘이 흔하다는 점으로 다시 확인되고 있다. 이 부분에 대한 연구는 경찰이 여자들의 매춘을 그냥 내버려두는 것과 똑같은 이유로, 말하자면 동성애를 통제하고 제한하기 위해서 동성애 매춘을 눈감아 주는 베를린에서 특별히 실시되었다. 히르슈펠트는 베를린의 남자 매춘부들의 숫자를 2만 명 정도로 보고 있으며, 최근에 보다 보수적인 베르너 픽톤(Werner Picton)은 그 수치를 6천 명 선으로 잡고 있다. 이들 중 3분의 1 이상이 정신병 환자로 여겨지며, 그들 중에서 본인이 동성애자인 경우는 4분의 1 미만인 것으로 알려지고 있다. 여자 매춘부와 마찬가지로 동성애 매춘에 나서는 남자들도 주로 실업 때문이지만, 아마다른 원인들이 다양하게 있을 것이다.

이렇듯 성도착이 아주 중요한 현상임에도 불구하고, 그것이 과학적 연구의 대상이 되거나 존재 자체를 인정받게 된 것은 최근의 일이다. 이런 노력은 독일에서 가장 먼저 일어났다. 18세기 말에 독일에서 남자들이 동성에 대해 품는 전형적인 성적 매력을 보여주는 예가 두 건 발표되었다. 그러나 하인리히 회슬리(Heinrich Hössli)와 요한 카스파(Johann Caspar), 특히 칼 울릭스(Karl Ulrichs)("우라니즘"이라는 용어를 만든 인물) 등이 그 길을 추가로 닦았지만, 동성애가 습득되는 것이 아니라 타고나는 것이기 때문에 악으로 규정되어서는 안 되고, 거기에 신경증적 요소가 있을지라도 광기로 여겨서는 안 된다는 점을 보여주게 된 것은 칼 프리드리히 베스트팔(Carl Friedrich Westphal)이 여자 동성애자의 역사를 세세하게 기록한 책을 발표한 1870년의 일이었다.

그때부터 성적 전도에 관한 과학적 지식이 급속도로 증가했다. 성적 전도를 다룬 최초의 위대한 임상의였던 크라프트-에빙은 비정상적인 성욕을 다룬 최초의 과학서인 『성적 정신병』에 일반인들의 관심을 끌기 위해 다수의 사례들을 모았다. 크라프트-에빙보다 더 비판적인 정신과 더 폭넓은 과학적 문화를 가진 몰이 성적 전도에 관한 훌륭한 논문으로 그 뒤를 이었다. 이어서 성적 전도자(顚倒者)들에 대해 타의 추종을 불허할 만큼 개인적으로 많이 알고 있던 마그누스 히르슈펠트가 우리의 지식에 많은 것을 보탰으며, 그의 책 『동성애』(Der Homosexualität)(1914)는 영어로 아직 번역되지 않았지만 그 주제의 백과사전 같은 역할을 하고 있다.

"성적 전도"(inversione sessuale)라는 용어가 처음 만들어진 이탈리아에서는 일찍부터 리티(Ritti)와 타마시아(Tamassia), 롬브로소 등에 의해 사례들이 제시되었다. 프랑스에서는 샤르코와 마냥(Magnan)이 1882년에 이 분야의 연구를 처음 시작한 이후로 페레와 세리외(Sérieux), 생-폴(Saint-Paul) 등이 성적 전도에 관한 지식을 확장했다. 러시아에서는 타르노프스키(Tarnowsky)가 그 현상을 처음 조사했다.

영국에서는 유명한 의사의 아들이며 자신도 뛰어난 문필가였던 존 애딩턴 시몬즈(John Addington Symonds)가 두 권의 탁월한 팸플릿을 개인적으로 발표했다. 하나는 고대 그리스의 성적 전도에 관한 것이었고, 다른 하나는 동성애라는 현대적 문제에 관한 것이었다. 또 에드워드 카펜터(Edward Carpenter)도 이 주제에 관한 팸플릿을 인쇄했으며 나중엔 '중간 성'에 관한 책을 썼다(독일어로 먼저 출판되었다).

라팔로비시는 프랑스어로 탁월한 책을 발표했으며, 성적 전도에 관한 나의 책은 독일(1896)에서 먼저 출간되었다가 영국과 미국에서 출간되었다. 미국에서도 일찍이 키어난과 프랭크 라이드스튼(Frank Lydston)이 성적 전도에 관한 사실들과 이론에 관심을 기울였다. 영어로 된 최근의 책 중에서 가장 탁월한 것은 스페인어를 번역한 마라논(Marañón)의 책이다.

최근에 이 주제를 다룬 연구는 많았지만 완전히 일치하는 의견은 아직 나오지 않고 있다. 가장 근본적인 어려움은 성적 전도가 선천적이냐 아니면 후천적이냐를 결정하는 문제에 있다. 크라프트-에빙의 영향력이 느껴지기 전까지 지배적이었던 의견은 동성애는 습득되는 것, 말하자면 하나의 "악"이라는 것이었다. 다시 말하면, 동성애는 정상적인 성교의 불능을 부르는 자위행위나 성적 과잉의 자연스런 결과이거나 삶의 초기에 있었던 암시의 결과(비네와 슈렝크-노칭이 이런 의견을 보인다)라는 것이었다.

크라프트-에빙은 동성애의 선천성 변형과 후천성 변형을 모두 받아들였으며, 그 결과 나타나게 된 것이 습득된 동성애의 중요성을 최소화하는 경향이었다. 이 같은 경향은 몰의 논문에 아주 두드러지게 나타났으며, 히르슈펠트와 마라논은 동성애에는 언제나 선천적인 요소가 있다고 생각하고, 블로치와 아르놀드 알레트리노(Arnold Aletrino) 등은 이런저런 이유로 동성애 행위에 빠지게 된 후천성 동성애자들을 "가상 동성애" 집단에 속하는 것으로 분리시켰다. 내케도 이 같은 견해를 보이면서 선천적 전도와 후천성 전도를 구분할 것이 아니라 진짜 전도와 가짜 전도를 구분해야 한다고 주장한다. 그는 늦게 나타나는 동성애를 습득한 것으로 보지 않고 선천적이라는 바탕에서 "지체된" 동성애로 여겼다.

성적 전도는 주로 후천적인 조건이라는 낡은 관점을 보였던 일부 권위자들(내케와 블로치 포함)은 훗날 보다 현대적인 관점을 취했다. 많은 정신분석가들은 여전히 동성애는 언제나 후천적이라는 믿음을 신봉하고 있으면서도 동시에 동성애가 자주 고착되고, 따라서 기질적일 수 있다는 점을 인정하고 있다. 따라서 의견 차이가 점점 덜 중요해지고 있다.

견해가 바뀌어야 할 또 한 가지 근본적인 사항은 성적 전도가 선천적이라 하더라도 그것이 병적이거나 "타락한" 상태로 여겨져야 하는가 하는 문제이다. 이 문제에 대해 크라프트-에빙은 처음에 옛날의 견해를 보이면서 성적 전도를 신경증적이거나 정신병적인 상태로 보았지만, 최근의 글에서 그는 현명하게 그런 입장에 변화를 주며 성적 전도를 질병이나 "쇠퇴"가 아니라 이상(異常)으로 보았다. 이것이 현대적 의견이 꾸준히 나아가고 있는 방향이다. 동성애자도 자신의 특별한 일탈 밖에서는 모든 측면에서 건강하고 정상이다. 나의 관점은 언제나 그랬다. 내가 성적 전도를 약한 신경증적인 상태와의 연결 속에서 보고 있지만 말이다. 우리는 성적 전도에 신경증적인 바탕이 있을지라도 병적인 요소는 언제나 작다고 주장하는 히르슈펠트(유전적인 성적 전도는 전체의 25%에 미치지 못한다고 주장한다)에 동의할 수 있다.

이리하여 우리는 심리학의 영역을 벗어나 생리학적 체질을 보면서 동성애가 일어나는 근본적인 토대가 어떤 것인지를 살피기에 이르렀다. 세상에는 명확히 구분되고 변경할 수 없는 성이 두 가지, 즉 정세포를 갖고 있는 남자와 난자를 갖고 있는 여자가 존재한다고 말하는 것이 쉬워 보인다. 그러나 그 같은 진술은 생물학적으로 보면 엄격히 옳은 것으로 여겨질 수 없다.

우리는 성이 무엇인지에 대해 정확히 모르지만, 그것이 바뀔 수 있다는 것은 알고 있다. 한 성이 다른 성으로 바뀔 가능성이 있는 것이다. 그래서 성을 나누는 경계는 종종 불확실하고, 완전한 남자와 완전한 여자 사이에 무수히 많은 단계들이 있다.

정말로, 일부 형태의 동물의 삶에서 어느 것이 수컷이고 어느 것이 암컷인지를 구분하는 것이 결코 쉽지 않다. 우리가 생식 문제와 별도로 섹스 현상을 연구하는 것이 정당할지라도, 이런 동물들의 경우에 성은 생식을 확보하는 장치들 중 하나(자연 속에는 다른 장치들이 있기 때문이다)로 여겨질 것이다. 생식이 자연의 중요한 목표라는 것이 아무리 확실한 진리라 해도, 유성 생식은 그 목적을 이루는 몇 가지 장치들 중 하나에 지나지 않는 것도 마찬가지로 진리이다.

XX든 XY든, 모든 성염색체에는 발달하는 개인에게 남자 유형 또는 여자 유형을 강요하는 어떤 충동의 육체적 토대가 들어 있다고 봐야 한다. 인종이 서로 다른 개인들이 결합하면, 일부 나방들(그런 현상을 연구하는 대상으로 자주 이용된다)처럼, 그 후손은 종종 정상적이지 못하며, 남자 후손은 여성스런 경향을 보이고 여자 후손은 남성스런 경향을 보인다. 이 같은 변형이 일어난 여자는 "강하다"는 인상을 주고 남자는 "약하다"는 인상을 줄 수 있다. 여기서 우리는 열등한 동물의 형태에서 나타나는 '인터섹슈얼리티'(intersexuality)[30]의 조건을 보고 있다. 사람 쪽으로 나아가면서 심리학적 영역으로 들어갈 때, 가끔 "중간"의 성을 이루는 것으로 여겨지는 것을 여기선 '인터섹슈얼리티'로 보고 있다. 더 엄격히 말하면, 그것은 남자를 결정하는 요소들과 여자를 결정하는 요소들 사이의 양적(量的) 부조화의 결과이다. 그것은 그 개인의 유전적인 체질의 일부이기 때문에 타고나는 것이며, 발달이 진행되면서 더욱 두드러지게 되며, 고등 동물인 경우에 정신의 영역에도 뚜렷이 드러난다.

나방을 대상으로 연구하면, 이 같은 인터섹슈얼리티가 고등 동물에게 일어나는 것보다 더 단순하며, 같은 종(種: species) 안에서 유전적으로 서로 다른 종족(race)끼리의 결합에 의해 생겨난다는

....
30   남자 또는 여자의 전형적인 정의와 맞아떨어지지 않는 생식적 또는 성적 구조를 가진 상태를 말한다.

것이 확인된다. 사람 쪽으로 가까이 갈수록, 인터섹슈얼리티의 형태들이 달라지며, 외적인 육체적 측면에서 보면 덜 두드러지거나 전혀 두드러지지 않는다. 또 인터섹슈얼리티가 다른 종족끼리의 결합 때문에 일어나기보다는 개인의 다양한 일탈에 따라 일어나는 한편, 가끔 모든 단계에서 외적 요인들이 영향을 미칠 수 있다.

이제 우리는 다시 호르몬들의 작용으로 눈을 돌리면서 인터섹슈얼리티가 생기는 실제 메커니즘에 보다 가까이 다가서기 시작하고 있다. 우리는 호르몬들을, 원래의 성염색체 XX 또는 XY의 영향이 다 끝나고 난 뒤에 성이 형성되는 과정을 안내하는 역할을 맡는 것으로 볼 것이다. 육체의 체세포 조직들은 자신이 받는 성 호르몬들의 특별한 복합체의 자극에 따라 남녀 어느 한쪽 성의 특징들을 발달시킬 능력을 갖추고 있다. 정말로, 난소는 초기 단계에 체세포에 두드러진 영향을 미치지 않는 것으로 믿어진다. 발달한 여자의 성적 기능이 그것을 유지하는 데 필요한 성호르몬들에 좌우됨에도 불구하고, 여자로 발달하는 것은 타고나는 것처럼 보인다. 한편, 남자의 분화는 반드시 남성 고환 호르몬을 필요로 한다. 따라서 여자는 체세포가 남성 호르몬이 부재한 상태에서 취하는 중성적인 형태를 나타낸다.

남성 호르몬이 보통보다 늦게 나타날 때, 어떤 형태의 '인터섹슈얼리티'가 나타난다. 남성 호르몬이 나타나는 시기가 늦어질수록, 더 많은 여성성이 나타나게 된다. 프랜시스 크루가 말하듯이, "비정상의 정도는 남성 호르몬이 작용하게 되는 시기에 따라 정해질 것이다". 그것이 어릴 때 여자 같던 사람이 성적으로 성숙을 이루는 때에 남자 같은 성격을 갖게 되는 이유를 설명해준다.

고환과 같은 방향으로 남성화 영향을 미치는 한 호르몬의 형성은 특별히 부신 피질로 돌려지고 있다. 현재 간혹 '남성화' (virilism)라 불리는 이 결과는 다모증과 연결되며, 남자의 경우에 소중한 성적, 신체적 발달과 관계있는 반면에 여자의 경우에 자궁 위축과 난소의 변화, 음순의 미발달과 클리토리스의 과잉 성장, 유방 위축, 작은 엉덩이, 넓은 어깨, 근육 발달 등과 관계있다. 성기능 장애, 심지어 완전한 불임이 일어날 수도 있다.

남성화는 시작되는 시점에 따라 4가지 유형으로 묘사되었다. 1)선천적인 유형(이차 성징이 남자인 반면에, 생식샘은 여자로 남아 있으며 자웅동체와 유사하다), 2)사춘기 유형(사춘기에 가까워지면서 시작한다. 다모증과 생리 불순이 많다) 3)성인 유형(다소 비슷하고 덜 두드러진다) 4)산과(産科) 유형(갱년기 이후에 비만과 머리카락 상실, 정신적 장애, 무력증을 보인다.)이 그것이다. 부신 피질 호르몬이 작동하는 정확한 방식은 아직 논란의 대상이 되고 있다.

크게 보면, '성간'(性間: intersexual) 변화는 히르슈펠트가 제시하듯이 4가지 종류, 즉 1)생식기 자웅동체(남자 성기와 여자 성기의 혼합) 2)신체 자웅동체(육체적 성별 혼합) 3)정신적 자웅동체(정신적 성별 혼합) 4)정신-성적 자웅동체(동성애)로 나뉜다.

동성애를 다룰 때, 우리는 여전히 '성간' 영역에 있고 틀림없이 호르몬들의 작용에 큰 관심을 두고 있지만, 우리는 육체적 증상을 추적하는 것이 대체로 어려운 정신적 영역에 있다. 여러 해 전에

베이유(Weil)를 비롯한 일부 전문가들이 동성애자의 선천적인 기원을 보여줄 작은 육체적 차이를 보여주려고 노력했음에도, 육체적 증상들은 틀림없이 약하거나 강하게 존재할 것이지만 별로 중요하지 않다. 측정 가능한 그런 차이와 별도로, 어떤 개인들은 근본적인 체질 때문에, 그리고 아마 호르몬의 특이한 균형의 결과 동성의 사람과 성적 만족을 경험하는 특별한 성향을 갖게 되었다는 데엔 거의 의문이 제기되지 않는다. 사람과 하등 동물들 중에서 이성이 없는 경우에 일시적으로 동성과 성적 만족을 추구하면서도 정상적인 존재로 여겨질 수 있는 개체들이 많다.

모든 개인에게 남성적인 요소들과 여성적인 요소들이 다양한 비율로 혼합되어 있고, 또 남자 동성애자는 여성적인 요소들을 특별히 많이 갖고 있는 사람이고 여자 동성애자는 남성적인 요소들을 특별히 많이 갖고 있는 사람이라고 단정하는 것은 위험할 수 있다. 또 그 같은 단정은 그 현상을 거의 설명하지 못하는 도식적인 견해일 뿐이다.

그러나 정상적인 것으로 짐작되는 사람들에게 간혹 나타나는 동성애를 별도로 떼어놓을 때, 우리는 동성애를 타고나는 그 이상으로, 더 정확히 말하면, 타고난 조건에 근거하는 그 이상으로 봐도 무방할 것 같다. 그렇다면 우리는 성적으로 전도된 사람도 색맹인 사람만큼이나 건강할 수 있다고 봐야 한다. 따라서 타고난 성적 전도는 생물학적 변형과 비슷하다. 그것은 틀림없이 불완전한 성적 분화 때문에 일어난 변형이지만, 그 사람 본인의 병적 상태와는 어떤 식으로도 연결되지 않는다.

성적 전도를 이런 식으로 보는 견해는 지금 널리 퍼지고 있으며, 최근에 많은 힘을 얻었다. 그러나 그 견해는 다소 과거로 거슬러 올라간다. 울릭스는 일찍이 1862년에 성적 전도가 "자웅동체의 한 종류"라고 선언했다. 미국에서는 키어난이 인간 종의 조상들은 원래 양성애자였다는 사실의 중요성을 강조했다. 줄리앙 슈발리에(Julien Chevalier)는 1893년에 태아 양성애에 근거한 전도 이론을 제시했다.

마드리드의 호세 데 레타멘디(José de Letamendi)는 '범(汎)자웅동체'(panhermaphroditism) 이론을 제기했는데, 이에 따르면 남자에게는 언제나 잠재적인 여자의 씨앗들이 있고 여자에게는 잠재적인 남자의 씨앗들이 있다. 마지막으로, 1896년경에 크라프트-에빙과 히르슈펠트와 내(모두 다소 독립적으로)가 다소 비슷한 설명을 택했다.

성적 전도에 관한 이런 일반적인 견해들은 그 변형의 임상학적 분류에 영향을 미쳤다. 크라프트-에빙은 타고난 성적 전도의 변형 4가지와 습득한 형태의 변형 4가지를 받아들였다. 몰은 정신-성적 자웅동체(요즘 흔히 말하는 양성애)와 완전한 전도만을 인정하면서 이런 정교한 분류를 거부했다. 이것이 지금 대부분의 권위자들로부터 인정받고 있는 구분과 일치한다. 바꿔 말하면, 전적으로 이성에게만 끌리는 사람들을 따로 둔다면, 동성에게만 전적으로 끌리는 사람들과 동성과 이성에 모두 끌리는 사람들이 남는다.

이런 간단하고 기본적인 분류를 넘어서면, 우리 앞에 끝없이 많은 수의 개인적 편차가 나타나며 그것들은 명확한 집단으로 쉽게 분류되지 않는다. 양성애의 종류조차도 엄격히 일치하지 않는다. 왜냐하면 타고난 성적 전도가 있는 상태에서 이성애를 습득한 개인들도 많기 때문이다.

아주 뚜렷한 성적 전도의 예들을 고려할 때, 자주 반복되는 일부 특징들이 있다. 상당한 비중(나의 경험에 따르면 50% 이상)이 꽤 건강한 가족에 속하는 한편, 40% 정도는 다소 병적 상태에 있거나 비정상적인 상태의 가족에 속한다. 성적 전도의 유전성은 뚜렷함에도 간혹 부정되고 있다. 가끔은 오누이, 어머니와 아들, 삼촌과 조카가 성적 전도를 보일 수 있고, 그러면서도 서로 그런 성향을 모르고 있을 수 있다. 나는 35% 정도에서 이런 가족 또는 유전적 전도를 발견하고, 루시엔 폰 뢰머도 같은 비율을 제시했다. 이 수치 하나만으로도 성적 전도가 타고나는 것이라는 점을 보여주기에 충분하다. 3분의 2 정도는 개인의 전반적인 건강이 좋고, 가끔은 매우 좋다. 나머지 중에서는 신경에 문제가 있거나 다소 불균형한 기질의 소유자인 것으로 드러난다. 아주 작은 수의 사람들만(나의 경험에 따르면 8% 정도)이 뚜렷하게 병적이다.

대다수의 경우에 전도된 성향이 일찍이, 종종 사춘기에 나타나지만 사춘기 전에 나타난다는 암시도 자주 보인다. 성적 조숙이 대부분에게서 두드러져 보이며, 성적 지각 과민의 경향도 종종 있다. 많은 성적 전도자들은 자신을 "예민하거나" "신경질적"이라고 묘사한다. 암시의 효과도 드물지 않게 추적 가능하지만, 그런 경우에는 대체로 그런 소인(素因)이 있다.

대부분의 경우에 자위행위를 했지만, 자위행위는 이성애자들 사이에도 마찬가지로 흔하며, 따라서 자위행위가 성적 전도의 한 원인이라고 말할 근거는 전혀 없다. 성적 전도자들의 에로틱한 꿈들은 대체로 전도되어 있지만 반드시 그런 것은 아니며, 타고난 것으로 보이는 성적 전도자들까지도 가끔 정상적인 꿈을 꾸는 것 같다. 정상적인 사람들이 이따금 동성애적인 꿈을 꾸는 것과 다를 바가 없다.

전도된 성충동의 만족은 다양한 방식으로 이뤄진다. 내가 알고 있는 예들 중에서 20% 정도는 어떤 종류의 성적 관계도 하지 않았다. 30% 내지 35%는 성적 관계가 밀접한 접촉 그 이상으로 나아가지 않거나 기껏 상호 자위행위를 했다. 다른 예들은 사타구니 성교나 간혹 펠라티오가 행해졌다. 여자의 경우에 성적 만족은 키스나 밀접한 접촉, 상호 자위, 쿤닐링구스를 통해서 얻었다. 이런 행위는 대체로 수동적이기보다는 능동적이다. '항문 성교'(종종 수동적이기보다는 능동적이다)를 원하는 남자 전도자들은 많지 않다. 히르슈펠트는 전체의 8%로 잡고 있으며, 나는 거의 15% 달한다는 것을 확인했다.

남자 전도자들에겐 여자 유형을 흉내 내려는 경향이 자주 보이고, 여자 전도자들에겐 남자 유형을 흉내 내려는 경향이 보인다. 이런 경향은 육체적인 측면과 정신적인 측면에서 같이 일어난다. 그 경향은 꽤 많은 점에서 추적 가능할지라도 언제나 두드러지는 것은 아니다.

그러나 일부 남자 전도자들은 자신의 남성성을 강조하는 반면에, 다른 많은 사람들은 자신이 남자처럼 느끼는지 여자처럼 느끼는지에 대해 분명하게 말하지 못한다. 여자 성적 전도자들 사이엔 남자의 태도와 기질을 흉내 내려는 경향이 있다. 그럼에도 그 같은 태도가 언제나 두드러지는 것은 결코 아니다.

구조나 기능의 사소한 이상이 다양하게 일어날 수 있다. 남녀 모두 성기가 가끔 과도하게 발달해 있는 경우가 있지만 대체로 보면 덜 발달되어 있다. 유아를 닮으려는 경향도 있다. 남자에게서 간혹 여성형 유방이 관찰된다. 여자들에게서는 발성기관이 다소 남자처럼 발달하는 것이 보이고 다모증이 나타난다. (마라논은 남성적인 특징들은 신체의 오른쪽에 나타나고, 여성적인 특징은 신체의 왼쪽에 나타나는 경향이 있다는 것을 발견했다.) 남자 전도자들은 가끔 휘파람을 불지 못한다.

남녀 모두에서 젊은 외모를 오랫동안 간직하는 현상이 나타난다. 초록색(어린이들, 특히 소녀들이 선호하는 색이다)을 사랑하는 것이 자주 관찰된다. 허영심과 개인적으로 꾸미는 경향, 장식과 보석을 좋아하는 성향뿐만 아니라, 어느 정도의 극적인 태도가 드물지 않다.

이런 육체적, 정신적 특징들 중 많은 것은 어느 정도의 유치증을 암시하는 것으로 풀이된다. 이것은 성적 전도의 기원을 근본적으로 양성애적인 바탕에서 찾으려는 관점과 일치한다. 왜냐하면 개인의 삶의 역사를 거꾸로 더듬을수록, 우리가 양성애 단계에 더 가까이 다가서게 되기 때문이다.

도덕적으로, 전도자들은 언제나 스스로에게 정상적인 규범을 적용하면서 자신의 입장을 정당화하려 노력한다. 자신의 본능에 맞서 싸우거나 자신의 태도를 영원히 인정하지 않거나 자신의 태도에 대해 의문스럽게 생각하는 사람들은 소수로 20%도 채 되지 않는다. 이것이 전도자들 중에서 의학적 조언을 구하는 이가 그렇게 적은 이유이다.

그들은 프랑스뿐만 아니라 나폴레옹 법전의 영향을 받은 다른 여러 나라들(이탈리아와 벨기에, 네덜란드 등)도 동성애 행위 자체는 법으로 건드리지 않는다는 사실을 근거로 자기 합리화를 강화한다. 이들 나라에선 폭력이 없고, 미성년자에게 해를 입히지 않고 공공의 품위를 떨어뜨리지 않는 한, 동성애를 문제삼지 않는다.

영국과 미국은 아마 동성애에 반대했던 고대의 교회 사법권이 여전히 영향력을 미치고 있는 주요 국가들이다. 그러나 이들 나라에서 동성애 행위가 어느 정도 범죄에 해당하는지를 결정하는 것은 어려운 일이다. 범죄자가 발각되는 경우가 극히 드물고, 범죄자를 찾는 일도 쉽지 않기 때문이다. 대체로 경찰은 동성애자들의 뒤를 쫓는 것을 일부러 피하고 있으며, 성적 전도자들을 처벌하는 국가에서 전도자들의 비중이 적어지고 있다고 짐작할 만한 근거는 하나도 없다.

프랑스를 예로 들어보자. 법에 따라 성적 전도자가 화형에 처해질 수도 있었던 옛날의 군주제 하에서 그런 전도가 가끔 유행하고 두드러졌다. 그러나 지금은 거꾸로 되었다. 이런 사실들에 비춰보면, 오늘날 의학 분야뿐만 아니라 법률 분야에서도 지지를 발견하고 있는 어떤 움직임이 있다. 동성애 행위가 반사회적인 성격을 지니는 때를 제외하곤 그런 행위에 대한 처벌을 폐지하려는 움직임이다. 이런 움직임이 당장 소요 가능성을 배제시키고 또 동성애를 범죄로 보는 국가들에 팽배한, 동성애를 찬미하려는 경향을 약화시킨다는 사실은 동성애 처벌법의 폐지를 옹호하는 강력한 근거가 되고 있다. 동성애를 찬미하는 것은 바람직하지 않으며, 여러 측면에서 해롭기도 하다.

성적 전도의 진단

성충동은 나중에 성인이 되었을 때보다 어릴 때에 산만하게 분산되는 경향이 있다는 점에 대해선 이미 말한 바가 있다. 아마 이같은 분산의 결과로, 성충동이 이성의 개인들에게 정확히 초점이 맞춰지지 않을 수 있다. 독일 철학자 막스 데수와(Max Dessoir)는 한 걸음 더 나아가 14세나 15세가 될 때까지 소년과 소녀의 성적 본능이 분화되지 않는 것이 정상이라고 말했다. 보다 최근에 프로이트(윌리엄 제임스 등을 따르면서)는 자신이 관찰한 모든 젊은이들에겐 정상적으로 동성애적인 경향이 있다는 뜻을 거듭 밝혔다.

이론적으로 보면, 이 견해는 전적으로 건전하다. 모든 개인이 이성의 육체적 씨앗들을 포함하고 있기 때문에, 사람이 이성의 정신적 씨앗도 포함하고 있다고 짐작하는 것이 합리적이다. 또 어린 시절에는 그 사람 자신의 성적 특징들이 육체적으로나 정신적으로 아직 발달하지 않은 상태이기 때문에, 우리는 반대되는 특징들이 비교적 두드러질 것이라고 기대해야 한다.

어린 시절에 동성애 경향이 나타나는 것은 생리학자들이 별도로 내린 결과들과도 일치한다. 일례로, 월터 히프는 증거가 "순수한 수컷 동물 또는 암컷 동물은 절대로 없다. … 모든 동물들은 양성의 요소들을 어느 정도는 다 갖고 있다는 점을 보여주고 있다."고 결론을 내린다. 이런 결론이 나오는 이유들 중 일부는 꽤 분명하며, 이 결론은 오랫동안 성적 전도에 관한 가장 합리적인 설명으로 받아들여졌다.

잠재적인 성적 요소가 초기에 표면으로 더 쉽게 드러난다는 것은 충분히 이해할 수 있다. 그때엔 지배적인 성적 요소도 여전히 발달하지 않은 상태이기 때문에 잠재적인 성적 요소를 억압하는 것이 불가능하기 때문이다. 프로이트는 1905년에 이렇게 썼다. "지금까지 정신분석을 하면서 동성애의 경향을 상당히 고려하지 않아도 되었던 남자나 여자는 한 사람도 없었다." 만약 경험이 대단히 풍부하고 노련한 정신분석가가 한 이 말을 정신분석의 대상이 되었던 다소 병적인 사람에게 진실인 것으로 받아들인다면, 정상적인 사람에게도 이런 경향이 약하더라도 있겠지만, 청년기 이후로는 탐지되지 않을 수 있다는 말을 덧붙여야 한다.

그러므로 동성애 경향을 받아들인다고 해서 삶의 초기에 성충동이 전혀 분화되지 않은 상태에 있다고 믿어야 하는 것은 아니다. 일부 큰 학교들(특히 영국의 일부 공립학교)에서, 동성애가 널리 퍼져 있고 일종의 전통 같은 것에 의해 조장되고 있는 것으로 알려지고 있다. 그러나 이것은 예외인 것 같다. 우리들 중 많은 사람들은 학교생활에 관한 기억과 연상에서 동성에 끌렸다는 점을 뒷받침할 만한 증거를 떠올리지 못한다.

소년들 사이에서 다소 낭만적인 동성애적 애착을 쉽게 느끼는 경향이 발견되는 것은 사실이다. 한편, 소녀들은 자신보다 다소 나이가 많은 다른 소녀에게 열정적으로 헌신하고, 또 선생들에게 헌신하는 경향을 훨씬 더 강하게 보인다. 그러나 이런 감정이 상호적일 때, 그리고 그 감정이 분명한 성적 표현과 만족으로 이어질 때조차도, 성급하게 그런 감정을 엄격한 처벌이 요구되는 악으로 보거나 치료가 필요한 질병으로 여겨서는 안 된다. 이런 예들 대부분을 보면, 그것이 젊음에 불가피한 단계라는 것이 확인된다.

그러므로 대부분이 순수하게 감정적인 그런 표현들을 다룰 때, 그 표현들이 간혹 잔인한 모습을 보이더라도, 다소 정상적인 발달의 초기 단계를 보고 있다는 사실을 깨닫는 것이 중요하다. 그런 모습 앞에서 지나치게 성급하게 질병이나 악이라는 식으로 예단하는 경우에 소년의 미래 명성에는 말할 것도 없고 신경 및 정신적 성격에 엄청난 피해를 안기게 된다.

그런 표현들을 특별히 다룰 필요가 있을 때에는 친절한 선생이나 후견인이 나서는 것이 적절하다. 이때 선생이나 후견인은 성에 관한 일반적인 정보를 전하면서 소년에게 자존심을 심어주고 타인들의 행복을 배려하는 마음을 가르쳐야 한다. 소녀들의 경우에는 이런 표현들을 해도 대체로 심각하게 다뤄지지 않는다. 부분적인 이유는 그런 표현들이 너무나 흔하기 때문이고, 또 다른 부분적인 이유는 여자들이 그런 표현들을 남자들보다 더 관대하게 보는 경향이 있기 때문이다.

그러나 동성애의 이런 일시적인 표현과, 성충동과 이상(理想)들이 평생 향할 방향을 암시하는 타고난 성적 전도를 구분하는 것이 여전히 꽤 중요하다. 어떤 아이들에게선 성충동이 애초부터 이성을 향하지 않고 동성을 향하는 것이 확인된다. 그러나 타고난 성적 전도에 대한 확실한 진단은 청년기가 완전히 끝나기 전까지는 가능하지 않다. 예를 들어, 미학적 취향을 가진 지적이고 세련된 청년이 대학에 다니면서 멋지고 성미가 맞는 동성에 둘러싸여 지내며 여자들에게 무관심하고 감상적인 우정을 계속 찬미할 수 있다. 그런 경우에 청년은 스스로 타고난 성적 전도자임에 틀림없다고 결론 내릴 수 있다. 그러던 그도 대학을 떠나 세상 속으로 들어가면서 자신도 결국엔 보통 인간의 공통적인 열정을 공유하고 있다는 사실을 깨달을 수 있다. 정말로, 동성애 충동이 정상적인 발달의 한 단계가 아니라고 꽤 확실하게 말할 수 있는 것은 25세 이후이다. 성숙을 완전히 이룬 뒤에도, 동성애 충동이 이성애자로 바뀌거나 아니면 그야말로 양성애가 될 수 있다.

그러나 타고난 성적 전도자를 아주 일찍부터 가려낼 수 있는 근거도 있다. 만약 성적으로 비정상적일 만큼 조숙한 가운데 성적 관심이 동성에게만 집중되고 이성에는 성적 매력을 전혀 느끼지 못하면서도 여자의 관심사와 취미에 끌리고 있다면, 또 만약에 가족의 내력이 신경증적인 비정상이나 일탈을 보여준다면, 그때엔 그래도 확신은 불가능하지만 소년이 일종의 타고난 전도자라고 의심해 볼 필요가 있다.

그러나 동성애 성향이 삶의 후반까지 나타나지 않는 예도 있다.

예전에는 이런 경우는 그 같은 조건이 습득된 것으로 여겨지고 타고난 것으로 받아들여지지 않았지만, 지금은 많은 전문가들이 이 이론에 이의를 제기하고 있다. 이런 예들을 정말 타고난 경향이 늦게 발달한 것으로, 그러니까 '지체된 타고난 전도'로 보고 있는 것이다.

이런 식으로, 진정으로 타고난 성적 전도(일찍 발달하거나 발달이 지연되는 경우가 있다)와 개인의 성충동이 양성 모두에게로 향하는 양성애적인 끌림(모두는 아니어도 대부분의 예는 정상적인 습관을 습득한 성적 전도자들이다), 모호하고 큰 유사 동성애자들 집단이 구분된다. 이 중에서 유사 동성애자들의 이상(異常)은 일시적 상황(선원들의 경우)이나 고령에 따른 발기 부전 또는 비정상적인 감각의 추구 때문에 일어난다. 유사 동성애와 관련해서도 우리는 지배적인 견해에 따라서 그런 동성애도 자연적으로 발달했다는 점을 인정해야 하고, 따라서 완전히 습득한 것으로 여겨서는 안 되며 잠재적인 태도가 발달한 것으로 여겨야 한다.

성적 전도는 지성과 인격이 평균 이상인 사람들에게 나타나는 경향이 있기 때문에 특별한 중요성을 지닌다. 과거나 현재의 유명한 군주나 정치가, 시인, 조각가, 화가, 작곡가, 학자들을 제외한다 하더라도, 성적 전도는 평균 이상의 사람에게 잘 나타난다. 그것이 아마 성적 전도가 쉽게 눈에 띄지 않는 이유일 것이다.

많은 의사들은 성적 전도자를 한 번도 보지 못했다고 믿고 있다. 조지 새비지(George Savage) 같은 경험 많은 정신과 의사도 언젠가 자신은 성적 전도를 가진 사람을 만나지 못한 것 같다고 말했다. 또 다른 유명한 정신과 의사의 경험도 많은 것을 생각하게 만든다. 내케는 자신이 알기로는 성적 전도자를 한 번도 만나지 않았던 것 같았기 때문에 이 분야의 경험이 누구보다 풍부한 히르슈펠트에게 언젠가 성적 전도자 한 사람을 자신의 진료실로 보내달라고 부탁하는 편지를 썼다. 그런데 히르슈펠트가 보낸 사람이 내케가 결혼을 통해 매우 가까운 사이가 된 사람이었다. 내케는 깜짝 놀라지 않을 수 없었다. 우리가 모든 사회적 환경 속에 성적 전도자가 있다는 사실을 발견하기 시작하는 것은 어떤 상황이 우리의 눈을 뜨게 한 뒤에나 가능하다.

그러나 자신의 특이성을 드러내려 하는 사람은 대부분 사회적 지위가 낮고 쇠퇴하는 계급이다. 지위가 높고 유능한 사람들 사이에서 가끔 일어나는 자살과 신비한 실종은 종종 성적 전도와 관계있다. 그런 경우엔 운명이 그들을 압도해 버린 뒤에도 그 일의 원인은 일반 대중에게 여전히 미스터리로 남는다.

이런 사람들은 의사를 절대로 신뢰하지 않는다. 그들은 의사에게 그런 일로 상담을 받아봐야 아무 소용이 없다고, 또 평균적인 의사는 충격을 받거나 혐오감을 느끼지 않는다 하더라도 그런 문제를 다룰 준비가 거의 되어 있지 않다고 생각한다.

본인이 타고난 성적 전도자로서 인격과 지성까지 갖춘 어느 의사는 자신의 도덕적 전통이 그런 충동을 충족시키는 것을 허용하지 않았음에도 세계적으로 유명한 메디컬 센터에서 받은 교육에 대해 이렇게 썼다. "성도착이라는 주제에 관한 언급이 처음으로 명확하게 나오는 것은 일부 성 범죄에 대한 암시가 매우 간단하고 부적절하게 이뤄지는 법의학 시간이었지만, 그때도 그것이 일부 불행한 사람들의 정상적인 조건일 수 있다는 식의 언급은 절대로 없었다. 또 다양한 비정상적인 행위들을 구체적으로 구분하는 내용도 없었다. 이런 행위들은 모두 뭉뚱그려서 정상적이거나 광기가 있는 사람들의 범죄적인 비행(非行)의 표현으로 묶였다. 자신의 성적 본질은 동료들과 확연히 다르다는 것을 예리하게 의식하기 시작하던 학생에게, 그것보다 더 당혹스럽고 충격적인 것은 없었다. 그로 인해 나는 과거 그 어느 때보다 더 심하게 움츠러들었다. 더욱더 불행한 것은 체계적인 의학 수업에서도, 또 임상 의학에 관한 강의에서도 그 주제에 대해선 약간의 암시조차 없었다는 사실이다. 온갖 종류의 드문 질병들, 그러니까 내가 21년 동안 바쁘게 진료하면서도 한 번도 경험해 보지 않은 질병들에 대해선 충분히 논했지만, 나는 개인적으로 나 자신에게, 그리고 내가 갈망했던 직업에 결정적으로 중요한 주제에 대해서는 완전히 무지한 상태로 남았다."

의학을 가르치면서 이처럼 성적인 문제들에 대해 언급하지 않는 태도를 아마 이 쪽의 종사자들은 대부분 경험했을 것이다. 이런 식의 불완전한 가르침은 학생 개인은 물론이고 그가 앞으로 도와줘야 할 환자들에게 불행한 일이 아닐 수 없다. 그럼에도 다행한 것은 이런 태도가 빠른 속도로 사라지고 있다는 사실이다.

그러나 성적 전도가 발견되는 곳은 다른 측면에서 예외적인 성과를 올리는 탁월한 사람들 사이만이 아니다. 물론 이들 사이에 그런 현상이 특히 많이 나타나지만, 지극히 평범한 사람들 사이에서도 나타난다. 성적 전도자들은 가끔 의사들 사이에서도 "여자 같은" 부류로 불린다. 이 말은 거의 맞지 않다. 그들 중 일부 집단은 정말로 그렇게 보일 수 있고, 육체적으로나 정신적으로 무르고, 자의식이 강하고, 허영심이 있고, 보석과 장식을 좋아한다. 이런 남자들은 매춘의 경향이 있으며, 일부 경우에 실제로 남자 매춘부가 된다. 그러나 그런 남자들은 성적 전도자들의 전형적인 모습이 아니다. 많은 수의 성적 전도자들이 이상할 만큼 세련되거나 감각적이거나 감정적이지만, 동성애자가 아니면서 신경증을 약간 가진 사람들에게도 똑같이 말할 수 있다. 다른 사람들도 남녀 불문하고 성충동의 비정상적인 방향을 상당히 암시하는 어떤 특별한 성격에 의해 구분되지 않는다. 이 같은 사실은 아주 많은 사람들이 성적 전도자를 만나본 적이 없다고 믿고 있는 이유를 설명해준다. 그럼에도 면밀히 조사하면 일반 사람들 중에도 성적 전도자들이 꽤 많고 그 비율은 최소 1%를 넘는 것으로 드러난다.

이미 지적한 바와 같이, 남부 유럽 같은 일부 지역에서는 사람들의 특별한 습관이나 전통 때문에 꽤 높은 것으로 여겨짐에도 불구하고, 전체 인구 중에서 성적 전도자들이 차지하는 비중은 나라에 따라 다르게 나타나지만 그 차이가 크지는 않은 것 같다. 사람들은 대체로 자기 나라의 성적 전도가 외국만큼 심하지 않다고 말한다. 그러나 그것은 그 사람들이 현실 속의 사실들을 모르고 하는 말일 뿐이다. 겉으로 나타나는 차이는 단순히 피상적일 뿐이며, 차이의 대부분은 그 나라를 지배하고 있는, 성적 전도를 대하는 사회적, 법적 태도 때문에 나타난다.

이 말은 법이 느슨한 곳에서 성적 전도가 많이 일어나고 있다는 뜻이 아니다. 이유는 억압적이고 거친 법의 존재가 성적 전도의 폐지를 선전할 것이고, 이 같은 선전이 오히려 성적 전도의 유행에 관심을 갖도록 할 것이기 때문이다. 모든 성적 일탈 중에서 동성애가 가장 널리 행해지고 있다. 이 같은 두드러짐은 그 이상(異常)을 보이는 주체들의 에너지와 성격에 의해 더욱 강조되고 있다.

정신과 의사들이 성적 전도를 포함한 성적 이상들의 본질에 대해 기존에 품고 있던 의견을 수정하고 있는 이유는 지성과 품행을 갖춘 정상적인 사람들 사이에서 성적 전도가 두드러진다는 점을 점진적으로 인정하고 있기 때문이다. 중세와 그보다 앞선 시대에, 동성애는 죄였으며 종종 화형으로 다스려진 범죄였다. 그 후에도 동성애는 19세기까지 혐오스런 비행의 표현으로 여겨졌다. 그러다가 동성애를 광기의 신호로 보거나 아무튼 퇴보의 신호로 보려는 경향이 나타났다. 이 관점은 지금 시대에 뒤처졌다. 그런 일탈이 정신적으로 능력 있고 도덕적으로 처신을 잘 하고 자제력이 뛰어난 사람들 사이에서 일어나고 있고, 또 이들 중 많은 사람들이 결코 자신의 충동에 압도당하지 않고 그들 중 일부는 자신의 충동에 절대로 넘어가지 않으니 말이다.

우연적인 동성애는 인간과 가까운 동물의 세계에서 흔하듯 인간에게도 언제나 일어날 수 있는 성향이다. 선천적인 성적 전도는 하나의 이상(異常)이며, 우리가 이제 막 그 원인을 이해하기 시작하고 있는 타고난 변형이다. 그것은 극단적인 형태로 나타날 때조차도 단지 색맹이나 선천성 색소결핍증 또는 내장 전위가 병으로 여겨지는 만큼만 병적일 뿐이다.

이오니즘
(복장 도착 또는 성적-미학적 전도)

이것은 동성애와 가끔 연결되지만 동성애와 같은 조건은 아니다. 이런 현상을 보이는 사람은 자신을 옷만 아니라, 전반적인 취향과 행동 방식, 감정적 성향에서 이성과 다소 동일시한다. 그러나 이동일시는 대체로 이성의 성적 태도를 포함하지 않는다. 정상적인 이성애 태도가 자주 나타나는 것이다. 그럼에도 이것을 여기서 소개하는 것이 편할 수 있다.

이오니즘(eonism)[31]은 정의하기가 힘든 조건이다. 나는 몇 년 전에 그런 예를 접한 뒤 추가로 고려하기 위해 별도로 제쳐놓았다. 그 사이에, 이미 동성애의 권위자로 인정받는 독일의 히르슈펠트가 이 조건에 관심을 갖게 되었고, 그는 이 조건을 성적 전도와 뚜렷이 구분되는 것으로 받아들이면서 "의상 도착증"(transvestism)이라고 불렀다. 그는 그것을 몇 권의 책의 주요 주제로 삼았다.

나는 그 조건에 관한 첫 번째 연구에서 그것을 "성적-미학적 전도"(sexo-aesthetic inversion)라고 불렀다. 일종의 취향의 성적 전도로 본 것이다. 두 가지 이름 모두 불만스럽다. "의상 도착증"은 완전히 부적절하다. 이유는 이성의 옷을 입고 싶어 하는 욕망은 겉

....
31   남자가 여자의 태도를 보이고 여자의 의상을 즐겨 입는 것을 말한다.

으로 드러나는 특징들 중 하나일 뿐이며, 일부 경우엔 그것이 거의 또는 전혀 발견되지 않기 때문이다. 반면에 "성적-미학적 전도"라는 표현은 거기에 동성애가 언제나 나타나는 것이 아닌데도 동성애를 다루고 있다는 그릇된 암시를 줄 수 있다.

"이오니즘"은 내가 이 조건을 나타내기 위해 최종적으로 고안한 이름(1920)이다. 이 용어가 많은 사람들에게 받아들여지고 있으며, 그래도 가장 편리한 표현이고 또 적절히 묘사적이다. "사디즘"과 "마조히즘"과 마찬가지로, 그것은 그 이상을 전형적으로 보였던 유명한 인물 슈발리에 데옹 드 보몽(Chevalier d'Eon de Beaumont:1728-1810)의 이름에서 따왔다.

보몽은 부르고뉴 지방의 훌륭한 가문 출신으로, 루이 15세 치하에 프랑스 외교관으로 고용되어 최종적으로 런던에서 죽음을 맞았다. 그런데 죽은 뒤에 검시를 했더니, 그곳에서 여자로 알려져 있던 그가 정상적인 남자로 확인되었다. 이보다 덜 유명한 인물로 역시 프랑스 사람인 아베 드 추아시(Abbé de Choisy: 1644-1724)도 귀족 가문 출신이었으며, 어떤 측면에서 보면 그가 복장 도착의 더 전형적인 예이다. 그는 회고록을 남겼는데, 거기서 그는 자신을 다른 정보원을 통해 알려진 것처럼 도회적이고 사교적인 기질을 가진 남자로 제시하고 있다. 그는 세련되고 상냥하고, 여성스런 그런 이상(異常)이 있었음에도 대체로 인기가 있었고, 성적 열정이 평균 이하였지만 적어도 하나 이상의 아이를 둔 아버지였으며, 지적 능력이 있는 남자였고, 당대의 가장 우수한 사람들의 훌륭한 친구였다. 그는 탁월한 성직자였고, 교회 역사가였으며, 프랑스 한림원

회원이었다.

이와 비슷한 기질을 가진 유명한 여자들을 꼽는다면, 헤스터 스탠호프 부인(Lady Hester Stanhope)과 남자 복장을 한 채 두드러진 삶을 살면서 영국군 의무대의 검열총감이 되었던 제임스 배리(James Barry)가 있다. 이 두 여자가 동성애자였다고 짐작할 근거는 전혀 없다.

이오니즘은 아주 흔한 이상이며, 나 자신의 경험을 근거로 하면 성적 일탈 중에서 이오니즘은 수적으로 동성애 다음으로 많다. 그런 사람들은 일상적인 삶에서 이상한 특징을 전혀 보이지 않으며, 간혹 예민하고 주저하고 종종 아내에게 헌신하고 성적 기질이 강하지 못할 수 있지만 꽤 남자답게 보일 수 있다. 그 사람들의 은밀한 이상(理想)은 그들과 아주 가까운 사람에게도 의심을 받지 않는다.

그들 모두가 이성의 옷을 입는 쪽을 택하기를 갈망하지는 않지만, 그들이 그런 선택을 한다면, 그 일은 절대적으로 성공을 거두며, 여자들에게 나타나는 아주 사소한 특징까지도 거의 본능적으로 소화하게 된다. 그러면 그들은 자신이 그런 것을 타고났다는 생각을 품는다. 그들이 종종 전도된 성적 관계를 원하지 않더라도, 남자 이오니스트들은 가끔 여자만 하는 임신과 모성애를 경험하길 갈망한다. 정신적 능력의 면에서 보면, 그들은 평균 이상이며 작가나 다른 길로 두드러진 성취를 이룰 수 있다.

이오니즘은 과도적 또는 중간적인 형태의 성욕으로 분류될 수 있다. 그러나 이오니즘의 기원을 설명하는 것은 쉽지 않다. 우리는 키어난의 의견, 즉 나도 암시한 바와 같이, 육체의 측면에서 거세된 상태와 비슷한 발달의 정지가 일어난다는 의견에 동의할 수 있다. 따라서 내분비물의 불완전한 균형을 유도하고, 그렇게 함으로써 몸이 정상적인 균형을 다시 이룰 기회를 열어줄 수 있다.

정신적인 측면에서 보면, 이오니스트는 숭배하는 대상과 동일시하고 모방하는 미학적 태도를 극단적으로 구현하고 있다. 어떤 남자가 사랑하는 여자와 자신을 동일시하는 것은 정상이다. 이오니스트는 자신에게 있는 예민하고 여성적인 요소에 자극을 받아 그 동일시를 지나치게 멀리 끌고 가고 있으며, 이때 여성적인 요소는 신경증을 일으킬 바탕이 될 수 있는, 불완전하면서 강력한 성욕과 연결되어 있다. 다소 비정상적이었던 어머니에게 너무나 강한 애착을 느낀 비정상적인 어린 시절이 가끔 이오니즘의 출현을 촉진시키는 것 같다.

오토 페니첼(Otto Fenichel)은 이오니즘의 특별한 요인이 일종의 거세 콤플렉스라고 생각한다. 그러나 그는 모든 성적 일탈에 대해 그런 식으로 말할 것이다. 그래서 우리는 그의 의견을 근거로 해서는 멀리 나아가지 못한다. 그는 이 의견이 여자 이오니스트들에게는 적용되지 않는다는 점을 인정하고 있다.

치료의 문제

성적 전도 같은 독특한 조건은 특별한 문제들을 일으킨다. 한편에, 전반적으로 건강한 상태를 보이는 예들이 많은 어떤 변형이 있다. 그럼에도 그것이 어떤 특이한 돌연변이 같은 것은 아니다. 변형은 어떤 특별한 기능에 영향을 미친다. 그럼에도 변형이 전체 유기체에 두루 영향을 미치는 기능에도 일어날 수 있다. 여기서 말하는 변형은 색맹이 변형이라고 하는 그런 의미에서 말하는 변형이다.

오스발트 슈바르츠(Oswald Schwartz)는 최근의 한 연구에서도 여전히 동성애를 병적인 것으로 여겨야 한다고 주장하고 있다. 그러면서도 그는 "병적 상태"를, 그때까지 남아 있는 유치증 때문에 "어느 신체기관이 그 유기체의 근본적인 법칙에 반항하고 있는 것"으로 조심스럽게 정의하고 있다. 그렇다면 여기서 "병적 상태"는 루돌프 피르흐(Rudolf Virchow)가 말하는 "병리적"이라는 표현과 같은 뜻으로 쓰이고 있다. 우리는 여기서 프로이트의 입장, 즉 소인(素因)과 경험은 서로 떨어질 수 없을 만큼 밀접히 연결되어 있다는 견해와 멀리 떨어져 있지 않다. 또 모든 순수한 동성애는 타고난 바탕을 갖고 있으며 습득된 형태는 외적 압박 때문에 생긴 유사 동성애라고 주장하는 다른 권위자들과도 멀리 떨어져 있지 않다.

여기서 우리는 치료적인 측면에 대해 일차적인 관심을 두고 있지 않다. 치료적인 것들은 마라논을 비롯한 다른 권위자들에 의해서 충분히 논의되었다. 그러나 치료의 문제는 선천적인 전도가 의심되든 않든 동성애 상태와 관련해 끊임없이 전면으로 부상했다. 그리고 제안된 치료가 대체로 정신적이고 심리적이기 때문에, 우리는 심리학적으로 조언 가능한지 여부를 논하지 않을 수 없다.

나는 외과적인 치료의 문제는 아직 일반화되지 않은 것으로 여겨 제쳐둔다. 알렌산데르 립슈츠(Alexander Lipschütz)는 정상적인 남자의 고환을 이식한 뒤에 이성애자가 되어 1년 안에 결혼할 수 있다고 느낀 동성애 남자에 대해 언급하고 있다. 그런 조치의 가능성과 바람직성에 대해 결론을 내리려면 지금까지 확보된 것보다 훨씬 더 많은 관찰이 필요하다.

한때는 모든 예에 그런 치료를 시도할 필요가 있다는 인식이 당연한 것으로 받아들여졌다. 일부 권위자들이 선천적인 것이 너무도 분명한 성적 전도의 경우에도 당사자가 원하는 경우에 이런 치료를 해야 한다고 주장하고 있음에도 불구하고, 지금은 그런 인식이 옛날만큼 강하지는 않다.

그러나 만약 아주 뿌리 깊고 완전한 형태의 성적 전도를 치료해야 하는 상황이 분명하다면, 그 같은 조치가 그 사람의 근본적인 본성을 흔들어놓을 수 있기 때문에, 몸에 밴 습관과 개념, 이상(理想) 등을 근본적으로 깨뜨리려고 시도할 때에도 반드시 신중한 접근이 필요하다.

정말로, 고착된 조건을 다루고 있을 때엔 모든 정상적인 치료 방법이 어렵게 된다는 점을 명심해야 한다. 옛날에 다양한 종류의 성적 이상을 보이던 많은 환자들에게 유익한 것으로 확인되었던 최면 암시는 선천적인 일탈에는 거의 도움을 주지 못한다. 선천적인 일탈에는 최면 암시를 적용하는 것 자체가 쉽지 않다. 이유는 환자가 암시에 저항하기 때문이다. 이는 정상적인 사람이 최면 상태에서 범죄를 저지르라는 암시에 저항하는 것과 똑같다.

슈렝크-노칭은 여러 해 전에, 그러니까 성적 전도가 대체로 선천적인 것으로 여겨지지 않을 때에 성적 전도자들을 최면으로 치료하기 위해 매춘 현장을 방문하는 등 시간과 노력을 많이 들였고, 또 성공을 거두었다고 믿었다. 그러나 성공의 기준이 단순히 이성과의 성교를 가능하게 하는 것일 때, 성공한 것처럼 보이게 하는 것은 쉬운 일이다. 환자 쪽에서 선의를 보이려 할 테니까. 그렇다고 해서 환자의 이상(理想)과 충동이 새롭거나 바람직한 경로로 영원히 돌려지게 되는 것은 절대로 아니다. 그 같은 결과는 단지, 어느 환자가 표현했듯이, 질(膣)을 빌려 자위행위를 성취하는 것에 지나지 않는다.

이런 예들에 프로이트의 정신분석도 치료를 위해 이용되었으며, 이 방법으로 성공을 거뒀다는 주장도 나왔다. 그러나 정신분석가들 사이에 성적 전도의 상태가 고착될 때면(선천적인 것으로 여겨지는지 여부와 상관없이) 성적 방향에 변화를 기대하면서 정신분석을 적용하는 것은 소용없는 일이라는 인식이 강해지고 있다.

나는 정신분석 방법을 택한 동성애자들을 많이 알고 있다. 일부는 시작 단계에서 치료를 중단했고, 또 일부는 그 방법이 거의 또는 전혀 소용이 없었다고 판단했으며, 또 다른 일부는 분명한 이점을 발견했다. 그러나 정신분석 방법이 유익했다고 판단하는 사람들은 성충동의 방향에 어떤 변화가 일어나서가 아니라 주로 분석 과정에 얻게 된 자기 지식과 자기 개발을 통해 유익한 점을 발견했다. 그런 식으로 접근한 결과 동성애가 이성애로 영원히 바뀌었다고 증언하는 사람을 나는 아직 만나지 못했다.

몰의 연상 치료는 적용 방법에는 새로운 것이 전혀 없을지라도 아마 이 맥락에서 주목할 만한 제3의 정신 치료 방법이 될 것이다. 그러나 몰의 치료는 이론적으로 건전하고 실용적이며, 주체의 비정상적인 욕망을 정상적인 목적과 연결시킬 어떤 다리를 발견하는 것이 요체다. 일례로, 환자가 소년들에게 끌린다면, 그 사람을 남자 같은 여자들에게 매력을 느끼는 쪽으로 유도할 것이다.

성적 전도자가 이 같은 고려사항들의 영향을 받는다는 것은 이미 알려져 있다. 예를 들어, 나의 환자 한 사람은 건강하고 능동적인 삶을 살고 있으며, 습관이 남성적이고, 자신의 동성애적 욕망을 누르고 있으며, 결혼해서 아들을 얻기를 원하고, 성교를 여러 차례 시도했지만 성공을 거두지 못했다. 그렇던 그가 훗날 몰타의 댄스홀에서 이탈리아 소녀를 만났는데, 이 소녀가 그를 집으로 초대했다. "그녀는 아주 날씬했으며 몸매와 얼굴이 소년 같았고 유방이 거의 없었다. 나는 정한 시간에 그녀의 아파트로 갔다. 그때 소녀는 남자용 파자마를 입고 있었다. 나는 당장 그녀에게 끌리는 느낌을 받았으나 그런 상황에서도 남자 구실을 하지 못했다. 그러나 나는 흔히 느끼던 그런 반감 같은 것을 느끼지는 않았다. 이튿날 밤에 다시 갔으며, 결과는 정말 반갑게도 만족스러웠다. 나는 몰타를 떠나기 전에 소녀의 집으로 몇 번 더 갔으나, 나는 소녀에게 끌리면서도 그 행위를 진정으로 즐길 수는 없었다. 행위가 끝나자마자, 도망 나오고 싶은 욕망이 일어났다. 그 이후로 나는 십 여 명의 소녀들과 성교를 했다. 그러나 그것은 언제나 하나의 작업이었으며 혐오감을 남겼다. 그래서 나는 나 자신에겐 정상적인 성교는 비용이 많이 들고 위험한 형태의 자위행위에 지나지 않는다는 결론을 내렸다." 그러나 그것이 정신치료법이 일반적으로 성취하기를 기대하고 있는 최선의 결과이다.

이런 모든 방법들이 성공을 거둔 것으로 알려진 때조차도 환자는 대개 이성과 동성에 동시에 만족을 발견하는 양성애 상태가 될 수 있다는 점도 덧붙여야 한다. 성충동이 닻을 내리고 있는 지점을 이런 식으로 인위적으로 이동시키거나 느슨하게 푸는 것은 성격의 안정성에도 이롭지 않고 높은 도덕성에도 이롭지 않다.

성적 전도자에게 후손을 낳을 기회를 주는 것은 절대로 축하할 일이 아니다. 건전한 파트너와 결합한 성적 전도자의 자식이 만족스런 삶을 살 수 있는 가능성은 꽤 높지만, 거기에 따를 위험들이 너무나 많기 때문에, 그 자식이 그 위험들을 쉽게 극복하게 될 것이라고 말하기는 어렵다. 성적 전도자가 자신의 상태에 강하게 불만을 품고 정상으로 돌아가길 간절히 원한다면, 그를 정상으로 돌려놓을 시도에 저항하는 것은 쉬운 일이 아니다. 그러나 성공의 가능성이나, 성공했을 경우에 성공의 결과에 대해 낙천적인 견해를 갖는 것은 허용되지 않는다.

전도된 성향을 억누르려는 시도를 직접적으로 하지 않고 동성애를 단순히 "나쁜 태도의 한 형식"으로 여기는 마음 편한 관점을 채택할 때조차도, 치료의 여지는 아주 많다. 상당수의 성적 전도자는 대체로, 또 가끔은 성적으로 신경이 쇠약해졌다는 소리를 들은 사람들이며, 일부 경우에 그 사람은 성적으로 지각 과민증을 갖고 있다. 그 사람은 또 종종 예민하고 감정적이고, 가끔은 자신의 비정상과 관련해서 걱정이나 불안 공포에 시달릴 수 있다. 그런 경우에 일반적인 치료는 브롬제 같은 진정제나 일부 경우에 강장제가 바람직하다. 전기 치료, 온천 요법, 운동, 건전한 일, 공기 교체 등 신경 쇠약을 치료하는 데 쓰이는 일상적인 방법도 성적 일탈을 다루는 데 이로운 것으로 옹호되어 왔다.

많은 성적 전도자들은 건강을 유지하고 있는 한 자신에게 성적 이상이 있다는 사실에 대해 거의 걱정하지 않는다. 그래서 육체적 및 정신적 건강의 강화가 요구되는 의료적 치료를 적용할 필요가 있다. 이런 식으로 접근하는 경우에 성적 전도가 제거되지는 않을 것이지만, 성적 전도가 야기하는 불안을 지적인 이해와 공감을 통해 약화시키고, 그렇게 함으로써 과잉 불안을 합리적으로 통제 가능한 수준으로 유지할 수 있을 것이다. 대부분의 환자들에게 필요한 것은 이것이며, 많은 환자들의 경우에 그것이 바랄 수 있는 전부이다.

성적 전도자들에게 가끔 결혼 문제가 생긴다. 그런 경우에 거의 대부분이 의사의 상담을 거치지 않은 상태에서 해결한다. 환자가 남자든 여자든, 결혼은 치료의 한 방법으로서는 엄격히 무조건 거부되어야 한다. 만약 성적 본능이 이중적인 양상을 이미 보이고 있는 상태가 아니라면, 결혼이 성적 전도자를 양성애자로 만들어 놓을 가능성이 있다. 그러나 만약 전도된 충동이 결혼할 당시에 이미 폐기되는 단계에 있지 않다면, 결혼이 전도된 충동을 뿌리뽑을 가능성은 극히 낮다. 반대로, 결혼은 성적으로 전도된 파트너가 직면하게 되는 어려움과 혐오 때문에 가끔 전도를 악화시킨다. 그래서 겉으로 행복해 보이는 결혼 직후에 성적 전도자가 무모하게 법에 걸리는 예들이 나오는 것이다.

결혼 관계에서나 혼외 관계에서나 정상적인 성적 결합이 성 전도에 대한 치료로 여겨질 수 없다. 특히 매춘의 형태는 치료 방법으로 더욱더 부적절하다. 매춘부는 성적 전도자가 혐오감을 강하게 느끼도록 하는 모습으로 나타나는 경향이 있다. 세련되고 지적인 이성과의 플라토닉한 우정이 더 매력적이고 더 유익하다. 만약 플라토닉한 친구가 동성으로 성 전도자에게 호소력을 발휘할 유형이라면, 성교를 통해 접근하는 것보다 치료에 훨씬 더 큰 도움이 되는 그런 관계가 맺어질 가능성이 있다.

이상(異常)이 선천적인 기질에서 비롯된 성적 전도자는 항상 전도자로 남는 경향이 있으며, 그 사람의 정신적 상태를 바꿔놓을 영향은 어떤 것이든 점진적이고 다면적이어야 한다.

성교는 혼인 관계든 혼외 관계든 절대로 치료의 방법으로 여겨져서는 안 되지만, 여기서 결혼은 언제나 금지되어야 한다는 식으로 결론을 내리는 것은 필요하지 않다. 성적 전도자들이 결혼하는 예가 드물지 않다. 그러나 그런 결혼이 어둠 속에서나 헛된 희망 속에서 이뤄지지 않는 것이 바람직하다. 결혼 파트너는 너무 어리지 말아야 하고, 사전에 문제의 본질에 대해, 그리고 예상되는 미래에 대한 정보가 정확히 제공되어야 한다.

쌍방이 성격적으로 서로 잘 맞아떨어진다면, 그런 식으로 맺어진 결합도 가끔 괜찮고 심지어 행복한 것으로 드러난다. 그러나 양측이 성적으로 완전히 만족할 확률은 낮다는 점을 언제나 기억해야 한다. 성적 전도자는 그야말로 양성애자가 아니라면 이성애자와 성적 사랑의 핵심인 친밀하고 감정적인 방종을 경험할 수 없으며, 성교 능력이 가능하더라도 파트너를 동성으로 상상하거나 동성의 매력적인 다른 사람에게 생각을 집중함으로써만 가능할 것이다. 이런 상태는 성적 전도를 겪는 사람에게도 큰 만족을 주지 못하고, 상대방도 그 관계의 불완전한 성격을 분명하게 의식하지는 않더라도 본능적으로 퇴짜는 아니라도 불만과 우울을 느끼게 마련이다. 이런 종류의 결합은 성적 만족을 얻으려는 시도가 배제될 때, 또 그 관계가 두 파트너에게 공통적인 다른 관심사의 충족에 바탕을 두고 있을 때 종종 더 행복할 수 있다.

자식이 그런 관심사가 될 수 있는지 여부는 심각한 문제이며, 대답하기가 여간 어려운 문제가 아니다. 확실히, 기질적으로 동성애의 성향을 가진 사람이 생식을 하는 것은 바람직하지 않다는 것은 일반적인 원칙이 될 수 있다. 그러나 성적 전도를 겪은 파트너가 건강하고 꽤 건전한 가족에 속하고 다른 파트너가 완전히 건전하고 정상이라면, 아이들이 꽤 잘 살게 될 것이라는 합리적인 희망을 품을 수 있다.

성적 전도자들이 아이를 원하는 경우가 종종 있다. 아이는 또 성적 전도자가 아닌 파트너에게 위안이 되고 그 결합을 공고히 하는 데 도움이 될 것이다. 그러나 이런 종류의 결혼은 종종 불안정하고, 결별 가능성이 있고 파트너들이 서로 소원할 가능성도 있으며, 따라서 아이에게 불만스런 가정생활을 안겨줄 위험이 상당하다.

선천적인 성적 전도자의 경우에는 다음과 같은 방향으로 노력할 때 최선의 결과가 얻어지는 것 같다. 자신의 이상(理想), 즉 내면의 본능들을 간직하는 한편, 정상이 되려는 시도와 자신의 비정상적인 욕망을 천박하게 만족시키려는 시도를 똑같이 포기하기로 결심하고, 동시에 자기 성애적인 행위를, 불만스럽지만 어쩔 수 없는 것으로 받아들이는 것이다.

이런 식의 접근이 세련된 인격을 갖춘 사람들 사이에 드물지 않다. 19세 이전에 동성애 경험이 있었지만 그 후로는 그런 경험을 하지 않은 어떤 사람은 이렇게 쓰고 있다. "간혹 몇 개월 동안 자위 행위를 하지 않고 지내다가 자위를 하면 나의 마음이 훨씬 더 만족하는 것 같다. 내가 남자의 사랑을 향한 욕망을 무분별하게 더욱 키우게 될지라도 말이다. 나의 친한 친구들은 내가 자신들에게 감상적인 마음을 품고 있다는 사실을 알면 아마 놀라 나자빠질 것이다. 나는 오직 나 자신에게만 나의 본모습을 보여줄 수 있을 뿐이다. 나의 친구들에게 나는 성적으로 정상이다. 아무리 예리한 관찰자도 나에게서 성도착적인 열정을 눈치 채지 못할 것이라고 나는 믿고 있다. 나는 성 전도자라는 느낌을 전혀 받지 않는다. 나는 나의 욕망에 대해 부끄러워해 본 적도 전혀 없다. 사람들이 알게 되는 경우엔 수치스럽겠지만 말이다. 그렇게 되면 나는 사회적 지위도 잃고 말겠지."

동성애 관계를 한 번도 갖지 않은 어떤 사람은 적극적인 삶을 사는 해군 장교로서 비(非)성적인 우정에도 상당한 만족을 발견했다. 그는 이렇게 쓰고 있다. "나는 어떤 면으로도 여성스럽지 않으며, 나 자신의 선택에 의해서 힘들고 종종 위험한 삶을 영위하고 있다. 성적 매력을 발산하는 남자들과 동행하고 싶은 욕망은 매우 크며, 나의 인생에서 가장 행복했던 날들은 그런 남자 친구들과 함께 보내던 때였다. 나의 욕망은 성적이지만은 않았으며, 그런 매력에 수반되는 완전한 정신적 조화에 대한 욕망도 50% 정도 되었다. 이 정신적 조화를 잃지 않을까 하는 두려움이 나로 하여금 그들에게 본격적으로 접근하는 일을 막았다. 나는 남자 매춘부와는 그런 조화가 불가능할 것이라고 상상한다. 나는 나 자신이 다른 남자들과 다르다는 데 대한 수치심을 극복했으며, 나의 조건을 나 자신에게 자연스런 것으로 보고 있다."

틀림없이, 일부 사람들에겐 이런 식의 접근이 가능하고, 많은 사람들에겐 그것이 고통스런 갈등을 수반할 것이다. 그러나 많은 성적 전도자들의 경우에 성충동이 진정으로 강하지 않다. 성충동의 비정상성 때문에 성충동이 의식에 과도하게 나타나고, 충족의 금지가 충족의 필요성을 인위적으로 강조할 것임에도 불구하고, 성적 전도자들의 성충동은 강하지 않다.

성적 전도자들의 성충동은 성격이 맞는 동성과의 플라토닉한 우정에서 큰 만족을 발견할 것이다. 그런 우정은 플라톤 본인의 글에 담겨 있는 이상(理想)들이나 동성애 감정에 감동을 받았던 고대 그리스 시인들을 공부하는 경우에 더욱 강화될 것이다. 또 월트 휘트먼(Walt Whitman)과 에드워드 카펜터, 앙드레 지드(André Gide) 같은 현대 작가도 거론될 수 있다.

더 나아가, 전도된 성충동은 특이하게 승화 목적에 적절하다는 것을 기억해야 한다. 프로이트는 우정과 동료애, 집단정신, 전반적인 인류애의 방향으로 일어나는 승화는 이성애 충동이 확립된 다음에 발달할 수 있다고 생각한다. 그러나 그때까지 기다린다는 것은 승화를 하지 말라는 말이나 마찬가지이다. 다행히도, 동성애적인 충동이 고착된 것으로 여겨지는 사람에게서 그 전에도 승화라 불릴 수 있는 것이 일어나는 것이 종종 목격된다. 성적 전도자들이 동성의 젊은이들을 위해서 사회적이고 박애적인 활동에 헌신하면서 거기서 기쁨과 만족을 얻는 예도 있다.

퀘이커 교도를 조상으로 둔 어느 남자의 가족 중에는 신경증 경향과 탁월한 정신적 능력을 동시에 보이는 사람들이 많다. 그도 그런 사람들 중 하나다. 그는 동성애 충동을 느끼지만, 지금까지 아주 약간만 넘어간 것을 제외하곤 거기에 완전히 굴복한 적은 한 번도 없었다. 그는 이성애적 충동이 강하지 않았음에도 불구하고 결혼했다. 그는 이렇게 쓰고 있다. "양성애자는 단 한 사람을 사랑하지 않고 인류 모두를 사랑하는 것 같다. 아마도 그것은 고귀하고 더 유익한 헌신일 것이다. 오늘날엔 독창적인 과학적 논문들을 통해서 자신의 삶을 재생산하는 것이 후손을 보태는 것보다 더 유익할 수 있다."

동성애적 성향이 과학적 경로보다 종교적 경로로 흐르는 경우가 드물지 않다. 단테를 많이 연구했고 스스로 양성애 경향이 있다고 여기는 한 통신자는 이렇게 적고 있다. "섹스와 종교 사이에 밀접한 상관관계가 존재한다고 나는 믿는다. 내가 잘 아는 전도자들(남자 4명)은 모두 독실한 신자들이다. 나 자신은 영국 국교회의 복사이다. 나의 개인적 이론은 사랑의 핵심은 이타적인 헌신이며, 나는 봉사가 진정한 행복에 이르는 유일한 열쇠라고 믿는다. 성적 전도자든 아니든, 사람은 어떤 생각은 아무리 크게 소리쳐도 받아들이길 거부해야 한다. 나는 소년과 소녀에게서 똑같이 아름다운 것을 많이 볼 수 있지만, 나는 그 영감을 나의 종교와 일상의 일에서 활용하면서 과도하게 감상적으로 흐르지 않으려고 노력한다. 나는 정신적 발달에서 가장 혼란스런 지점을 통과했다. 아마 언젠가는 나는 적절한 소녀를 만나서 나 자신이 소년들의 아버지가 되는 즐거움을 누리게 될 것이다."

이런 동기들이 오직 탁월한 성적 전도자에게만 호소력을 지니는 것은 사실이다. 그러나 그런 사람이 전체 집단 중에서 상당한 비중을 차지한다고 봐도 무방하다. 그들은 처음에 자신들을 위해 만들어지지 않은 우주에서 집 없이 떠돌아다니는 존재라고 느낀다. 그러니 자신의 지식을 증대시킴으로써 자신의 행복과 효용성을 증가시키고, 그렇게 함으로써 그들이 세상에 자신들을 위한 장소가, 그것도 선망의 대상이 되는 장소가 있다는 것을 느끼는 것은 아주 소중한 경험이 아닐 수 없다.

6장

결혼

서론(성적 금욕의 문제)

사회적 의미에서, 그리고 다소 생물학적 의미에서, 결혼은 영원히 지속시키겠다는 의도를 품고 맺는 어떤 성적 관계다. 그러나 성적 관계인 결혼을 고려하기 전에, 성적 금욕의 문제와 거기에 수반될 수 있는 어려움을 짚고 넘어가는 것이 바람직하다.

이 문제는 지금까지 몇 단계를 거쳐 왔다. 한 세기 전에 이 문제는 의사 앞에 거의 제기되지 않았다. 설령 제기되었다 하더라도, 의사가 합당하게 할 수 있는 말은 결혼하지 않은 남자들에게 성적 금욕은 도덕적이며 성교는 부도덕하다는 것이 전부였다. 반면에, 성적 욕구를 뚜렷이 드러내지 않는 여자들 사이에선 그런 문제가 제기될 수 없었다.

그러다가 사회적 조건이 새로워지고 그 문제들에 대한 개방적인 태도가 다소 생겨남에 따라, 의사들이 그런 문제를 경험하기 시작하면서 세상을 위해서 그 문제에 대한 일반적인 원칙들을 제시할 것을 요구받았다. 이 같은 요구가 금욕의 무해성에 관한 모호한 주장들이 많이 나오게 만들었다. 그 주장들은 실질적으로 아무런 의미를 지니지 않았는데도, 엉뚱하게도 그것을 제기한 사람들이 의도하지 않은 방향으로 이용될 수 있었다. 예를 들면, 그런 주장이 아이를 낳는 목적을 제외한 성교는 절대로 옹호하지 않는 사람들, 말하자면 평생 두세 번의 성교만 허용하는 사람들에게 즐겨 인용될 수 있었던 것이다.

틀림없이, 근육 체계와 샘 체계의 활용을 자제해도 건강에 해롭지 않다. 마찬가지로, 특별히 성적인 근육과 샘들을 이용하지 않아도 건강에 해롭지 않다. 그러나 말(言)을 갖고 곡예를 부리는 것이나 다름없는 그런 경박한 짓은 의학 분야 종사자의 품위와 어울리지 않으니 대중의 성적 무지와 편견을 이용하는 허풍선이들에게로 넘기는 것이 더 적절할 것 같다.

의사는 추상적인 공식이 아니라 살아 있는 남자들과 여자들을 치료하라는 소명을 받고 있다. 이 소명이 지금 실현되고 있으며, 지금 성 도덕에 대한 인식이 덜 엄격하기 때문에 금욕으로 야기되는 문제들을 보다 다양하게 다루는 것이 가능해졌다.

성적 금욕의 어려움과 위험은 과거에 과소평가되기도 했고 과대평가되기도 했다. 한편으로, 성적 금욕은 과장되게 언급되었다. 금욕을 강조한 사람들은 언제나 위태로운 도덕적 관심에 지나치게 매달리는 사람들이었다. 따라서 그런 사람들에겐 금욕에 따르는 어려움과 위험은 무시해도 좋은 것으로 다가왔다.

다른 한편에는 부분적으로 이런 극단적인 견해에 대한 반발로, 또 부분적으로는 옛날의 인습 때문에 반대편 극단 쪽으로 간 사람들이 자리 잡았다. 이들은 신경 질환뿐만 아니라 다양한 형태의 광기도 성적 금욕 때문에 생겨났다고 선언했다.

선천적으로 건전한 사람에게 성적 금욕 때문에 심각한 정신병이나 신경증이 생길 수 있다고 믿을 근거는 전혀 없는 것 같다. 그럴 수 있다는 믿음은 흔히 일어나는, "post hoc"(이것 이후)와 "propter hoc"(이것 때문에)의 혼동 때문이다. 마찬가지로, 무절제한 성생활을 영위한 어떤 사람에게 광기가 생겼다고 해서, 그의 광기가 성충동 때문이라고 말하지 못한다.

프로이트는 1908년에 "우리 사회를 구성하고 있는 사람들의 과반수는 기질적으로 금욕에 어울리지 않는다."고 말했으나 의미 있는 말을 덧붙이고 있다. 언제나 기억해 둘 만한 말이다. 금욕이 가장 힘든 것으로 드러나는 것은 신경증 성향을 가진 사람이며, 금욕이 불안 신경증을 낳는다는 내용이다.

한편, 프로이트는 훗날 『정신분석 강의』에서 이렇게 언급하고 있다. "신경증을 치료하면서 금욕의 중요성을 과대평가하지 않도록 조심해야 한다. 결핍과 그에 따른 리비도의 축적 때문에 병이 일어나는 상황들 중에서 소수만이 별다른 어려움 없이 행해질 수 있는 그런 성교에 의해 해결될 수 있을 뿐이다." 프로이트가 삶에서 성충동의 중요성을 과소평가한 적이 한 번도 없었기 때문에, 이 점에 대한 그의 증언은 특별한 가치를 지닌다.

그 문제를 폭넓은 경험을 바탕으로 공정한 정신에서 연구했던 로벤펠트가 이미 지적한 바와 같이, 가톨릭 성직자들이 대체로 신경적인 측면에서 우수한 건강을 누리며 금욕으로 거의 고통을 겪지 않는다는 사실에 대해서도 언급할 필요가 있다. 이는 아마 그들이 젊은 시절부터 그 자리까지 올라왔기 때문일 것이라고 로벤펠트는 말한다.

삶의 기술 전체는 표현과 억압의 멋진 균형에 있다는 것을 기억해야 한다. 정신분석가들이 말하는 그런 특별한 의미에서뿐만 아니라 넓은 의미로 이해되는 억압이 표현과 마찬가지로 삶의 핵심적인 한 사실이기 때문이다. 우리는 끊임없이 일부 충동들을 억압하는 동시에 다른 충동들을 표현하고 있다. 억압에 불이익이 따를 필요가 전혀 없다. 그것이 표현에 근본적이기 때문이다.

억압은 문명에 특유한 것이 아니며, 그것은 인간 사회의 원시적인 단계에도 마찬가지로 두드러진다. 억압은 동물들 사이에도 쉽게 관찰된다. 그처럼 자연스러운 과정은, 조화로운 균형을 취하는 과제를 기질적으로 쉽게 수행하도록 조직되어 있지 않은 사람들에게 부적응을 자주 일으킨다 할지라도, 대개는 건전할 수밖에 없다.

그러나 성적 금욕의 어려움이 생명과 정신에 심각한 위험을 안기지 않지만 그래도 건강하고 활동적인 많은 사람들에게 매우 실질적인 문제라는 점을 부정해서는 안 된다. 금욕은 육체적 행복에 약간의 장애를 일으킬 수 있고, 정신적인 측면에 많은 걱정을 안겨주고 에로틱한 강박관념과 끊임없이 갈등을 일으키도록 하고, 불건전한 방향으로 성적으로 예민하도록 만들고, 특히 여성들의 경우에 숙녀인 척하도록 만든다.

예를 들면, 정숙하게 살면서 야망을 키우고 모든 에너지를 공부에 쏟기를 원하는 학생은 이 갈등 때문에 불안과 정신적 우울을 견뎌야 할 것이다. 다양한 종류의 일에 능동적으로 참여하는 젊은 여자들도 비슷한 고통을 겪을 것이며, 가끔 그로 인해 일을 더 열심히 하고 운동을 더 열심히 하지만, 이런 것들은 대체로 전혀 아무런 위안을 주지 못한다.

이 때문에 여자들이 남자들보다 더 많은 고통을 겪는다는 식으로 생각하는 사람이 간혹 있다. 그것은 (프로이트가 믿고 있는 것처럼) 승화가 특별히 여자에게 어렵거나 여자들의 성충동이 더 강해서가 아니라, 남자들이 혼외에서도 성적 관계를 보다 쉽게 형성하는 반면에, 성적 경험이 전혀 없는 여자들에게는 성욕이 강할 때조차도, 금욕적으로 사는 남자들에게 잠자는 동안에 위안을 주는 자동적인 오르가슴이 비교적 드물기 때문이다. 성적 금욕 때문에 고통을 가장 심하게 겪는 사람은 종종 탁월한 여자들이며, 그들은 바로 그 같은 사실을 숨기려 노심초사할 여자들이다.

이 맥락에서 캐서린 데이비스 박사가 1천 명 이상의 여자들에게 제시한 설문에 대한 대답을 고려해 보는 것도 흥미로운 듯하다. 설문은 이것이었다. '당신은 완전한 육체적 및 정신적 건강을 위해 성교가 필요하다고 믿는가?' 이 질문에 대한 대답이 대체로 생리적 및 심리적 고려들을 근거로 할 수는 있어도 언제나 그런 것은 아니라는 점을 기억해야 한다. 불가피하게, 도덕적, 사회적, 전통적인 생각들이 영향을 미친다는 점을 인정해야 한다. 그럼에도 20세기 초에 성장하면서 교육을 잘 받은 미국 여자들이 이 문제를 은밀히 어떤 식으로 보고 있는지를 아는 것은 여전히 흥미로운 일이다.

38.7%(394명)가 그 설문에 긍정적으로 대답했다. 이 중 소수는 강하게 긍정했고, 많은 수는 특별한 조건을 달았으며, 일부는 모호하게만 대답했다. 부정적으로 대답한 비율은 61.2%(622명)였다. 이 중 일부는 단호하게 부정하고 소수는 모호하게 부정했다.

긍정적으로 대답하고 있는 여자들 중 일부는 "특별히 남자들에게"라거나 "정신 건강에" 또는 "완전한 삶을 위해" 또는 "일부 유형들에게" 필요하다는 식으로 답함으로써 조건을 달았다. 부정적으로 대답한 여자들 중에서도 많은 사람들이 "꼭 필요하지는 않지만 정상적"이라거나 "꼭 필요하지는 않지만 바람직하다"라거나 "완전한 정신적 건강을 위해 필요하지 않다"거나 "필요하지 않지만 힘들다"거나 "전혀 필요하지 않지만 성교를 하지 않는 사람들은 거칠고 시들해 보인다"는 식으로 조건을 붙였다.

성교가 건강에 불필요하다고 믿는 사람들 중에서 반이 넘는 59.5%가 자위행위를 하고 있었다는 것은 놀라운 일이다. 성교가 필요하다고 단호하게 대답한 사람들 중에서 더 큰 비율(76%)이 자위행위를 하고 있다고 대답한 것은 오히려 놀라운 일이 아닐 수 있다. 긍정적으로 대답한 사람들 중에서 성교에 관한 지식을 갖춘 사람들의 비중이 부정적으로 대답한 사람들의 집단보다 더 높은 것은 자연스런 일이다.

성적 금욕의 어려움을 낮춰보는 사람들에겐 초기 기독교 금욕주의자들이 사막에서 겪은 경험을 고려해 보는 것도 현명한 조치일 것이다. 예를 들면, 팔라디우스(Palladius)의 『낙원』(Paradise)을 읽는 것도 한 방법이다. 금욕을 실천한 이 남자들은 혈기왕성하고 결심이 대단했으며, 금욕의 이상들을 뜨거운 가슴으로 추구하고 있었다. 그들은 그런 이상들을 촉진하기에 가장 적절한 조건에서 살고 있었으며, 그들이 처했던 상황은 우리에겐 상상조차 불가능할 정도로 가혹했다. 그럼에도 성적 유혹만큼 그들을 힘들게 했던 것은 없었으며, 이 어려움은 평생 동안 어느 정도 이어졌다.

또 한 가지 사실이 우리에게 이 문제를 다루면서 진부한 것들을 쉽게 받아들여서는 안 된다고 경고하고 있다는 점을 덧붙여야 한다. 지금 나는 고대 금욕주의자들의 경험을 옆으로 밀쳐놓고 현대로 내려오는 경우에 진정으로 성적 금욕을 지속적으로 실천하고 있는, 말하자면 어떤 성적 활동도 하지 않는 사람들의 비중이 심지어 젊은 의사들 사이에서도 매우 작아진다는 사실에 대해 언급하고 있다. 그 비중은 희롱 등에 수반되는 불완전한 형태의 정상적인 성적 희열과 비정상적인 형태의 충동들, 다양한 형태의 자기 성애적인 표현들을 무시할 때에만 꽤 높아질 뿐이다.

이 분야에 경험이 풍부한 의사인 롤레더는 몇 년 전에 그 문제를 넓게 보면 성적 금욕 같은 것은 전혀 없다고, 또 성적 현상이 나타나지 않는 순수한 금욕의 예는 단순히 성적 무감각증에 지나지 않는다고 믿는다고 말했다. 그러므로 겉으로 드러나는 차이도 주로 국가들마다 다 다른 전통 때문이다. 어떤 나라는 매춘을 이용하는 것이 다른 나라에 비해 편하고, 어떤 나라는 자위행위에 의존하는 것이 더 편할 수 있는 것이다.

정말로, 이 문제와 관련해서 두 가지 학파의 의사들이 있다. 한 학파는 자위행위 같은 남자답지 않은 행위에 몰입하는 것을 가혹할 만큼 비난하면서도 매춘에는 비교적 관대한 반면에, 다른 학파는 위험하고 비도덕적인 행위인 매춘에 기대는 것을 가혹하게 비난하지만 자위행위에는 비교적 관대하다. (그러나 포렐은 두 가지 관행을 똑같은 차원에 놓는다. 아무 인연이 없는 이방인과의 매춘을 "단순히 자위행위의 한 형태"로 보는 것이다.)

국부 충혈과 불면증, 흥분성, 우울, 두통, 막연한 히스테리 및 신경증 증상 등 불만스런 성적 활동에 따른 증상들을 치료하거나 완화하려 노력할 때, 그런 것들을 고려하면 많은 도움을 얻을 수 있을 것이다. 그에 따른 문제들은 확실히 정신병의 경계선에 가까이 다가서고 있지만, 다른 원인들도 동시에 고려되어야 한다는 사실이 언제나 확인된다. 여기서 정신분석가들은 무의식에서 꾸불꾸불한 경로들을 찾아 나섰다. 로벤펠트가 발견하고 있듯이, 24세 이하의 남자들은 금욕으로 거의 고통을 겪지 않으며, 그 이후에도 의학적 도움을 받아야 할 만큼 힘들어하지 않는다. 그럼에도 히르슈펠트는 서른 살까지 금욕적으로 살다가 그 후에 결혼한 남자들에 대해 불리한 방향으로 보고하고 있다. 프로이트와 로벤펠트를 포함한 일부 전문가들이 발견했듯이, 금욕이 신경증을 낳는 원인이 되도록 만드는 것은 그 사람의 나쁜 체질이며, 그 신경증은 남녀 모두 불안 신경증으로 나타난다.

그러나 섹스 분야가 종종 그렇듯이 여기서도 치료는 대개 건강법으로 모아지고 있으며, 이 방법이 효과적이기 위해서는 그것이 치료하고자 하는 조건보다 일찍 시작되어야 한다. 소박한 삶, 수수한 음식, 냉수욕, 사치 거부, 모든 강력한 육체적 또는 정신적 흥분 회피, 해로운 교제 기피, 충분한 일, 야외 운동 등이 그런 치료법에 속한다. 우리가 유아 성욕이라는 이론을 아무리 열성적으로 받아들이려 노력한다 하더라도, 잘 태어나서 처음부터 이런 식으로 길러진 아이는 성 교육을 오랫동안 받음에도 불구하고 피할 수 없는 사건들을 겪지 않는 상태에서 성적 무의식을 오랫동안 이어갈 확률이 꽤 높다.

그러나 근본적인 성충동이 저항할 수 없을 만큼 강하게 의식에 나타나기만 하면, 섭생의 이런 훌륭한 원칙들도 간혹 보이던 효과를 더 이상 보이지 않게 된다. 이 섭생 원칙들은 어쨌든 따르기가 어렵지 않으며, 가끔 성충동의 작용을 잠재우는 효과가 없지 않지만, 그것들이 줄 수 없는 것까지 기대해서는 안 된다.

건강한 육체적 운동은 성욕을 누르는 것과 거리가 멀며, 남녀 할 것 없이 운동이 성욕을 자극하는 역할을 하는 경우가 훨씬 더 잦다. 단지 운동이 과도할 때에만 극도의 피로를 낳으며 성욕을 약화시킬 수 있다. 육류 중심의 식단을 피하는 것도 마찬가지로 비효과적이다. 히르슈펠트는 육식성 동물이 초식성 동물보다 성적 열성이 덜하다고 말한다. 마찬가지로 정신적인 작업도 심지어 순수하게 추상적인 성격의 일일 때에도 성적 흥분을 일으킬 수 있다. 정말로, 일반적인 위생 원칙은 활력을 낳는 데 이롭기 때문에 성적 영역에도 활력을 전달할 수밖에 없는 것이 분명하다. 신체 안에 활력을 일으킬 조치를 취하면서 그 활력이 성적 경로로 흘러가는 것을 막을 수는 없는 노릇이니까.

성적 에너지를 보다 정신적인 형태로 전환시킬 수 있는 것은 사실이지만, 성적 에너지 중 아주 작은 부분만이 이런 식으로 승화될 수 있을 뿐이다. 프로이트가 적절히 말하고 있듯이, 인간 유기체 안에 있는 성적 에너지는 기계 안의 열과 마찬가지로 일정 부분만 일로 바뀔 수 있다. 분명히, 약에 의존할 수도 있으며, 약 중에서는 브롬제가 가장 널리 이용되고 있고 아마 효과도 가장 좋을 것이다. 그런 약은 아마 신경이 예민하고 쉽게 흥분하는 사람들에게 특별히 이로울 것이다. 그런데 이런 사람들의 성적 과민증은 성적 활력의 산물이 아니다.

강건하고 체질적으로 성적인 사람들의 경우에는 브롬제를 섬세한 작용들을 전반적으로 약화시킬 만큼 강하게 쓰지 않으면 그 약도 간혹 효과를 발휘하지 못한다. 이것은 섬세하게 작용하는 자연적인 충동을 치료하는 방법으로는 만족스럽지 못하다. 의사는 이 분야에서 힘의 한계를 인정해야 하고, 사회적 환경이 종종 피할 수 없도록 만드는 어려움들 앞에서 진부한 말을 자제하고 그 문제들을 푸는 책임을 환자 본인에게로 넘겨야 한다.

정말로, 이 문제에서 의사들이 무한 책임을 져야 한다고 대담하게 선언하는 의사들도 있다. 예를 들어 보자. 가톨릭 사제 또는 성불능인 남편을 둔 기혼 부인이 환자로 의사를 찾는다. 성적 금욕의 결과로 신경증적인 문제를 겪고 있는 것이 분명하다. 그런 진단을 하는 의사들에게는 이 환자들에게 성교를 권하는 것이 의무다. 나는 그렇게 생각하지 않는다. 의사가 자신이 처방하는 약의 순도를 확실히 보장하지 못한다는 사실과 별도로, 또 그가 공식적으로 권고하는 것과 정반대인 그런 행동 과정을 은밀히 권하는 행위의 비도덕성과 별도로, 엄격히 의학적인 분야에 해당하지 않는 조언을 하는 의사들은 그 조언이 환자에게 미칠 효과를 반드시 고려해야 한다.

만약 앞에 제시한 예들처럼 그런 조언이 한 남자로 하여금 자신의 직업에 반하는 행동을 하도록 만들거나 한 여자로 하여금 고통스런 사교적인 장소로 나가도록 한다면, 그 결과는 성적 욕망을 억누르려고 분투하는 데 따르는 결과보다 건강에 더 나쁠 수 있다. 환자의 분투는 단지 다른 분투를, 아마 더욱 힘든 분투를 낳을 뿐이다.

이런 문제에서 의사는 순수하게 의학적인 영역을 벗어날 때엔 자신의 역할을 환자의 문제에 대해 넓은 관점에서 객관적으로 명쾌하게 설명해 주는 것으로 국한시키는 것이 바람직하다. 해결책을 선택하는 책임은 당연히 환자에게 넘겨야 하는 것이다. 여기서 의사의 역할은 배심원에게 사건에 대해 설명하는 판사의 역할과 비슷하다. 의사는 문제를 명쾌하게 설명하지만 판결을 내려서는 안 된다. 그런 식으로 접근하면서, 의사는 동시에 환자가 보다 차분하고 보다 합리적인 태도를 취하도록 할 것이며, 아마 푸는 것이 불가능해 보이는 매듭을 성급하게 자르려 드는 것을 막을 수 있을 것이다.

성적 금욕에 따른 병들을 치료하는 전통적인 방법은 적절한 결혼이며, 훌륭한 조건에서 행해지는 경우에 결혼은 분명히 그런 병에 최고의 약이다.

결혼의 타당성

오늘날 의사는 결혼의 타당성에 관한 상담을 예전보다 훨씬 더 자주 받고 있다. 커플의 결합에 따른 결과나 후손과 관련해서 불안해해야 할 근거가 있을 때 의사의 조언을 구하는 예가 늘어나고 있는 것이다. 게다가, 그런 문제에 관한 의사의 의견이 예전보다 훨씬 더 진지하게 받아들여지고 있다. 그러므로 그런 경우에 진부한 조언을 피하고 가능한 한 신중한 조언을 제시할 필요가 있다.

대부분의 경우에 신중한 의견을 가능하게 할 과학적 자료가 여전히 불완전하며 이제 막 통합되기 시작하고 있다. 따라서 이 주제는 대개 멀지 않은 미래의 몫으로 남을 것이며, 그날이 오면 성적 결합의 결과를 지금보다 훨씬 더 정확하게 예측할 수 있을 것이다. 지금 당장은, 카렌 호나이(Karen Horney)도 이 문제를 연구하면서 결론을 내렸듯이, 정신분석도 결혼의 미래에 대해 예견하는 데 필요한 통찰을 제공하지 못할 것이다(그럼에도 불구하고 호나이는 정신분석을 강하게 신뢰한다). 게다가 이 주제는 대개 이 장이 다루는 범위를 벗어나 있다. 그러나 여기서 짚고 넘어가는 것이 바람직한 사항이 몇 가지 있다.

드물지 않게 일어나는 간단한 한 예는 너무나 부적절해 보이는 결혼을 하겠다는 뜻을 밝힘으로써 돌연 친척과 친구들을 경악시키는 젊은이나 소녀의 예이다. 이런 경우에 불행한 결혼을 피하기 위해 의사를 찾으며, 이때 의사로부터 무분별한 연인이 정신적으로 건전하지 않다는 선언을 기대하는 사람이 가끔 있다. 그것은 조사해야 할 문제이지만, 이런 종류의 예들 대부분을 보면 약간 신경증적인 유전이 있을 수 있지만, 거기에 이상(異常)이 있는 경우에 그 이상이 생리적인 한계를 거의 넘지 않기 때문에 그런 것들을 근거로 반대하지 못한다.

자신들의 결합에 반대하는 사회적 장벽을 무시한 로미오와 줄리엣 같은 연인들은 일시적인 열정에 압도되었지만, 버튼이 『우울의 해부』에서 모든 연인은 미쳐 있다고 말한 그런 의미가 아니고는 그들은 정신적으로 이상하지 않다. 이런 예들의 대부분은 청년기의 질풍노도의 시기에서 아직 벗어나지 않은 젊은이들이며, 그들의 내면에서 새로운 성애적 삶이 돌연 분출하면서 생리적 장애가 일어나고 이것이 정신적 균형을 깨뜨리지만, 정신은 빠른 속도로 균형을 다시 찾게 되고 그런 다음에는 그런 일이 다시는 일어나지 않게 된다.

가끔 일어나는 전형적인 한 예는 순결하고 정직하던 젊은이가 우연히 매춘부와 가까이 접촉하다가 그녀와 결혼하려는 계획을 세우는 것이다. 이런 경우에 성충동을 자극하는 것들은 지금까지 정당한 기회를 한 번도 누려보지 못했을 것 같은 여자를 구하겠다는 생각에 다소 가려지고 있다. 오늘날 매춘부와의 결혼도 자신이 하는 짓을 충분히 잘 알고 있는, 성숙하고 경험 많은 남자가 깊이 고민한 끝에 한 선택의 결과인 경우에 행복한 것으로 종종 확인되고 있다. 그러나 감정의 고양 때문에 앞을 보지 못하게 된 무지한 젊은이에겐 그런 행복한 일이 일어날 확률이 아주 낮아진다. 이런 경우에 그 결합을 막는 최선의 방법은 미적지근하게 대처하며 시간을 버는 것이다.

강력한 반대는 단순히 감정의 고양을 더욱 강화시키면서 불행한 결혼을 향해 돌진하도록 만든다. 고의로 지체시키려고 애를 쓰면서 젊은이가 사랑하는 사람을 보고 연구할 기회를 많이 주도록 하라. 그러면 젊은이는 그녀를 자기 친구들과 같은 관점에서 보게 될 것이다.

경솔한 결혼에 대해 생각하고 있는 소녀가 있다면, 그녀를 완전히 다른 상황에 처하도록 할 수 있다. 그러면 거기서 새로운 관심사와 인간관계가 점진적으로 형성될 것이다. 간혹 젊은 여자가 하층 계급의 매력적인 남자와의 결혼에 대해 생각할 수 있다. 우리가 계급 감정에 거의 아무런 가치를 부여하지 않는다 하더라도, 그런 결합은 극구 말려야 한다. 이유는 그 결합이 행복하게 이어질 가능성이 매우 낮고, 그런 생각을 품었던 여자들 중에서 포기한 것을 후회하는 사람이 거의 없기 때문이다.

채털리 부인은 농부 연인의 행복한 아내가 절대로 될 수 없다. 한눈에 반한 결과 성급하게 맺게 된 결합은 불행한 결과들의 사슬을 너무나 자주 만들어내기 때문에, 그런 경우에 결정을 지체시킬 장애물들을 끌어들이는 것이 언제나 합당하다. '결여'가 "이상적인 아름다움의 어머니"이고, 또 그런 식으로 좌절한 많은 연인들이 그 일로 삶의 행복을 놓치게 되었다는 믿음을 평생 간직하게 되는 것이 사실일지라도 말이다.

디킨스(Charles Dickens)가 좋은 예를 제시하고 있다. 젊은 시절에 자신이 흠모하던 소녀로부터 퇴짜를 맞은 디킨스는 그녀를 완벽한 여성상으로 여기고 그녀를 여주인공으로 묘사했지만, 마침내 그녀를 실제로 다시 보았을 때 그녀에게서 정나미가 떨어지는 느낌을 받았다. 그런 일은 덜 뛰어난 사람들의 삶에 종종 되풀이된다.

이것들은 종종 의사의 눈길을 끌지 못할 수 있는 특별한 어려움들이다. 그러나 결혼의 문제가 일어날 때마다, 어느 시점에 가면 해결해야 할 문제가 나오며, 그 문제들이 의사 앞에 제시되는 예가 갈수록 많아지고 있다. 여기서는 그 문제들을 약간 건드리는 것으로 만족해야 하며, 적용할 수 있는 확실한 공식이 거의 없다는 말은 할 필요조차 없다.

사례마다 별도로 고려되어야 하고, 이 사람에게 가장 바람직한 해결책이 다른 사람에게 가장 바람직하지 않은 해결책이 될 수 있다. 미래에 주요 도시에는 결혼의 다양한 문제에 관해 조언을 해줄 기관들이 존재하게 될 것이다(베를린 성 연구소(Sexual Institute od Berlin)가 그 선구로 여겨질 만하다).

나이의 문제가 생기고, 건강과 유전의 문제, 신체 검사 문제, 결혼 준비 문제, 지체된 생식의 문제, 그리고 육체적 또는 정신적 융화라는 매우 중요한 문제가 생길 것이다. 이것들은 결혼의 행복을 좌우하는 문제들이다.

최고의 아이들을 낳는 문제뿐만 아니라 결혼 생활의 행복에 가장 바람직한 나이에 대해 말하자면, 의견의 차이가 상당히 크며, 현재로선 광범위한 토대를 바탕으로 한 자료가 적절히 축적되어 있지 않다. 필라델피아의 하트(Hart)와 실즈(Shields)는 가정 법원(Domestic Relations Court)에서 겉으로 드러나는 결혼의 만족도를 측정하면서 조기 결혼에 반대하는 결과를 발견한 반면에, 패터슨(Patterson)은 마찬가지로 필라델피아에서 20세 미만에 결혼한 커플이 그 후에 결혼한 커플에 비해 결혼 생활에서 더 많은 어려움을 겪는다는 것을 발견하지 못했다.

디킨슨과 로라 빔(Laura Beam)은 "불평 없이 적응할 수 있는" 것으로 여겨지는 아내의 평균 나이가 평균 나이보다 조금 높다는 것을 발견했다. 또 최종적으로 헤어지거나 이혼한 커플의 결혼 생활의 길이를 고려할 때, 어려서 결혼한 사람들의 결혼 생활 길이가 가장 짧지는 않은 것으로 드러났다. 가장 어린 여자들보다 많은 나이에 결혼한 사람들이 자신의 깊은 욕구를 잘 알고 건전한 판단을 잘 할 수 있는 위치에 서지만, 동시에 그들은 종종 정신적 버릇과 육체적 문제들을 습득했으며 이런 버릇과 문제가 정신적 조정을 어렵게 만들었다. 반면, 젊은 소녀는 정신적으로도 적응을 더 잘 할 뿐만 아니라 대체로 육체적으로 성교에, 더 나아가 어머니 역할에도 일반적으로 생각하는 것보다 더 잘 적응한다.

정말로, 문제는 전적으로 나이만의 문제가 아니라 성격과 지능, 경험의 문제다. 현재 평균 결혼 연령은 아마 바람직한 선보다 꽤 높은 편일 것이며 지나치게 높은 예도 종종 있다. 부르크도르퍼(Burgdörfer)는 조기 결혼을 강력히 지지하는 쪽인 반면에, 하겐

(Hagen)과 맥스 크리스티안은 우생학적 관점에서 보면 남자는 25세에, 여자는 그보다 더 빨리 결혼해서 훗날 일어날 온갖 어려움들을 용감하게 직면해야 한다고 결론을 내린다. 독일의 경우 결혼 연령이 남자들은 29세 전후이고 여자는 25세 전후이지만, 몇 세기 전에는 결혼 연령이 남자들은 19세 미만이고 여자들은 15세 미만이었다.

몇 살에 결혼을 하든, 부부 관계와 부모의 역할이라는 관점에서 남녀 모두 신체 검사를 받는 것이 바람직하고 또 필요한 일이다. 신체 검사는 초기 단계에, 그러니까 결혼 이야기가 많은 친구들에게 알려지기 전에 행해져야 한다. 당연히 여자의 경우에 산부인과 검사가 포함되어야 하고 남자의 경우에 비뇨생식관의 검사가 포함되어야 한다. 그런 증명서를 의무화해야 한다는 주장이 있고, 그쪽 방향으로 일부 시도가 있었다. 그러나 그런 검사는 양쪽 모두의 행복에 대단히 바람직하며, 여기서 관심의 대상이 아닌 우생학적 고려와 별도로, 결혼하려는 커플은 강제 사항이 아니어도 자발적으로 검사를 받아야 한다.

다른 종류의 결혼 준비가 한 가지 더 있다. 지금까지 논한 문제보다 더욱 근본적인 성격을 지니는 준비이다. 이것은 커플만이 은밀히 할 수 있는 준비다. 그것은 두 사람이 생각하고 있는 친밀한 관계와 관련해서 자신들의 지식과 감정을 점검하는 것이다. 각자는 상대방과 자신의 육체의 해부학과 생리학에 대해 무엇을 알고 있으며, 이런 문제들에 대한 각자의 감정적 반응은 어떤가?

디킨슨과 로라 빔이 말하듯이, 이런 일이 자주 일어난다. "어린 남편이 아내를 '너무나 신성한' 존재로 여겨 그녀의 내부 구조에 대해 생각하지 않으려 들거나, 아내가 자기 자신을 줄기가 튼튼한 나무로 생각한다. 그들의 해부학 지식은 초기 페르시아인들의 해부학 지식과 비교할 만하다."

무엇보다 먼저, 그들이 결혼 관계의 사랑에서 친밀에 대해 어떤 느낌을 갖고 있는가? 은밀한 터치를 두려워하는 아내만 있는 것이 아니라 남편도 있다. 남편이나 아내 쪽의 두려움 때문에, 욕탕에 함께 들어가 보지 못한 남편과 아내도 있다. 그러나 양쪽 모두가 완전한 친밀의 가능성을 환영하지 않는 상황에서는 진정한 신뢰와 믿음도 없고 진정한 결합도 있을 수 없다. 캐서린 데이비스가 발견했듯이, 이런 방향으로나 저런 방향으로 적절히 준비한 여자들 사이에서 행복한 결혼 생활을 영위하는 사람들의 비율이 그런 준비를 하지 않은 여자들에 비해 훨씬 더 높았다.

물론, 이런 상호 지식이 필요한 것은 성적인 측면에서만이 아니다. 결혼은 성적 관계보다 훨씬 더 크다. 오늘날 성적 관계가 전혀 일어나지 않는 결혼이 많은데, 상호 이해가 충분히 이뤄진 상태라면 그런 결혼이라고 해서 언제나 가장 덜 행복한 것은 아니다.

아주 많은 연구서가 보여주고 있듯이, 결혼 생활의 만족에 가장 중요한 열쇠는 융화성이다. 기질만을 놓고 본다면, 그 자체로 아주 훌륭한 기질을 갖춘 사람일지라도 서로 맞지 않을 수 있다. 이 융화성은 결혼 전에 테스트를 끝내야 하며, 테스트를 결혼 후로 미루는 일은 없어야 한다. 커플이 상대방의 반응을 관찰하기 위해서 특별한 삶의 스트레스뿐만 아니라 일상적인 스트레스를 받는 상황에서 상당한 기간 동안 함께 살아보는 것이 필요하다. 이때 관찰해야 하는 반응은 당사자에 대한 것뿐만 아니라 제삼자에 대한 반응도 포함된다. 이유는 당사자에 대한 반응은 결혼 후에 너무나 쉽게 바뀔 수 있기 때문이다. 가톨릭교회가 수녀가 되고자 하는 사람들에게 필요한 것으로 여기고 있는 견습 과정 같은 것이 결혼식을 올리기 전에 똑같이 필요하다. 그 과정이 실제 성적 관계까지 가는가 하는 문제는 각자 알아서 할 일이다.

기질의 융화성은 기질의 동일성을 절대로 요구하지 않으며, 조화가 이뤄진다면 상반된 기질 사이에도 가능하다. 그런데 결혼에 요구되는 것은 기질의 융화성만이 아니다. 취향과 관심사의 조화도 마찬가지로 요구된다. 기질의 차이는 외향성과 내향성처럼 조화롭게 서로를 보완할 수 있으며, 반응의 동일성보다 양측에 훨씬 더 만족스러울 수 있다. 그러나 완전한 결혼 관계에는 취향과 관심사의 조화가 반드시 필요하다.

그렇다고 취향과 관심사가 동일할 필요는 없다. 일례로, 음악을 싫어하는 것은 음악에 헌신하는 취향과 쉽게 연결되지 않으며, 정치적 이상의 차이가 성적 융화성에 의해 언제나 균형이 맞춰지는 것은 아니다. 또 종교적 확신의 차이(예를 들면, 로마 가톨릭과 복음주의 프로테스탄트)가 뚜렷한 경우에, 결혼을 말리는 것이 바람직하다.

오늘날 아내는 더 이상 가사만 맡지 않으며, 가정 밖에도 관심을 두고 있다. 세상 속에서 일어나는 사회생활의 큰 부분에 대해 디테일의 문제에 있어서는 이견이 불가피하다 할지라도 전반적인 동의

가 전혀 없는 곳에서 만족스런 결혼 생활을 상상하는 것은 쉬운 일이 아니다.

구체적인 어떤 결혼이 적절한지 여부에 관한 모든 조언은 단지 사전에 확실히 알 수 없는 무엇인가를 예시하려는 시도일 뿐이라는 것을 언제나 기억해야 한다. 커플은 특히 젊은 경우에 내일은 절대로 오늘과 같지 않을 것이다. 엑스너(Exner)가 잘 표현하고 있듯이, "심리적 결혼, 즉 창조적인 개인적 관계로서의 결혼은 두 짝이 이루는 하나의 성취이며, 반드시 결혼식에서 시작할 필요는 없다". 결혼은 종종 매우 느린 성취이며, 완전하고 깊은 의미에서 결혼이라 불릴 수 있는 관계에 닿기까지 여러 해에 걸친 점진적인 진보가 필요할 수 있다. 어쩌면 그런 의미의 결혼에 결코 닿지 못할 수도 있다.

일부 개인적인 이유로 결혼하지 말라는 조언을 듣는 사람들이 있다. 또 다른 사람들은 유전이나 우생학적 이유로 결혼은 허용되지만 자식을 낳는 것은 허용되지 않는다. 그런 경우에 최고의 피임법은 남편의 불임이다.

결혼 생활의 만족

옛날에 결혼은 신성한 의무로, 말하자면 신이나 국가가 내린 의무로 여겨졌다. 우리는 자신을 위해 결혼하지 않는다고 미셸 드 몽테뉴(Michel de Montaigne)는 말했다. 예외적이거나 사악한 사람들을 제외하고는, 신이나 국가가 내린 의무를 성취하는 일에 행복이 따를 것이라고 짐작했음에도, 만족의 문제가 거의 끼어들지 못했다. 그것은 종교와 예술의 축성을 똑같이 받은 관점이었다.

훌륭한 연애 소설들은 평생 이어지는 결합이 의심의 여지없는 축복을 누리는 것으로 끝났으며, 교회는 공상에 빠져 그 목적이 다를 수 있다는 점을 인정하길 거부했다. 이런 견해는 지금 케케묵은 것으로 치부되고 있다. 그 같은 견해는 현실 속의 사실들과 조화를 이루지 못했다. 부분적인 이유는 예전에 사실들이 가려져 있었기 때문이고, 또 다른 부분적인 이유는 현재의 조건들이 실제로 훨씬 더 복잡해졌기 때문이다. 오늘날 많은 사람들이 반대쪽 극단 쪽에 가까운 의견을 보이면서, 결혼은 평생 축복을 낳기는커녕 적절한 만족과 행복도 좀처럼 낳지 못한다고 선언하고 있다.

프로이트는 1908년에 "정신적 실망과 육체적 결핍이 대부분의 결혼의 운명이 되었다."고 선언한 데 이어 다시 "소녀는 결혼 생활을 '버티기' 위해 아주 건강해야 한다."고 말했다. 프로이트보다 덜 유명한 저자들의 진술도 프로이트의 선언과 거의 다르지 않다.

그러나 그런 표현들이 전부 개인적인 인상들을 전하고 있다는 점을 지적해야 한다. 이 개인적인 인상들은 과학적인 문제에서는 신뢰할 수 없는 것으로 악명이 높고 통계학적 바탕 위에는 결코 놓일 수 없다. 더욱이, 그 인상들은 경험 많은 다른 관찰자들의 개인적인 인상과 일치하지도 않는다.

우리 모두가 잘 알고 있듯이, 결혼의 악들은 대개가 쉽게 예방할 수 있는 것임에도 불구하고 남편과 아내와 아이들에게 똑같이 자주 찾아오며 의심을 사지도 않는다. 미국 로스앤젤레스의 가족관계연구소(Institute of Family Relations)의 폴 포프노(Paul Popenoe)는 1930년에 그곳에서 이뤄진 상담 500건 중에서 1건을 제외한 모든 건에서 성적 부적응이 문제를 복잡하게 만드는 요인으로 작용했다는 것을 알아냈다. 그럼에도 엑스너가 지적하듯이, 결혼 생활에 대해 터무니없이 비관적일 필요는 전혀 없다. 만약 사회가 젊은이의 비전을 그렇게 자주 방해하지 않고 그들의 첫걸음을 잘못 인도하지 않는다면, 불행한 사건은 훨씬 줄어들 것이다.

포프노가 잘 표현하고 있듯이, 높은 비율의 불만족은 해결할 수 없는 악이 아니다. 그것은 높은 이상(理想)과 그 이상에 닿고 싶어 하는 욕망을 의미한다. 왜냐하면 결혼이 진정으로 하나의 성취이기 때문이다. 정말로, 이 점이 종종 간과되고 있다.

유럽 문명에서, 아마 모든 문명에서, 완전한 의미에서 말하는 결혼은 단 한 번의 도약으로 성취할 수 있는 것이 절대로 아니다. 결혼을 하려는 당사자들이 자기 자신과 상대방에 대해 무지하다는 사실을 고려할 때, 진정한 결혼을 성취하는 것이 어렵지 않다면 그것이 오히려 더 이상하다. (카렌 호나이가 표현하고 있듯이) 엄격히 개인적인 차원에서만 봐도 결혼에는 적어도 3가지 측면이 있다. 즉, 육체적 관계와 정신적 관계, 그리고 서로 함께 직면하는 어떤 삶의 연합 관계라 부를 수 있는 관계가 있는 것이다.

준비가 아주 부적절한 상태에서는 직면하는 어려움들을 서서히 극복해 나가는 것이 불가피하다. 그러다 보면 최종적으로 여러 해가 걸릴 수도 있지만, 진정하고 진실한 결혼에 이르게 된다. 종종 그렇듯이, 결혼이 불완전한 상태에 있을 때조차도 우리는 대개 보다 깊은 통찰을 바탕으로 많은 보상을 성취한다. 랠프 왈도 에머슨(Ralph Waldo Emerson)의 보상 원칙이 결혼 생활에서만큼 더 확실하게 지켜지는 분야는 없다.

사실들을 꽤 분명하게 보기 위해선 넓은 분야에 걸쳐서 꼼꼼한 조사가 필요하다. 그런 과정을 거친다 해도 오직 대략적인 결과만 가능하다. 많은 사람들이 자신의 결혼이 실패라는 점을 자기 자신에게도 인정하지 않으려 든다. 그러니 타인들에게는 더더욱 실패를 인정하지 않으려 할 것이다. 반대로, 타인들은 결혼에 따르기 마련인 사소한 걱정과 짜증에 신경을 쏟다가 그만 그 사람의 삶을 어느 정도 거리를 두고 하나의 전체로 봐야만 볼 수 있는 핵심적인 사실들을 놓치고 있다. 그러면서 타인들은 다른 순간이라면 위대한 성공이라고 할 수 있는 곳에서 실패를 인정하고 싶은 유혹을 느낀다.

결혼에 대한 평가를 어렵게 만드는 근본적인 원인이 한 가지 더 있다. 결혼 생활에서 합리적으로 발견될 수 있는 만족의 본질을 아는 사람이 극히 드물다는 점이다. 사람들은 결혼이 곧 삶의 축소판이라는 것을, 만약 결혼 생활이 쉽고 즐겁기만 하다면, 그 결혼 생활은 세상의 허약한 이미지일 뿐이며 세상이 생명을 깊이 들이키는 사람들에게 줄 수 있는 깊은 만족을 낳지 못할 것이다.

그러므로 우리는 절대적으로 명확한 대답을 얻지 못할지라도 적어도 그 질문을 통계학적 바탕 위에 올려놓으려고 노력해야 한다. 캐서린 데이비스는 결혼 생활에서 "성관계가 의심의 여지없이 중요한 역할을 한다.”고 단정하면서, 정상적인 결혼 생활을 영위하는 것으로 짐작되는 1,000명의 여자들 중에서 872명이 자신의 결혼 생활에 대해 행복하다고 확실히 말한다는 사실을 발견했다. 116명은 부분적으로, 또는 완전히 불행하다고 밝혔으며, 주요 원인은 성격 차이였다. 대답하지 않은 사람은 12명에 불과했다.

디킨슨은 캐서린 데이비스의 조사 대상자들만큼 정상이라고 여겨질 수 없는 자신의 산부인과 환자들 사이에서도 만족하는 여자들의 비율이 다소 비슷하다는 것을 발견했다. 그는 1,000명의 환자들 중에서 결혼 생활에 대해 적어도 “불평이 없다”는 뜻에서 “적응되었다”고 대답한 사람의 비율이 5명 중 3명꼴이라고 결론짓는다. 구성 성분을 보면, “적응된” 집단과 “적응되지 않은” 집단은 서로 두드러진 차이가 없었다. 그들은 비슷한 사회적, 경제적 지위를 보였다. 두 집단 모두에서 3분의 2정도가 어느 시점에 자기 성애의 행위를 꽤 경험했다.

적응된 집단이 적응되지 않은 집단에 비해 출산율이 조금 더 높았지만, 중요한 일반적인 차이는 적응된 집단이 삶을 보는 관점이 적응되지 않은 집단보다 더 객관적이라는 점인 것 같았다. 적응된 집단의 여자들이 덜 자기중심적이고 정신적 갈등으로 덜 힘들어했다. 그럼에도 적응되지 않은 집단의 아내들 중에서 100명이 “사회적으로 정상”이고 “교육적, 경제적 수준이 평균 이상이고” 전형적으로 옷을 잘 입고 가끔은 아름답거나 총명한 여자들이라는 것을 발견했다. 그들 중 13명은 확실히 바람직하지 않은 성격의 소유자였으며, 19명은 “깊고 완전한 장애”에 가까운 상태였다. 그러나 그들은 사회적, 교육적 수준이나 건강의 측면에서는 적응된 집단과 많이 다르지 않았으며, 인격과 환경의 전반적인 외관은 똑같았다. 결혼 전에 자기 성애적인 행위를 한 비율도 거의 똑같았으며, 섹스가 언제나 부적응의 시작이었던 것은 절대로 아니었으며, 부적응은 종종 성격 차이 때문이었다. 두 집단의 중요한 차이는 "정신적 갈등"이 있느냐 없느냐 하는 것이었다. 여기서 우리는 "적응" 문제가 얼마나 복잡한지를 보고 있다.

G. V. 해밀턴은 이보다 작지만 모두 정상적인 것으로 알려진 기혼남 100명과 기혼녀 100명을 대상으로 결혼에 대한 만족도를 14개의 등급으로 나눠 아주 정밀하게 조사했다. 그 결과, 남편들이 결혼에 대해 아내보다 확실히 더 만족하는 것이 확인되었다. 높은 등급(7-14)에 남자가 51명 포함되었지만 여자는 45명에 지나지 않았다. 낮은 등급에는 남자가 49명, 여자가 55명이 포함되었다. 해밀턴은 이 같은 결과가 자신이 개인적 접촉을 통해 받은 분명한 인상과 일치한다고 말했다. 그는 "대체로 여자들이 결혼에 대해 남자들보다 더 심각하게 실망하는 것 같다"는 인상을 받았다.

이 같은 결론을 놀라운 것으로 받아들여서는 안 된다. 그 결론은 나 자신의 경험과도 일치하는 것 같다. 결혼에 대한 만족도는 남녀가 결혼을 하는 경우에 처하게 되는 상황과 어느 정도 관계가 있는 것처럼 보인다. 여자에게 결혼은 남자와의 관계보다 훨씬 더 많은 것을 의미한다. 왜냐하면 남편과 아이, 가정을 돌보는 일이 그녀의 존재 중 아주 큰 부분을 흡수하기 때문이다. 그래서 여자에게 실망감이 생기게 되는 경우에 그 실망감은 훨씬 더 심각하다.

남자는 생활의 상당 부분이 밖에서 이뤄지기 때문에 가정과 가족으로부터 훨씬 더 분리되어 있다. 가정은 남편의 활동 영역 중에서 작은 부분을 차지하고, 또 가정은 휴식의 피난처 역할을 한다.

한편, 여자는 종종 결혼이 삶의 전부라는 느낌을 받으며, 따라서 보다 깊은 문제들이 그녀의 안에서 일어난다. 이것이 우리를 디킨슨의 의미 있는 관찰, 즉 적응된 아내와 적응되지 않은 아내의 중요한 차이는 전자가 보다 객관적이고 정신적 갈등에 덜 휘둘린다는 점이라는 관찰로 이끈다. 바꿔 말하면, 그들은 평균적인 남편에 보다 가깝다고 할 수 있다.

그러나 아내들 사이에서 그렇게 자주 발견되는 결혼에 대한 불만은 다소 표면 아래에 숨어 있을지라도 진정한 근거를 갖고 있다. 아내들의 불만은 새로운 세대에 속하는 여자들이 삶에서 새로운 것을 많이 맡게 된 것과 관계있다. 신세대 여자들은 자기 어머니들과 달리 남자가 지배하고 여자가 종속되는 상황을 불가피하고 자연스런 것으로 받아들이지 않는다.

여자들에게는 세상의 종교적, 사회적인 측면들이 많이 바뀌었는데도, 남자들에게는 그에 상응하는 변화가 없었다. 이유는 여자들에게 그 변화가 대개 사회적으로 인정을 하고 법적 장치를 마련하는 식으로 일어났기 때문이다. 남자들의 관습은 거의 변하지 않았다. 그래서 결혼을 하는 여자가 어떤 괴리를 발견하게 되고, 이 괴리가 그녀의 내면에 정신적 갈등으로 자리 잡는 경향이 있다.

심지어 신혼여행 동안에 남자와 결혼의 본질을 처음으로 깨닫고 불만을 품는 여자들이 많다. 그런 여자들은 대개 보다 현대적인 소녀들뿐만 아니라 남자들까지 멀리하는 상태에서 옛날 방식으로 성장한 낭만적인 여자들이다. 이런 여자들이 그 불만을 완전히 극복하는 일은 절대로 불가능할 수 있다.

결혼에 대한 이런 불만의 보다 깊은 원인이 한 가지 더 있다. 최근에 결혼에 나타난 외적 변화들이 결혼 관계의 근본적인 사실들을 너무나 자주 가려버린다는 점이다. 어쨌든 변화가 결혼의 외적 특징에 관심을 쏟도록 만들었고, 그런 현상이 마치 결혼 생활의 행복이 외적 상태를 쉽게 조정하는 데 좌우되는 것처럼 보이도록 만들었다. 무엇보다, 사람들은 정신 속으로 아주 깊이 침투하는 그런 관계는 정신의 깊이가 아주 얕은 사람을 제외하고는 절대로 어려움이나 문제가 없을 수 없다는 사실을 도외시하는 경향을 보인다. 옛날에는 그런 사실을 잘 깨달았는데도 말이다. 결혼 생활엔 고통이 불가피하다는 인식은 낡은 것임에 틀림없다. 그러나 그 고통은 새로운 모양으로 남아 있으며 또 관계의 성격을 지니고 있다.

우리가 이혼의 자유가 최대한 보장되어야 한다는 점을 인정할 때조차도, 이혼은 절대로 치료가 되지 않을 것이다. 우리는 이혼한 뒤 재혼해서도 조금도 더 행복해하지 않는 사람들을 지속적으로 보고 있다. 잘못된 것은 결혼이 아니라, 그들 자신들이었다. 키절링(Keyserling) 백작은 결혼 문제를 예리하게 분석하면서 결혼 생활을 "양극 사이의 장력(張力)"이라고 묘사한다. 거기엔 두 개의 초점에 의해 이뤄지는 통일이 있으며, 두 개의 초점은 장력에 의해 서로 결합되고 있다. 키절링은 그것을 "비극적인 장력"이라고 부른다.

결혼 관계가 온전하게 남으려면, 이 장력이 사라져서는 안 된다. 장력이 작용하고 있는 결혼 관계는 그 자체가 삶의 상징이다. 삶의 모든 것이 그렇듯, 그 장력이 결혼 관계의 즐거움에 반드시 필요하다. 그래서 여기선 금욕적인 입장에서 고통이나 어려움을 전혀 강조하지 않고 있다. 시인이며 예언가인 칼릴 지브란(Kahlil Gibran)이 거듭 단언하듯이, 기쁨과 슬픔은 따로 떼어놓을 수 있는 것이 아니다. "당신의 포도주가 담긴 잔은 도공의 가마에서 불에 구워진 도기가 아닌가?" 지브란이 이런 말을 하기 오래 전에, 몽테뉴는 기억할 만한 말을 너무나 많이 담고 있는, '베르길리우스의 일부 글에 대해'(On some lines of Virgil)라는 에세이에서 우리가 울 때 쓰는 근육이 웃을 때 쓰는 근육과 똑같다는 사실을 상기시켰다.

일부일처제 기준

현대에 이르기까지, 일부일처제는 서양 문명에서 유일하게 합법적인 결혼 형태로 여겨져 왔다. 정말로, 일부일처제는 대개 논의의 대상도 되지 않고 너무나 당연한 것으로 받아들여졌다. 이 원칙에 이의를 제기하거나 그 문제에 대해 논하는 예외적인 사람들은 괴짜로 치부되고 또 실제로 그런 경우가 많았다.

오늘날엔 결혼 형태가 종교적, 도덕적, 법적, 사회적 규정들에 의해 영원히 정해진 문제로 받아들여질 수 없다. 이 문제를 논하는 사람들이 언제나 무시해도 좋을 그런 사람이 더 이상 아니다. 그래서 지금 섹스의 심리학에 관심을 두고 있는 사람이라면 누구나 일부일처제와 관련해서 성적 관계에 대해 구체적인 의견을 준비해야만 한다.

서양의 일부일처 결혼제도를 논의의 장으로 끌어내려는 운동의 선구자로, 우리는 제임스 힌턴(James Hinton)을 꼽을 수 있다. 힌턴이 그 운동을 처음 시작한 것은 반세기도 더 전의 일이었다. 그러나 그 문제에 관한 그의 주장이 세상에 분명하게 모습을 드러낸 것은 그러고 나서 40년이 더 지난 뒤였다. 힌턴은 서양의 일부일처제에 대한 자신의 비난을 대중에게 온전히 드러내는 것을 그 주제를 통달할 때까지 미뤘으나, 그 일을 끝내기 전에 그만 세상을 떠나고 말았다.

그는 비정상적인 사람이나 괴짜로 여겨 옆으로 제쳐놓을 수 있는 그런 사람이 아니었다. 그는 런던의 유명한 외과 의사이자 사상가였으며, 당대의 과학의 움직임을 잘 알고 있었고, 일반적인 사회 문제에 관심을 널리 두고 있었으며 현실 속의 삶과도 밀접하게 접촉하고 있었다.

그가 남긴 방대한 분량의 원고는 체계적이지 못하고 산만하지만, 일부일처제와 그것과 연결된 전통적인 사회 제도에 대한 비판의 전반적인 경향을 보여주기엔 충분하다. 그는 진정한 의미의 일부일처제는 절대로 존재하지 않았다고, 또 서양 사회에서 순수하게 일부일처제를 지키는 남자들의 숫자가 일부다처제가 통하는 동양 사회에서 일부일처제를 지키는 숫자보다 더 적다고 생각했다.

확립된 제도로서 일부일처제는 기본적으로 이기적이고 비(非)

사회적인 제도이며 매춘의 원인이 되고 있다고 힌턴은 주장한다. 서양인들은 너무 빨리 일부일처제를 채택했다. 그렇게 보는 이유는 아무리 훌륭한 이상(理想)일지라도 그것을 너무 이르게 보편적인 법의 형태로 바꿔놓는 것은 실수이기 때문이다. 그 결과, 일부일처제는 원칙상 방탕한 생활을 막기 위해 존재하고 있음에도 불구하고 일부다처제보다 더 많은 방탕을 야기하게 되었다는 것이 그의 입장이다. 그래서 그에겐 서양의 결혼 제도가 썩어서 급속도로 깨어지고 있는 것처럼 보였다. 우리에게 필요한 것은 섹스 체계의 유동성이라고 그는 믿었다. 엄격하지 않고, 바람직해 보이는 경우엔 한 남자와 두 여자의 결합을 허용하는 섹스 체계, 그러면서도 인간에게 이로운 방향으로 언제든 조정 가능한 그런 섹스 체계가 필요하다는 주장이었다.

보다 최근에, 이와 비슷한 주장을 담은 논문이 수시로 제시되었다. 그런 주장을 펴는 근거는 다 다르지만, 그 열의만은 힌턴 못지않다. 동시에, 우리의 결혼제도가 실제로 변화를 겪었다는 점도 덧붙여야 한다. 만약 오늘날의 결혼제도와 힌턴 시대의 조건을 비교한다면, 많은 변화가 관찰될 것이다. 그 변화도 종종 그가 바랐던 쪽으로 이뤄지고 있다. 이혼이 더 쉬워지고, 여자들이 법적, 사회적 독립을 더 많이 얻었고, 사생아 출산을 보는 눈이 다소 덜 가혹해졌고, 피임 방법이 널리 알려지게 되었으며, 문명화된 모든 나라에서 남녀 사이에 자유가 더 커졌다.

동시에, 이런저런 의미에서 일부일처제는 오늘날 그 전만큼 확고하며 어떤 측면에서 보면 더 확고해졌다. 일부일처제에 유연성을 더 많이 부여함으로써, 우리는 일부일처제의 부작용을 상당히 해소시켰다.

"일부일처제"라는 단어를 엉터리 의미로 사용함으로써 혼동이 야기되었다는 점을 분명히 밝히고 넘어가야 한다. 예를 들어, 한쪽 성이 다른 쪽 성보다 "일부일처제"를 더 선호한다거나, 남자들은 "일부다처제"를 선호하는 반면에 여자들은 "일부일처제"를 선호한다는 소리가 자주 들린다.

엄격히 말하면, 그런 진술은 무의미하다. 처음에, 남녀가 거의 동수(남자들이 약간 더 많다)로 태어나기 때문에, 문명사회에서 자연스런 질서가 모든 남자에게 두 명의 아내가 있는 식으로는 흐를 수 없으며, 일부다처를 인정하는 사회에서도 소수의 부유한 계층만이 일부다처제를 실행하고 있다.

그러나 서양 문명에서 남자들이 같은 집에 살든 별도의 집에서 살든 모두 2명의 아내를 원한다고 단정하는 것은 맞지 않다. 일부다처가 대다수의 남자들에게 바람직하지 않은 것으로 만드는 다양한 고려사항들이 있다. 한편, 여자에겐 별도의 아버지를 둔 두 가족을 보살피는 것이 훨씬 더 비실용적이며, 여자는 당연히 "일부일처제"를 택하게 되어 있다.

사실 일부일처제라는 단어는 잘못 쓰이고 있는 용어다. 남자들이 여자들보다 "일부다처제"를 더 선호한다고 주장하는 사람들은 남자들이 복수의 여자와 성애를 즐기는 경향이 더 강한지에 대해 말하고 있다. 말하자면, 남자들이 더 많은 결혼을 원하는지에 대해 논하는 것이 아니라 남자들이 더 큰 성적 자유를 원하는지에 대해 논하고 있는 것이다.

어떤 남자가 일부일처제를 지키고 있다고 말하는 것은 그가 한 사람과 성애를 즐기는가 아니면 여러 사람과 성애를 즐기는가 하는 문제에 대해 아무것도 알려주지 못한다. 만약 그 사람이 여러 명과 성애를 즐기는 것으로 드러난다면, 그것은 그가 일부다처제를 택했는지, 혹은 그가 대상을 가리지 않고 성애를 즐기는 난잡한 사람인지를 결코 암시하지 않는다. 이런 식으로 무식하게 용어를 사용하다 보니 불필요한 논의와 혼동이 많이 일어났다.

대부분의 사람들은 남자들뿐만 아니라 여자들도 일부일처제를 지키면서 여러 사람과 성애를 즐기는 경향이 있는 것 같다. 말하자면, 대부분의 사람들은 영원한 결혼관계는 하나만 갖기를 원하지만 그 관계가 다른 사람에게 성적으로 끌리는 것을 방해하지 않는다는 사실을 발견한다는 뜻이다. 이런 식으로 야기된 매력은 영원한 파트너를 통해 경험하는 매력의 성격과 다르게 느껴지며, 그런 끌림을 다소 통제하는 것도 꽤 가능한 것으로 증명되고 있다.

이 문제에서는 남녀 차이가 전혀 없는 것 같다. 여자들도 이성 한 사람 이상에게 끌리는 것을 남자들만큼 잘 경험하고 있다. 섹스가 여자들에게 지니는 보다 깊은 의미 때문에, 여자들은 본능적으로 성 선택에 있어서 남자들보다 더 까다로우며, 사회적 고려나 다른 고려 때문에 끌림을 표현하거나 끌림에 굴복하는 데 있어서 더 조심스럽고 더 신중할 뿐이다.

그러나 이것이 성적 끌림 중에서 가장 자주 나타나는 유형이지만, 다른 유형도 있고 개별적 변형도 무수히 많다. 어떤 특별한 유형의 성적 패턴이 다른 유형에 비해 틀림없이 더 높은 도덕적 성격과 사회적 가치를 지닌다는 식으로 단정해서는 안 된다. 소련의 블론스키(Blonsky)는 두 가지 주요 유형, 즉 일부(一夫)형과 다부(多夫)형의 여자들(대상은 주로 선생이었다)에 대해 논의했다. 첫 번째 유형은 한 남자하고만 진지한 관계를 맺는 여자들을 뜻하고, 두 번째 유형은 연속적이든 아니면 동시든 여러 남자와 관계를 형성하는 경향이 있는 여자들을 뜻한다. 물론 이 두 유형 사이의 중간에 속하는 집단도 있다.

블론스키는 일부형 여자들의 경우에 개인적으로만 아니라 사회적으로도 다부형 여자들보다 탁월한 경향이 있다는 것을 발견했다. 다부형 여자들은 보다 이기적이고 보다 독단적이며 터무니없는 신경과민에 쉽게 걸리는 반면에, 일부형 여자들은 수적으로 배나 많고 의무에 더욱 헌신적이고, 균형이 잘 맞고 유능한 조직자이며, 사회적 접촉에서 보다 성공적이다.

블론스키의 이런 결론은 틀림없이 러시아뿐만 아니라 다른 나라에서도 평균적인 사람에게는 진실일 것이지만, 우리는 지나치게 긍정적으로 일반화하는 것을 경계해야 하며, 다부형의 여자들이 블론스키가 인정하려는 것보다 훨씬 더 많다. 똑같은 결론이 남자들에게도 그대로 적용될 수 있다.

이것은 우리가 조언을 내놓아야 할 그런 문제가 아니다. 사회적 도덕의 문제에 있어서 개인들은 자신의 행동에 대해서만 책임을 지면 된다. 그러나 심리학자가 오늘날 자신이 살고 있는 공동체 안에서 일어나고 있는 정신적 반발을 지적으로 볼 수 있게 된 것은 바람직한 일이다. 이 문제에서도 우리는 걱정 많은 사람들이 예상하는 것보다 훨씬 덜 극단적임에도 틀림없이 변화의 과정을 목격하고 있다.

오늘날 일부 사람들이 경악하는 눈으로 보는 "일부다처제"는 대체로 높아지는 이혼 경향 때문에 "연속적인 일부다처제"이다. 바꿔 말하면, 우리가 잘 알고 있는 일부일처를 단순히 확장한 것에 지나지 않는다는 뜻이다. 또 다른 뜻이 있다면, 일부다처제는 에로틱한 애정에 다양성을 인정한다는 것을 의미한다. 핵심적인 애정에 관한 한 아무리 일부일처일지라도, 모든 남자와 모든 여자는 다른 사람에게 다소 에로틱한 감정을 느낄 수 있다. 그 점에 대해선 오늘날 우리는 과거보다 훨씬 더 솔직하게 인정하고 있다. 그리하여 필요하게 된 적응은 관계자들 모두가 관대하고 넓은 이해력을 발휘할 것을 요구하고 있다. 상호 배려와 동등한 정의감을, 또 건강한 문명 생활이 조화롭게 이어가는 데 반드시 필요한, 원시적인 질투심의 극복을 요구하고 있다.

그러나 결혼의 기본 바탕은 오늘이나 내일이나 우리가 언제나 알고 있었던 것과 똑같은 형태로 남을 것이다. 결혼에 더 큰 유연성을 부여하고, 결혼을 더 지적으로 다루고, 결혼의 변화하는 필요에 더 적극적으로 응하는 것은 결혼을 파괴하는 것이 아니라 결혼에 더욱 확고한 안정성을 더하는 것이다.

결혼이 에로틱한 결합 그 이상이라는 것을 우리는 망각해서는 안 된다. 그런데 그것을 잊는 일이 너무 자주 일어난다. 진정으로 "이상적인" 결혼에는 성애의 조화뿐만 아니라 다면적이고 깊어가

기만 하는, 에로틱하지 않은 애착을 바탕으로 한 결합, 취향과 감정
과 관심사의 공동체, 공통된 삶, 공통된 부모의 역할, 경제적 동일
체 같은 것이 수반된다. 에로틱한 요소는 결혼 생활이 다른 측면에
서 보다 밀접한 끈이 됨에 따라 덜 두드러지는 경향을 보인다. 에
로틱한 요소는 심지어 완전히 사라지기도 하며, 그래도 결혼은 상
호 헌신 속에서 흔들림 없이 견고해진다.

생식의 통제

키절링은 근본적인 의미에서 말하는 결혼 관계를 받아들이지 못
하는 사람에겐 결혼을 피하고 다른 형태의 성적 관계를 채택하도
록 조언하는 것이 바람직하다고 말했다.

그러나 그 같은 해결책과 별도로, 후손의 자질과 관련해서 우생
학적 관점에서 결혼을 고려할 때 오늘날 기억해야 할 사항이 한 가
지 있다. 예전에 결혼과 생식은 하나였으며 분리 불가능했다. 결혼
을 권하는 것은 곧 생식을 허용한다는 의미였으며, 생식을 하지 않
도록 조언하는 것은 곧 결혼을 금지한다는 뜻이었고 또 그리하여
고독하게 살게 된 사람들의 행복을 영원히 훼손시킬 뿐만 아니라
매춘을 비롯한 다른 바람직하지 않은 성적 위안의 방법을 간접적
으로 고무한다는 뜻이었다.

이 같은 필요는 문명화된 나라의 교육 받은 계층 사이에는 더 이
상 존재하지 않는다. 피임, 즉 임신을 피하면서 성교를 하는 방법

이 공식적 인정을 받든 불문하고 너무나 보편화되었다. 그렇기 때문에 피임의 바람직성에 대해 논하는 것은 더 이상 어떤 목적에도 도움이 되지 않는다. 피임은 법이 금지하고 있는 나라에서, 심지어 그것을 인정하지 않는 교리를 믿는 사람들 사이에서도 전반적으로 행해지고 있다.

따라서 우리는 결혼의 바람직성과 생식의 바람직성을 구분해야 한다. 생식의 바람직성이라는 문제는 커플 본인들, 특히 아내의 이익뿐만 아니라 후손의 이익까지 고려할 것을 요구한다. 여기 걸린 이슈들을 따로 다루는 것이 틀림없이 이롭다. 그것으로 인해 혁명적인 어떤 변화가 일어났다고 할 수는 없다. 심각한 문제가 있는 경우에 미래를 위해서 생식을 자제할 것을 명령하는 것은 오랜 관습이었다. 결혼 생활을 시작하는 때에 이런 금지 명령을 내리는 것은 단지 그 관습에서 한 걸음 더 나아간 것에 불과하다.

신경증을 가진 사람들이 서로에게 끌린다는 것은 잘 알려져 있다. 그것은 사람들이 비슷한 사람에게 끌리는 일반적인 경향 때문이며, 비슷한 성향의 사람들이 서로 끌리는 현상이 반대 성향의 사람들이 서로 끌리는 현상보다 더 강한 것으로 알려지고 있다. 한때는 후자가 원칙인 것으로 상상되었는데 말이다. 바꿔 말하면, 동형(同型) 배우자 생식이 이형(異型) 배우자 생식보다 더 흔하다는 뜻이다.

자신의 특징과 반대되는 특징에 대한 갈망은 이차 성징의 영역에만 국한된다. 그래서 매우 남성적인 남자가 매우 여성적인 여자에게 끌리고 매우 여성적인 남자가 매우 남성적인 여자에게 끌리지만, 그 원칙은 그 영역을 넘어서 보편적인 규칙으로 확장되지는 않는다.

이 같은 사실은 우리가 결혼을 생각하고 있는 신경증 환자들에게 해야 할 조언에 영향을 미친다. 종종 예민하고, 지적이고, 섬세한 사람인 신경증 환자는 동료 신경증 환자에게서 공감할 측면을 발견하지만, 건강하고 정상적인 사람은 신경증 환자에게 화가 날 만큼 따분하고 재미없어 보인다. 마찬가지로, 정상적인 사람에겐 신경증 환자의 병적이고 변덕스런 기질이 불편하고 매력적이지 않아 보인다. 그러므로 신경증 환자가 결혼하는 경우에는 유전 형질이 건강해서 강건하고 정상적인 사람을 배우자로 택해야 한다는 일반적인 조언은 다소 쓸모없다. 멘델의 법칙을 고려한다면, 그 조언은 이론적으로 맞지도 않다.

그러나 그 조언이 비실용적인 이유는 그것이 정상적인 사람과 병적인 사람 사이의 친밀감이 강하지 않다는 사실을, 또 그런 결합이 만족스러울 확률이 높지 않다는 사실을 간과하고 있기 때문이다. 두드러진 신경증을 가진 두 사람이 결혼하는 경우에도 결혼 생활이 만족스러울 확률은 그리 높지 않다. 미혼 상태가 그런 사람들에게 성적 만족이라는 심각한 문제를 제기할지라도, 그들에게는 자신을 위해서나 파트너를 위해서나 결혼하지 않도록 조언하는 것이 바람직하다. 만약 그런 사람들에게 파트너가 충족시킬 수 없는 어떤 성적 일탈이 있다면, 그들에게 결혼을 반대해야 할 이유는 그만큼 더 강해진다. 그러나 약한 신경증을 앓는 환자에겐 이런 반대가 힘을 별로 발휘하지 못한다. 반면에 끌림은 종종 너무나 강하기 때문에 반대하는 조언이 받아들여질 확률은 아주 낮다. 그런 환자들의 경우에 생식과 결혼이 엄격히 구분되어야 한다.

가족계획의 필요성이 오늘날 아이를 갖기를 원하지 않는 사람들뿐만 아니라 아이를 갖기를 원하는 사람들로부터도 일반적으로 인정을 받고 있다. 이유는 어머니뿐만 아니라 자식들의 건강과 행복을 위해서 출생이 시간적 거리를 적절히 두고 이뤄지는 것이 바람직하기 때문이다. 아이들의 나이가 적어도 2년 정도의 터울이 있는 것이 좋다. 한편, 일찍 결혼하는 사람들이 즉시 부모가 되고 싶어 하지 않는 이유도 다양하게 존재한다.

따라서 주위에서 아이를 아무리 간절하게 기다린다 하더라도, 아이는 언제나 부모가 최대한 잘 받아들이고 보살필 수 있는 때에 세상에 태어나야 한다. 더욱이, 대가족의 시대는 끝났다. 가족을 위해서나 국가와 민족의 이익을 위해서, 결혼한 커플마다 평균 2명 내지 3명의 아이를 낳는 것이 적당하고, 위생 상태가 좋은 문명국가는 그 만한 인구를 충분히 부양할 수 있다. 어머니의 건강이 좋지 않거나 부모 중 어느 한 쪽에 자식에게 물려줘서는 안 될 나쁜 유전 형질이 있는 경우에 임신이 허용되어서는 안 되며, 그때엔 엄격한 피임이 의무다.

피임 방법은 우리의 관심사가 아니다. 피임을 다룬 글은 오늘날 아주 많다. 그럼에도 최고의 방법을 둘러싼 논쟁은 아직도 여전하며, 어떤 것이 되었든 최선의 방법(불임화(不姙化) 제외)도 언제나 신뢰할 수 있는 것은 아니다. 다행히 가족계획 클리닉이 많은 국가에서 급속도로 늘어나고 있으며, 사람들은 거기서 실용적인 도움과 조언을 얻을 수 있다.

지식이 불완전한 사람들 사이에 일어나는 피임 실패는 종종 실질적인 조언의 결여 때문이다. 심지어 최고의 지식을 갖춘 경우에도 성공에 필요한 주의를 늘 기울이는 것은 대단히 어려운 일이다. 모든 피임 방법들 중에서 가장 오래되고 흔한 방법인 질외 사정은 도구가 전혀 필요없고 특별한 조언 없이 행해질 수 있는 것이 사실이며, 또 꽤 확실한 방법이다. 그러나 그 방법은 종종 불만스럽다. 왜냐하면 대부분의 남자들이 질외 사정에 신경을 쓰느라 성급하게 서두르게 되기 때문이다. 이것은 남편에겐 불쾌하고, 성적 만족을 늦게 느낄 수 있는 아내에겐 부적절하다.

질외 사정이 한 가지 문제를 제기하고 있다. 이 방법은 최고의 권위자들 사이에 예방적 성교의 방법들 중에서 가장 흔한 것으로 여겨지고 있다. 그것은 또 틀림없이 가장 오래된 방법이며, '창세기'에 오난이 임신을 피하기 위해 채택한 방법으로 언급되고 있다.

질외 사정의 인기는 그 단순성 때문이다. 질외 사정은 깊은 생각이나 준비가 전혀 필요하지 않으며 돈도 전혀 들지 않는다. 그러나 신경계의 안녕과 관련해서 간혹 의심을 받고 있다. 그처럼 널리 이용되고 있는 방법을 다루면서, 그것이 종종 해로운 것으로 확인된다는 식으로 말하는 것으로는 충분하지 않다. 그러나 질외 사정을 택한 사람들 중 일부에서, 남녀 모두에게 다양하게 나타나는 약한 신경증 증상이 질외 사정과 관계있는 것처럼 보인다.

이 연결이 여자들에게서 특별히 더 두드러질 수 있다는 것은 쉽게 이해된다. 남편은 아내가 오르가슴을 느끼는 데 필요한 것들을 언제나 배려하지는 않으며, 여자들의 오르가슴이 대체로 남자들보다 늦게 일어나기 때문에, 남자가 배려하지 않는 경우에 아내가 오르가슴에 이르지 않은 상태에서 성기를 빼는 일이 벌어진다. 그러면 아내는 불만스럽고 예민한 상태로 남게 된다. 그러나 남편은 자신의 상태에 대한 걱정과 주의 때문에 성급하게 성기를 빼게 되고, 성행위의 돌연한 중단이 야기하는 충격이 간혹 남편에게 해롭게 작용할 수 있다.

질외 사정이 행해지고 있을 수 있다는 가능성을 언제나 염두에 둘 필요가 있으며, 만약 증후들이 그것과 관계있는 것처럼 보이면 환자가 그런 행위를 그만두도록 해야 한다. 많은 사람들에게 틀림없이 질외 사정이 부적절하며 그보다 더 훌륭한 예방적 성교 방법이 채택되어야 한다. 만약 질외 사정이 상호 공감과 협력에 의해 행해지고 있어서 남편에게 충격이나 걱정을 안겨주지 않고 아내가 적절한 만족을 얻고 있는 경우가 아니라면, 그 방법을 계속 이용해서는 안 된다. 아내가 성적으로 적절한 만족을 얻는 방법은 팽창이 잘 이뤄지고 아내가 오르가슴에 다가서고 있을 때까지 성교를 지체시키는 것이다.

최종적 오르가슴을 수반하거나 수반하지 않는 '사정 억제 성교'라는, 질외 사정과 반대되는 관행이 오늘날 다수의 옹호자를 거느리고 있다. 그럼에도 그 옹호자들이 질외 사정을 택한 사람들만큼 수적으로 많지는 않다. 이유는 그것을 실천하기가 쉽지 않기 때문이다. 그것은 오나이다(Oneida) 공동체[32]의 일상적인 관행이었으

....

32　1848년 뉴욕 주 오나이다에 세워진 종교 공동체로 예수 그리스도가 이미 A.D. 70년에 재림했다고 믿었다.

며, 훗날엔 앨리스 스톡햄(Alice Stockham) 박사의 유명한 책『카레짜』(Karezza)에서 옹호되었다.

사정 억제 성교는 틀림없이 여자 파트너의 마음에 꼭 드는 방법일 수 있으며 나쁜 영향을 거의 미치지 않을 수 있다. 여자가 완전히 자유로운 상태에서 적절한 때에 오르가슴을 경험할 수 있기 때문이다. 이 방법을 경험한 여자들은 모두 동의하는 것 같다. 그러나 그 방법이 남자에게 미치는 효과와 관련해서는 다소 의문이 제기되고 있다. 일부 경우에 사정을 억제하며 오랫동안 이어지는 성교가 신경계에 성교 중단과 똑같은 효과를 끼칠 수 있다고 생각할 이유가 있다. 그러나 그 관행을 채택한 대부분의 사람들이 그렇다는 뜻은 아니다. 균형이 잘 잡혀 있고 건강한 신경계를 가진 남자가 아니라면, 이 관행이 언제나 쉬운 것은 아니다. 이 관행을 택한 사람은 과도하게만 하지 않는다면 대체로 거기서 나쁜 효과를 느끼지 않는 것 같다.

부주의나 적절하지 못한 방법으로 인해 피임이 실패할 때, 가끔 심각한 상황이 일어날 수 있다. 그러나 그런 상황이 벌어지면 달리 할 수 있는 방법이 없다. 여자가 개인적, 사회적 또는 우생학적 고려 때문에 낙태를 하도록 도와주는 것은 여전히 범죄 행위다. 여자들은 이 위법성을 좀처럼 이해하지 못하며, 가난한 사람이라면 자신이 왜 해로운 약들을 먹어야 하는지, 부유한 사람이라면(영국인이라면) 수술을 하기 위해 외국으로 가야 하는지를 이해하지 못한다. 여자들이 법을 바꾸는 일에 지금보다 더 큰 영향력을 행사하게 될 때, 지금 낡아빠진 근거들을 바탕으로 하고 있는 낙태 금지법이 틀림없이 바뀌게 될 것이다. 그리고 이것은 법이 끼어들 수 없는 개인의 문제라는 것이 분명히 확립될 것이다. 만약 그것이 조언할 수 없는 문제라면, 여기서 의견을 제시하고 있는 것은 경찰을 위해서가 아니라 의사를 위해서라는 점을 강조하고 싶다.

다양한 나라에서 이쪽 방향으로 움직이려는 노력이 언제나 있어 왔다. 그리고 소련에서는 낙태를 권장하지는 않지만 병원에서 의료적으로 충분히 준비된 상태에서 행하는 한편으로 피임 방법을 보다 용이하게 이용하도록 널리 계몽하고 있다.

임신 예방은 너무나 많은 주의를 요구한다. 그러다 보니 최근에 보다 신뢰할 만한 대안적인 방법이 선호되고 있다. 바로 불임 시술이다. 이 방법을 택하면 모든 위험이 제거된다. 생식샘들을 제거하지 않고, 남자들의 경우에 정관절제술로, 여자의 경우에 나팔관을 묶거나 자르는 방법으로 불임의 효과를 누릴 수 있다. 정신적 상태를 치료하는 방법으로서, 이런 시술의 가치는 의문스럽다. 만약에 강압적으로 실시된다면, 그 방법은 정신에 해로운 효과를 미칠 수 있다. 그러나 임신을 예방하는 한 방법으로 자발적으로 채택된다면, 그 이점은 아주 큰 것 같으며, 많은 사람들이 싫어하게 마련인, 주의를 기울일 필요성도 사라진다. 불임 시술은 영원한 피임법이기 때문에 꽤 깊이 생각한 다음에 채택되어야 한다는 점을 굳이 덧붙일 필요까지는 없을 것 같다.

현재 불임 시술을 불법이라고 생각하는 사람들이 있다. 심지어 의료 분야에 종사하는 사람 중에도 그런 사람이 있다. 이런 믿음을 가질 건전한 근거는 전혀 없다. 영국에서 우생학회(Eugenics

Society)는 불임 시술을 강화하는 법안을 제출하려고 노력했다. 그러나 그것은 불임 시술을 합법화하기 위해서(일부 사람은 이런 식으로 생각했다)가 아니라(이미 시행되고 있기 때문이다), 그 혜택을 육체적 결함을 갖고 있는 사람들과 가난한 사람들에게로 확대하기 위해서다. 유감스런 일이지만, 이 혜택에 대해 일부 의료계 종사자들도 의문을 제기하고 있다는 사실에 대해 언급하지 않을 수 없다.

그러나 결함을 가진 부모에게서 태어난 아이들이 결함을 갖게 되는 비율이 정확히 얼마인지는 모른다 하더라도, 이 경우에 불임 시술이 개인적으로나 사회적으로나 우생학적으로나 이롭다는 점엔 의문의 여지가 없다. 이런 식으로 접근한다고 해도 인구 중에서 정신적으로 부적절한 사람을 제거하는 것은 불가능하겠지만 말이다. 그것은 단지 시작일 뿐이다. 이 주제와 관련해선 계몽이 광범위하게 이뤄질 필요가 있다.

성교의 횟수와 관련해서도 똑같이 공통적인 문제가 제기된다. 성교 횟수에 관한 의견은 매우 다양하며 독단적이다. 어떤 사람들은 매일 밤 성교를 하는 것이 정상이고 필요하다고 생각하고 있으며, 그들은 몇 년 동안 나쁜 결과를 전혀 경험하지 않는 가운데 성교를 계속하고 있다. 다른 사람들은 생식의 목적이 아니고는 성교를 절대로 해서는 안 된다고 단정한다. 말하자면, 성교는 평생에 두세 번 하는 데서 그쳐야 한다는 뜻이다. 그런 사람들은 그런 성교만이 자연스럽고 정상적이라고 주장한다. 동물들의 교미에서는 이 것이 유일한 목적이라는 말이 틀림없이 맞지만, 인간에게 자연스러운 것을 결정할 때 우리와 거리가 먼 속(屬)에 속하는 동물들의 관행을 고려하는 것은 터무니없다.

우리는 인간 종의 일반적인 관행을 고려해야 한다. 물론, 때 묻지 않고 문명화되지 않은 사람들은 대체로 (일반적인 짐작과 반대로) 문명화된 사람들보다 성적으로 훨씬 더 절제하는 것이 사실이지만, 인간이 하는 성행위의 목적은 절대로 그만큼 좁지 않다. 그러나 그렇지 않다 하더라도 우리 현대인은 적절하다고 생각되는 경우에 열등한 민족들의 습관으로부터 벗어날 수 있다.

틀림없이, 성기는 개인의 성적 만족을 위해서가 아니라 생식을 위해 발달되었다. 또 틀림없이 손은 피아노나 바이올린을 연주하기 위해서가 아니라 영양 공급을 확보하기 위해 발달되었다. 그러나 만약 개인이 자신의 신체 기관을 애초 만들어진 그 목적이 아닌 다른 목적에 사용하면서 기쁨과 영감을 발견할 수 있다면, 그 사람은 우리가 "자연적"이라고 부르든 상관없이 완벽하게 정당하고 도덕적인 행동 노선을 따르고 있다.

성교를 생식의 "자연적인" 목적에 국한시킴으로써 하등 동물들을 모방할 것을 옹호하는 사람들은, 예를 들어 의류의 "부자연스런 이용"을 포기함으로써 하등 동물을 모방해야 할 것이다. 인간의 기술이 합당하게 인간의 행위 속으로 녹아들게 되었지만, 그것이 자연과의 충돌을 세상에 새롭게 끌어들이는 것은 아니다.

의문스런 모든 이론들을 옆으로 제쳐놓으면서, 실용적인 관점에서 적절한 성교 횟수에 관한 의견이 매우 다양하다는 점을 인정해야 한다. 케이스마다 두 파트너에게 적절한 횟수가 몇 회인지를 찾고, 둘 사이에 차이가 존재하는 경우에 그 불일치를 해소할 수 있는 방법을 발견할 필요가 있다.

정말로, 이에 관한 원칙들이 옛날부터 제시되었다. 솔론(Solon)은 한 달에 세 번이 적당하다고 조언했으며, 이것은 그리스 의사들의 전반적인 의견과 일치했다. 일주일에 두 번으로 정한 마르틴 루터의 원칙은 많은 사람들의 지지를 받고 있다. 하비 쿠싱은 미국에서 나온 다양한 수치를 종합하면서 성교의 중간 횟수가 한 달에 8회이며, 중간의 50%가 3회에서 15회 사이에 분포하고 있다는 사실을 발견하고 있다.

가끔 어떤 불규칙성이 보인다. 특별히 횟수가 잦다가 긴 시간의 휴식기가 있는 것이다. 성교의 반복은 여자가 생리 직후에 성욕을 느낄 때 쉽게 일어날 수 있다. 욕망이 남자들보다 여자들에게서 훨씬 더 불규칙적이기 때문에, 이 문제에서는 선도자로 여겨질 수 있는 쪽이 아내이며, 남편은 아내에게 이런 특권을 넘기는 데서 이점을 발견할 수 있다. 그러나 어쨌든 성교 횟수를 증가시키는 것보다는 성교 행위를 분산시키는 것이 더 바람직할 것 같다. 성교가 잦은 경우에 육체적이거나 정신적인 성교의 이점이 상실될 수 있다. 성적 결합은 드물 때에만 멋진 황홀경을 낳을 수 있는 것이다.

성교를 버릇으로 들이는 것도 바람직하지 않다. 그렇게 하는 경우에 파트너 중 어느 한 쪽이 병에 걸리거나 출산 후에 필요한 금욕의 시기가 힘들어지기 때문이다. 임신 동안에 성교 문제가 어려워진다. 의사는 부부 사이에 불화를 일으킬 수 있는 원인으로 작용할 수 있기 때문에 대체로 이 문제에서는 조언을 삼간다. 그것은 틀림없이 여자가 체질적으로 유산에 약한가 하는 문제와 관련 있다. 어떤 여자는 당신이 그녀 앞에서 재채기만 해도 유산하고, 또 어떤 여자는 당신이 5층 창 밖으로 내던져도 유산하지 않는다.

여자에게 유산 경향이 있는 경우엔 당연히 성적 금욕이 강요되어야 한다. 임신 마지막 몇 달 동안에도 어쨌든 성적 금욕이 바람직하다. 그러나 전체 임신 기간에 금욕을 권할 때엔 신중하게 접근해야 한다. 동정적이고 지적인 커플은 그 문제를 자기들만의 방식으로 현명하게 해결하며, 그런 상황에서 자위행위 습관은 그리 위험하지 않다. 그러나 임신 기간에 성적 금욕을 지시하는 의사들은 가끔 자신이 제거할 수 없는 어려움을 유발하고 있다는 사실을 발견한다.

여기서 우리는 생식의 조건에 관한 규제에도, 또 정상적이고 건강한 커플에게 적절한 아이의 숫자에도 깊은 관심을 두고 있지 않다. 결혼이 비정상적일 만큼 늦은 나이에 이뤄진 경우가 아니라면, 결혼하고 나서 금방 임신이 일어나도록 하지 않는 것이 바람직하다는 믿음이 널리 받아들여지고 있다.

그러나 현재의 사회적 조건에서 거기에 따르는 위험은 적다. 젊은 여자가 아이를 갖는 것은 흔히들 생각하는 것만큼 해롭지 않다. 일례로, 에든버러 산과 학회에서 최근(1932년 6월 8일)에 밀러(Miller)는 로열 매터니티 병원에서 17세 이하 소녀 174명을 대상으로 임신과 산고를 연구한 결과를 발표했다. 자연 분만이 85%였으며, 문제가 있어서 의료적 개입이 필요했던 소녀는 8명에 불과했다. 반면에 사산아와 신생아 사망률은 6.5%였으며, 그 병원에서 태어난 아기들 전체의 사망률은 11.8%였다. 나이 많은 여자들의 경우에 어려움과 위험이 훨씬 더 컸다.

출산이 시작하는 나이가 몇 살이든, 남편과 아버지뿐만 아니라 산모와 아이들을 위해서도 임신 사이에 적어도 2년의 기간을 두는 것이 가장 바람직하다. 현대의 조건에서 가족과 인구의 유지에 가장 적당한 아이의 숫자는 둘이나 셋이다. 옛날에, 그러니까 사회적 조건이 좋지 않고 사망률이 높을 때, 아이들의 숫자는 더 많았다. 사회적 계몽이 더욱 강화됨에 따라, 우생학적 고려가 더욱더 큰 영향력을 행사하게 된다. 그래서 어떤 가족은 갈수록 더 작아지고, 또 어떤 가족은 정당하게 더 커질 것이다.

아이 없는 결혼 생활의 문제

깊은 고려 끝에 일시적으로나 영원히 아이를 갖지 않는 것이 최선이라고 결정한 기혼 커플과, 아이가 없지만 아이를 갖길 원하면서 의학적 치료를 통해 소망을 이루기를 바라는 기혼 커플을 제쳐 놓는다면, 자신들이 아이를 절대로 갖지 못한다는 사실을 잘 알고 있으면서도 여전히 아이를 갖기를 원하는 소수의 커플이 남는다. 그러면 그들은 어떻게 해야 하는가?

이런 상황은 정말 드물게 일어난다. 아이들을 바라는 소망이 강하다면, 양측이 결혼하기 전에 건강 진단을 받는 것이 아주 바람직하다. 그 결과 남자나 여자나 똑같이 성공적인 생식이 어느 정도 보장되는 것으로 나타날 때에만 결혼을 하는 것이 이상적이다. 그러나 이것도 확률 그 이상은 될 수 없다. 아이를 간절히 바랐으나 아이를 갖지 못해 이혼한 부분가 재혼한 뒤에 똑같이 아이를 갖게 되는 예가 더러 있으니 말이다. 결혼하기 전에 예측할 수 없거나 알 수 없었던 조건들이 결혼 후에 나타나서 임신을 막을 수 있다. 결혼한 뒤에 아이가 생기지 않을 경우에 취할 수 있는 해결책은 대략 4가지다. 모두가 정신적 측면으로 영향을 끼치는 해결책이다.

1) 상황을 인정하고 받아들인다: 많은 사람들에게 이 해결책이 최선인 것으로 증명된다. 대부분의 사람들, 특히 대부분의 여자들이 어느 시점에 아이들을 원하지만, 그 욕망이 영원한 것은 결코 아니다. 인생에는 아이 외에 다른 것들도 있다는 깨달음이 일어나는 것이다. 동시에 세상이 아이들이 부족해서 사라지는 일은 없다는 생각도 들 것이다. 삶에서 선택한 경로가 너무나 많은 것을 요구하기 때문에, 특히 여자가 어머니의 의무까지 떠맡는 것이 정당하지 않다는 것이 확인될 수도 있다. 어머니의 역할이 적절히 수행하면 그 자체로 몇 년 동안 하나의 직업, 그것도 많은 것을 요구하는 힘든 직업이나 마찬가지이니 말이다. 아마 그런 소명을 수행하는 데 필요한 특별한 태도 같은 것이 전혀 없을 수 있거나, 후손에게 물려주고 싶지 않은 유전적인 체질에 대한 자각도 있을 수 있다.

그러나 부모의 본능은 크게 승화되고, 모성 본능이 사회적 목적으로 돌려질 수 있다. 세상이나 자기 자신에게 이로운 것을 전혀 안겨주지 못할 아이의 육체적 부모가 되는 길을 포기하는 대신에, 그런 식으로 해방된 에너지를 사회적으로 이로운 활동으로 돌릴 수 있다. 많은 여자들은 그런 식으로 만족뿐만 아니라 명성까지 얻었으며, 사회적으로 엄청난 가치를 지니는 활동을 벌이고 있다.

2) 이혼을 추구한다: 이것은 아이를 가장 중요하게 생각하는 커플들에게 그 문제를 해결할 수 있는 합법적인 방법이다. 그러나 대부분의 법체계 아래에서 그런 이유로 이혼을 이루는 것 자체가 안고 있는 어려움과 별도로, 그것은 환영할 만한 해결책은 아니다. 하나의 추상적인 원칙으로 이혼을 용이하게 허용하지만 이혼에 의존하는 것 자체를 비난할 수 있다. 더욱이, 두 번째 결혼이 아이를 갖지 못했던 첫 번째 결혼보다 더 불행한 것으로 확인될 수도 있다. 더 나아가, 이혼은 아주 잘 되었을 경우에도 개인의 문제 중에서 가장 핵심적인 것이 실패했다는 점을 고백하는 것에 불과하며, 최악의 경우에 두 파트너의 결합에 심각한 결함이 있다는 점을 드러내게 될 것이다.

아이가 없다는 이유로 이혼을 원하는 기혼자들의 진짜 이유를 보면 서로 융화하지 못해서 이혼을 원하는 경우가 태반이다. 그렇기 때문에 그들에게는 아이가 없는 문제는 큰 문제의 일부에 지나지 않는다.

3) 아이를 입양한다: 이것은 쉽게 떠올릴 수 있는 해결책이며, 건전한 판단이 이뤄진다면 아주 바람직한 결과를 낳을 수 있다. 영국의 경우에 입양은 확고한 법률적 토대를 갖고 있다. 결혼 생활도 깨어지지 않고 오히려 더 강화될 것이며, 부부는 아내가 육체적인 의미를 제외한 모든 면에서 엄마가 되는 그런 아이를 얻게 될 것이다. 거기엔 사회적으로도 기여하는 측면이 있다. 왜냐하면 아이에

게 행복한 미래라는 합리적인 희망이 주어지기 때문이다. 그렇게 되지 않았다면 아이는 아이를 낳은 부모에게만 아니라 자신에게도 짐이 되고 공동체에도 짐이 될 것이다. 많은 여자들에게, 심지어 충만하고 지적인 삶을 사는 여자들에게도 입양한 아이는 말로 표현할 수 없는 축복이고 끊임없는 행복의 원천으로 증명되었다.

아이를 입양하는 것이 성공으로 확인되려면, 주의를 기울여야 한다. 아이는 꽤 어릴 때 데려와야 하지만, 아이를 입적하는 것 자체가 절대적이고 완전해야 한다. 중요한 문제는 건강과 유전이다. 아이의 부모와 조상을 고려하지 않다가 심각한 결과를 낳을 수 있다. 아이의 역사와 관련해서 확인할 수 있는 사실들을 의사의 도움을 통해서 조심스럽게 고려하기 전까지는 아이를 절대로 입양해서는 안 된다.

4) 혼외 관계를 통해 아이를 갖는다: 이것은 모든 해결책 중에서 가장 어려운 해결책이다. 이 해결책은 가끔 생각해 볼 수 있지만 예외적인 상황에서만 실행될 수 있다. 어려움은 세 사람의 동의가 필요하다는 사실에서 비롯된다. 이 세 사람 모두는 그 문제를 다른 두 사람과 달리 본다. 그들 모두는 자신들이 속한 사회적 집단의 대부분이 동의하지 않는 쪽으로 행동하고 있다는 것을 느껴야 한다. 만족스런 성취를 위한 조건이 너무나 드물기 때문에, 이 해결책을 논의하는 것 자체가 이롭지 않을 수 있으며 그것을 권하는 것은 불가능할 수 있다.

이 해결책에 두 가지 변형이 있는 것은 사실이다. 한 가지는 아내가 그 문제를 혼자 떠안으면서 남편의 동의 없이 처리하는 것으로, 절대로 동의할 수 없는 방법이다. 다른 하나는 이런 종류의 해결책으로는 가장 실용성 있는 것으로 인공 수정이다. 이 방법은 종종 실패하고 불쾌한 일들을 수반한다. 그러나 그것은 실행 가능하며 간혹 성공을 거두고 있다. 그 기술은 최근에 반 데 벨데에 의해 논의되었다.

발기 부전과 불감증
(성적 지각 감퇴와 성적 지각 과민)

성충동이 변화할 수 있는 한계는 아주 넓다. 성충동의 힘도 그렇고, 성충동이 처음 나타나고 최종적으로 사라지는 연령도 마찬가지다. 이 문제에서 인간은 거의 모든 하등 동물들과 다르다(일부 고등 원숭이들은 예외). 하등 동물들은 성충동이 출산과 밀접히 관계있으며 출산과 관계없는 때에는 성충동이 거의 생기지 않는다.

육체적인 측면과 정신적인 측면에 똑같이 나타나는 성충동은 정상적인 건강한 아이들에게도 결코 그렇게 드물지 않으며, 따라서 우리는 그런 표현들을 비정상적인 것으로 여기기 어렵다. 인생의 다른 한쪽 끝부분에도 마찬가지로 정신적, 성적 삶에 정해진 경계가 없다 여성들의 경우에 갱년기가 반드시 성충동의 사라짐을 수반하지는 않으며, 남자들의 경우에 늙어서도 성욕, 그리고 성교 능력까지 종종 발견된다.

성충동의 힘에도 똑같은 종류의 변형이 있다. 만약 자제하는 젊은 청년들에게서 몽정 횟수를 기준으로 성충동의 힘을 측정한다면, 일부 청년들에게는 몽정이 심각한 소모적인 효과를 전혀 일으키지 않고 일주일에 두세 번씩 일어나는 반면에, 다른 청년들에게는 한 달에 한두 번 일어나고 전혀 몽정이 일어나지 않는 청년도 더러 있다는 사실이 확인될 것이다. 그리고 실제 성관계에서 일어나는 성교 횟수를 기준으로 성충동의 힘을 측정한다면, 오랜 세월 동안 매일 밤 습관적으로 하면서도 전혀 해를 입지 않는 예들도 있고 한 달에 한 차례의 성교조차도 한계를 넘어서는 것으로 보는 사람도 있다는 것이 확인된다. 전반적으로 건강한 상태로 여겨질 수 있는 범위 안에서도 개인의 편차는 아주 크며, 일반적인 원칙 같은 것은 절대로 있을 수 없다.

그러나 남자들의 경우에 성적 무감각증(지헨(Ziehen)은 이것을 '쾌감 상실'(anhedonia)이라고 불렀다)은 극히 드물다. 그러나 성적 자극에 비교적 둔하고 냉담한 것을 말하는 성적 지각 감퇴는 남자들에게 흔하며, 일반적으로 생각하는 것보다 훨씬 더 흔하다. 일부 예들을 보면 성적 지각 감퇴가 진짜라기보다는 겉으로 드러나는 현상일 뿐이다. 그런 성적 지각 감퇴는 비정상적인 쪽으로 향하는 성충동, 구체적으로 말하면 실현하지 못한 동성애적 충동이 숨어 있거나 단순히 무의식적으로 잠재해 있기 때문에 나타난다.

많은 경우에 성적 불감증은 과도한 자위행위에 따른 소진의 결과이다. 또 다른 예들을 보면 성적 불감증이 다른 정신적 또는 육체적 활동을 격하게 한 결과라는 것이 확인된다. 이런 경우에 다른 정신적, 육체적 활동이 그 사람의 여분의 에너지를 다 소진해 버린다. 그럼에도 우리는 이런 사람들의 성충동이 처음부터 약했다는 점을 인정해야 한다. 또 다른 예들은 일종의 유치증 때문이며 그런 경우에 불감증은 일종의 발달 지체이다.

문명 속에서 삶의 힘든 요구사항들과 성충동이 일어나는 다소 부자연스런 조건들이 서로 결합해 작용하면서 성교 능력의 부분적 또는 전체적 상실을 자주 낳는다. 해밀턴은 공동체 내에서 가장 문명화된 계층에 속하는 남편들 중 55%와 아내들 중 38%가 자신의 성적 능력을 정상으로 보고 있다는 것을 알아냈다. 남자들과 여자들 중에서 확실히 대답하지 않은 사람들이 일정 부분 있었던 반면에, 자신의 성적 능력을 정상 이하라고 여긴 남편과 아내의 비중이 자신의 성적 능력을 정상 이상이라고 여긴 남편과 아내의 비중보다 월등히 더 높았다. 이는 남자들과 여자들이 대체로 자신의 성적 특징들을 과장하는 경향이 있다는 일반적인 믿음과 정반대의 결과이다.

또 자기 아내가 성적 관심이 적다고 생각하는 남편들의 숫자가 자기 남편의 성적 관심이 적다고 생각하는 여자들의 숫자와 거의 같았다는 점도 눈길을 끈다. 더 나아가, 해밀턴은 남편들 중 41%가 성교 능력을 확보하는 데 어려움을 겪었다는 점을 인정한 반면에 아내들(반드시 조사 대상이 되었던 남편들의 아내는 아니라는 점을 기억하길 바란다)의 24%는 자기 남편의 성교 능력을 불완전한 것으로 보았다. 그러나 자신의 성욕에 대해 평균 이하라고 본 남편들과 아내들이 자신의 성욕에 대해 평균이나 평균 이상이라고 본 남편들과 아내들에 비해 결혼 생활에 대한 만족도가 더 높았다는 점도 강조되어야 한다.

이것은 일반적인 경험이며, 결혼을 주로 성적 관계로 보고 결혼 생활의 행복에 왕성한 성적 활동이 근본적이라고 상상하는 사람들은 그 점을 잘 기억하고 있을 것이다. 디킨슨이 산부인과 의학 쪽에서 연구한 내용을 보면, 이 연구는 당연히 남편들과는 간접적으로만 연결되는데, 남편들의 6% 정도가 발기불능이라는 것이 확인된다.

성적 감정의 과잉과 결여가 서로 작용하면서 성적 무능을 낳는다는 점을 기억해야 한다. 그것은 고려해야 할 중요한 사항이다. 왜냐하면 일부 남자들의 마음에서 결혼을 둘러싼 신경성 공포들 중 하나가 발기 부전에 대한 의심과 연결되어 있기 때문이다. 성적 힘과 성충동이 이런 이유나 저런 이유로 상대적으로 떨어지는 것은 남자들에게 일반적으로 생각하는 것보다 더 자주 일어난다. 정말로, 이런 이유의 영향을 받지 않는 결혼관계의 수도 절대로 작지 않으며, 그런 결합이 행복의 측면에서 언제나 평균 이하인 것은 절대로 아니다. 그러나 자신의 성적 능력이 형편없을 수 있다는 의심은 평균적인 남자로 하여금 극도의 불안감을 느끼도록 만들고, 그래서 그 남자는 어떤 치료 방법이라도 택할 마음의 준비가 되어 있으며, 종종 그런 공포를 악용하는 돌팔이들에게 의존하게 된다.

감정이 고조된 상태에서 일시적으로 성교 능력을 상실하는 것은 언제든 일어날 수 있는 일이며 그리 중요하지 않다. 신경이 예민하고 경험이 없는 남자들은 일시적 성교 불능을 겪을 위험이 있다. 몽테뉴는 오래 전에 상상의 힘에 관한 에세이에서 일시적 성교 불능은 단순히 공포 때문이라는 점을 지적하면서, 공포를 약화시킴으로써 성교 능력을 완전히 회복하는 방법에 대해 현명하게 설명했다.

그러나 일부 경우에 성교 능력의 결함은 신경계의 습득된 습관 때문이다. 순결, 자위행위, 성적 과잉 등이 흔히 성교 능력에 그런 결함이 일어나게 하는 원인으로 거론된다. 게다가, 문명의 상태들도 전반적으로 신경계가 흥분을 매우 쉽게 일으키게 하고, 자극에 지나치게 성급하게 반응하도록 만들고 있다. 현대 문명의 자극은 성적인 측면에서 팽창의 축약과 성급한 팽창 해소를 낳는 경향이 있으며, 이 같은 팽창 해소는 성행위의 만족스런 성취에 불리하게 작용한다.

나는 조루의 빈도가 매우 중요하다는, 프로이트를 비롯한 일부 전문가들의 의견에 동의하지만, 그런 예들 중 75%의 원인을 자위행위로 돌리는 로벤펠트의 견해에는 동의하지 않는다. 틀림없이, 일부 조루의 경우에 자위행위가 중요한 역할을 할 수 있겠지만, 극단적일 정도의 자위행위도 가끔 성교 불능에 심각한 영향을 전혀 미치지 않는다. 어쨌든 자위행위가 빈번하게 이뤄지고 있기 때문에 무엇인가의 원인으로 자위행위를 내세울 때에는 상당한 주의가 요구된다.

대체로 신경쇠약에 따른 성교 불능은 부분적으로 현대적인 상태에서 이뤄지는 모든 도시적인 삶의 두드러진 특징인 빠르고 민감한 반응이 특별히 나타난 것일 수 있고(예를 들면, 여자들의 경우에 임신이 기간을 다 채우지 못하고 끝나는 경향으로 나타난다),

또 부분적으로는 청년기나 그 이후에 충족되지 못한 욕망의 결과일 수 있다. 후자의 경우에 청년기에 충족되지 않은 욕망은 자위행위에서도 자연스럽게 해소되지 못하고 팽창이 지속되는 현상을 낳고, 따라서 팽창 해소의 혈관 메커니즘을 훼손시켰을 수 있다.

대부분의 경우에 성교 능력에 상대적인 결함만 생긴다. 발기가 다소 완전하게 일어나고, 지나치게 빠름에도 불구하고 사정이 따른다. 당사자는 무엇이 잘못되었는지 알지 못할 수 있다. 그러나 우리는 남자의 성교 능력에 나타나는 이런 결함이 여자들 사이의 성적 불감증에 아주 중요하다는 사실을 의심해서는 안 된다.

일시적인 정신적 무능 때문이든 진정으로 약화시키는 조건 때문이든, 힘의 상실이 보다 완전하게 일어날 때, 당사자는 종종 엄청나게 겁에 질린다. 신경성 공포에 시달리고 있는 사람이라면 자신의 성적 힘에 대해 끊임없이 생각하고, 성적 힘을 자극하려고 노력하고, 아마 미혼이라면 매춘부를 찾으면서 자주 실망할 것이다.

이리하여 우리는 두 가지 종류의 예들을 확인할 수 있게 되었다. 정신적인 성교 불능과 신경 쇠약에 따른 성교 불능이 그것이다. 전자의 경우에 팽창 해소의 메커니즘은 온전히 남아 있지만 메커니즘의 작동이 정신적 긴장 때문에 저지되고 있다. 그러므로 치료는 단순히 당사자의 의심과 불안을 완화시킴으로써 정신적 억제를 제거하는 데 있다. 신경 쇠약으로 인한 성교 불능의 경우에 팽창 해소 메커니즘이 저지당하지 않고 반대로 다소 약화되었으며, 손상된 메커니즘의 복구는 아니어도 손상의 결과를 최소화하는 것은 가능하지만 치료의 전망은 덜 밝다.

이 모든 경우에 중요한 것은 환자의 공포를 누그러뜨리고, 환자의 생각들이 성적 경로를 벗어나도록 하고, 건전한 위생을 실천하도록 하는 것이다. 약들은 여기서 고려되지 않으며, 약들은 광고를 많이 하고 있음에도 부차적인 가치를 지닌다. 어떤 약이 일부 환자에게 유익한 것으로 발견되었지만, 그 약들이 환자들의 육체에 진짜로 영향을 미치는지는 의문스럽다. 한편, '눅스 보미카'(nux vomica) 같은 약은 성적 체계와 척수를 흥분시키는 효과를 발휘함에도 불구하고 과도한 흥분이 이미 일어난 시점에는 강장제로서의 가치는 안 쓰니만 못하다. 환자에게 성교를 시도하는 것이 금지되어야 하며, 특히 매춘부와 그런 시도를 하지 않도록 해야 한다.

오래 이어지는 긴장과 예상이 성교에 최악의 서막이며, 모든 예리한 정신 작용과 감정적 걱정은 성교에 불리하다. 분별력 있고 재치 있는 아내가 의사의 최고 보조자이다. 유명한 예인 루소는 이 문제에서 많은 것을 시사한다. 루소는 정신적으로나 육체적으로나 똑같이 극도로 예민한 기질의 소유자였다. 그의 감정은 가벼운 건드림에도 반응했으며, 그의 성충동은 대단히 예민한 신경 감수성을 반영하는 것이었다. 그는 자신이 강한 열정을 느꼈던 어느 매춘부 또는 부인에게 무능한 연인이었다. 그러나 그와 차분하게 지속적으로 교제했던 테레즈 르바서(Thérèse Levasseur) 앞에서, 그는 성적 능력을 발휘했던 것 같다.

그의 믿음이 맞다면, 그는 많은 아이들의 아버지이다. 이런 과민증 환자들에게는 성기의 흥분성을 약화시키는 모든 것이 이로우며, 따라서 오랫동안 성적 금욕을 지킨 뒤라면 첫 번째 사정은 조루일 것이지만 두 번째 사정은 정상적인 결과를 낳을 수 있다. 물론 첫 번째 사정과 두 번째 사정 사이의 시간적 간격은 개인의 성적 기질에 따라 달라진다. 그 간격이 어떤 사람에게는 30분도 되지 않지만, 어떤 사람에게는 며칠이 될 수도 있다.

잠을 자러 침대로 들어간 직후에는 성교를 하지 말고 잠시 쉬거나 잠을 잔 뒤 아니면 이른 아침에 할 것을 권하고 있다. 일부 권위자들은 일반적으로 성교를 새벽에 할 것을 권한다. 정신적 평화와 합리적인 위생이 이뤄진 상태라면, 과민증 환자들도 꽤 만족스런 결과를 얻을 수 있다.

이것은 성적 무능력의 경우에는 대개 개인적 및 사회적 적응의 문제라는 점을 암시한다. 대부분의 경우에 환자가 젊을 때부터 이성들과 자연스럽고 건전한 관계를 유지해 왔다면, 마음 맞는 이성과 조화로운 결합에서 어려움이나 무능을 겪는 일은 일어나지 않을 것이고, 성적으로 바람직한 사람에게 접근하면서 신경성 공포나 미숙한 소심 또는 강력한 불감증을 거의 느끼지 않을 것이다. 성적 무능을 대개 불완전한 사회적 적응이 특별히 표현된 것으로 믿어도 무방하다.

예를 들어, 동성애적 경향을 수반할 수 있는 기질적인 요소들을 무시해서도 안 되고, 외과 의사의 도움을 요구하는 육체적 결함 또는 약함도 무시해서도 안 된다. 그러나 현명한 외과 의사는 자신의 역할을 다한 뒤에도 심리학자와 정신과 의사가 할 일이 많이 남아 있다는 점을 인정해야 한다.

성충동이 간혹 호의적인 상태를 맞아 어느 정도 명백하게 드러넬 기회를 갖지 못할 정도로 약한 경우는 절대로 없다고 믿어도 무방하다. 크라프트-에빙은 완전한 성적 무능이 아주 드물게 존재한다는 점을 받아들였지만, 그는 자신이 관찰한 증거는 제시하지 않은 채 여전히 사정(射精)이 이뤄지는 르그랑 뒤 솔(Legrand du Saulle)의 환자와 일시적 발기가 일어나는 해몬드의 환자를 증거로 제시했다. 이 환자들은 틀림없이 상당한 정도의 지각 감퇴를 보이는 것이 특징이었지만, 그들이 여전히 보여주고 있는 명확한 성적 표현은 그들을 완전한 성적 무감각증의 예로 받아들이지 못하도록 막고 있다.

완전한 성적 무감각증이 여자들에게 존재할 수 있는지도 마찬가지로 의문스럽다. 지각 감퇴가 터무니없을 만큼 자주 일어날 수 있는 것은 틀림없는 사실이지만, 성적 불감증이 여자들의 거의 70%에서 일어나는 것으로 보는 분석은 아무래도 지나치다. 그런 터무니없는 추산은 무시되어야 한다. 해밀턴은 교육받은 계층의 정상적인 기혼녀 100명 중에서 성욕과 성적 감각이 지속적으로 존재하지 않는다는 의미에서 말하는 성적 불감증은 한 사람밖에 없다는 사실을 발견했다. 오직 자위행위나 동성애적인 자극에만 반응하는 여자는 몇 명 있었다.

『1천 건의 결혼』(A Thousand Marriages)이라는 책 중에서 이 주제를 다룬 장을 보면, 디킨슨은 "성적 불감증"을 고착된 상태나 선천적인 조건으로 여기지 않는다. 성적 불감증의 원인은 복합적이다. 육체와 기질, 교육, 습관(무지와 자기 성애적인 행위 포함), 남편의 결점 등이 꼽힌다. 가장 지속적으로 "불감증"을 보이는 사람들은 자기 성애적인 사람이라고 그는 말한다. 그럼에도 엄격히 말하면, 자기 성애를 즐기는 사람은 절대로 불감증이 아니며, 자신에게 호소력을 발휘하는 성적 자극에 대단히 민감할 수 있다.

여자들이 "불감증"을 가진 것으로 여겨지는 주된 이유는 여자들 자신에게 있는 것이 아니라 남자들에게 있다. 남자들의 성욕은 저절로 능동적으로 발달하는 경향이 있는 반면에, 여자들의 성욕은 잠재적으로나 잠재의식적으로 아무리 강하다 할지라도 적극적으로 표현되기 위해서는 먼저 불러내어져야 한다는 것은 분명한 사실이다.

유럽 사회에서 여자의 성욕은 대체로 남편이 끌어내야 하는 기능으로 여겨지고 있다. 아내에게 성생활에 관한 교육을 시키는 것도 남편의 몫이고, 섹스를 의식적으로 아내에게 요구하는 것도 남편이다. 만약 남편이 무지와 편견, 조바심 또는 통찰력 부족으로 인해 자연스런 역할을 제대로 수행하지 못한다면, 그의 아내는 자신에게 결함이 전혀 없는 상태에서 "성 불감증"으로 여겨질 수 있다. 우리 현대인이 지금 막 벗어나기 시작하고 있는 그 긴긴 세월 동안에, 그러니까 섹스에 관한 모든 지식은 억눌러지거나 고려의 가치가 없는 것으로 여겨지던 동안에, 아주 많은 남자들이 훌륭한 연인이 되지 못했으며, 따라서 많은 여자들이 "성 불감증 환자"로 남게 되었다.

우리 문명의 조건에서는 여자들이 겉보기에 섹스에 둔감해야 할 이유들이 많다. 왜냐하면 이 조건들이 남녀 모두에게 성적인 문제에 대해 무식할 것을 요구할 뿐만 아니라 섹스에 관한 교육도 형편

없고, 얌전한 척 굴 것을 요구하고, 성관계를 시작하는 나이를 비정상적일 만큼 늦추고 있기 때문이다. 그러나 완전한 성적 무감각증이 여자들 사이에 흔하다고 단정할 때, 그 문제가 여자들의 경우에 남자들에 비해 훨씬 더 어렵고 복잡하다는 점을 기억할 필요가 있다. 더욱이, 여자들에 대해 논할 때, 우리는 리비도가 존재하는 것과 성교에 쾌락이 따르는 것을 구분해야 한다. 리비도는 성교의 쾌락 없이도 존재할 수 있으며, 심지어 두 가지가 다 부재할 때에도 성적 무감각증이 있다고 단언하지 못한다. 해밀턴이 오르가슴을 느끼는 능력이 떨어지는 여자들 중에서 큰 비중(55%)이 자신을 성욕이 평균 이상인 사람으로 본다는 사실을 발견한 것은 큰 의미를 지닌다.

어떤 여자가 여러 명의 남자를 연달아 만나면서 성 불감증을 보이다가도 최종적으로, 아마 중년 후반에 성충동이 일어나는 예도 있다. 성충동이 성교에서 전혀 일어나지 않을 때조차도 다른 형태로, 이를테면 일탈적인 행위뿐만 아니라 다소 엉뚱한 곳의 성감대를 통해서 표현될 수 있다. 성감대에 대해 말하자면, 여자들이 남자들에 비해 수적으로 월등히 더 많고 또 자극에 훨씬 더 쉽게 반응한다.

따라서 여자들의 경우에 성적 무감각증이 존재한다고 단정 짓기가 남자들에 비해 훨씬 더 어렵다. 구체적인 예를 놓고 우리가 할 수 있는 말은 그 여자의 성충동이 표현될 길을 아직 발견하지 못했거나 성충동이 미래에 표현될 것이라고 짐작하는 것뿐이다. 여자들의 성적 무감각증이 빈번하다고 확신했던 오토 아들러까지도

"순수하게 심리적인 성적 무감각증"을 가진 여자의 존재에 대해 최종적인 증거를 제시하길 원하면서, 자신이 태어나기 한 세기도 더 전에 죽은 여자의 예, 그러니까 의료 관련 기록이 전혀 없는 바랑 부인(Madame de Warens)에게 의지했다. 더욱이, 오토 아들러는 훌륭한 연인이 결코 아닌 루소의 말을 믿었으며, 루소의 아내가 히스테리 증세를 보였다는 바랑 부인의 진술을 간과하고 있다. 모두가 알고 있듯이, 히스테리 증세는 성충동에 미묘한 변화를 낳을 수 있는 상태인데, 의료적 기록이 없는 상태에서 이 변화를 추적하는 것은 불가능하다. 어쨌든 우리는 여성들이 완전한 성적 무감각증을 보인다는 단언을 받아들일 때 특별히 조심해야 한다. 지금까지 그런 예가 존재했는지도 의문스럽다.

문명의 조건에서, 남녀 모두에게 성적 지각 과민이 성적 지각 감퇴보다 더 흔하며, 이는 대개 문명의 조건 때문이다. 성적 지각 과민은 섹스의 흥분을 높이는 경향이 있는 동시에 성적 흥분을 표현할 경로를 방해한다. 어느 정도의 지각 과민은 구애에서 정상이다. 동물들의 경우에 지각 과민은 그 시기에 두드러지는 극도의 흥분 상태로 나타나며, 인간은 사랑하는 사람의 매력에 대해 골똘히 생각하는 것으로 나타난다. 성적으로 금욕 생활을 하고 있는 상황에서도 보통 지각 과민이 일어나며, 성적 영역과 정상적인 관계가 전혀 없는 물건과 행동에도 에로틱한 흥분이 일어난다. 이 한계를 넘어서는 성적 지각 과민은 비정상이고 대체로 신경증적인 조건과 연결되어 있다.

비정상적인 성적 지각 과민은 절대로 생식기의 힘의 과잉을 암시하지 않는다. 생식기의 힘이 비정상적인 남자, 다시 말해 베네딕트(Benedikt)가 '섹스 선수'라고 부른 남자는 지각 과민을 두드러지게 보이지 않는다. 힘은 휴식을 필요로 하는데, 지각 과민을 겪고 있는 사람의 감각은 휴식을 거의 즐기지 않는다. 지각 과민을 겪는 사람이 생식기의 힘이 강한 것처럼 보이는 것은 대개 외양일 뿐이며, 지각 과민은 종종 생식기의 힘이 약한 것과 관계가 있다.

비정상적인 성적 지각 과민은 나이가 들어서만 아니라 사춘기 전에도 나타날 수 있다. 지각 과민은 다양한 일탈에서 중요한 역할을 할 수 있다. 이유는 비정상적인 성적 연상이 형성될 가능성이 있는 유일한 때가 비정상적인 성적 흥분과 비정상적인 지각 과민 상태가 일치하는 때이기 때문이다. 성적 지각 과민이 존재할 때, 이성(異性)의 사람과 연결되는 모든 것, 또는 성적인 대상이나 행위와 비슷해 보이는 비(非)성적인 대상이나 행위까지도 성적 연상을 불러일으키고 성적 감정을 낳는다.

신체의 모든 부위와 의상, 비정상적인 태도나 자세, 동물과 심지어 곤충들의 교미, 그리고 페니스나 외음부나 성교 행위를 떠올리게 하는 자연이나 인공 속의 모든 것은 정상적으로 성적 상징이 될 뿐만 아니라 성적 감정을 적극적으로 불러일으킨다. 그런 일반적인 성적 지각 과민에는 선택이 전혀 없으며, 온갖 연상이 무차별적으로 쉽게 일어난다. 그러나 특별한 페티시즘이 뿌리를 내리고 번성할 토양이 그런 식으로 제공된다. 그럼에도 이것이 페티시즘이 흔하게 일어나는 길은 아니다.

이 대목에서, 성적 지각 과민이 위장된 형태로, 심지어 주체의 적극적인 참여 없이도 존재할 수 있다는 점을 덧붙여야 한다. 고상한 척 구는 것은 성적 지각 과민의 한 형태이다. 성적인 것들에 대한 과장된 사랑뿐만 아니라 그런 것들에 대한 과도한 공포도 마찬가지로 성적 지각 과민에서 생겨난다.

성적 지각 과민은 비정상적이고 신경증을 낳는 조건과 연결되기 쉽지만 결코 광기의 증상은 아니다. 성적 지각 과민은 억제되고 숨겨질 수 있으며, 다소 의지의 통제 아래에 놓일 수 있다. 그러나 지각 과민이 아주 지나친 결과 운동 근육의 충동적인 요소들이 두드러지게 될 때, 지각 과민을 억제할 수 있는 힘이 상실되는 경향이 있다. 지각 과민이 극단적일 때, 남자들의 그런 상태는 남성 성욕 항진증(satyriasis)이라 불리고, 여자들의 그런 상태는 여성 성욕 항진증(nymphomania)이라 불린다.

순결

사람들은 금욕에 대해 말하면서 머릿속으로 어떤 부정적인 상태를 떠올린다. 말하자면, 단순히 자연적인 충동을 억압하는 것을 생각한다는 뜻이다. 그런 억압은 그 충동 자체의 밖에 있는 동기들, 종종 저차원적인 동기들을 갖고 있다. 그것이 금욕이 해로울 수 있는 이유이다.

금욕이 미덕이라 불리거나 미덕과 연결된 다른 동기들의 결과일 수는 있어도, 금욕 자체가 미덕일 수는 절대로 없다. 귀스타브 플로

베르(Gustav Flaubert)가 편지로 이 문제에 대해 재미있게 논하면서 썼듯이, 훌륭한 것은 노력이지 금욕 자체가 아니다. 그러나 순결은 다른 차원의 문제다.

순결이 반드시 금욕을 수반하지는 않는다. 순결은 가끔 절대적인 성적 금욕과 동의어로 쓰이지만, 순결이라는 단어를 그런 식으로 천하게 사용하는 것은 바람직하지 않다. 순결에 대한 보다 훌륭한 정의는 성적 영역 안에서의 자제다. 말하자면, 순결은 가끔 금욕을 수반하지만 동시에 탐닉도 수반하며, 순결의 본질은 정신적 충동을 슬기롭고 조화롭게 실천하는 것을 받아들이는 데에 있다.

이런 식으로 이해하는 순결은 부정적인 상태가 아니며 하나의 능동적인 미덕이다. 언젠가 14세쯤 되어 보이는 소녀가 또래의 친구를 향해 탐욕스런 측면을 지적하며 나무라는 것을 들은 적이 있다. 소녀가 "넌 자제력을 배우지 않았어!"라고 말하자, 소녀의 친구는 "자제력 같은 건 필요하지 않아."라고 대답했다. 그러자 소녀는 "그건 필요하지 않은 것이 아니라, 아주 훌륭한 거야."라고 반박했다. 이 소녀는 훗날 순결을 이해하는 데 전혀 어려움을 겪지 않을 것이다. 순결은 섹스의 영역에서 그리스어 단어를 빌리면 '소프로시네'(sophrosyne), 즉 자제를 표현하는 것이다.

순결은 온갖 교리나 종교와 별개로 하나의 미덕이다. 세계의 여러 지역에서 정욕을 저지하기 위한 종교적인 처벌 조항들이 있었던 것은 사실이다. 다시 말하면, 정해진 범위를 벗어난 성행위를 "죄"로 여겨왔던 것이다. 기독교든 다른 종교든, 종교 공동체가 이런 태도를 취하는 것은 불가피하다. 그러나 순수하게 인간적인 바탕에서 보면, 순결은 옛날이나 마찬가지로 지금도 여전히 하나의 미덕이다.

세계의 여러 지역에 있는 미개인들을 보면, 아이들도 자유롭게 섹스 놀이를 하고 심지어 섹스 행위를 하는 것이 허용되고 있다. 그것은 곧 성행위에 대한 추상적인 금지는 전혀 없다는 것을 암시한다. 그러나 아이가 사춘기에 다가서기만 하면, 우리가 원시적인 마음이라고 생각하고 있는 그 정신에서도 섹스에 관한 새로운 태도, 즉 통제의 태도가 필요한 것 같다. 낮은 문화에 속하는 사람들 사이에선, "음란"과 "간통"을 금지한 기독교의 형식적인 조치와는 꽤 달리, 성행위가 다수의 제약에 의해 보호를 받고 있는 것이 쉽게 발견된다. 이 제약들은 대개 섹스를 높이 평가하도록 유도한다. 섹스가 위험스런 것으로 여겨질 때 그것을 피하도록 할 뿐만 아니라, 섹스의 영향이 이로운 것으로 여겨질 때 섹스를 하도록 규정하고 섹스를 신성한 축제와 연결시키는 것이다. 이런 종류의 통제, 말하자면 선한 것으로 받아들여지는 이런 절제된 행위를 우리는 적절히 순결이라고 부르고 있으며, 순결은 미개인의 삶의 구조 안에 이미 녹아 있는 것으로 여겨질 수 있다.

이 같은 근본적인 사실은, 크롤리가 말한 바와 같이, 종교적 교리와 사회적 전통이 순결이라는 개념을 극단적으로 몰고 가고 있는 탓에 흐려지는 경향이 있다. 유럽 문명에서 지난 몇 세기 동안에 이 같은 현상이 뚜렷이 나타났다. 순결이 단순히 강압적인 금욕으로 변할 때, 그 순결은 더 이상 자연스럽지도 않고 미덕도 아니며 이롭지도 않다. 순결의 근본적인 성격이 눈에 보이지 않게 되어 버렸다. 그러면 순결은 "부자연스런" 것으로 비판을 받고, 케케묵은 종교적 교리나 쇠퇴한 정치 조직의 부수물로 여겨지게 된다. 따라서 섹스의 영역에서 고대의 인위적인 제약들의 쇠퇴가 우리들 사이에서 간혹 반대편 쪽 극단인 방종과 난교를 실천은 하지 못하면서 하나의 이상(理想)으로 받아들이도록 이끈다. 이것 또한 부자연스럽고 바람직하지 않다.

순결이라는 개념을 대하는 인식의 차이가 시대에 따라 이처럼 크기 때문에 순결 개념이 균형을 찾기까지는 시간이 많이 걸릴 것이다. 갑작스런 리바운드는 언제나 또 다른 리바운드를 부르게 되어 있으니까 말이다.

순결은 성적 기능의 활기찬 활동을 유지하기 위해서도 필요할 뿐만 아니라 성적 기능의 인간적인 존엄을 유지하기 위해서도 필요하다. 그것 이상으로, 순결은 관대한 사랑의 기술에도 근본적으로 필요하다. 사랑의 기술은 "섹스의 모든 것들을 손으로, 말하자면 삶의 모든 목적에 적합한 것을 두루 기억하고 있는 그런 손으로 만지는 기술"을 말한다.

갱년기

갱년기는 결혼 생활에서 반드시 심리적으로 중요성을 지니는 시기이다. 그 중요성이 옛날에 과장된 감이 있지만 말이다. 오늘날엔 진자(振子)가 반대쪽 극단 쪽으로 향하고 있다. 의료계에 종사하는 여러 여성들이 지금 병들의 원인을 폐경기로 돌리는 것은 단순히 하나의 "강박"일 뿐이라고 선언하고 있다. 또 그들은 폐경기와 직접적으로 연결되는 증상을 거의 찾지 못했다고 주장하고 있다.

그럼에도 우리는 여기서 여자 본인에게 직접적인 심리적 중요성을 지니고, 그녀의 가족과 사회생활에 간접적인 영향을 끼칠 수밖에 없는 한 현상을 마주하고 있다. 그 현상은 그녀의 생식 단계의 종말을 나타내고 있다. 사춘기가 생식 단계의 시작을 알렸던 것과 마찬가지이다.

폐경기 또는 "인생의 변화"로도 불리는 갱년기는 생식 체계가 '울증'(鬱症)을 맞는 시기이며, 갱년기가 일어나는 시기는 사람에 따라 다르나 대략 35세에서 55세 사이이다. 그러나 대부분이 45세에서 50세 사이에 맞으며, 2, 3년 안에 끝난다.

갱년기는 내분비샘의 기능적 작용과 자율신경계에 일어나는 변화와 관계있으며, 또 그 변화에 따라 감정과 혈관 운동, 신경계에 나타나는 징후들과도 관계있다. 이 징후들 중에서 가슴 떨림과 홍조가 특별히 불쾌하며, 그 원인은 높아진 혈압 때문이 아니라 혈압의 변동 때문이다. 이 자리는 이런 변화의 원인들을 파고드는 곳이 아니다.

마라논은 오래 전부터 갱년기의 다선성(多腺性) 이론을, 말하자면 갱년기가 근본적으로 난소와 갑상선, 부신에, 부차적으로 뇌하수체에 있는 샘들에 나타나는 변화 때문이라는 이론을 옹호했다. 프리츠기본(G. Fritzgibbon)은 갱년기를 독소들을 생산하는 생식기의 자연적 위축으로 보고 있다. 그래서 홍조 같은 일련의 징후들이 나타나고, 심각한 경우엔 자궁을 제거하면 홍조가 사라질 수 있다. 그러나 나이가 젊을 때 질병 때문에 자궁을 제거하는 경우에 홍조와 관련 징후들이 두드러지게 나타날 수 있기 때문에, 이 견해는 아무리 좋게 봐도 모호하다.

이 시기에 약간의 감정적, 육체적 장애가 거의 불가피할지라도, 많은 여자들, 심지어 불안정한 신경증 성향을 가진 여자들도 심각한 문제를 전혀 일으키지 않고 과도기를 넘긴다. 소수의 사람들이 육체적이거나 정신적인 쇠약을 어느 정도 겪을 뿐이다.

정신적 측면에서 "인생의 변화", 즉 여자가 어쩌면 오랫동안 누리고자 했을지도 모르는 젊음이 더 이상 자신의 것이 아니라는 사실을 깨닫는 것은 그녀에게 깊은 인상을 남길 것임에 틀림없다. 더욱이, 생식할 수 있는 능력의 종말은 실제로는 전혀 그렇지 않은데도 불구하고 성생활의 종말처럼 보인다.

갱년기를 맞은 여자는 인생의 중요한 시기가 급히 자신을 떠나가고 있다는 사실에 깜짝 놀란다. 따라서 돌연 성적 활동이 늘어나는 현상이 가끔 나타난다. 이때 새로운 남자에게 끌리거나 남자에게 적극적으로 다가서는, 그때까지 없었던 일도 벌어진다. 존경할 만큼 인습적인 삶을 살았던 미혼 여성들에게도 그와 똑같은 경향이 가끔 나타나고 정신적 불균형을 암시하는 일들이 일어날 수 있다. 그런 모든 표현들은 잘 알려져 있지만 그런 표현의 횟수는 종종 과장되었다.

그럼에도 우리는 갱년기의 특징이 성생활과 정신생활에 장애가 발생하는 것이라는 점을 인정해야 한다. 특히 욕망이 격화되는 현상이 나타난다. 생식의 마지막 불꽃을 태우려는 노력이라고나 할까. 거기에 온갖 변덕과 회의(懷疑)가 수반되며, 이따금 성충동의 실질적 일탈도 수반된다.

결혼한 여자들의 경우에는 그 결과가 남편이 이 시기에 성적 능력을 잃어가기 시작한다는 사실 때문에 종종 나쁜 쪽으로 나타난다. 이때 아내에 대한 남편의 사랑은 평화로운 애정의 단계에 들어가 있으며, 따라서 남편이 아내의 새로운 열정에 화답하기 어렵다. 그러면 아내의 열정은 엉뚱한 방향으로 향하고, 아마 질투로 변할 것이다. 그래서 육체적인 면에도 고통스런 문제가 일어날 뿐만 아니라 정신적인 면에도 무뚝뚝한 특성들이 다수 생겨날 수 있다. 그러나 그런 문제들이 일어나는 것은 직접적으로 갱년기 때문이 아니라, 그 사람 안에 이미 잠재해 있던 경향들이 이 시기에 해방되기 때문이다.

그런 증상들이 기본적으로 갱년기 자체에 고유한 것도 아닐 뿐만 아니라 인생의 이 시기는 당연히 보상적인 이점을 많이 갖고 온다는 점을 분명히 아는 것이 중요하다. 필딩(W. J. Fielding)은 이렇게 말했다. "무수히 많은 여자들에게, 폐경기는 성취의 황금기의 시작이었다. 정상적인 체질을 가진 여자들이 이 시기에 성적 매력을 잃어야 할 이유가 전혀 없다. 실제로 많은 여자들은 25세 때보다 50세 때에 더 매력적이다. 그리고 살아온 세월 동안에 여자들의 인격이 발달하고 풍요로워졌다면, 그들은 틀림없이 30세 때보다 60세에 더 매력적일 것이다."

호프스타터(Hofstätter)는 갱년기를 넘긴 여자들에게 남자의 육체적 특징들 일부가 두드러지게 나타날 뿐만 아니라, 남자의 습관이나 사고방식과 놀랄 정도로 닮은 모습을, 말하자면 논리의 명쾌함과 객관성, 추상적인 정의감, 관대함, 사업적 태도, 정치적 태도, 사회적 태도 등이 나타난다고 말한다. 이런 것들이 갱년기의 삶에 수반되는 정신적인 특징이라는 점을 인정하지만, 그것들을 반드시 남성적이라고 부를 필요는 없다. 그 특징들은 남녀 성별과 관계없는 소질이며 남자들 사이에도 사람들이 일반적으로 생각하는 만큼 그런 특징들이 널리 발견되지도 않는다.

그러나 결혼한 많은 커플에게 결혼이 진정한 의미에서 행복하고 조화로운 동료 관계로 최종적으로 발전하는 것은 아내가 갱년기를 맞은 이후에나 가능하다고 할 수 있다. 비록 그 관계가 가끔 오누이의 관계를 떠올리게 할지라도 말이다.

이 시기에 여자들의 지적 활동이 증대된다는 점에 대해선 이의가 전혀 없다. 두드러진 여자들 중에서 생식 가능한 시기가 끝난 뒤에야 능동적인 경력이 시작된 예들이 많다. 정말로, 이 시기에 늘어난 활동을 이용해서 커가고 있는 자식들의 활동에 간섭하고 나서는 여자들이 있다. 특히 결혼하지 않은 상태에서 집에 남아 있는 딸들을 지배하려 드는 모습을 보인다. 그러면 많은 사람들의 삶이 말라비틀어지게 되고, 그런 경우에는 친절하지만 단호한 반란이 필요하다. 왜냐하면 고통이 불가피하다면, 젊은 사람보다 나이 많은 사람이 당하는 것이 더 낫기 때문이다. 그러나 건전하게 자신을 가꿔 온 여자는 종종 손자들에게 헌신하는 한편으로 해방된 모성의 에너지를 사회를 위해 쏟으며, 그런 경우에 사회는 폭넓은 활동을 할 영역을 끝없이 제공한다.

남자들에게도 여자들의 갱년기에 해당하는 시기가 있는가, 있다면 언제인가 하는 문제가 논쟁의 대상이 되고 있다. 만약 그런 시기가 있다면, 그 시기의 시작과 끝은 틀림없이 모호할 것이다. 이유는 정자를 배출하는 기능에 최종 시한이 있을 필요가 전혀 없고, 늙어서까지, 보고된 바에 따르면 103세까지도 그 기능이 지속될 수 있는 것 같기 때문이다.

그러나 한 남자의 삶에도 장애를 일으키는 효과 때문에 길이 갑자기 꺾이는 것을 의식하게 되는 시기가 있다. 쿠르트 멘델(Kurt Mendel)이 그 점에 주의를 기울일 것을 요구한 이후로, 여자의 갱년기에 해당하는 어떤 현상이 폭넓게 인정을 받고 있다. 그럼에도 크라프트-에빙을 비롯한 일부 전문가들은 그런 현상을 부정했다. 그러나 고대에도 63세에 어떤 "중대한 전환기"가 오는 것으로 받아들여졌다. 그럼에도 우리는 엄격히 "남성 갱년기"에 대해 말하지 못한다. 이런 이유로, 마라논은 "임계 연령"(critical age)이라고 부르기를 좋아한다. 유기적인 진화의 한 단계를 의미하며, 이 단계의 핵심은 능동적인 생식 활동의 종말 또는 감소이다.

그 생물학적 바탕은 신경내분비 반응의 변화에 따른 성욕의 감퇴다. 케네스 워커(Kenneth Walker)는 이런 변화가 일어나는 나이를 55세에서 60세로, 막스 토레크(Max Thorek)는 여자보다 7년 내지 10년 늦은 나이로, 랜킨(Rankin)은 57세와 63세 사이로, 막스 마르쿠제(Max Marcuse)는 45세와 55세로, 아니 40세로도 잡고 있다. 많은 환자들을 보면 그런 시기가 38세에도 시작할 수 있다고 나는 말하고 싶다.

남자는 갑자기 확장하던 힘의 시기가 한계에 달했다는 것을, 심지어 힘의 실패가 일어난다는 것을 깨닫는다. 힘의 실패는 성적인 영역에서도 나타난다. 그러면 남자는 감정의 격변 같은 것을 경험하면서 자신이 더 이상 젊은 사람이 아니고 늙은 사람이라는 사실을 느끼기 시작할 것이다. 그런 식으로 나이가 든다는 것을 인정할 때, 성적 행위의 분출이 수반될 뿐만 아니라 그런 분출을 용이하게 하는 자기중심적이고 무신경한 성향도 생겨난다.

이 성향은 대체로 본인에게 이롭게 작용한다. 왜냐하면 그것이 허약한 고령자를 강력한 감정의 위험으로부터 보호해주기 때문이다. 그러나 성적 영역의 활동이 다시 개화함에 따라 그것을 잘못 이용할 위험이 있다. 그 활동이 비정상적인 방향으로 이뤄지는 경우에 노출증이 생기거나 어린 소녀에게 성적으로 끌릴 수도 있으며, 소년에게 동성애적 감정을 품을 수도 있다.

유명한 독일 소설가 토마스 만(Thomas Mann)은 '베네치아에서의 죽음'(Der Tod in Venedig)에서 이 주제를 다뤘으며, 거기서 그는 자신이 병적인 남자의 갱년기를 보여주는 예라고 언급했다. 이런 현상에 대해 히르슈펠트는 결혼하지 않은 남자들과 홀아비들에게, 막스 마르쿠제는 성적으로 부적절한 남자들에게 특별히 두드러진다고 믿고 있다.

남자들의 갱년기에 나타나는 보다 넓은 정신적인 특징들은 젊은 시절의 공격성과 대담성의 상실, 사회적, 정치적 보수주의 경향을 포함한다. 특히 보수화 경향은 예외도 물론 있지만 어딜 가나 고령층의 특징으로 꼽힌다.

생식과 관련 있는 삶을 보면 남자들이 여자들에 비해 훨씬 덜 집중적이기 때문에, 남자의 갱년기는 다소 모호하고 비교적 중요하지 않은 시기이다. 그럼에도 남자의 갱년기도 불쾌한 성격을 지닌 사소한 정신적 특징을 여러 가지 낳는다. 짜증과 비열함, 인색함 등이 그런 특징으로 꼽히는데, 같은 시기에 여자들에게서 발견되는 특징과 다르지 않다.

남자의 갱년기는 인생을 보다 넓고 차분한 시각으로 보도록 이끌 수 있다. 그러나 거기에 수반되는 정신적 변화는 훨씬 더 내생적(內生的)이고, 내향적이게 된다. 이유는 그때까지 남자들의 활동이 여자들과 달리 주로 세상 속에서 벌어졌기 때문이다. 랜킨이 표현한 바와 같이, 비록 축소된 활동과 한정적인 야망, 부드러워진 철학을 바탕으로 했을지라도, "인생의 새로운 임차 계약"이 일어날 것이다.

7장

사랑의 기술

사랑과 성충동의 관계

"결혼"을 보는 관점은 다양하다. 명백하고 추상적인 한 가지 기본적인 형태로서, 결혼은 "합법적인 동거"라고 할 수 있다. 문명화된 조건에서, 결혼은 한 나라의 도덕적 관습(도덕은 기본적으로 관습이다)의 복잡한 일부가 되었고, 따라서 하나의 계약이며, 크리스티안의 표현을 빌리면, "성관계를 맺고 유지하는 계약일 뿐만 아니라 경제적, 정신적 토대와 도덕적(말하자면 사회적) 의무를 지는 진정한 생활 공동체"이다.

그러나 보다 노골적으로 접근한다면, 결혼은 사랑의 온갖 다양한 측면들을 방해받지 않고 표현할 수 있는 장(場)을 발견할 목적으로 서로 어울리는 두 사람이 자유롭게 선택한 연합이다.

흔히 쓰는 완곡한 표현으로서 "사랑"은 성충동의 온갖 표현을 나타내는 단어이다. 말할 필요도 없이, "사랑"이라는 단어의 쓰임은 잘못되었다. 우리는 '정욕', 즉 생리적인 성충동과 '사랑', 즉 다른 충동들과 연결되어 있는 그 충동을 반드시 구별해야 한다.

사랑과 정욕의 구분에 대한 정의에 대해 합의된 것은 하나도 없다. 정말로, 지금까지 제시된 정의들 중 많은 것은 그 구분의 일부를 표현한 것으로 받아들여질 수 있다. 대략적으로 말하면, 사랑은 정욕과 우정의 통합이라고 할 수 있다. 아니면 그 문제를 생리학적으로 보면서, 포렐처럼 사랑을 뇌의 센터들을 통해서 표현된 성적 본능으로 볼 수 있다. 혹은 칸트처럼, 사랑은 상상력의 도움으로 주기성의 굴레에서 벗어나 영원해진 성충동이라고 볼 수 있다. 오스카 피스터는 사랑의 다양한 정의에 대해 긴 장(章)을 할애한 끝에, "사랑은, 어떤 욕구에서 생겨나서, 그 욕구를 충족시켜 줄 것 같은 희망을 주는 어떤 대상에게로 향하는 끌림의 감정과 자기 포기의 느낌"이라는 정의가 최선이라고 결론을 내렸다. 피스터의 정의도 그런 정의들 대부분과 마찬가지로 부적절하다.

사랑이 완전히 발달하는 경우에 틀림없이 이타적인 충동이 됨에도 불구하고, 사랑은 어디까지나 이기적인 충동에서 비롯되며 자기 희생을 수반할 때조차도 거기엔 여전히 이기적인 만족이 따른다. 특히 프로이트는 『정신분석 입문』에서 이런 이기적인 원천을 강조했다(비슷한 시기에 다른 곳에서는 "사랑은 기본적으로 자기 도취적"이라고 언급했지만). 그럼에도 프로이트는 사랑이 나중에 그 이기적인 원천과 분리된다는 점을 인정했다.

특별히 성적인 요소를 제외한다면, 프로이트를 비롯한 일부 전문가들이 주장하는 바와 같이, 어머니가 아이의 첫 번째 진정한 사랑의 대상이다. 그러다 나중에 신경증이 없는 사람들에게 이 첫 번째 사랑의 대상은 배경으로 밀려나고, 자연히 다른 사랑의 대상이 점점 더 뚜렷해진다.

처음에 뚜렷이 이기적이었던 성충동은 사랑으로 발달해가면서 의식적으로 이타적인 것으로 변한다. 정상적이고 자연적인 조건에서 성충동이 성적으로 발달하는 데엔 처음부터 이타적인 요소들이 있다. 동물들 사이에서도 파트너에 대한 배려가 없는 경우에 구애가 실패하고 교미가 일어나지 못한다. 그러나 성충동이 사랑으로 발달해 감에 따라, 이타적인 요소가 의식적이게 되며 매우 발달하게 된다. 그러면 이타적인 요소가 이기적인 요소를 완전히 종속시킬 수 있다.

사랑이 발달해 가는 이 과정은 이중적이라고 할 수 있다. 부분적으로, 그 과정은 성충동이 유기체 전체로 퍼지기 때문에 일어난다. 그래서 성충동은 보다 긴 신경회로들을 건드리게 되고, 성충동이 지체 없이 그 목적을 성취하는 한, 성충동은 성적 영역 밖에 있는 부위까지 퍼지게 된다. 또 부분적으로, 그 과정은 다소 비슷한 성격을 지닌 다른 정신적 요소들과의 융합 때문에 일어난다.

성적 발달이 완전히 일어난 뒤 어느 단계에서, 사랑은 부모와 자식의 관계에서 비롯되는 뜨거운 감정들에 의해 더욱 강화된다. 이후로 여자의 성적 사랑은 자식들에 의해 불러일으켜진 부드러움과 인내와 뒤섞이고, 남자의 성적 사랑은 부모와 자식 관계에 수반되는 보호의 요소들과 뒤섞인다. 이리하여 성적 사랑이 결혼관계를 통해서 사회의 구조의 일부가 되는 한편, 최고로 높은 형식으로 표현될 경우에 성적 사랑은 종교의 충동과 예술의 충동과 연결될 수 있다. 이 측면에선 여자들이 종종 선구자 역할을 하는 것 같다.

샤를 르투르노(Charles Letourneau)는 세계의 많은 지역에서 여자들이 에로틱한 내용의 시를 창작하는 일에 주도적으로 나섰으며 간혹 사랑의 감정을 독점했던 것 같다고 지적했다. 이 맥락에서, 원시적인 민족들 사이에 사랑으로 인한 자살이 주로 여자들 사이에 일어나는 것 같다는 점을 언급할 수 있다.

그러나 욕정에서 사랑으로 진화하는 것이 열등한 민족들 사이에서는 그야말로 조금밖에 이뤄지지 않았으며 문명의 혜택을 받고 사는 사람들 중에서도 대부분이 초보적인 수준에 머물고 있다는 사실을 기억해야 한다. "욕정"은 세계 모든 곳에서 알려져 있고 어딜 가나 그것을 나타내는 단어가 있지만, "사랑"은 보편적으로 알려져 있지는 않으며 "사랑"을 나타내는 단어를 전혀 갖고 있지 않은 언어도 많다.

사랑이 발견되지 않는다는 사실이 종종 뜻밖의 놀라움으로 다가온다. 우리는 또 사랑을 거의 기대하지 않은 곳에서 사랑을 발견한다. 성욕은 심지어 일부 동물들, 특히 새들에 의해서도 "이상화"되었다. 어떤 새가 짝을 잃고 슬퍼하다가 죽을 때, 그 죽음이 순전히 섹스 본능 때문에 일어날 수는 없으며, 그 새의 죽음 뒤에선 섹스 본능과 삶의 다른 요소들이 문명화된 인간들 사이에서도 드물 만큼 서로 아주 밀접히 결합하면서 작용하고 있기 때문이다.

일부 미개한 민족들은 사랑이라는 개념을 전혀 갖고 있지 않은 것 같으며, (아메리카 대륙의 나우아족처럼) 사랑을 뜻하는 단어도 갖고 있지 않다. 한편 고대 페루인들의 언어인 키추아어에는 '사랑하다'라는 뜻을 지닌 동사 'munay'와 결합한 단어가 무려 600개나 된다.

대니얼 개리슨 브린턴(Daniel Garrison Brinton)은 이런 진술을 하면서 일부 아메리카 인디언의 언어들 속에서 사랑을 뜻하는 단어들이 사랑의 개념을 표현하는 4가지 방법을 보여준다고 주장했다. 4가지 방법은 1)감정의 분명치 않은 외침 2)동일함이나 유사함의 강조 3)연대나 연합의 강조 4)소망, 욕망, 갈망의 강조 등이다. 브린턴은 "아리아어 계통의 언어들에도 사랑을 나타내는 단어들 대부분에서 이와 똑같은 인식이 발견된다."고 덧붙였다. 그러나 아리아어 계통의 민족들이 성적 사랑이라는 개념을 발달시키는 데 느렸다는 놀라운 사실이 드러난다. 반면에, 남미의 마야족은 초기 아리아 문화의 민족들을 넘어서면서, 의미 면에서 순수하게 정신적인 사랑의 기쁨을 표현하는 근본적인 단어를 갖고 있었다.

고대 그리스인들조차도 성적 사랑의 이상(理想)을 발달시키는 일에 늦었다. 고대 그리스인들에게 진정한 사랑은 거의 언제나 동성애였다. 그리스 시대 초기에 이오니아 지방의 서정 시인들은 여자를 단지 쾌락의 도구와 가족의 창시자로만 여겼다. 테오그니스(Theognis)는 결혼을 목축에 비유했으며, 알크만(Alcman)은 스파르타 소녀들을 칭찬하면서 그들에 대해 자신의 "여자 보이 프렌드"라는 식으로 이야기했다. 아이스킬로스(Aeschylus)는 심지어 어떤 아버지가 자기 딸들은 가만 내버려두면 부정을 저지른다는 식으로 말하도록 했다. 소포클레스(Sophocles)의 작품엔 성적 사랑이 전혀 없었으며, 에우리피데스(Euripides)의 작품에선 사랑에 빠지는 것은 여자들뿐이다.

그리스에서 성적 사랑은 비교적 훗날까지도 경멸당했으며, 공개적 토론을 벌이거나 표현할 가치가 없는 것으로 여겨졌다. 남자들이 여자들에게 관심을 가졌던 곳은 그리스가 아니라 마그나 그라에키아(Magna Graecia)[33]였다. 여자들의 사랑이 삶과 죽음의 문제로 여겨진 것은 알렉산더 대왕 이후, 특히 베네크(E. F. M. Benecke)가 주장하는 것처럼, 아스클레피아데스(Asclepiades)가 활약하던 때였다. 그 후로 성적 사랑이라는 개념의 낭만적인 측면이 유럽인의 삶에 등장한다. 가스통 파리(Gaston Paris)가 주장하는 바와 같이, '트리스탄'(Tristan)이라는 켈트족 이야기를 통해 성적 사랑은 마침내 기독교 유럽의 시 세계에도 인간 삶의 중요한 주제로 등장하게 되었다. 그러나 그런 낭만적인 개념은 아직 "사랑"을 성교의 잔인한 행위로 여기고 있던 유럽 대중들의 정신 세계를 파고들지 못했다.

그러나 사랑은 충분히 발달하는 경우에 대단히 복잡하고 폭넓은 어떤 감정이 되었으며, 욕정은 아무리 발달해도 단지 많은 다양한 요소들 중 한 가지 요소에 지나지 않는다. 허버트 스펜서는 『심리학의 원리들』(Principles of Psychology) 중 재미있는 어느 대목에서 사랑을 명백히 구분되는 9가지 중요한 요소로 나누었다. 1)육

----
33   남부 이탈리아에 있었던 고대 그리스의 식민 도시군(都市群)을 말한다.

체적인 섹스 충동 2)아름다움을 추구하려는 감정 3)애착 4)감탄과 존경 5)인정(認定)에 대한 욕구 6)자긍심 7)소유의 감정 8)개인적 장벽의 부재에 따른 행동의 자유 확장 9)공감 고양 등이 그 요소 들이다. 스펜서는 "사랑이라는 열정은 하나의 거대한 집합체를 이 루는데, 이 집합체의 기본적인 자극 작용들 대부분을 우리가 할 수 있다."고 결론을 내린다.

이 같은 포괄적인 분석조차도 앞에서 이미 언급한, 부모가 되려 는 충동에 바탕을 둔 사랑의 요소를 빠뜨리고 있는데, 그럼에도 이 요소는 대단히 중요하다. 부부 관계에서 특별히 성적인 요소가 뒤 로 물러날 때, 남편이 아내에게 품었던 사랑의 감정적인 분위기와 아내가 남편에게 품었던 사랑의 감정적인 분위기는 쉽게 아이에 대한 사랑의 감정적 분위기가 된다. 크롤리가 언급하듯이, 사랑에 대한 모든 분석은 사랑을 정의하는 일이 지극히 어렵다는 점을 보 여준다. "사랑을 정의하는 것은 인생을 정의하는 것만큼이나 어렵 다. 정의가 어려운 이유도 아마 똑같을 것이다. 사랑은 어떤 형태든 사회에서 삶의 본능보다 약간 덜 중요한 역할을 맡는다. 사랑은 가 족의 중요한 요소들을 한곳으로 모으고, 사랑은 가족을 하나로 묶 으며, 사랑은 민족 또는 국가의 모든 구성원들을 동료애로 단결시 킨다."

사랑에 대해 간단히 논하는 것만으로도 사랑에 대한 정의가 지 극히 어렵다는 점을 보여주기에 충분하다. 헨리크 입센(Henrik Ibsen)이 말했듯이, "'사랑'이라는 사소한 단어만큼 오늘날 허위와 기만이 가득한 단어는 없다."는 말이 사실이다. 그럼에도 그 단어가 의미하는 것은 그대로 있으며, "사랑"이라는 단어가 널리 남용되고 있다는 사실은 곧 그것이 지닌 헤아릴 수 없는 가치를 증명할 뿐이다. 왜냐하면 페인트와 반죽, 싸구려 합금과 온갖 종류의 대체물로 끊임없이 모방하도록 만드는 것은 오직 금과 다이아몬드 같은 최고로 소중한 것들이기 때문이다.

타인들과 타인들에 대한 갈망 없이는 나 자신은 절대로 있을 수 없으며, 먼저 나 자신을 한쪽에 따로 떼어놓지 않고는 타인들과 타인들이 불러일으키는 감정들을 따로 떼어놓지 못한다. 그래서 정확히 말한다면, 사랑은 삶 안에 포함되어 있으며, 만약 사랑이 하나의 착각이라면, 삶 자체도 착각일 뿐이다.

정말로, 사랑에 대해 추가적으로 더 고려한다면, 이를테면 사랑이 어떤 식으로 개인뿐만 아니라 민족과도, 자연적인 목적뿐만 아니라 정신적인 목적과도 관계가 깊은지를 파고든다면, 보이스 깁슨(Boyce Gibson)이 말하듯이, 사랑은 "변모시키고 포용하는 위대한 힘이자 모든 삶의 종국적 미덕"처럼 보인다. 그래서 "사랑은 최고의 미덕"이라느니, "미덕은 사랑"이라느니, 초기 기독교의 서간 필자들이 표현했듯이, "신은 사랑"이라는 말이 회자되고 있다.

사랑이 왜 기술인가?

사랑은 하나의 "감정"이나 "열정"으로 정의되어 왔으며, 이 정의는 관점에 따라 달라진다. 어느 경우든 사랑은 감정적인 삶을 이루는 한 복합적인 요소이다. 그러나 하나의 감정으로 여겨질 때 사랑은 보다 지적이고, 세련되고, 섬세한 감정적인 느낌이며, 하나의 열정으로 여겨질 때, 사랑은 주로 강력한 종류의 감정적인 복합체이다. 섄드(A. F. Shand)가 "열정"을 "감정들과 욕망들의 조직적인 체계"로, 말하자면 감정들로만 된 체계 그 이상의 것으로 정의하고 있으니 말이다.

그러나 모든 열정에 자제력 체계가 생겨나는 경향이 있으며, 이 자제력에 의해 열정의 강도가 다소 효과적으로 관리된다. 그 열정의 체계적인 성격과 결합의 원리 때문에, 사랑의 열정을 "안정적이고, 조절적이고, 포괄적인 것으로, 또 깊은 합리성을 가진 본능"으로 여기는 것이 가능하다. 그러나 사랑의 열정이 정상적으로 발달하는 데 필요한 근본적인 조건은 그 대상이 주는 즐거움이다. 비록 그 즐거움의 조건이 불가피하게 고통과 슬픔의 가능성을 수반할지라도 말이다.

이 감정들은 정말 상호 협조적이고 상호 침투하기 때문에 늘 함께 다닌다. 이런 식으로 슬픔은 기쁨과 함께 다니면서 사랑의 감정을 강화한다. 사랑이 최상의 어떤 독특한 의미에서 우두머리 열정이 되는 것은 바로 이런 복합성과 포괄성 때문이다.

우리는 심지어 그 지점에서조차도 큰 의미에서 말하는 사랑의 완전한 의미에 닿지 못한다. "우두머리 열정"은 아직 단순히 확장된 이기주의에, 그러니까 '둘만의 이기주의'에 불과할 수 있으며, 따라서 아무리 정당화할 수 있다 하더라도 그 열정은 한 사람의 이기주의보다 그다지 더 넓지도 못하고 고귀하지도 못하다. 이런 식으로 이해되는 사랑이 에너지를 일으키는 원천일 수 있지만, 만약 두 파트너가 에너지를 서로에게만 쏟는다면, 에너지는 대개 낭비되고 말 것이다.

사랑은 삶을 가치 있게 만드는 최고의 것들 중 하나이지만, 버트런드 러셀(Bertrand Russell)이 잘 지적하듯이, 두 사람이 서로에게 느끼는 사랑은 주위에 경계선을 긋고 있기 때문에 그 자체로는 훌륭한 삶의 중요한 목표가 될 수 없다. 개인적인 커플을 벗어나서 둘 밖의 넓은 세상으로, 미래로 확장할 수 있는 목적들이 있어야 한다. 아마 그 목적들은 절대로 성취되지 않고 언제나 커져만 가는 그런 목적들일 것이다. "사랑이 진지함과 깊이를 가질 수 있는 것은 오직 사랑이 이런 종류의 무한한 목표와 연결될 때뿐이다."

세부적인 디테일에 있어서는 다소 분명하지 않더라도, 도덕주의자들이 인정하는 사랑의 중요한 조건이 하나 있다. 사랑의 대상이 느끼는 즐거움이다. 우리가 사랑을 하나의 기술로 보게 되는 것이 바로 이 지점이다.

사랑을 하나의 기술로 고려하는 것이 심리학의 매뉴얼이나 도덕의 매뉴얼에 전혀 자리를 차지하지 못하던 때가 있었다. 그리 멀지 않은 옛날에도 그랬다. 사랑을 하나의 기술로 다루는 것은 사랑이 불법적인 주제로 여겨지는 것에 만족하던 시인들에게 맡겨졌다. 오비디우스(Ovid)가 열다섯 번의 세기가 넘는 세월 동안에 유명했던, 사랑의 기술에 관한 시적인 논문을 쓴 것이 대표적인 예이다. 성적인 사랑을 의무가 아닌 다른 것으로 다루는 것은 사회적으로나 문학 속에서나 똑같이 적절하지 않거나, 고상하지 않거나, 도덕적이지 않았다. 사랑의 기술은 12세기에 프랑스에서 처음 시작되었으나, 그 기술은 다소 불법적인 기술로 남았다.

오늘날 상황은 많이 달라졌다. 사랑을 하나의 기술로 보는 것이 널리 정당화되고 있으며, 도덕주의자들도 그 정당화를 지켜나가는 일에 결코 소극적이지 않다. 도덕주의자들은 의무만으로는 더 이상 결혼 생활에서 정절을 지키도록 하기 어렵다는 점을 인정하고 있다. 그들은 또 사랑을 하나의 기술로 바꿔놓음으로써 사랑의 바탕을 확장하고 상호 애착을 매력적으로 가꿀 동기들을 증식시키는 것이 곧 부부 결합의 토대를 확고히 다지고 그 결합의 도덕성을 강화하는 것이라는 점을 인정하고 있다. 여기서 우리는 도덕에 직접적으로 관심을 두고 있지 않지만 도덕의 주장들을 참작할 필요는 있다.

현대 문명에서 사랑의 기술을 인정하려는 시도는 과거로 어느 정도 거슬러 올라간다. 외과의 위대한 선구자인 앙브루아즈 파레(Ambroise Paré)는 상당한 정도의 전희를 성교의 바람직한 전제 조건으로 권했다. 보다 최근에 파울 퓌르브링어는 결혼 생활 속의 성적 위생에 관한 논문에서, 의사가 환자에게 부부관계의 기술에 대해 상세히 설명할 수 있어야 한다고 주장했다. 사랑의 기술이 특별히 처음 제기되었던 프랑스로 돌아가면, 쥘 기요가 사랑의 기술에 관한 중요한 사항들을 제시한 『실험적인 사랑의 지침서』(Bréviaire de l'Amour Expérimental)를 발표한 것은 1859년이었다. 이 책은 1931년에 『결혼한 연인들을 위한 의식(儀式)』(A Ritual for Married Lovers)이라는 제목으로 영어로 부분적으로 번역되었다.

이 지점에서 우리는 여성들의 성충동의 특징으로, 그리고 여성들 사이에 흔한 것으로 여겨지는 성적 냉담으로 돌아간다. 왜냐하면 사랑의 기술이 중요하게 여겨지게 되고 또 동물의 세계 전반에 걸쳐서 구애가 하나의 기술이라는 기본적인 사실이 확인된 것이 그런 특징들을 인식한 데서 비롯되었기 때문이다.

성 불감증이 가정의 불행을 낳는 것으로, 말하자면 아내에게 고통을 안기고, 남편에게 실망을 안기면서 남편이 다른 곳에서 더 좋은 관계를 추구하고 싶은 유혹에 시달리도록 만드는 것으로 인식되어 왔다. 그런 경우에 성적 결합에 대한 욕망에 결함이 있거나 결합에 따른 쾌감이 불완전하거나 아니면 두 가지가 다 있을 수 있으며, 어떤 경우든 사랑의 기술을 실천할 것을 요구한다.

생물학적인 섹스 행위에서 여자는 대체로 비교적 수동적인 역할을 맡으며, 문명화된 여성들의 경우에 이 상대적인 수동성이 자연뿐만 아니라 우리의 인습 때문에도 강화된다. 남자는 성적으로 적극적이고 여자는 성적으로 수동적이라는 원칙을 구체적인 증거를 바탕으로 분석할 필요가 있는 것은 사실이다. 이 원칙은 근본적이며, 자주 망각되고 있지만, 남자들과 여자들 사이의 심리적 차이의 깊은 토대를 이루고 있다.

더글러스 브라이언이 지적하듯이, 남자와 여자의 성적 긴장은 서로 반대이면서 보완적이기 때문에 남녀에 따라 다른 감정과 반응을 부르지 않을 수 없다. 흥분한 페니스는 추진성과 능동성, 정복 등의 충동을 낳고, 흥분한 여자의 음부는 수용성과 수동적인 종속 등의 충동을 낳는다. 말하자면, 여기서 우리는 "남성성"이라 부르는 것의 핵심과 "여성성"이라 부르는 것의 핵심을 보고 있다. 그러나 더글러스 브라이언이 또 지적하듯이, 이 단계에 닿기 전에, 그러니까 구애의 초기 단계에서는 역할이 어느 정도 거꾸로 된다. 남자는 어느 정도 복종적이어야 하고, 여자는 어느 정도 적극적이어야 하기 때문이다.

성적 센터들을 보면 여자들이 수적으로도 훨씬 더 많고 분산되어 있으며, 그래서 충동이 보다 쉽게 퍼지고 무의식적인 경로로도 충족된다. 그런데도 오랜 전통은 여자들에게 성충동을 혐오스럽고 죄스런 것으로 여기며 억누르라고 가르쳤다. 따라서 여자들에게서 남자들에 비해 성충동이 표면 아래로 숨는 경향을 보이고, 무의식적인 경로에서 배출구를 찾는다.

이것은 프로이트가 포착한 중요한 사실이다. 그러나 여자들의 성충동에 특별한 특징들이 나타남에도 불구하고, 꽤 자연스런 조건에서 살고 있는 여자들 사이에 성적 불감증이 많다고 의심할 근거는 전혀 없다. 문명 속에서 사는 가난한 사람들 사이에서도 불감증을 겪는 사람이 거의 없다. 이것은 성충동에 결함이 전혀 없다는 것을 암시한다. 그럼에도 이를 실제로 증명할 수 있는 길은 없다.

그러나 자연과 예술, 인습, 도덕, 종교 등의 복합적인 영향 아래에서 살고 있는 개화된 여자는 종종 늦은 나이에 성교에 부적절한 상태에서 남편을 만나는 경향이 있다. 이런 경우에 신랑이 기술이나 배려심이 부족하다면 성교는 신부에게 고통이나 혐오감을 안기거나 아니면 그녀를 무감각한 상태로 남겨둘 것이다.

이런 경우에 틀림없이 그 여자 본인에게 직접적 관심이 필요한 조건들이 다양하게 있을 수 있다. 자위행위와 동성애 행위가 자주 정상적인 성교를 어렵게 만든다. 성기가 비정상적인 상태에 있을 수도 있고, 그런 상태는 아마 방치되면서 더욱 악화되었을 것이다. 간혹 질 입구가 경련으로 막히는 현상이 있을 수도 있다. 그런 경우에는 산부인과 전문의의 도움이 필요하며, 전문의의 도움을 받으면 자연스런 성적 감정이 만족스러운 수준으로 빨리 발달하고 오르가슴이 일어날 수 있게 된다.

그러나 여자의 성적 무감각증을 치료하는 과제 중 중요한 몫은 언제나 남편에게 돌아가야 한다. 그러나 남편은 아내의 성적 무감각증을 치료할 준비가 결코 되어 있지 않다. 이 대목에서, 오노레 드 발자크(Honoré de Balzac)가 한 말, 즉 이 문제에서 남편이 가끔 바이올린을 든 오랑우탄처럼 행동한다는 말에 여전히 아주 많은 진리가 담겨 있다는 사실을 걱정하는 사람도 많다. 바이올린이 "무감각"하게 남아 있지만, 그것은 아마 바이올린의 잘못이 아닐 것이다.

그렇다고 남편이 의식적으로나 의도적으로 잔인하게 굴고 있다는 뜻은 결코 아니다. 분명히, 혼인상의 의무라는 측면에서 보면, 남편이 순전히 무지한 탓에 잔인하고 굴고 있을 수 있다. 그러나 섹스에 대한 무지가 상대방을 배려하고 싶은 진정한 욕망과 결합된 경우가 종종 있다. 정말로 슬픈 사실은 대부분의 경우를 보면 섹스에 소심한 남편이 단순히 덕이 있고 고상한 탓에 소심하다는 점이다. 그런 남편은 혼전에 순결한 삶을 살려고 노력했고, 여자들의 본성과 욕구에 대해 아무것도 배우지 않은 사람이다.

가장 행복한 결혼 생활, 즉 평생 동안 상대방에게 헌신하는 그런 결혼 생활이 가끔 상대방 외에는 아무도 모르는 그런 젊은 사람들에게 가능한 것은 사실이다. 그러나 이런 순수는 양날의 칼이며, 많은 경우에 그 칼이 엉뚱한 것을 자르게 된다. 그러면 자라면서 도덕 원칙을 지키며 살았던 남자는 바로 그런 사실 때문에 자신의 가정의 행복과 아내의 행복을 파괴했다는 것을 깨달을 것이다.

여기서, 혼전 경험이 매춘부에서 그치는 남자도 결코 앞에 예로 든 남자보다 준비가 더 잘 되어 있다고 말하지 못한다는 점을 덧붙여야 한다. 생각 없는 미숙함이나 자기 아내의 "순수함"에 대한 과도한 배려나 똑같이 불행한 것으로 드러날 것이다.

남편의 임무가 종종 어렵다는 점을 인정해야 한다. 문명 속에서 여자가 오랜 기간 동안 순결한 삶을 살다가 늦은 나이에 결혼 생활을 시작한다는 사실 때문에, 그 어려움은 더 커진다. 여자가 순결한 삶을 산 그 오랜 세월 동안에, 성적 에너지가 끊임없이 생겨났을 것이고, 그 에너지는 이런 경로 아니면 저런 경로로 해소되어야 한다. 그 여자는 버릇을 들이고 늘 하던 행위를 했다. 그녀의 신경계 전체가 그렇게 다듬어지며 굳어졌다.

섹스의 육체적인 측면에서도, 신체기관들은 자연스런 기능을 언제든지 실행할 준비가 절대로 되어 있지 않다. 늦은 초산(初産)의 어려움은 성교의 늦은 개시에 따른 어려움과 비슷하다. 청년기 초기가 성교에 부적절한 나이이고 그 시기의 성교는 일종의 위반이라고 짐작하는 것은 실수다. 반대로, 모든 증거는 젊은 소녀가 나이든 여자보다 성교를 개시하기에 더 적절하다는 점을 보여준다.

성교 개시를 늦추는 이유는 자연적인 사실들에 근거한 것이 아니라 문명화된 유럽의 전통에 근거를 두고 있다. 자연이 동물학적 진화 과정을 통해서 성숙의 지연을 목표로 잡고 있는 것은 꽤 사실이지만, 그 목적은 사춘기를 늦춤으로써 달성되고 있으며 인간의 경우엔 사춘기가 아주 늦다. 문명의 조건은 남녀 사이의 관계를 더 늦출 것을 요구하지만, 그렇게 하는 경우에 우리는 많은 어려움들을 자초하게 되고 그 어려움들은 기술을 통해서만 바로잡을 수 있게 된다.

따라서 우리가 여자의 성생활을 고려하지 않고 남자의 성생활을 규정하지 못하는 것은 틀림없는 사실이다. 그러나 만약 섹스의 측면에서 여자의 심리적 삶을 이해하기를 원한다면, 우리가 남자에게 관심을 쏟아야 하는 것은 더욱더 사실이다.

여자의 성생활은 주로 남자의 성생활에 좌우된다는 사실을 이해하는 것이 근본적인 이유는 여러 가지가 있다. 그 이유들에 대해선 이미 언급한 바가 있지만, 섹스의 심리학에서 사랑의 기술의 중요성을 고려할 때 그것들을 다시 떠올릴 필요가 있다.

가장 먼저, 이 문제에서 여자가 지배하고 남자는 단순히 그 여자의 손에 쥐어진 노리개에 불과하다는 주장이 무슨 진리처럼 강조되었지만, 그것은 근본적인 사실이 아니다. 최종적으로, 우리 인간을 포함한 동물의 세계 전반을 보면, 섹스에서 수컷이 보다 적극적인 행위자이고 암컷은 수동적인 행위자이다. 해부학적으로, 수컷은 주는 자이고 암컷은 받는 자이다. 심리학적 관계는 근본적으로 이 같은 사실을 반영하게 되어 있다.

둘째, 자연 속의 동물들의 관계와 별도로, 역사적으로 확인 가능한 과거 속의 우리 인간의 전통은 성적 관계에서 남자의 지배를 바탕으로 하고 있으며, 성생활에서 여자에게 속하는 중요한 부분은 아이를 갖는 역할이다. 여자가 맡는 에로틱한 역할은 다소 옳지 않은 곁가지 행동으로 여겨졌다. 우리의 사회적 규칙들은 이 같은 남성 지배와 널리 받아들여진 다음과 같은 전제 위에서 성장하고 확립되었다. 결혼은 곧 남편의 합법적인 주권과 아내의 합법적인 무책임성이 결합하는 것이며, 결혼 밖에서 매춘이 인정된다는 것이었다. 이 매춘의 목적은 여자의 욕구가 아닌 남자의 욕구만을 충족시키기 위한 것이다.

우리는 이 모든 문제들에서 사회적 의견과 법이 똑같이 변하고 있다는 사실을 알고 있지만, 고대의 제도들과 그런 제도들에 뿌리를 박고 있는 감정과 의견은 오직 느리게만 변할 수 있을 뿐이며, 과도기에도 사람들은 여전히 과거의 영향을 깊이 받는다.

앞에서 고려한 것들로부터 비롯되는, 또 하나의 중요한 고려사항이 있다. 여자의 심리적인 영역과 더 밀접한 관계가 있는 사항이다. 바로 얌전함이다. 하등 동물들과 다소 공유하는 자연스런 얌전함과 사회적 유행을 따르면서 쉽게 변화하는 인위적 얌전함으로 나뉘는데, 얌전함은 특별히 더 여성적인 특징이다.

여기서 얌전함이 여성적이라는 점을 보여주거나 그것을 뒷받침하는 증거에 대해 논하려는 것이 아니다. 대개 얌전함이 여성과 관계있다는 점에 대해선 의문의 여지가 없다. 또 얌전함은 여자가 일반적으로 성행위에서 하는 보다 수동적인 역할과 밀접히 연결되어 있으며, 유럽의 사회적 전통에 의해 강화되고 있다. (그러나 "나체주의"라 불리는 것을 실천하기 위해 조직된 모임들의 숫자가 증가하고 있다는 사실은 얌전함도 아주 쉽게 변화할 수 있다는 사실을 확인할 수 있다. 나체주의를 추구하는 사람들은 몸에 실오라기 하나 걸치지 않은 상태에서 당혹감을 전혀 느끼지 않으면서 서로 사교적으로 만날 수 있으니 말이다.)

유럽의 전통에 일어나고 있는 변화들은 아직 섹스 분야에서는 뚜렷한 효과를 낳지 못했다. 그 변화들은 정말로 여자들이 의식에 드러나는 요소들과 잠재적 요소들 사이에서 부조화를 겪도록 만들었다. 여자는 자신이 잠재적으로 무엇을 느끼고 욕망하는지를 자유롭게 알지만, 아직 그런 감정과 욕망을 자유롭게 공개하지 못한다. 그 결과, 오늘날 엄청나게 많은 수의 여자들이 자신이 원하는 것이 무엇인지 정확히 알고 있으면서도, 그것을 명쾌하게 밝혔다가는 그 고민을 들어줘야 할 바로 그 남자로부터 반감은 아니라도 오해를 살 수 있다고 생각하면서 문제를 선뜻 해결하지 못하게 되었다. 여기서 우리는 다시 문제를 해결하기 위해 남자들에게로 돌아가게 된다.

이런 것들을 고려하는 것만으로도, 여자들의 성적 영역에는 서로 다르면서 가끔 충돌을 빚는 이상(理想)이 2개 있다는 것이 확인된다. 한 가지 이상은 유럽 문명에서 아주 오래되었다. 이 이상에 따르면, 모성이 여자들의 성생활의 핵심적인 사실이다. 이것은 누구도 반박하지 못하는 사실이다. 이 같은 사실만 벗어나면 성적 영역은 주로 남자의 관심사로 여겨졌다. 여자는 모성과 별로 상관없는 성충동을 전혀 갖고 있지 않기 때문에 본래 한 명의 남편을 두는 반면에, 남자는 가정과 아이에게 얽매이지 않고 정신적 변형의 폭이 아주 넓기 때문에 태생적으로 여러 명의 아내를 두게 되어 있는 것으로 여겨졌다. 따라서 여자들에게 성적인 문제는 단순하고 명백하지만, 남자들에게 성적인 문제는 아주 복잡하다는 인식이 팽배했다.

그것은 실제 사실들과 맞아떨어지는지 여부와 상관없이 고대 그리스 로마 시대부터 거의 우리 시대까지 내려오면서 자연스럽고 건전한 것으로 여겨져 온 이론이다. 100년 전쯤에 영국 외과 의사 윌리엄 액턴(William Acton)은 거의 19세기 말까지 성 문제에 관한 교과서로 여겨진 책을 썼는데, 거기서 그는 여자들이 성적 감정을 느낀다고 말하는 것은 "비열한 비방"이라고 주장했다. 거의 같은 시기에 의학 분야에서 권위를 인정받던 또 다른 서적을 보면, 오직 "음탕한 여자들"만이 남편의 품 안에서 쾌감의 육체적 신호를 보일 뿐이라는 내용이 나온다. 그런데 이런 터무니없는 진술들이 일반적으로 받아들여졌다.

오늘날 다른 이상(理想)이 하나 생겨나는 것이 보인다. 이 이상은 남자와 여자를 동일한 차원에 놓으려는 우리의 경향과 일치할 뿐만 아니라 자연적인 사실들과도 더 일치하는 모습을 보인다. 여기서 고려되고 있는 영역 밖에서도, 우리는 예전에 받아들였던 남녀 구분선을 뚜렷이 그리지 않는다. 우리는 정말로 근본적이고, 수적으로 무한히 많은 차이들을 인정하지만, 그것들은 미세한 다름일 뿐이다.

그 차이들은 두 가지 다른 종류의 인간 본성을 말하지 않는다. 그 차이들은 똑같이 다양한 경향들을 가진 똑같은 인간 본성을 나타내고 있다. 이 경향들이 남자의 경우에 어느 한 쪽 방향으로 변화를 꾀하도록 이끌고 여자의 경우에 다른 쪽 방향으로 변화를 더 자주 꾀하도록 이끌지만, 인간 본성은 여전히 기본적으로 똑같은 공통적인 특징들을 간직하고 있다.

우리는 끝없이 되풀이되는 옛 격언, 즉 남자는 아내를 여럿 두려 하고 여자는 남자를 하나 두려 한다는 격언을 이미 접했으며, 이 격언이 진리와 얼마나 거리가 멀고 또 얼마나 거짓된 것인지를 보았다. 근본적인 사실, 그러니까 성행위가 남자보다 여자에게 더 무거운 결과를 안겨준다는 사실이 짝을 구하는 일에 있어서 여자가 남자보다 본능적으로 더 신중하고 더 조심스럽게 접근하도록 만들 뿐이다.

이 차이는 언제나 두드러졌다. 그럼에도 모성의 문제에 무관심한 여자들이 꽤 있다. 그런 여자들은 평균적인 남자만큼 쉽게 성관계를 맺는다. 한편, 여자들은 대체로 다양성에 남자들 못지않게 민감하며, 동시에 두 명의 남자를 남자들보다 더 잘 사랑하지는 못해도 똑같이 사랑할 줄 안다. 이 영역에서도 다른 영역에서와 마찬가지로 "남자"와 "여자"를 서로 반대되는 존재로 부각시키는 관습은 아직 사라지지 않았지만 진지한 고려를 버텨내지는 못할 것이다.

여자들도 자신의 남자 형제들과 마찬가지로 아버지를 두었으며, 남자의 본성과 여자의 본성 사이에 사소한 차이가 수없이 많다 하더라도, 여자들도 근본적인 인간의 본성을 똑같이 물려받았다. 우리가 확인하고 있듯이, 남자의 본성과 여자의 본성 사이의 인위적인 대립이 생겨나게 된 것은 주로 문화의 두 가지 단계에 속하는 두 개의 다른 이상(理想)들이 존재하기 때문이다. 오늘날 전환기에 우리가 목격하고 있는 것은 이 이상들의 충돌이다.

정상적인 여자들이든 또는 특별한 집단에 속하는 여자들이든, 여자들의 성적 상황을 대규모로 통계학적으로 정밀하게 연구한 보고서들을 모두 소중하게 여겨야 하는 이유가 바로 거기에 있다. 단순히 생생하게 사실적으로만 쓴 일반적인 진술들, 그리고 정신분석가들과 다른 전문가들의 독단적인 일반화는 그것을 제시하는 남자나 여자의 제한적인 경험과 편견에 물들게 마련이다. 따라서 그런 진술이나 일반화는 더 이상 관심을 끌지 못하며, 다행하게도 더 이상 필요하지도 않다.

지금 정확한 자료들이 축적되고 있다. 정확한 자료를 접할 수 있게 된 것도 정말로 오늘날의 일이며, 우리가 캐서린 데이비스, R. L. 디킨슨, G. V. 해밀턴 같은 유능한 인물들이 제시하는 객관적인 조사 보고서를 갖게 된 것도 오늘날의 일이다.

겉으로 드러나는 여성들의 수동성은 근본적으로 감정들의 정신적 차이나 욕구들의 육체적 차이를 의미하는가? 해밀턴과 데이비스, 디킨슨 등이 이 문제를 철저히 파고들었는데, 그것을 시험하는 편리한 한 측정이 성충동의 자기 성애적 표현이 어느 정도 이뤄지고 있는지를 확인하는 것이다. 자기 성애적인 행위가 남녀 어느 쪽에나 일어날 때, 우리는 그 충동이 절대로 저항 불가능한 것이었다고는 믿지 않아도 적극적인 성적 욕망이 존재한다는 점을 인정할 수 있다.

앞에 열거한 전문가들은, 충분히 예상할 수 있는 대로, 서로 다른 수치를 제시하고 있다. 여기서 그 전문가들이 연구 대상으로 삼은 사람들이 질문에 대답할 의무를 반드시 지지 않았으며 가끔 대답하지 않고 넘어가는 쪽을 택했다는 사실을 기억해야 한다. 아마 여자들 중에서 그렇게 한 사람이 특별히 더 많았을 것으로 짐작된다. 그러므로 3장에서 이미 지적한 바와 같이 그들이 적극적인 자기 성애를 얼마나 자주 인정했는지를 발견하는 것이 중요하다.

일례로, 디킨슨은 모든 계층에 속하는 평균적인 여자들 중 70%가 충분히 강한 성충동을 경험한다는 사실을 발견했다. 캐서린 데이비스는 대학교를 졸업한 기혼녀 1,000명을 대상으로 실시한 연구에서 그 질문에 대답한 여자들 중에서 65%가 자위행위를 했고, 그들 중 반 정도가 여전히 자위행위를 하고 있다는 것을 발견했다. 또 자기 성애적인 행위를 여전히 하고 있는 여자들 중에서 전반적인 건강이 "탁월하거나 좋은" 사람들의 비중이 자위행위를 전혀 하지 않았거나 포기한 사람들에 비해 높은 것으로 드러났다. 이는 활기찬 성충동이 곧 활기찬 건강의 결과이기 때문이다.

해밀턴은 사회적 지위와 능력이 평균 이상인 기혼자들을 다루면서 여자들 중 26%만이 자위행위를 한 번도 하지 않았다고 대답한다는 사실을 발견했다. 그는 또 여자들의 경우에 어린 시절이 한참 지난 뒤에 남자들보다 꽤 늦게 자위행위를 시작하는 경향이 있다는 것을 관찰했다. 25세 이후에 자위행위를 시작한 남자들은 전체의 1%에 불과한 반면에 여자들은 6%나 되었던 것이다.

재미있는 다양한 내용들이 분명하게 드러났다. 대체로 자위행위는 배워서 하는 것이 아니었다. 남녀 모두 아주 큰 비중이 자위행위를 본인이 직접 발견했다고 대답했다. 남자들의 17%와 여자들의 42%가 결혼한 이후로 자위행위를 하지 않았다고 말한 반면에, 결혼한 후에도 "자주"했다고 말한 여자들의 숫자는 남자들의 수만큼 되고 결혼 후에 자위행위를 시작했다고 답한 여자들의 거의 반을 포함하고 있으며, 자위행위를 드물게 하는 예가 남자들에게 훨씬 더 많다는 사실은 의미심장하다. 그것은 결혼한 남자들의 경우에 자위행위가 주로 집을 떠나 있거나 다른 외적인 원인 때문에 일어나는 반면에 결혼한 여자들의 경우에 자위행위는 부부관계의 불만을 표현하고 있을 수 있다는 점을 암시하는 것 같다. 자위행위가 육체적으로나 정신적으로 해롭다고 생각하는 비율도 여자보다 남자가 월등히 더 높았다는 점도 주목할 만하다.

세 연구자들 중에서 남편과 아내가 경험하는 부부관계의 상대적 만족도라는 문제에 직접적으로 접근할 수 있었던 사람은 해밀턴뿐이었다. 이유는 그가 대상으로 택한 남편과 아내들이 수적으로도 서로 비슷했고 또 똑같은 방법으로 조사되었기 때문이다. 그는 부부생활의 만족도를 14등급으로 나눴다. 만족도를 표로 나타내자, 남편들의 51%가 7번째로 높은 등급 이상의 만족도를 보였지만, 그 정도의 만족도를 보인 아내들은 45%에 지나지 않았다. 하나의 집단으로 보면, 여자들은 부부관계에서 남자들보다 더 심하게 실망하고 있었다.

캐서린 데이비스도 남녀 비교를 간접적으로 했지만 이와 똑같은 결론을 확인했다. 나의 관찰도 비록 덜 정확하긴 하지만 영국인의 부부관계와 미국인의 부부관계를 대상으로 할 때 앞에 제시된 결과들과 일치한다.

여자만의 특별한 성적 심리 같은 것은 절대로 존재하지 않는다는 것이 갈수록 분명해지고 있다. 여자들만의 성적 심리가 있다는 인식은 금욕주의자와 수도승들에 의해서 비롯되었으며, 그 인식이 나쁜 평판을 얻으며 허물어지기까지 꽤 오랜 세월이 걸렸다.

남자의 성적 심리와 여자의 성적 심리 사이엔 다른 점들이 있으며 그런 차이는 언제나 있어야 한다. 남자들과 여자들이 육체적으로 같지 않은 이상, 남자들과 여자들은 정신적으로도 같을 수 없다. 그러나 심리학적 측면에서 보면 이 차이는 본질적이지 않다. 기본적으로 남자들과 여자들은 똑같은 성적 구성 요소로 이뤄져 있으며, 그런 믿음이 여자에게 "경멸적"이라는 옛날의 인식은 단순히 허튼소리에 지나지 않는다는 것을 우리는 지금 확인하고 있다.

우리는 또 틀림없이 과거의 전통적인 무지와 편견의 결과로 여자들이 성적 상황으로 인해 남자들보다 고통을 더 많이 겪는 경향이 있다는 것을 알고 있다. 언제나 아내 쪽의 만족도가 떨어지는 것으로 나타나는, 부부관계에 대한 만족 또는 불만족에 관한 일반적인 표현과 별도로, 옛날에 부부관계는 남자들이 여자들을 위해서 관대하게 고안한 제도라는 말이 돌았음에도 불구하고, 산부인과의 정확한 증거는 여자들이 성적 성황에서 더 힘들어한다는 점을 보여주고 있다.

일례로, 디킨슨은 1천명의 환자들 중에서 성교 통증 환자, 말하자면 육체적 성관계에서 고통과 불편을 다소 호소하는 환자 175명과 성관계에서 어느 정도의 불감증 또는 성적 냉담을 경험한 환자 120명을 기록하고 있다. 후자의 경우는 실제로 성관계를 할 경우에 성교 통증을 느끼게 된다. 남편들에게는 이 두 가지 조건이 실질적으로 거의 존재하지 않았으며, 따라서 여기서도 우리는 여성들이 겪는 중대한 불이익을 다시 목격하고 있다.

여자들의 겪는 이 불이익은 일들의 본질에 어느 정도 원인이 있으며, 우리가 통제할 수 있는 상황에 어느 정도 원인이 있는가? 거기엔 두 가지 요소가 다 걸려 있다. 바꿔 말하면, 정상적인 조건에서 성적 관계에 생리적으로나 심리적으로 적응하는 것이 남자들보다 여자들에게 더 어렵다는 뜻이다. 그것은 자연적인 불이익이지만, 자연스럽게 극복될 수 있는 불이익이기도 하다.

우리 앞에 놓인 문제는 부분적으로 자연스런 이 불이익이 우리가 아는 한 과거보다 지금 더 심각하게 느껴지고 있다는 사실과 관계있다. 데이비스 박사의 연구 대상 중 한 사람은 자신의 고통스런 경험을 되돌아보면서 "남편들에게 더 많은 것을 가르치지 않는 이유가 뭐죠?"라고 물었다. 그리고 이 고통스런 경험이 어떤 것인지를 우리는 기혼 여자들이 부부관계에 대한 첫 반응을 묻는 질문에 제시한 대답의 성격을 근거로 추론해볼 수 있다. 그 반응은 "즐거웠다" "놀라웠다" "당혹스러웠다" "실망했다" "놀랐다" "화가 났다" "체념했다" "충격이었다" "어리벙벙했다" 등이었다. 반면에 173명은 단순히 "그것을 사실의 문제로 받아들였다". 당연히 그런 대답들은 결혼 생활이 무엇을 의미하는지에 대해 아무것도 모른 채 결혼을 한 여자들에게서 특히 더 많이 나왔으며, 우리는 끝부분에서 우리가 출발했던 그 지점으로 다시 돌아가고 있다.

예전에는 어쨌든 표면적으로 일종의 성적 적응 같은 것이 있었다. 왜냐하면 여자들이 가까운 친척들로부터 결혼하면 실제로 발견하게 될 것들을 예상하도록 사전에 훈련을 받았기 때문이다. 보다 최근에는 여자들은 결혼하면서 발견하지 않을 것들을 기대하도록 훈련을 받는다. 바꿔 말하면, 여성의 지위는 물론이고 여성들의 활동이 이뤄지고 있는 모든 분야에서 혁명이 조용히 진행되고 있다는 뜻이다.

이 혁명은 성충동을 직접적으로 건드리지는 않지만 사방에서 성충동에 뜻하지 않은 영향을 끼치고 있다. 반면에 남자들의 지위와 활동에는 그에 상응하는 혁명이 전혀 일어나지 않았으며, 따라서 남자들이 성적으로 제대로 적응하지 못하는 것은 불가피한 결과이다. 혁명의 효과가 여성들에게 나타나지 않기를 기대하는 것은 불가능하기 때문에, 현재의 성적인 상황은 주로 남자들이 해결해야 하는 문제이다. 새로운 아내를 맞이하기 위해선 새로운 남편이 필요한 것이다.

내가 종종 강조한 바와 같이, 모든 삶은 기술이다. 이 진술은 기술과, 기술과 꽤 다른 문제인 미학적 감수성을 혼동하는 사람들에 의해 부정되어 왔다. 만들고 행하는 행위는 모두 기술의 성격을 지니고 있으며, 이 기술은 인간의 활동에만 국한되지 않으며 심지어 모든 자연에도 무의식적으로 적용되고 있다고 할 수 있다.

정말로, 삶은 기술이라는 말은 너무나 자명한 말이 되어야 하며,

그 말을 받아들인다고 공언하는 사람들까지 종종 그 말을 무심하게 무시하지 않는다면, 그 말은 자명한 이치가 될 것이다. 실은, 사람들은 삶이 기술이라고 말하면 삶은 대개 나쁜 기술이라고 말하고 싶은 유혹을 느낀다.

삶의 영역 중에서 삶은 나쁜 기술이라는 진술을 뒷받침할 만한 곳으로 사랑의 영역보다 더 적절해 보이는 것도 없을 것 같다. 자연 속에서 기술의 충동을 더 강하게 드러내는 것은 암컷이 아니라 수컷이라는 말이 종종 들린다. 다양한 동물 집단들 사이에서 이런 현상이 나타난다는 데엔 의문의 여지가 전혀 없지만(새들에 대해 생각해 보기만 하면 된다), 해밀턴과 데이비스와 디킨슨의 책들에 기록된 결과들을 근거로 사랑의 영역에서 현대인과 관련해서 그런 일반화에 도달하는 것은 거의 불가능하다. 정말 불행한 일이 아닐 수 없다. 왜냐하면 사랑은, 성적 관계의 정신적 측면으로 고려되는 경우에, 삶 그 자체이고 삶의 유지에 반드시 필요한 몸짓이기 때문이다.

오늘날 우리는 사랑의 기술을 낳았던 모든 명분들, 말하자면 종교적, 도덕적, 정신적, 미적 명분들이 비난과 무시, 경멸 속으로 추락하는 것을 냉철하게 지켜보고 있다. 그 결과, 이 모든 명분들이 너무나 얕은 토대 위에서 작동하고 있었다는 사실이 확인되고 있다. 그 같은 통찰은 우리의 기술을 향상시키는 데 필요한 하나의 조건이다. 우리는 그런 통찰이 비록 정확한 지식과 언제나 일치하지는 않아도 이미 영향력을 행사하고 있다는 사실을 알고 있다.

정말로, 일부 사람들은 성적 행위를 단순히 일상 속에서 규칙적으로 일어나는 행위로 치부함으로써 거기에 연루된 문제들을 제거하려고 노력했다. 성행위를 먹는 행위나 마시는 행위에 따르는 생각보다 절대로 더 깊은 생각을 수반하지 않는 그런 행위로, 혹은 춤이나 테니스 같은 단순한 오락거리로 끌어내린 것이다.

그러나 삶과 사랑에 나타나는 현대적 유행을 예리하게 해석하고 비판하는 인물인 올더스 헉슬리(Aldous Huxley)는 로버트 번스(Robert Burns)를 따르면서 이렇게 말했다. "열정이 깃들지 않은 냉담한 몰입보다 더 무서운 것은 없다. 그리고 사랑은 가벼워질 때 틀림없이 열정이 사라지고 차가워진다." 게다가, 우리가 이런 식으로 사랑을 아래로 끌어내리는 방법으로는 남녀들이 성적 본능에 제대로 적응하는 문제를 절대로 해결하지 못한다는 점이 강조되어야 한다.

지금 막 흘러가고 있는 시대에, 그러니까 감정과 낭만을 품든 그런 것들을 품지 않든 상관없이 성적 행위를 하나의 의무로 보았던 시대에 우리는 자연과 멀리 떨어져 있었다. 그러나 사랑을 하나의 일상이나 오락거리로 여긴다면, 우리는 마찬가지로 자연으로부터 멀리 벗어나 있다. 문명인만 아니라, 포유류를 넘어서는 자연의 생리학적 사실들 속에서도, 우리는 정상적으로 저항을 불러일으키는 어떤 행위에, 완전히 만족할 만한 성취를 위해서는 열정과 기술을 똑같이 요구하는 그런 행위에 관심을 두고 있다. 만약에 그런 근본적인 사실을 무시하려 든다면, 우리가 이런 식으로나 저런 식으로 고통을 겪는 것은 불가피하다.

따라서 우리는 사랑의 기술이 지닌 치료적 중요성을 강조한다.

옛날에는 이런 식의 강조가 불가능했을 뿐만 아니라 그런 아이디어 자체가 이해를 얻지 못했을 것이다. 이 맥락에서, 사랑의 기술은 무시당하거나 부정당할 수 있었다. 부분적인 이유는 아내의 성적 욕구가 절대로 고려되지 않았기 때문이며, 또 다른 부분적인 이유는 남편의 성적 욕구가 혼외 관계에서 은밀히 충족될 수 있는 것으로 일반적으로 받아들여졌기 때문이다.

그러나 이 두 가지 측면에서 지금 우리의 태도가 변하고 있다. 우리는 여자들에게도 남자들과 똑같은 성적 특권을 부여하고, 또 현재의 제도와 달리 명목적이지 않고 진정한 일부일처제를 추구하는 경향을 보이고 있다. 따라서 오늘날 사랑의 기술을 개발하는 일은 일부일처제의 강화와 불가피하게 연결되지 않을 수 없게 되었다. 이유는 일부일처제가 지켜지지 않는 상태에서는 만족스런 결혼 생활의 실현이 거의 불가능하고, 일부일처제가 지켜진다 하더라도 결혼 생활은 여전히 많은 어려움을 안고 있는 것으로 드러날 것이기 때문이다.

아주 섬세하고 미묘하게 표현되는 경우에, 사랑의 기술은 어느 남자 또는 여자의 가장 내밀한 인격의 산물이다. 그러나 저급하게 표현되는 경우에, 사랑의 기술은 성적 위생을 확장하는 데 그치고 의사의 영역에 속하게 되며, 의사는 결혼 생활에서 일어날 수 있는 다양한 어려운 상황에 대한 조언을 해 달라는 부탁을 받게 된다.

성적 위생에 대한 우리의 옹호가 너무나 자주 이 문제를 무시하고 있지만, 그 같은 태도는 계속 유지될 수 없으며 정말로 빠른 속도로 붕괴되고 있다. 성적 구애와 성교에 관한 지식은 저절로 알게 된다는 식으로 단언하는 것은 더 이상 불가능하다. 제임스 패짓이 여러 해 전에 강조했듯이, 문명 속에서 그런 지식은 가르쳐져야 하는 것이 확실하다.

이 말은 개화되지 않은 민족들 사이에서도 어느 정도 진실이라는 점을 덧붙여야 한다. 이런 문제들을 가르치는 것이 다양한 민족들 사이에 행해지는 진지한 통과의례의 중요한 부분을 이루고 있으니 말이다. 게다가, 자연적인 조건에서 살고 있는 사람들이 종종 성교를 준비하는 단계에 많은 주의를 기울이고 성교 방법도 꽤 다양하다는 점이 충분히 알려져 있지 않다.

이 두 가지가 아주 중요하다. 팽창을 확보하기 위해서는 육체적인 측면에서 성교가 이뤄지기 전에 긴 시간의 예비적인 구애 행위가 필요하다. 그런 준비 행위는 정신적인 측면에서도 필요하다. 왜냐하면 그 과정 없이는 부부관계의 핵심인 사랑의 이상적인 요소가 제대로 발달할 수 없기 때문이다.

다수의 성교 방법은 사악한 "성도착"과 거리가 멀며 정상적인 인간적 변형의 범위 안에 든다는 점을 인정하는 것도 필요하다. 왜냐하면 이 방법이 성적 만족을 얻는 데 부적절할 때 다른 방법이 성공적인 결과를 거둘 수 있는 것으로 드러날 수 있기 때문이다. 성교를 여자가 유쾌하거나 참을 만한 것으로 바꿔놓을 조건과 방법을 발견하기까지 간혹 몇 년의 시간이 필요하다. 성교의 예비적인 구애 행위와 가장 적절한 성교 방법에 주의를 적절히 쏟는다면, 여성들에게서 발견되는 성적 불감증의 대부분이 치료될 것이다.

이제야 우리가 배우기 시작하고 있는 이런 것들을 현명한 의사라면 절대로 무시하지 못한다. 여자의 성적 만족은 수정(受精)의 한 부분이기도 하다. 이유는 수정에서 여자가 하는 몫이 순수하게 수동적이지만은 않기 때문이다. 한 세대 앞의 저명한 산부인과 의사인 매튜스 던컨(Matthews Duncan)은 수정을 확실히 보장하기 위해서는 여자가 성적 쾌감을 느낄 필요가 있다는 점을 강조했다. 에노흐 키쉬(Enoch Kisch)를 비롯한 훗날의 전문가들도 이 원칙을 확인했다.

여자 쪽의 쾌감 없이도 임신되었을 아이들의 숫자가 엄청나다는 점을 고려한다면, 이 원칙은 근본적일 수 없다. 그러나 키쉬는 성교 불쾌증(성교에서 만족을 얻지 못하는 상태를 일컫는 뜻으로 쓰고 있다)이 불임과 깊은 관계가 있다는 사실을 발견했다. 그는 불임 환자의 38%에서 성교 불쾌증을 확인했다.

여기서 자주 언급되고 있는 기본적인 사실은 구애가 성교 행위마다 자연스럽고 근본적인 준비라는 점이다. 성교에서 주도권을 쥐는 것은 대체로 남자다. 남자가 성교를 할 때가 되었다고 짐작하면서(그는 여자가 그에게 이런 사실을 말해 줄 것이라고는 기대하지 않는다) 능동적인 역할을 맡고 나서는 것이다. 그럼에도 그의 파트너가 능동적인 역할을 맡고 나서도 비정상적일 것이 하나도 없으며, 여자가 단순히 수동적으로만 나올 때 사랑의 기술은 거의 실행하지 못한다. 순수하게 육체적인 면을 본다면, 성교가 유쾌하거나 편해질 수 있는 것은 구애의 전희를 통해서 여자의 생식기 부위가 쾌감에 의해 분비된 샘의 분비물로 흥건히 적셔질 때까지 불가능하다. 그래서 자연적인 윤활제를 대신해서 필요하지도 않은 인공적인 대체물이 권해지고 있다.

이 모든 것은 문명 속에서는 종종 무시되고 있음에도 덜 "발달한" 단계에 사는 사람들 사이에선 잘 이해되고 있다. 일례로 뉴기니의 멜라네시아인들 사이에선 (토템과 혈연에 관한 원칙이 지켜지는 한) 파트너를 선택하는 자유의 폭이 상당히 넓으며, 몇 개월 친밀하게 지내보기 전에는 결혼 문제가 전혀 제기되지 않는다. 일부 지역에서는 소년이 소녀를 꼭 끌어안고 소녀의 상체만 애무하면서 하룻밤을 보내는 관습이 존재한다. 성관계는 거의 일어나지 않으며, 만약 성관계가 있었다면 대체로 결혼이 따른다. 어쨌든 그런 제도에도 사랑의 기술의 기초적인 원칙들이 포함되어 있다.

성교 전에 일어나는 예비적인 구애의 과정에서, 클리토리스에 접촉과 압박 또는 마찰을 다소 가하는 것이 자연스럽고 바람직하다. 클리토리스가 처음부터 여자들의 성적 감각의 중요한 초점이기 때문이다. 정신분석가들은 가끔 이 말은 어릴 때에만 해당된다고, 또 청년기로 접어들면 성적 감각이 반드시 그렇게 되는 것은 아니지만 보통 클리토리스에서 질로 옮겨간다고 말한다. 공부하는 과정에 고안된 것으로 보이는 이런 인식의 기원을 설명하기는 어려우며, 그런 인식은 여자들에 대한 실제적 지식이 조금만 있어도 금방 무너져 버린다.

클리토리스는 성적 감각의 정상적인 초점이며, 유일한 초점은 아니라도 중요한 초점으로 계속 남는 경향을 보인다. 어른이 되어 성교를 시작하면서 질도 쾌감의 초점이 되는 것은 자연스런 현상이지만, 쾌감의 초점이 "이동한다"는 식으로 말하는 것은 정확하지 않다. 디킨슨 같은 믿을 만한 산부인과 의사가 진정으로 언급하듯이, "많은 수의 여자들은 클리토리스 부위의 압박만으로도 오르가슴을 느끼며, 이것은 지극히 정상이다".

성교의 체위에 대해 말하자면, 적절하고 정상적인 체위는 하나뿐이라는 말이 간혹 들린다. 여자 파트너가 위를 보며 누운 자세 말이다. 그 외의 다른 자세는 "사악하지는" 않아도 부자연스럽다는 것이다. 그런 인식은 잘못이다. 인간 역사의 어떤 한 단계에나 특별한 한 민족에게 가장 널리 받아들여졌던 관습이 다른 시대나 다른 민족에게도 규칙으로 여겨질 수는 없다.

지금까지 내려오는 성교 관련 그림 중에서 가장 오래된 것은 프랑스 도르도뉴에서 발견된 솔뤼트르 구석기 시대의 그림인데, 거길 보면 남자가 누운 자세를 취하고 있고 여자는 쪼그려 앉은 자세를 취하고 있다. 지금도 성교 자세는 민족에 따라 다양하며, 많은 사람들은 다양한 자세를 인정하고 있다.

발 데 벨데는 유럽의 남편들에 대해, 잠자리가 단조롭다고 불평하면서도 정상적인 범위 안에서 여러 가지 변형을 시도하면 단조로움에서 벗어날 수 있다는 사실을 좀처럼 깨닫지 못한다는 식으로 언급하고 있다. 유럽의 남편들은 설령 그런 가능성을 깨닫는다 하더라도 그 같은 짓을 "방탕한" 것으로 여겨 종종 화를 내면서 무시해 버릴 것이다.

정말이지, 이 문제에 대해선 더 이야기해야 한다. 많은 예들을 보면 단순히 기분 좋은 변형을 선택하는 문제이지만, 그보다 더 긴급한 예들도 있다. 일부 여자들에게 어렵고 견딜 수 없는 자세가 있을 수 있다. 그것이 가끔은 가장 흔하게 채택되는 자세일 수도 있다. 한편, 다른 자세, 아마 더 기이한 자세가 쉽고 즐거운 것으로 확인될 수도 있다.

성관계를 여전히 육체적인 면에서 최대한 넓게 받아들일 때, 쌍방에 똑같이 만족과 안도감을 주는 것들은 모두 좋고 옳다는 것을, 쌍방에 전혀 아무런 해를 입히지 않는 한 그런 것들은 정상적인 의미에서도 모두 좋고 옳다는 것을 기억하는 것이 중요하다. 펠라티오와 쿤닐링구스(이런 것에 대해 전혀 들은 바가 없는 남자들과 여자들이 저절로 이런 행위를 하게 되는 경우가 많다)는 아마 이런 접촉들 중에서 가장 흔할 것이다.

신경이 예민하거나 세심한 사람들이 성적 만족을 얻는 이런저런 이상한 방법이 잘못되거나 해로운지를 묻는 예가 아주 흔하다. 그런 방법이 "악취미"처럼 보이는 탓에 여자들에게 충격을 안기는 경우가 종종 있다. 아주 널리 인정받고 있는 성교 방법조차도 "미적"이라고 묘사될 수 없다는 점이 망각되고 있는 것 같다. 더없이 내밀한 사랑의 신비들을 논하는 자리에선 과학이나 미학의 냉정하고 추상적인 관점은 특별히 인간적인 감정을 바탕으로 다듬어지지 않은 이상 적절하지 않다는 것을 우리는 이해하지 못하고 있다. 이 문제에서 엄격히 형식을 따지는 사람은 선의를 품고 있을지라도 무식한 사람인데, 그런 사람에게 셰익스피어의 현명한 말을 상기시키고 싶다. "당신이 어떤 사람을 사랑하게 되면 그 사람을 더 잘 알게 되고, 당신이 어떤 사람을 잘 알게 되면 그 사람을 더 많이 사랑하게 된다."

해밀턴이 조사한 기혼 여자 100명 중에서, 아마 이 여자들은 사회적 지위도 괜찮고 정상적이고 건강한 사람들로 짐작되는데, 그는 13명이 펠라티오와 쿤닐링구스, 또는 둘 다를 경험했지만 부작용은 전혀 없었다는 사실을 확인했다. 해밀턴은 "심리학적으로 터부시되는 전희는 절대로 없다."고 합리적으로 결론을 내리면서 몇 가지 조건을 제시한다. 그 중에서 가장 중요한 것은 육체적인 구조에 부상이 전혀 없어야 하고 심각한 죄의식 같은 것이 전혀 없어야 한다는 것이다.

그것이 중요하다. 다른 곳에서, 해밀턴은 순진한 사람들이 그런 "성도착"이 많은 사람들에게 아주 무섭고 혐오스럽게 느껴진다는 사실조차 모른 채 그런 행위를 하고 있다는 사실을 확인할 수 있었다고 말했다. 그러면서 그는 이렇게 덧붙였다. "그런 사람이 갑자기 자신이 도착적이고 혐오스런 행위를 하고 있다는 믿음을 갖게 될 때 충격을 받으면서 심각한 편집증 증상을 보일 수 있다." 이 문제와 관련해 보다 분별 있는 인식이 널리 퍼지는 것이 아주 중요하다는 점을 이보다 더 잘 보여주는 것은 없다.

경험 많은 산부인과 의사인 디킨슨이 선언하는 바와 같이, 여자는 "열정에 휩쓸리는 상황에서 정신적 사랑의 높은 이상에 어긋나는 것은 있을 수 없다는 것을, 남편과 아내 사이에는 상호 친밀을 높이는 모든 행동은 옳다는 것을" 확신할 수 있어야 한다.

간단한 소개 매뉴얼에서 사랑의 기술을 디테일하게 고려할 수 없다. 그러나 사랑의 기술은 사랑의 육체적인 측면에만 국한되지 않는다는 점을 말하는 것이 유익할 수 있다. 육체적 사랑과 직접적으로 걸려 있지 않거나, 육체적 사랑이 뒤로 밀려났거나, 육체적 관계가 전혀 일어나지 않을 때조차도, 거기엔 기술이, 어려운 기술이 있다. 개인의 자유를 인정하고, 이상(理想)들의 근본적인 통합이 이뤄질 때조차도 취향과 성향의 차이를 허용하고, 상호 배려를 영원히 요구하고, 자신의 단점과 약점을 인정하면서 상대방의 단점과 약점을 받아들이고, 모든 사람이 이런저런 형식으로 표현하는 질투를 극복하는 등 어려운 문제들은 좁은 의미의 섹스와 별도로 존재한다. 그럼에도 그 문제들은 사랑의 기술에서 큰 부분을, 아마 가장 큰 부분을 차지할 것이다. 더욱이 이 문제들의 실패는 어느 것이든 삶의 전체 기술에서 비참이나 약점의 원인으로 작용할 것이다.

우리가 결혼관계를 넓은 시각에서 봐야 하는 것이 분명해지고 있다. 그래야만 완전한 의미에서 말하는 결혼관계를 이루고 있는 요소들을 모두 파악할 수 있기 때문이다. 이 모든 요소들을 만족시키는 것은 개인의 행복에 근본적으로 필요하며, 또 치료상의 중요성 외에 그 결합의 영원성을 보장하는 것으로서 사회적 의미까지 지닌다.

프로이트는 1908년에 "개혁을 제안하는 것은 의사의 일이 아니다."라고 말했다. 프로이트 본인이 그 후로 삶의 중요한 문제 몇 가지를 놓고 깊이 성찰하면서 깨달은 것처럼 보이듯이, 그 같은 인식은 지금 과거의 유물이 되었다. 나쁜 것들을 주물럭거리며 갖고 놀기 위해 계속 간직하는 것은 더 이상 의사의 일이 아니다. 의학의 모든 분야에서, 그리고 지금 마침내 그 모든 분야 중에서 가장 은밀한 분야에서, 가능하다면 나쁜 것들이 일어나지 않도록 삶의 조건들을 조정하는 것이 의사들의 일이다. 지금까지 논한 이 분야만큼 의사가 폭넓은 지식을 얻거나 섬세한 지능을 발휘해야 하는 분야도 없다.

8장

결론

성충동의 역동적 본질

인간 삶에서 대단히 근본적인 충동들은 다른 동물들과 마찬가지로 영양 섭취와 섹스의 충동, 즉 굶주림과 사랑의 충동이다. 이 충동들은 하등 생명체들에게 생존 장치가 존재하게 하고 인간들에게 정교한 사회적 상부 구조가 존재하게 하는 역동적인 에너지의 두 가지 원천이다.

조금만 옆길로 빠지는 모습을 보여도 지대한 관심을 끌게 되는 것이 바로 섹스 충동이다. 섹스 충동이 개인에겐 영양 섭취 충동보다 덜 근본적인데도 말이다. 성충동이 간헐적으로 일어나고, 상대방의 반응에 의존하고, 격렬함의 정도가 다 다르다는 사실 자체가 성충동의 그런 두드러짐을 충분히 설명하고 있다.

영양 섭취 충동은 그 중요성이 종종 간과되고 있음에도 불구하고 성충동과 비슷하게 역동적인 에너지를 갖고 있으며, 그 에너지는 단순히 실질적인 한계 안에 국한되지 않는다. 영양 섭취 충동도 똑같이 정신적인 형태로 변할 수 있으며 심지어 영적인 형태로 승화될 수도 있다. 정말로, 우리는 우리의 최고의 열망을 굶주림과 갈망으로 여기는 데 익숙하다. 오드리 리처즈(Audrey Richards)는 아프리카의 반투족을 상대로 활동하면서 최근에 이쪽 방향으로 연구를 실시하여 결실을 얻고 있다. 여기서 우리는 그런 연구에 관심을 두고 있지는 않다. 그러나 굶주림과 섹스의 심리학적 중요성을 인정하지 않는다면, 삶에 대한 우리의 인식은 편파적이고 왜곡될 수밖에 없다.

우리가 알고 있는 바와 같이, 문명 속에서 일어나는 사회적 삶의 일반적인 조건 하에서 우리가 성충동의 에너지를 돌릴 수 있는 중요한 경로는 3가지이다. 첫째, 성충동이 그 역동적인 에너지를 유기체가 적합하다고 판단하는 정상적이거나 비정상적인 경로로 흐르도록 내버려두면서 성충동의 명백한 모든 표현을 피할 수 있다. 둘째, 일시적이거나 우발적인 성적 관계로 만족할 수 있다. 대표적인 것이 매춘이다. 셋째, 결혼할 수 있다. 바꿔 말하면, 성관계를 영원한 것으로 만든다는 뜻이다. 이 경우엔 성적 관심 그 이상의 공동체가 형성된다.

이 중에서 세 번째 조건이, 그 사람의 종교적 또는 도덕적 원칙이 무엇이든 혹은 그런 것이 전혀 없든 상관없이, 아이가 없을 때조차도 가장 깊고 가장 풍부한 경험으로 이어진다는 데에 의심의 여지가 없다.

그러나 그 길은 최선의 경로임에도 틀림없이 힘든 길이다. 정말로, 우리가 본 바와 같이, 성 활동의 전체 경로는 신경증 환자만 아니라 정상적인 사람에게도 위험으로 가득하다. 그 경로에 위험이 많이 도사리고 있는 이유는 부분적으로 성충동이 일찍 시작함에도 불구하고 다른 충동들에 비해 비교적 늦은 시기에 완전히 발달하기 때문이다. 또 부분적으로는 성충동이 주기적이고 폭력적인 성격을 지니고 있기 때문이며, 또 부분적으로는 종교와 도덕, 법, 인습이 서로 결합해 작용하면서 섹스의 영역에 엄격한 규칙을 확립했기 때문이기도 하다. 여기선 현명하고 주의 깊은 위생이 한결 더 필요해진다. 왜냐하면 위생에 문제가 생길 때 약으로 치료할 수 없는 상황에 곧잘 처하게 되기 때문이다.

우리는 성충동을 하나의 힘으로 보아야 한다. 강력한 흥분으로 인해 내면에서 생겨나서 무수히 많은 형태를, 말하자면 건강하거나, 병적이거나, 정상적이거나, 비정상적인 형태를 취할 수 있는 그런 힘으로 말이다. 이 형태들은 간혹 전혀 성적인 것으로 인식되지 않는다. 성충동을 어느 정도 통제하거나 인내하는 것은 가능하지만, 완전히 억압하는 것은 불가능하다.

성충동의 이런 역동적인 개념은 오래 전부터 막연히 인식되어 왔다. 프랜시스 안스티는 반세기 전에 훗날 신경쇠약증이라 불린 것들을 설명하기 위해 그 개념을 이용했으며, 제임스 힌턴은 특별히 도덕적인 측면에서 그것을 더욱 발전시켰다. 성충동의 역동적인 개념은 자기 성애라는 개념의 바탕이 되고 있으며, 프로이트에 의해 대단히 섬세하게 다듬어졌다.

　나는 성적 에너지를 "강력한 흥분에 의해 생겨난 힘"이라고 언급했다. 이 정의는 모호하다. 지금 성적 에너지를 처음에 시도했던 것보다 더 정확하게 정의하려 노력한다면, 성적 개성은 대뇌와 내분비계통, 자율신경계의 삼각 연합에 달려 있다고 말할 수 있다. 이 중 마지막 구성요소인 자율신경계는 전면으로 두드러지지 않지만, 그 중요성은 여기서 암시될 수 있다.

　자율신경계는 소화계통과 순환계통, 호흡계통, 비뇨계통, 그리고 분비샘들과 그것들의 신경계통으로 구성되어 있다. 따라서 자율신경계는 삶의 근본적인 기능으로 여겨질 수 있는 것을 조절한다. 자율신경계는 행동의 자동적인 요인의 중요성을 강조했던 켐프(E. J. Kempf)가 환경 앞에서 획득하려 하는 충동과 피하려는 충동이라고 부르는 행동의 대부분을 관장한다. 원시적인 자율계통을 갖춘 동물들은 자율계통이 팽팽하게 긴장하는 것을 느낄 때 자신을 보호할 길을 찾았으며, 이 긴장들의 해소를 통해 생존함으로써 그 자율계통을 고등 유기체들에게 전달했다. 따라서 우리는 신체의 원인 작용과 정신의 원인 작용을 일치시키고, 개인이 하나의 단위로서 작동하고 있는 것을 이해할 수 있다.

　더 나아가 우리는 의욕과 욕망의 개념을 더욱 정밀하게 다듬을 수 있게 되었다. 의욕이나 욕망 대신에 리비도나 아르투르 쇼펜하우어(Arthur Schopenhauer)가 말하는 의지를 써도 무방하다. 토머스 칼라일(Thomas Carlyle)은 오래 전에 이렇게 썼다. "아마 우리가 듣는 가장 유명한 신(神)은 독일 어원학자 야콥 그림(Jacob

Grimm)이 그 흔적을 발견한 소망의 신이다."

프로이트는 탁월한 표현력을 이용하면서 오래 전(1912년)에 성
생활의 어려움이 신경 장애를 일으킬 수 있는 다양한 조건들을 제
시했다. 그의 설명은 아주 중요하다. 이유는 그것이 현재 논란이 되
고 있는 많은 정신분석적 원칙들과 별도로 제시되고 있기 때문이
다. 프로이트는 그 조건들이 환자들을 임상적으로 분류하는 기준
으로는 만족스럽지 못하다는 점을 인정했다. 같은 환자가 시간에
따라 다양한 상태들을 보일 수도 있고, 심지어 동시에 다양한 상태
들을 어느 정도 보일 수도 있기 때문이다. 그러나 이 상태들에 대
한 지식을 준다는 점에서 프로이트의 기준은 유익하다. 거기서 4
가지 유형의 상태가 확인된다.

1) 가장 단순하고 가장 분명한 성적인 신경증성 장애의 예는 대
부분의 사람들이 어느 정도 쉽게 경험하게 되는 성적 욕구의 부정
(否定)에 따른 장애이다. 이 경우에도 그 사람은 외부 세계의 실제
대상에서 사랑의 욕구를 충족시키고 있는 한 꽤 건강하며, 적절한
보상 없이 이 대상을 박탈당하게 될 때에만 신경증을 보인다. 이런
상황에서 성적 욕구의 부정에도 불구하고 건강을 유지할 수 있는
가능성은 두 가지다. 정신적 긴장을 실제 세상 속의 활동으로 돌리
면서 최종적으로 성적 욕구를 진정으로 만족시킬 길을 발견하든
가, 아니면 그런 만족을 거부하는 가운데 억제된 욕망을 비(非)성
적인 목적으로 돌릴 에너지로 승화시키는 것이다. 이 과정에 칼 구
스타프 융이 내향성(內向性)이라고 부른 현상이 나타날 가능성이
있다. 말하자면, 억제된 성욕이 승화되지 못하고 그 대신에 진정한

경로에서 벗어나 소망이 가득한 상상적인 경로로 흐를 수 있다는 뜻이다.

2) 둘째 유형의 예에 속하는 개인은 성적 욕구의 만족 대신에 자제를 강요하는 외부 세계의 변화 때문에 병적이게 되는 것이 아니라, 본인이 외부 세계에서 만족을 얻으려고 내적으로 벌이는 노력 때문에 병적이게 된다. 그 사람은 자신을 실제 세계에 적응시키는 과정에 발견하는 내적 어려움들과, 자신이 아직 제대로 준비가 되어 있지 않은, 정상적인 방법의 성적 만족을 이루려는 노력 때문에 장애를 일으킨다.

3) 발달의 저지로 인해 다양한 장애를 겪는 세 번째 유형은 두 번째 유형의 극단적인 집단이다. 이런 예들을 별도의 유형으로 고려해야 하는 이론적 근거는 전혀 없다. 성적 만족은 그 사람의 발달 단계와 더 이상 조화를 이루지 않는, 유아기의 목표들에 고착되어 있으며, 갈등은 여전히 만족을 추구하고 있는 터무니없는 유아기의 충동을 억누르려는 노력에서 비롯된다.

4) 이 네 번째 유형에서, 옛날에 건강했다가 외부 세계와의 관계에 아무런 변화가 없는데도 병적으로 변하고 있는 개인들이 발견된다. 그러나 보다 면밀히 조사해 보면, 인생의 어느 시기(사춘기 또는 갱년기)에 도달하는 것과 같은 생물학적 변화로 인해 성욕의 크기에 변화가 있었다는 사실이 확인된다. 이 변화 하나만으로도 건강의 균형이 깨어지고 신경증이 일어날 수 있는 조건이 조성된다. 여기서 성충동을 외적으로 만족시키지 못하고 억제하는 것이 병의 원인으로 작용할 수 있다. 성욕의 크기는 측정 불가능하지만,

문제를 야기하고 있는 것은 성욕의 크기의 상대적 변화이며, 그 사람은 상대적으로 변화한 크기와 싸우면서 자신이 힘들다는 사실을 발견한다.

추상적이고 분석적인 이 분류는 임상적으로 객관적인 타당성을 전혀 지니지 않음에도 불구하고 의사들이 다루고 있는 다양한 상태들을 간단히 요약했다는 평가를 받는다. 이 분류는 신경증이나 정신병, 더 나아가 성생활의 위생 영역에서 성적 장애를 치료하는 길을 암시하고 있다.

개인의 기질이 아무리 건전하다 하더라도, 성생활에 불가피한 어려움과 성생활이 환경의 내적 및 외적 변화에 지속적으로 적응하는 데 따르는 어려움은 우리가 논한 그런 종류의 어려움들을 수반하게 되어 있다. 선천적으로 물려받은 병적 소인이 있을 때, 이 어려움들이 두드러지게 나타난다. 성충동은 하나의 힘이며, 다소 신뢰할 수 없는 힘이다. 사람과 그 사람의 성충동이 똑같이 지속적으로 변하고 있고, 사람과 성충동이 작용하고 있는 환경도 변하고 있을 때, 사람이 성충동을 다루는 데에는 불가피하게 위험이 따르기 마련이다. 성충동이 정상이거나 정상이려고 노력할 때에도 위험이 따르긴 마찬가지다.

성충동이 비정상일 때, 그러니까 성충동이 크기 면에서 부적절하거나 부적절한 경로로 흐르고 있을 때뿐만 아니라 성충동이 가끔 선천적으로 비정상적인 형태를 분명히 보일 때, 그 상태들은 더욱더 복잡해진다.

우리가 애초에 "섹스"나 프로이트가 "리비도"라고 부른 것의 의미를 아주 명확하게 정의하지 않은 상태에서 시작했음에도, 조사를 거듭할수록 그 용어의 의미가 더욱 넓어져간 것이 꽤 분명해졌을 것이다. 프로이트는 "리비도"의 개념을 더욱 넓게 확장시켰으며, 처음에 프로이트의 제자였던 정신분석가들 중 일부는 심지어 일반적으로 성충동으로 이해되는 것을 극단적으로 최소화시켰다. 마찬가지로, 웰스(F. L. Wells)는 "erotic"을 "hedonic"(쾌락적인)으로, "auto-erotic"을 "auto-hedonic"으로 바꿨다.

프로이트가 리비도의 범위를 확장한 것은 (시릴 버트(Cyril Burt)가 지적했듯이) 심리학의 일반적인 추세와 일치한다. 현재 심리학은 우리의 동물 조상들로부터 물려받은 선천적인 성향들을 단순히 단 하나의 생명 충동의 특별한 분화들로 여기는 것 같다. 그리고 맥두걸은 초기에 본능들을 보다 엄격하게 범위를 정하던 태도를 버리고 지금은 그 본능들을 "살아 있는 모든 존재들을 고무하는 위대한 목적"의 일부로 통합시키는 경향을 보이고 있다. 맥두걸은 "살아 있는 존재들의 목적은 오직 흐릿하게만 인식될 수 있고 생명의 영구화와 증대로 모호하게만 묘사될 수 있을 뿐"이라고 말했다.

칼 융이 "리비도"의 의미를 프로이트 학파가 초기에 제시한 성적인 의미 그 너머까지 크게 확장하면서 "일반적인 열망이나 욕망"의 고전적인 의미로 진정으로 돌아가고 있었다는 점을 언급하는 것은 대단히 흥미롭다. 그리하여 리비도는 쇼펜하우어의 "의지"와 베르그송의 "생명의 약동"과 조화를 이루게 되었으며, 버트는 그것을 모든 본능들에서 나오는 전반적인 능동적 에너지라고 규정할 수 있다.

만약 우리가 "본능"이라는 단어를 써야 한다면, 본능을 감정보다 더욱 원초적이고 근본적인 것으로 여기는 것이 최선의 방법인 것 같다. 또 감정적인 특징을 본능의 핵심적인 부분으로 여기지 않는 것이 바람직하다. "본능"에 관한 한, 감정 체계보다는 능동(能動: conational) 체계로 보는 것이 무난하다. 본능에 수반되는 충동은 어떤 근본적인 능동의 충동이다.

프로이트는 언젠가(1918년) 삶에서 본능적인 요인이 정신의 잠재의식 영역의 핵심을 형성할지 모른다고 암시했다. 그는 이 영역을 "잠재의식"이라고 부르며 거기에 엄청난 중요성을 부여하고 있다. 그것은 원시적인 종류의 정신 작용으로서 동물들이 갖고 있는 본능적인 지식에 해당할 것이며, 그 위를 인간의 이성(理性)이 덮고 있다. 프로이트는 억압이 이 본능적인 단계로 돌아가는 것이라고, 또 인간은 새로운 습득에 대한 대가로 신경증적인 경향을 보이게 될 것이라고 말한다.

여기서 우리는 문명화된 우리의 삶의 지배적인 한 특징이면서 모든 동물의 삶에도 보이는 표현과 억압의 주기적인 균형의 문제로 다시 돌아가고 있다. 내가 앞에서 이미 지적한 바와 같이, 정신병리학자들은 여기서 자신들의 특별한 경험에 따라서 신경증적인 장애의 가능성을 보려는 유혹을 자주 느낀다.

정상적인 범위 안에서, 그리고 건전한 유기체 안에서 표현과 억압의 작용은 무해하고 건전하며 발달한 형태의 삶에는 심지어 근본적이기까지 하다는 점을 이해해야 한다. 무의식이 언제나, 또는 종종 의식과 부조화를 이룬다고 주장하는 것은 사실들을 왜곡하고 있다.

무의식이 언제나 의식과 조화를 이루지 못하고 있는 사람은 정말로 불행한 사람이다. 조금만 생각해 봐도, 우리 대부분은 그렇지 않다는 사실이 드러난다. 우리는 무의식을 가장 잘 드러내 보여주는 꿈들을 보기만 해도 된다. 꿈들이 깨어 있는 우리의 의식적인 삶의 사실들과 감정들을 아름답고 부드럽게 다듬어서 끊임없이 우리에게 보여준다는 것이 정상적인 사람들 대부분이 경험하는 바이다. 꿈들은 가끔 숨겨져 있는 불화를 보여준다. 꿈들은 또한 우리의 의식적 삶과 무의식적 삶 사이에 틀림없이 조화가 이뤄지고 있다는 점을 보여주는 증거이기도 하다. 우리는 꿈의 피상적인 측면에 지나치게 만족하는 경향을 보이고 있으며, 따라서 보다 중요한 잠재적 내용물을 보지 못하고 있다.

승화

표현과 억압의 균형이 건강한 유기체 안에서 전반적으로 아무리 잘 유지되고 있다 하더라도, 그 균형은 어려움 없이 성취될 수 없으며, 건강하지 못한 유기체의 경우에 그 어려움은 쉽게 재앙이 된다. 이런 경우에 흔히 제시되는 치료가 승화이다.

대체로 보면 승화가 지나치게 쉽게, 또 지나치게 싸게 제시되고 있다. 정말로, 섹스의 압박을 쉽게 옆으로 제쳐놓을 수 있다고 믿는 경향이 있다. 어떤 사람에겐 섹스의 압박이 그런 것일 수 있지만,

우리가 아는 바와 같이, 많은 사람들에게는, 심지어 세상에서 가장 선한 의지를 가진 사람에게도 섹스의 압박은 그렇지 않다.

이 대목에서는 근육 운동도, 기분 전환도 효과적이지 못한 것으로 확인된다. 선생들이 믿는 경향이 있는 놀이도 해로울 정도로 극단적으로 끌고 가지 않는 이상 성적 활동을 중단시키지 못한다. 학교에서, 가장 훌륭한 운동선수가 대체로 가장 방탕한 자들이라는 말이 있다. 그러나 우리는 우리가 하려고 추구하는 것이 무엇인지에 대해 최대한 명쾌하게 밝힐 수 있어야 한다.

가네트(A. C. Garnett)가 믿고 있듯이, 만약 하나의 본능으로서의 섹스와 하나의 욕망으로서의 섹스를 구분해야 한다면(가네트는 프로이트가 이 두 가지를 혼동하는 경향이 있다고 생각한다), 본능은 성적 만족의 기회가 제시될 때에만 일어나며, 그런 기회를 피하는 것도 가능할 것이다. 그러나 욕망으로서의 섹스는 그 충동을 외부가 아닌 내부로부터 받기 때문에 여전히 그대로 남아 있다. 여기서 우리는, 어니스트 존스가 제시하는 바와 같이, 좁은 의미의 섹스에 관심을 두고 있는 것이 아니라 "본능의 개별적인 생물학적 구성 요소들", 즉 "훗날 다른 많은 (비(非)성적인) 관심사들의 바탕뿐만 아니라 성적 욕망의 바탕을 형성하는 다양한 유치한 성향들"에 관심을 두고 있다.

그와 동시에 이 문제가 일어나는 것이 대체로 삶의 초기가 아니라는 것을 기억하는 것도 중요하다. 마츠마토(Matsumato)는 고환의 사이질세포들[34]이 출생 직후 휴식 단계에 들어갔다가 사춘기 때

....
34　고환의 정세관(精細管) 사이에 있는 세포로 남성호르몬을 분비하는 것으로 여겨진다.

까지 활동하지 않는다는 사실이 삶의 초기에 강한 성적 관심의 존재를 암시하지 않는다는 점을 강조했다(여기서 우리가 성충동의 모든 원천을 확실히 알고 있지 못하다는 점을 덧붙여야 한다). 반면에 여자들의 경우에 성적 관심은 자주 숨어 있거나 널리 분산되어 있으며, 가끔 30세가 될 때까지도 선명해지지 않는다. 그럼에도, 우리는 조만간 승화 문제가 구성이 대단히 좋은 천성에서 더 긴급하게 일어날 것이라고 기대할 수 있다.

플라톤은 사랑은 하늘에서 자라는 식물이라고 했다. 이 말을, 땅에 뿌리를 내리고 있는 어떤 식물이 "천상"의 꽃을 피울 수 있다는 뜻으로 이해한다면, 이 비유는 진정으로 과학적인 진리를 담고 있다. 그것은 시인들이 언제나 이해하고 있으면서 구체화하려고 노력했던 진리이다. 상상 속에서 천국에서 시인의 안내자 역할을 맡은 진짜 피렌체 소녀였던 단테의 베아트리체(Beatrice)[35]는 섹스의 매력이 정신적 활동을 고무하는 자극제로 변형하는 과정을 전형적으로 나타내고 있다.

이 원칙에 대한 정확한 설명은 플라톤뿐만 아니라 그보다 더 과학적인 아리스토텔레스까지 거슬러 올라간다. 고트홀드 레싱(Gotthold Lessing)은 철학자가 말하는 '카타르시스'의 원칙을 "전반적인 열정 또는 감정을 도덕적인 성향으로 바꿔놓는 것"으로 이해했다. 그러나 이 같은 시각은 거의 옳지 않은 것 같다. 왜냐하면 카타르시스가 단순히 아리스토텔레스가 마음에 품고 있었던 것 같은, 동정이나 두려움의 해소에 따른 감정적 완화였으며, 가네트가

....
35   이탈리아 시인 단테가 9세 때 첫눈에 반해 죽을 때까지 사모했다는 여인.

제대로 지적하듯이, 단순히 감정이 "빠져나가는 것"은 승화가 아니기 때문이다.

승화라는 사상이 하나의 구체적인 이미지로 명확한 모양을 띠기 시작한 것은 기독교가 도래한 이후의 일이다. 승화 사상은 초기 이집트 사막의 아버지로, 간혹 "기독교 세계 최초의 과학적 신비주의자"로 여겨진 위대한 은자 마카리우스(Macarius)까지 거슬러 올라간다. 에벌린 언더힐(Evelyn Underhill)은 『신비의 길』(The Mystic Way)에서 영혼의 알맹이가 신성한 불의 영향으로 점점 밀도가 떨어지고 더욱 순수한 영성(靈性)으로 변화하는 것에 대한 심리학적 견해를 제시했다. 언더힐은 이렇게 말했다. "불 속으로 던져지는 경우에 타고난 단단함을 잃는 금속처럼, 영혼의 알맹이는 용광로 속에 오래 남아 있을수록 불꽃에 의해 더욱 부드러워진다."

고통스런 불은 천상의 빛이 되고, 마카리우스에게 빛과 생명은 동일하다. 여기서 우리는 승화의 현대적 개념을 아주 선명하게 보고 있다. 마카리우스는 기독교 전통의 주류에 속했던 성 바실(St. Basil)의 친구였으며, 이 사상은 훗날 기독교 신비주의자들 사이에 끊임없이 다시 나타났으며 제노바의 성 카타리나(St. Catharine)가 제시한 연옥에 대한 가르침, 즉 연옥의 불이 죄의 영향을 태워 없앤다는 가르침의 바탕을 이루고 있다.

훗날 이 사상은 종교 교리와 별도로 시인들과, 그리고 더 뒤에는 도덕주의자들 사이에 "승화"라는 명확한 이름으로 나타난다. 승화시킨다는 것은 어떤 물질에 열을 가해 "물질적"이고 천한 형태에서 보다 고귀하고 정제된 기체 형태로 바꿔놓는다는 뜻이다. 시인들은 이 과정을 인간의 정신에서 일어나는 과정을 상징하는 것으로 이해했으며, 그들은 17세기 초에 그런 사상을 자주 피력했다.

일례로 존 데이비스(John Davies)는 『영혼의 불멸』(Immortality of the Soul)에서 기이한 승화로 육체를 정신으로 바꿔놓는 것에 대해 노래했다. 종교성이 강한 산문 작가들은 그 개념을 잘 이해했다. 제러미 테일러(Jeremy Taylor)는 "결혼을 성사(聖事)로 승화시키는 것에 대해, 섀프츠베리(Shaftesbury) 백작은 1711년에 인간의 평범한 원칙들이 일종의 정신적 화학 작용에 의해 보다 높은 형태로 승화되는 것에 대해, 그보다 뒤에 1816년에 토머스 러브 피콕(Thomas Love Peacock)은 오늘날 우리가 쓰는 개념에 한층 더 가까이 다가서면서 "위대함과 에너지의 원천인 열정적인 승화"에 대해 말했다. 이어서 쇼펜하우어도 그 개념에 중요성을 부여했다.

섹스의 심리학 분야에서 "승화"는 육체적인 성충동, 즉 좁은 의미의 리비도가 보다 정신적인 활동의 충동으로 변하고, 따라서 육체적 욕구로서의 긴박성을 상실할 수 있다는 점을 암시하는 것으로 이해되고 있다. 이 개념은 지금 대중 심리학 분야에 널리 받아들여지고 있다. 그러나 승화를 채택한 사람들은 "승화"의 과정이 많은 힘의 소비를 수반하는 과정이라는 것을 제대로 이해하고 있는 것 같지 않다. 육체적인 것을 정신적 형태로 승화시키는 것에 대해 말하기는 쉬워도 정작 그것을 실천하는 것은 대단히 어려운 일이다.

승화가 육체적인 충동을 정신적인 것으로 변화시키는 것을 상징하고, 그 변화를 통해서 천박한 육체적 욕망이 높은 차원으로 끌어

올려지고, 거기서 마찬가지로 육체적이지만 본질적으로 훨씬 더 "정신적인" 욕망이 충족되는 가운데 본래의 충동이 그 격함을 잃게 되는 과정은 쉽게 이해가 된다. 그러나 그런 변화는 가능은 할지라도 쉽지도 않고 또 빨리 성취되지도 않으며, 아마 평균적인 신경 조직보다 훨씬 더 섬세한 본성을 가진 사람에게나 가능할 것이다. 따라서 "성적 등가물"(sexual equivalents)에 대해 말하기를 좋아하는 히르슈펠트는 승화를 인정하는 데 신중한 태도를 보이고 있으며, 그는 성적으로 절제하는 사람들이 성적 금욕을 실행하지 않는 사람들에 비해 예술이나 과학에서 보다 지적인 결과물을 낳는다는 점을 부정한다. 히르슈펠트가 승화를 확실히 인정하는 사람들은 종교인들과 격렬한 운동에 매달리는 사람들뿐이다.

그러나 프로이트는 승화를 인정하고, 더 나아가 문명 자체가 성적 힘들을 포함하는 본능적인 힘들의 승화로 여겨질 수 있다고 단언할 준비가 되어 있다. 그는 성충동이 예외적으로 "유연하고", 따라서 성충동은 다양한 모양으로 쉽게 바뀌고 다른 대상으로도 곧잘 향한다고 지적한다. 그는 예술가들은 종종 특별히 강한 승화 능력을 타고났다고 말한다. 어쩌면 그럴 수도 있을 것 같다.

정신분석가들은 지난 몇 년 사이에 "승화"를 다른 과정들과 구분할 뿐만 아니라 매우 구체적으로 설명하고 정의하려고 노력하고 있다. 예를 들면, 에드워드 글로버(Edward Glover)는 이 문제를 길고 정교하게 논했다. 그가 이 문제를 다루는 방식은 주로 "초(超)심리학"(대략적으로 심리학의 형이상학으로 볼 수 있다)에 관심이 있는 사람들에게 호소력을 지닐 것이지만, 글로버의 중요한 결론은 승화 개념이 여전히 혼돈에 둘러싸여 있고 우리도 결정적인 설명을 제시할 수 없을지라도 그 용어를 사용하는 것이 합당하다는 것이다.

일상적인 목적을 위해서라면, 틀림없이, 승화 과정에 일어나는 에너지의 변화의 본질에 대해 정확히 몰라도 무방하다. 승화 과정은 대부분 의식보다 아래에서 일어난다는 점을 인정해야 한다. 또 의지가 승화 과정을 따른다 할지라도, 의지만으로는 승화를 성취할 수 없다는 점도 인정해야 한다. 또한 승화를, 변하지 않은 성적 활동을 단순히 다른 경로로 돌리거나 성적 활동을 병적인 증후로 대체하는 것과 혼동하지 않는 것이 반드시 필요하다.

변화가 보다 소중한 형태로 바뀌는 것이라는 점은 승화라는 개념 자체에 포함되어 있다. 보다 높은 문화적 수준이 반드시 수반된다는 뜻이다. 성적 활동을 절도로 대체하는 클렙토라그니아(절도에 의한 성적 흥분)의 희생자는 승화를 이루지 못했다. 만약 그 개념이 엉터리로 제시되지 않았다면, 이런 것에 대해선 언급할 필요조차 없을 것이다.

모든 문명은 리비도의 승화로 여겨질 수 있다는 프로이트의 주장을 고수하고 있는 일부 정신분석가들이 승화를 극단적인 방향으로 밀어붙이고 있다. 일례로, 스위스 학파(한때 알퐁스 미더가 주축이 되었다)의 정신분석가들은 승화에 대해, 일종의 정신적 통합을 이루는 데, 그리고 일종의 종교를 형성하는 데 도움을 준다고 생각했다. 말하자면, 단테가 자신의 위대한 시(詩)에서 그랬던 것처럼, 의사가 안내자로서 베르길리우스의 역할을 맡아 영혼이 지옥과 연옥을 거쳐 천국을 향하도록 이끄는 것이 승화라는 뜻이다.

이탈리아 정신 치료사인 로베르토 아사지올리(Roberto Assagioli)는 과도한 성적 에너지와 그것을 정상적으로 충족시키는 데 방해물이 되고 있는 것 사이에 갈등이 빚어질 때에 승화에 높은 가치를 부여한다. 이 견해가 더 적절한 것 같다. 아사지올리는 대단히 높은 정신적 기능들 모두에 대해 단순히 기본적인 충동의 산물로 설명하려 들지 않으며, 정신분석으로 직접적으로 치료하려는 노력을 보류하면서 자기 승화(auto-sublimation)에 중요성을 부여하고 있다. 그는 우리가 자기 승화를 회전하는 실린더 같은 것에 기록하지 못하고 그래프로 보여주지 못한다고 해서 그것을 결코 덜 실질적인 것으로 여기지 않는다. 아울러 그는 승화의 혜택을 누리기 위해서는 섹스는 무도하고 수치스런 짓이기에 "억눌러져야" 한다는 인식을 버릴 필요가 있다고 지적하고 있다. 맞는 말이다.

성적 흥분은 강렬할 수 있지만, 성적 흥분은 동시에 보다 높은 감정적 및 정신적인 작용과 연결되어 있다. 특히 직업을 완전히 바꾸는 경우에 창조적인 일과도 연결될 수 있다. 이유는 예술적 창조가 성적 승화 과정과 모호하면서도 깊이 연결되어 있기 때문이다. 아사지올리는 바그너의 '트리스탄'을 승화의 놀라운 예로 언급하고 있다. 그 작품이 독일 여류 시인 마틸데 베젠동크(Mathilde Wesendonck)를 향한 작곡자의 사랑의 열정과 불꽃으로 가득하다는 이유에서다.

아사지올리의 조언은 승화의 한계를 여실히 보여주고 있다. 열역학 제2 법칙에 따르면, "어떤 기계도 받아들인 열을 모두 일로 바꾸지는 못한다. 이 열 중에서 작은 부분만이 일로 변환되고, 나머지는 약해진 열로 버려진다". 승화를 다룰 때, 우리는 유기체를 역동적으로 다루고 있으며, 성적 에너지 중 일부가 어떤 형태로든 "약해진 열의 형태로 버려진다"는 점을 받아들일 준비가 되어 있어야 한다. 단테도 '신곡'을 쓸 때 아내와 가족을 두고 있었다.

프로이트는 『정신분석 입문』에 이렇게 쓰고 있다. "평균적인 인간이 떠안을 수 있는, 충족되지 않은 리비도의 양은 제한적이다. 리비도의 유연성과 자유로운 이동성은 어떤 수단을 동원해도 우리의 안에 완전히 억제되지 않으며, 많은 사람들이 승화 능력을 아주 조금밖에 갖고 있지 않다는 사실과 별도로, 승화는 리비도의 일정 부분 이상을 절대로 방출하지 못한다." 그래서 한편으로는 승화의 가능성과 가치와 의미를 언제나 기억해야 하고, 또 다른 한편으로는 승화의 과정에서도 성충동의 일부가 남아서 건전하지만 보다 원시적인 방식으로 분산되거나 신경증적인 변형에서 어떤 경로를 찾게될 것이라는 점을 기억해야 한다.